기독교 윤리학 개론

로저 크룩 지음
최봉기 옮김

요단출판사

기독교 윤리학 개론

제1판 1쇄 발행 · 1997년 9월 12일
제1판 7쇄 발행 · 2023년 3월 14일

지은이 | 로저 크룩
옮긴이 | 최봉기
펴낸이 | 김용성
펴낸이 | 요단출판사
　　　　07238 서울특별시 영등포구 국회대로 76길 10

편　집 | (02)2643-9155
영　업 | (02)2643-7290~1　Fax (02)2643-1877
등　록 | 1973. 8. 23. 제13-10호

값 24,000원
ISBN 978-89-350-0271-9　03230

이 책의 한국어판 저작권은 요단출판사가 소유하고 있습니다.
출판사의 사전 승인 없이 책의 내용이나 표지 등을 복제, 인용할 수 없습니다.

second edition

An Introduction to Christian Ethics

ROGER H. CROOK
Meredith College

PRENTICE HALL, Englewood Cliffs, New Jersey 07632

Library of Congress Cataloging-in-Publication Data

CROOK, ROGER H.
    An introduction to Christian ethics/Roger H. Crook.—2nd ed.
      p. cm.
    Includes bibliographical references and index.
    ISBN 0-13-125782-X
    1. Christian ethics. I. Title
BJ1251.C79 1994
241—dc20   94–5961
                                                                    CIP

Acquisition editor: Ted Bolen
Copy editor: Barbara Conner
Cover designer: Bruce Kenselaar
Production coordinator: Pete Havens
Editorial assistant: Nicole Gray
Editorial/production supervision
   and interior design: Rob DeGeorge

Dedicated
to
Mary Ruth Crook

 © 1995, 1990 by Prentice-Hall, Inc.
A Simon & Schuster Company
Englewood Cliffs, New Jersey 07632

All rights reserved. No part of this book may be
reproduced, in any form or by any means,
without permission in writing from the publisher.

Printed in the United States of America

10 9 8 7 6 5 4 3

ISBN 0-13-125782-X

PRENTICE-HALL INTERNATIONAL (UK) LIMITED, *London*
PRENTICE-HALL OF AUSTRALIA PTY. LIMITED, *Sydney*
PRENTICE-HALL CANADA INC., *Toronto*
PRENTICE-HALL HISPANOAMERICANA, S.A., *Mexico*
PRENTICE-HALL OF INDIA PRIVATE LIMITED, *New Delhi*
PRENTICE-HALL OF JAPAN, INC., *Tokyo*
SIMON & SCHUSTER ASIA PTE. LTD., *Singapore*
EDITORA PRENTICE-HALL DO BRASIL, LTDA., *Rio de Janeiro*

목 차

서문 · 13
서론: 이 책을 읽는 학생들에게 · 17
책을 우리말로 옮기면서 · 21

제1부: 윤리학과 기독교 윤리학

제1장 윤리학에 대한 일반적 설명 · 27
정의 · 32
주관적인 문제 · 34
가설 · 36
윤리학과 다른 학문 · 40
목적 · 42

제2장 기독교 밖에서의 윤리적 대안 · 51
휴머니즘 · 52
객관주의 · 57
행동주의 · 63
자아실현 · 67
마르크스주의 · 69

제3장 기독교 안에서의 윤리적 대안 · 79
　　로마 카톨릭의 도덕신학 · 80
　　개신교 윤리의 핵심 · 88
　　상황윤리 · 92
　　복음주의적 윤리 · 96
　　신중심 윤리 · 100

　　　제2부: 기독교 윤리학과 기독교 신앙

제4장 근거자료 · 109
　　성서 · 113
　　그리스도인 공동체 · 118
　　　- 교회의 본질 · 118
　　　- 교회의 기능 · 121
　　　- 교회 안에서의 그리스도인 · 124
　　개인적인 판단 · 125
　　　- 성령의 인도하심 · 126
　　　- 인간의 이성 · 129
　　　- 양심 · 132

제5장 성서윤리 · 137
　　구약성서 · 138
　　　- 구약성서 도덕의 일반적 특징 · 138

- 율법의 요구 · 141
- 예언자들의 윤리적 유일신론 · 144
- 저작의 신빙성 · 147

예수님과 복음 · 148
- 예수님과 유대주의 · 149
- 예수님의 교훈의 특성 · 155
- 예수님의 윤리적 교훈의 기본개념 · 157
    하나님 나라 · 157
    율법 · 161
    핵심 명령어 · 163
    제자의 특성 · 169
- 예수님의 본보기 · 172

바울의 윤리적 교훈 · 175
- 신학과 윤리 · 176
- 책임적 자유의 윤리 · 178
    교회를 존중히 여김 · 179
    자신을 존중히 여김 · 180
    그리스도인 형제를 존중히 여김 · 181
    비그리스도인을 존중히 여김 · 183
- 사랑의 윤리 · 183
- 새로운 삶의 윤리 · 185

제 6 장 사랑으로 역사하는 믿음 · 191

믿음의 전제 · 192
- 하나님에 대한 믿음 · 192
- 인간에 대한 믿음 · 194

- 역사에 대한 신뢰 · 196
믿음 · 198
- 믿음과 구원 · 199
- 그리스도인 공동체 안에서의 삶 · 203
- 성서의 적용 · 206
- 예배와 도덕성 · 208
사랑 · 212
- 사랑의 본질 · 213
- 사랑의 요구 · 215
- 사랑의 근원 · 217
- 사랑과 정의 · 219
결단 · 226

제3부: 기독교 윤리와 사회문제

제7장 성과 결혼관계 · 239
최근의 경향 · 240
성에 대한 기독교적 해석 · 246
- 신학적 전망 · 246
- 관계성에 관한 질문 · 252
성과 자유 · 252
성과 사랑 · 254
성과 결혼 · 256
결혼에 대한 기독교적 해석 · 260

동성애와 기독교 신앙 · 266
동거생활 · 277

제 8 장 삶과 죽음: 생명의학 윤리에 관한 문제 · 289
낙태 · 290
생의학적 출산 · 302
부모됨의 책임 · 309
장기이식 · 313
죽어 가는 사람을 돌봄 · 320

제 9 장 기독교 윤리와 인종집단 · 339
인습, 편견 그리고 차별 · 340
사회구조 내의 변화 · 345
기독교적 접근 · 351
　　- 성서적 개념 · 351
　　- 사회변혁을 위한 힘 · 357
　　- 그리스도인의 참여를 위한 전략 · 362

제 10 장 여성의 지위 · 369
전형적인 여성상 · 370
여성과 고용 · 373
여성과 법률 · 375
페미니즘 운동 · 380
여성과 성서 · 387
당면문제에 대한 기독교적 접근 · 396

제 11 장 민주주의와 시민정신 · 403
　　　　미국적 민주주의 정부 · 404
　　　　성서적 교훈 · 407
　　　　　　- 구약성서 · 407
　　　　　　- 신약성서 · 409
　　　　　　　　예수님과 국가 · 411
　　　　　　　　바울과 국가 · 413
　　　　　　　　박해시대의 문헌 · 415
　　　　시민으로서의 그리스도인 · 417
　　　　　　- 시민의 의무 · 418
　　　　　　- 그리스도인들의 공헌 · 420
　　　　　　- 참여를 위한 제안 · 424

제 12 장 범죄에 대한 처벌 · 431
　　　　처벌의 개념 · 432
　　　　사형제도? · 439

제 13 장 전쟁과 평화의 추구 · 451
　　　　성서와 전쟁 · 452
　　　　기독교와 전통적인 전쟁 · 456
　　　　기독교와 현대전쟁 · 460
　　　　평화추구 · 466

제 14 장 노동, 소유 그리고 공동체 · 479
　　　　콘텍스트: 자본주의 · 482

소유에 대한 기독교적 견해 · 486
노동에 대한 기독교적 견해 · 490
비인격적 경제질서 내에서의 개인문제 · 492
비인격적 경제질서 내에서의 사회문제 · 496
이상과 경제학 · 508

제15장 생태계와 도덕적 책임 · 515
생태학적 문제 · 518
성서적 개념 · 524
신학적 반성 · 529
참여를 위한 제안 · 537

참고문헌 · 547

서문

　　이 책은 기독교 윤리학 분야에서 대학교와 신학대학교 교과서 수준의 입문서에 해당한다. 이렇게 말함에는 다음의 세 가지 중요성을 함축한다. 첫째, 이 책은 기독교 신앙에 기초하고 있으며, 그러한 신앙적 입장에 서 있는 사람들을 위해 씌어진 것이다. 교과서는 사실상 그 중요성으로 인해 다른 여러 개의 체계 중에 선택 가능한 것으로서 인식되고, 그들 중 어떤 것들은 그 중요성이나 취약점을 평가하려고 하지 않고 매우 단순하게 서술하고 있다. 이 책에서는 기독교 윤리학을 도덕적 결단을 위한 기독교적 방법으로 진술하고자 했다. 이는 특정한 가정(假定)들로 하여금 개신교적인 기독교의 신학을 반영하는 기독교 신학적 토론 속에서 적합한 논쟁의 주제가 되게 한다. 윤리학의 분야 내에는 개신교와 카톨릭 사상가들 사이에 비록 상호 많은 영향력이 있지만 동시에 중요한 차이점도 있다. 이 책에서는 여러 곳에서 필자 자신의 개신교 사상이 명백하게 드러나고 있는 것이 사실이다.

둘째, 이 책은 개론적인 교과서에 해당한다. 따라서 일반적인 윤리학 분야와 특별히 다양한 기독교 윤리체계 내에 있는 초보적인 학생들에게 친근감을 갖게 했으며, 그들로 하여금 스스로 접근하여서 유용성을 발견하는 것을 돕고자 했다. 또한 학생들로 하여금 그리스도인의 전망에서 폭넓고 다양하게 현대를 사는 남녀 모두가 다루지 않으면 안되는 개인적이며 사회적인 윤리문제들에 대해서 고려할 수 있도록 시도하였다.

셋째, 이 책은 대부분 현재 대학이나 신학교에서 공부하고 있는 대학생들을 위해 씌어졌으며, 그들이 학생으로서 뿐만 아니라 그 이후의 생애 동안에도 직면하게 되는 회피할 수 없는 도덕적 문제들을 다루는 방법을 발전시키고자 구상되었다.

책의 구성은 장(章)의 제목을 통하여 분명하게 드러내고자 했다. 처음 세 장은 윤리학의 분야와 그 연구를 위한 다양한 접근을 소개하고 있다. 다음의 세 장은 윤리적인 결단을 위한 필자 자신의 방법을 서술하였다. 책의 나머지 부분인 7장부터 15장까지는 오늘날 관심을 끄는 몇 가지 문제점들에 대해서 다루고 있다. 특별히 개인적이거나 사회적인 문제라고 선을 긋고자 하지는 않았는데, 이는 대부분의 문제들이 개인적인 동시에 사회적이기 때문이며, 따라서 두 요소들을 모두 다 고려하고 있다.

이 책의 수정증보판 출판을 위하여 로자리 대학의 맥엘윈(H. T. McElwain), 캠벨 대학교의 마틴(Dean M. Martin) 그리고 오하이오 웨슬리안 대학교의 트웨지지(Emmanuel K. Twesigye)의 도움이 컸다. 메러디스 대학에서 필자의 오랜 동료로 있는 코크란(B. H. Cochran)

과 페이지(Allen Page) 그리고 후진인 밴스(Bob Vance)와 지속적인 토론과 논쟁에 빚진 바가 크며 이 책 속에 그 열매가 여러 가지로 나타나 있다. 필자의 기독교 윤리학 강의실에 참석하여 말과 글로서 비판과 토론에 참여해 준 학생들에게 심심한 사의를 표하는 바이다. 끝으로 필자에게 안식년을 허락하여 그동안 이 책의 대부분을 쓸 수 있도록 한 메러디스 대학에 감사한다.

서론: 이 책을 읽는 학생들에게

　　사람들은 사는 동안 윤리적인 결단을 회피할 수가 없다. 심지어 매일매일 일상적인 일 속에서의 선택에서마저도 선과 악, 옳은 것과 그른 것에 관한 판단이 포함되기 마련이다. 때때로 그러한 문제들은 분명해서 단순히 올바르게 일을 하느냐 하지 않느냐 만을 선택하기만 하면 되는 것도 있다. 그러나 때로는 올바른 것이 무엇이냐 하는 문제마저도 분명하지 않기 때문에 선택을 저울질하고 관련된 것들을 주의깊게 살피지 않을 수가 없는 것이다. 다른 사람들에게 영향을 크게 미치는 선택일수록 보다 중요한 도덕적인 문제가 되고 있는 것이다.

　　예를 들어 학생들은 그들의 행동이 많은 규칙들에 의해 통제되고 있는 상황 속에서 살고 일하고 있다. 수업을 준비하고 강의실에 참여하고 숙제를 하고 시험을 보고 하는 것들마저도 결단을 요하며, 자기 주관적인 문제와 더불어 다른 학생, 그리고 가르치는 교수와의 관계 속에 학생들이 연루되지 않을 수가 없는 것이다. 대부분의 학생들은 때로 그들의 한계 밖이라는 이유로, 그리고 때로는 그들 자신의 소홀함 때문에 규칙을 어기는 것이 종종 실행가능한 대안인 것처럼 보이는 상황 속에 있는 자신들을 발견하곤 한다. 이러한 상황 속에서 그들은 다음과 같은 질문 속에서 쉽게 결단을 내린다. 그들이 규칙을 따르려고 할까? 만약에 규칙이 명확하지 않으면 그들은 무엇을 할까? 예를들어 교수들이 표절시비 문제를 두고 서로 일치하지 않을 때 학생들은 연구논문을 어떻게 써야 하나?

모든 교수가 다 학점을 위하여 등급을 사용하지는 않는다. 그러나 아직도 모든 강의실에서 최선을 다한 학생들은 A를, 대부분의 학생들은 C를, 그리고 다른 사람보다 그 성과가 현저히 열등한 학생들은 D, 혹은 F를 받게 될 것이다. 자의든 타의든 간에, 학생들은 다른 사람과 경쟁하기 마련인 것이다. 학생들이 동료들 가운데 표절이나, 대필, 혹은 시험부정에 의해서 좋은 학점을 받고 있는 사람을 알고 있다면 어떻게 해야 하나?

모든 학생들은 성(性)적인 행위에 대해서도 결단을 내리게 된다. 성행위가 결혼을 위해서 확립된 것임을 믿는 사람들은 그러한 신념에 대하여 거듭되는 도전을 받게 된다. 그런 도전에 넘어가지 않는 사람일지라도 파트너와 상황에 의해서 결정을 내리지 않을 수 없다. 결혼을 했든 안했든 많은 사람들은 기대하지 않은 임신의 경우 무엇이든 결정해야만 한다. 동성애자들의 경우에도 그 사실을 어떻게 해야 할지에 대해서 결단을 내리지 않으면 안된다.

시장경제 속에서는 그 다양성에 의해서 여러 가지 행위 결단을 요청받는다. 예를 들면 최소한의 임금을 받고 있는 고용인이 수표

보다는 현금으로 급여를 지급해 줄 것을 요구할 때 고용주는 어떻게 해야 하는가? 급여는 고용인의 가족의 생계를 충족시키기 위하여 충분치 못한데, 현금 지급은 세금과 복지에 부정을 초래하게 될 수도 있기 때문이다. 필요로 하는 고용인이 법 조항에 묶여 있음을 알고 있을 때에 고용주의 책임은 무엇인가?

또 다른 시장 상황을 고려해 보자. 한 백화점이 낮은 가격의 잔디깎기를 광고했다. 그런데 판매원은 상사로부터 고객들이 보다 비싼 것을 사게끔 하라고 위에서부터 지시를 받았다고 하자. 이때 판매원은 모든 잠정적 고객들에게 그들의 필요야 어떻든, 그리고 그들이 더 많이 지불할 수 있는지의 여부와 상관없이 어떻게 해서든 비싼 값으로 그 잔디깎기를 사게끔 해야 하는가?

학생들은 종종 교수들에게 직장이나, 혹은 진학하거나 직업학교에 가고자 할 때 추천서를 써 줄 것을 의뢰하곤 한다. 그때마다 교수는 전적으로 정직하게만 추천서를 써야 하는가? 만약에 학생이 학창시절을 보다 책임성있게 보내지 못했음을 알고 있을 때 교수는 그러한 사실을 정직하게 말해야 하는가? 만약에 학생이 시험에서 부정을 한 사실이 있다면 교수는 그러한 사실도 정직하게 써넣어야만 하는가? 학생이 실제로 자격조건이 충분하지 않다고 느낄 때에 사실이 그렇다고 말해야 하는 것인가?

자연질서에 관한 지식이 증가할 때, 그리고 그러한 지식을 이용할 줄 아는 능력이 커질 때, 마찬가지로 새로운 도덕적 문제도 증가하기 마련이다. 더 많은 에너지의 요청과 청정하고 안전한 환경에 대한 요구 사이에 우리는 어떤 균형을 이룰 수 있을까? 유전인자에 관한 기술의 증가와 인공수정, 대리모(代理母), 심지어는 생명복제(生命複製)에 관한 도덕적 대책은 무엇인가? 장기이식수술, 인공장기에 관한 도덕적인 문제는 또 무엇인가? 고갈되어가는 자원의 이용에 관하여 우리는 어떤 기준에서 최선의 결정을 내릴 수 있을 것인가?

이와 같은 것들이 단지 도덕적으로만 문제가 되는 것은 아니다. 과학, 정치, 종교, 그리고 경제적인 문제도 되고 있는 것이다. 그런 것들은 사회학적, 심리학적 그리고 철학적인 문제도 된다. 신학적이고 실천적인 문제도 되며, 정서적, 합리적, 그리고 의지적인 문제가 되기도 한다. 한마디로 그런 것들은 전인적인 문제를 포함한다. 인격적 생활, 소명, 사회적 관계, 정치 등에서의 가치판단에서도 그런 것들을 요구한다. 엄밀히 말해서 이렇게 전인적인 것을 요구하고 있기 때문에 바로 근본적인 문제는 도덕적인 문제가 되는 것이다. 도덕성은 한정된 특별한 문제에만 국한되지 않는다. 그것은 인간을 포함하는 모든 행위과정과 연관되어 있다. 이 책에서 학생들은 기독교적 관점에서 이 폭넓은 문제들을 고찰하고, "나 자신의 신앙과 관점에서, 내가 살고 있는 상황 속에서, 내가 할 수 있는 바른 행위가 무엇인가?"를 물을 수 있도록 초대받고 있다.

책을 우리말로 옮기면서

　　마땅한 기독교 윤리학 교재가 없는 형편에서 1961년에 출판된 바네트(Henlee H. Barnette) 교수의 「기독교 윤리학 개론」(*Introducing Christian Ethics*)을 번역하여 교과서로 사용한 지도 어언 한 세대를 넘어선 것 같다(수정증보판, 최봉기 역, 대전: 침례신학대학교 출판부, 1995, 4판 발행). 그동안 바네트 박사의 책은 수정과 증보를 통하여 판을 거듭하여 발행되었고, 윤리학 교재로 국내의 여러 신학대학들로부터 많은 호응을 받아왔음에 역자로서 지면을 빌어 감사를 드리는 바이다. 바네트 박사의 책에 대한 반응을 그동안 여러 독자들로부터 듣는 가운데 매우 전형적인 윤리학 교재를 접할 수 있어서 기독교 윤리학을 이해하는 데 큰 도움이 되었다고 하는 한편 현대를 살고 있는 독자에게 이젠 좀더 현대적인 기독교 윤리학 교재가 새롭게 요구되지 않는가 하는 말을 많이 들어왔다. 윤리학은 다른 분야와 달라 사회의 전반적인 변화에 매우 민감해야 될 것을 감안한다면 이는 매우 지당하지 않을 수 없다. 오히려 그토록 오랫동안 바네트 박사의 책이 읽혀진 것이 이상하게 생각되기도 하나, 그만큼 그 책은 기독교 윤리학 교재로서 이미 고전적인 위치를 차지할 정도로 균형있게 씌어진 책이 아닌가 새삼스럽게 인정하지 않을 수가 없을 것 같다.

금번에 같은 이름으로 번역 출간하게 된 크룩(Roger H. Crook) 교수의 「기독교 윤리학 개론」(An Introduction to Christian Ethics)은 역자 바네트 박사 이후 한 세대도 넘게 지난 이즈음 그의 책을 대신할 수 있는 기독교 윤리학 교재를 찾다가 발견해 낸 책이었다. 역자는 이 책을 처음 읽는 순간 제2천년기를 마감하고 제3천년기를 맞이하고 있는 우리 기독교계에 균형 잡히고 조화를 이룬 윤리적 삶을 위한 방향성을 제시해 주는 데 소중한 책이리 여겨 지자와의 접촉을 시도하고 출판사로부터 판권을 얻어 번역을 시도하고 출간하기에 이른 것이다. 이 책은 1990년도 처음 출간된 책으로 번역을 거의 끝내 갈 무렵 1995년의 수정증보판이 최근에 입수되는 바람에 번역을 거의 다시 해야 할 정도로 역자에게는 실로 곤욕이 아닐 수 없었다. 왜냐하면 책의 전반에 걸쳐서 광범위하게 수정되었을 뿐만 아니라 증보한 내용도 결코 만만하지 않았기 때문이다. 한편 그러나 이러한 수정증보를 통해서 이 책은 그야말로 21세기를 위해서 거듭나는 산고를 겪지 않았는가 싶을 정도로 참신해졌음을 발견할 수 있어서 번역자로서는 이 책을 독자들에게 소개하는데 번역의 고통보다는 한결 마음이 가볍고 기쁘지 않을 수가 없었다.

책의 이름을 바네트 박사의 책과 같은 것으로 출간하게 된 것은 원제목이 거의 같기 때문도 사실이나, 적어도 역자는 이 두 책이 기독교 윤리학 개론으로서 전형적일 만큼 같은 비중의 중요성과 내용을 담고 있다고 판단되었기 때문이었다. 단지 다른 것이 있다면 한 세대 정도의 시차를 두고 변화하고 있는 사회적 실존의 분석과 그 해답을 성서적으로 시도함에 있어서 역시 새로운 세대다운 대담성과 그 면모를 보이고 있는 것이 아닌가 한다. 이 두 책은 그만큼 구조적으로는 비슷하고 내용상으로는 새로움이 있어서 기독교 윤리학을 공부하는 사람들이 한 세대를 두고 사회의 변화와 그에 대한 기독교적 해답을 한눈에 대조적으로 볼 수 있는 이점을 두 책을 나란히 두고 읽을 때 얻게 되지 않을까 하는 생각에서였다. 두 책의 이름이 저자는 다르고 번역자는 같으나 역시 책이름도 같게 출간하게 된 것이 바로 이런 이유 때문이었다. 역자는 기독교 윤리학 개론 서적으로 이 두 책을 똑같이 아끼면서 그리스도인들에게는 물론 아직 그리스도인이 아니나 기독교 윤리학에 관심을 갖고 있는 모든 분들에게 추천하고 싶은 것이다.

　　기독교 윤리학은 언제나 변화하고 있는 사회와 개인의 실존적 문제에 대한 성서적 해답을 추구하므로 최근의 사건, 사태, 쟁점 문제 등에 대해서 민감할 뿐만 아니라, 매우 고전적인 성서를 해석해야 하는 복합적이고 학제적인 학문이기에 새로운 용어 등을 많이 다루지 않을 수 없다. 이 때문에 새로운 책을 번역할 때는 그만한 어려움이 따르지 않을 수 없다. 이 책을 번역하면서도 같은 어려움이 있었으며 역자의 부족한 점을 많이 발견하게 되었다. 번역상의 오점에 대해서는 독자의 양해를 얻고자 한다. 책을 출간하면서 교정과 타이핑 등 수고를 아끼지 않은 박찬익과 최아성에게 지면을 빌어서 고마움을 전하는 바이다. 아울러 기독교계에 양서를 출판하기 위해 늘 수고가 많은 교회진흥원 가족들, 이상대 원장을 비롯하여 김병제 출판국장, 박혜란 씨, 그 외의 여러분들에게도 감사하는 마음을 전하는 바이다.

1997년 7월
우학서실에서 최봉기

제1부

윤리학과 기독교 윤리학

제 1 장

윤리학에 대한 일반적 설명

현대인들은 자연질서를 가장 확실한 것으로 생각하는 경향성이 있다. 여기서 질서는 법칙성, 확실성, 예측성을 암시한다. 사람들은 변치 않고 예외가 없는 어떤 확실한 자연법칙이 있을 것이라고 가정한다. 어떤 것을 행하는 것에 대한 원인과 결과, 예측 가능성 등에 대해 말함으로 확실한 결과를 얻기도 한다. 질병의 원인을 발견했기 때문에 그것을 다루거나 치료할 수 있게 되었고, 예방이 가능해졌다고 믿고 있기도 한다. 유전인자에 대해서 더 많이 알수록 식물이나 동물, 심지어는 인간존재의 개선 가능성이 있음을 믿고 있기도 한다. 에너지원을 더 많이 발견할수록 사람들은 자신들의 목적에 걸맞는 일상적인 에너지의 가능성도 풍성해질 것이라고 생각한다.

우리가 사회질서에 대해서 생각할 때에는 이와 같은 확실성을 갖지 못하고 있는 것이 사실이다. 예를 들면 심리학이나 사회학이 과학적 방법론을 사용할 것을 요청하나 그러한 방법들은 물리적인 과학의 방법과는 확실히 다르다는 것을 알고 있다. 사회 과학자들은 물리 과학자들이 실험하는 것과 같은 방법으로 사회학적 실험을 할 수 없다. 사회 과학자들이 예측하는 정확성은 훨씬 더 많은 질문의 여지를 갖고 있다. 사회과학 속에는 비록 어떻게 다룰 줄을 알고 있다 하더라도 보다 많은 변수가 작용하고 있기 때문이다. 사회 과학자들은 사람들을 다룬다는 것이 사물들을 다루는 것과는 근본적으로 다르다는 것을 잘 알고 있다.

그러나 자연과학들과 사회과학들은 존재하는 것에 대한 정확한 기록(記錄)에 대한 관심을 공유하고 있다. 이들은 모두 객관적인 실재를 다루고 있기 때문이다. 이들은 특별한 실재가 어떻게 움직이고 반응하는가를, 그리고 그러한 행동과 반응들을 다루는 방법을 찾아내고자 한다. 그와 같은 실재들을 기록하고 특징들을 서로 비교하는가 하면, 그들 동료들 간의 성과를 평가하고 결론들에 관하여 논쟁하기도 한다. 이미지를 만들어 내고, 그런 이미지들에 의해서 나타나는 현실들을 다시 토의하기도 한다. 연구과정을 기록하고 사물들이 왜 그렇게 되었을까에 대해서 다시금 의문을 갖기도 한다.

선(善)과 의(義), 가치(價値)와 의무(義務) 등에 대해서 말하게 될 때에 우리는 이와 같은 과학의 막강한 영역을 벗어나게 된다. 과학은 가치와 의무 등에 대해서 무엇을 해야 될지를 알지 못하는데, 이는 그것들이 단지 기록되거나 실험할 수 없는 성격을 지니고 있기 때문이다. 한 인간으로서 과학자가 가치를 지니거나 의무감을 느끼는 것은 당연한 것이다. 그러나 그러한 가치나 의무감은 물리학이나 화학, 심리학이나 사회학의 연구에서 활용되는 것과 같이 경험적인 실험의 대상이 될 수 없는 것들이다. 과학자들이라고 해서 다른 과학에서 행하듯, 그렇게 가치나 의무를 실험의 대상으로 삼을 수는 없다.

그러나 방법은 다를지 몰라도 가치나 의무에 관한 연구가 자연, 또는 사회과학이 갖는 엄격한 학문성을 지니지 못한다는 것을 의미하지는 않는다. 윤리학을 훌륭히 해내기 위해서는 정보에 밝고, 신중하게 사고하며, 그리고 기타 부차적인 지식과 통찰력에 개방적이지 않으면 안된다. 그렇지만 불행스럽게도 이렇게 하는 것이 결코 어렵지 않다는 기만적인 생각으로 인해 졸작을 만드는 결과도 허다하다. 윤리학자는 과학자가 일할 때 사용하는 도구를 갖고 있지 않기 때문에, 그리고 윤리학자의 일은 객관적인 증명의 형태로 드러나지 않기 때문에, 자칫 논리적이거나 비판적인 사고의 형태로만 드러내지는 경우도 있다. 의식이 있는 사람이라면 도덕적 판단과 같은 난해한 문제에 대해서 쉽고 빠른 해답이 있을 수 없다는 것을 깨달을 것이다.

비록 전체는 아니더라도 대부분의 학생들은 미래지향적인 경향성을 지니고 있다. 우리는 바람직한 목표를 얻기 위하여 과거와 현재를 분석한다. 예를 들면, 사람들은 치료를 위하여, 그리고 궁극적으로는 예방수단을 위하여 질병의 원인을 연구한다. 보다 적합한 음식과 의복을 공급하기 위하여 토양과 종자, 그리고 화학반응을 연구하는 사람들도 있다. 오늘날 우리는 우리가 여기에 어떻게 있게 되었나를 이해하기 위하여, 그리고 마침내는 보다 나은 미래로 나아가기 위하여 역사를 연구하기도 한다. 분명히 어떤 연구는 당장에는 실용적이지 못하며, 많은 탐구들이 공리적이기보다 추상적일 뿐인 때도 많다. 그러나 인간들은 미래를 염려하고 있으므로 훨씬 공리적일 가능성이 큰 것이다.

윤리학의 연구는 전적으로 이와 같은 공리적인 접근 속에 진행되어 왔다. 윤리학은 근본적으로 과거의 평가나, 죄 또는 무죄, 의식의 강조, 혹은 비난하거나 신뢰를 주자고 하는 것이 아니다. 윤리학은 무엇보다도 행위결정을 위한 지침을 마련하는 데 관심을 갖고 있을 뿐이다. 윤리학은 "어떤 행위가 선하고 옳은 것인가" 하는 질문에 사람들이 답변할 수 있도록 돕고자 할 뿐이다.

어떤 문제에 대해서든 여러 가지 다른 종류의 질문들이 제기되고 또 제기되지 않으면 안된다. 한 예를 들면, 1990년대 초기 하이티에서의 정치와 경제적 상황은 수천의 사람들로 하여금 절망감을 느끼고, 실로 믿기지 않을 정도의 위험을 무릅쓰고 공해상을 건너 불법적이지만 망명처를 찾을 수 있다는 희망을 가지고 미국으로 향하게 만들었다. 그들의 미국 내 입국은 미국으로 하여금 여러 가지 문제들에 직면하게 했다. 이들 난민들의 음식, 의복, 거처를 즉각적으로 어떻게 충족시켜줄 수 있으며, 얼마나 오랫동안 그들에게 이런 것들을 제공해 줄 수 있을 것인가? 이것은 하나의 경제적인 문제이다. 어떻게 불법적으로 들어오는 사람들을 막을 수 있으며, 불법 입국과정에서 체포된 사람들에 대해서 어떻게 해야 하는가? 이것은 법적인 문제이다. 군사혁명을 통해서 권력을 장악하고 있는 다른 나라의 정부와는 어떤 관계를 가져야 하는가 하는 문제는 정치적인 것이다. 그들 자신의 나라를 떠나 온 사람들에 대한 우리 자신들의 도덕적인 의무는 무엇인가? 이는 바로 윤리적인 문제이며, 이에 대한 대답은 다른 모든 문제들과 또한 그 이상의 것들과의 관련 속에서 제시되지 않으면 안된다.

1990년대에 미국에서 관심을 모았던 문제는 에이즈의 급속한 확산이었다. 이에 대해서도 많은 질문들이 제기되었다. 문제의 범위는 어디까지인가? 가장 효과적인 치료방법은 무엇인가? 누가 그 돈을 지불해야 하는가? 보다 나은 예방과 치료방법을 위한 연구에 들어가는 비용은 누가 마련하는가? 효과적인 치료방법을 마련한 사람에게 최종적으로 돌아가는 이익의 범위는 어떻게 결정하는가? 치료제가 개발되었다고 하더라도 과연 그것을 필요로 하는 사람 모두에게 제공할 수 있을 것인가? 제한된 자원을 가지고 어떻게 이 질병치료에만 몰두할 수 있을 것인가? 그리고 이러한 질문하에서의 윤리적인 문제는 바로, 에이즈 감염자의 이익과 다른 더 큰 공동사회의 이익 사이에서 우리는 어느 쪽을 우선적으로 선택해야 하는가? 이다.

이들 두 예는 사회적인 문제들을 다루고 있다. 그러나 모든 사회적 문제는 개인적인 결단과 행위를 포함한다. 정치적인 문제에의 참여여부, 누군가에 대한 투표, 그리고 무슨 직무를 맡아야 하는가 등은 개인적인 것이다. 사회적 질서 상황 내에서 어떤 행위로 영향을 미치느냐 하는 문제도 개인적 문제이다. 고통에 관한 것도 개인적인 문제이다. 복잡한 사회 내에서 우리는 그 속에 있는 구조적 문제와 개인적인 문제를 함께 다루게 된다. 개인으로서 사회 내에서 우리는 상호간에 영향을 주고받으며 살아가고 있다. 집안에서 안주해 있는 자신을 발견하는가 하면, 때로는 문제들에 대해서 비판적인 태도를 보이고 있는 자신을 발견하기도 한다.

정의(定意)

"윤리학"(Ethics)은 인간행위를 평가하는 데 관련된 체계적이고 비판적인 연구이다. 이미 언급한 대로 그리한 평가는 미래 지향적이다. 말하자면, 윤리적 평가는 행위결정과 관련되는데 이에 관한 기초적인 질문은 "나는 옳았는가?" 혹은 "나의 행동은 선한 것이었나, 악한 것이었나"를 묻지 않는다. 물론 그렇다고 해서 윤리적 질문이 전혀 과거를 고려하지 않는다는 것은 아니다. 과거의 행위에 관한 죄의식을 위하여 윤리적 평가를 하지도 않는다. 윤리적 평가는 앞으로 하게 될 행위결정을 도와 주는 목적을 지닌다. "나는 지금 무엇을 해야 하는가?" 하는 질문이야말로 바로 윤리적 평가가 갖고 있는 관심인 것이다. 윤리적 평가는 어떤 기준, 즉 그것으로 판단을 내릴 수 있는 정경(canon) 같은 것을 요청한다. 따라서 윤리학의 출발점은 세계관, 또는 삶에 관한 철학의 선택이라고 할 수도 있다. 윤리학은 그 자체가 기초학이 된다기보다는 오히려 철학적인 기초 위에 세워지는 것이라고 해야 할 것이다. 선(善)이 무엇인지를 결정해야 하는 사람은 다음의 질문에 먼저 대답해야 한다. "왜 그것이 선한가?" "무엇이 이를 선하게 혹은 악하게 하는가?" "왜 이 가치는 다른 가치보다 우월한가?" "그러한 대답은 왜 가능한가?" 이러한 질문에 대한 답은 대답하는 사람의 인생관에 의해 좌우되기 마련이다.

"기독교 윤리학"(Christian Ethics)은 기독교적 관점에서 인간의 행위를 비판적으로 평가한다. 기독교 윤리학은 기독교 신앙 안에서 성립되며 인간의 본성, 인간 상호간의 관계, 그리고 인간과 하나님과의 관계 등에 관하여 기독교적 전제를 갖는다. 기독교 윤리학은 다른 종교를 신봉하는 사람들과도, 그리고 종교를 갖지 않은 윤리학자들과도 견해를 함께 나눈다. 하지만 어떤 특별한 사고에 그들 모두가 동의하느냐 안하느냐, 혹은 같은 결론에 이르느냐 아니냐 하는 것은 문제가 되지 않는다. 견해를 나누는 것은 해답이 아니라 문제 그 자체일 뿐이다. 기독교 신앙은 대화의 동기를 기독교 윤리학자들의 행동, 가치와 의무에 관해서 그들이 일반화한 것들, 그리고 제안된 행위과정에 대하여 그들이 도달할 수 있는 결론으로부터 갖게 된다.

'도덕성'(morality)이라는 말은 윤리학에 관한 토론 속에서 자유롭게 사용되고 있다. 사실상, 일반적인 토론 속에서 윤리와 도덕은 종종 교차되어 사용되기도 한다. 그러나 이 둘 간에는 차별성이 주어지지 않으면 안된다. 보다 올바르게 이해하고자 한다면, 윤리학은 이론적 특성을 지니는 반면에 도덕은 특정행위를 두고 사용된다는 것을 알아야 한다. 기독교 윤리학을 윤리학의 표준으로 받아들이는 사람이라면 도덕적인 결정을 하는데 있어서 기독교적 기준을 의도적으로 적용하고자 할 것이다. 그러나 이 같은 차별성이 일반적으로, 혹은 학문적 토론 속에서 언제나 엄격하게 유지되고 있지는 않다.

주관적인 문제

윤리학의 연구는 사람들로 하여금 가치판단을 내리게 하는 일에 관여한다. 가치(value)는 문자적으로 "값있는 것, 중요한 것"을 의미한다. 사람들은 거의 모든 것들을 돈으로 평가하는데 익숙해져 있다. 물건들 뿐만 아니라 자원, 노동, 분배 등의 고유가치들이 일정한 값으로 대치되고 있다. 높은 대가만이 최고의 것이며, 심지어 사람들마저도 같은 방식으로 평가를 받고 있는 것 같다. 이런 경향성이 일반화되어 있으며 다른 선택의 여지가 없는 것처럼 보인다. 그렇다면 누구든지 이런 방식으로 선택하고, 또 그 속에서 만족해 하며 살 수 있는 것인가? 윤리학 연구는 돈의 가치를 우선하지 않는다. 오히려 우리는 모든 것이 돈으로 평가되고 있는 삶의 방식에 대해서 근본적인 의문을 갖는다. 이 같은 의문에 대한 답변이 바로 윤리학에 있어서 주관적인 문제가 되는 것이다.

어떤 사람들은 윤리적인 행위결정을 하기 위해서는 삶에 있어서의 최고선이 무엇인지를 결정하므로 시작하는 것이 가장 적합한 방법이라고 생각한다. 만약 그것이 사실이라면 우리는 다른 모든 것을 희생하고서라도 그 한 가지를 찾지 않으면 안될 것이다. 그것을 찾으므로서 우리는 기타 다른 경미한 결정을 어떻게 해야 할지를 이해할 수 있을 것이다. 다른 모든 것들은 그 같은 최고선과의 관계 속에서 그 가치를 지니게 되기 때문이다. 여기서 제기될 수 있는 가능한 질문들은, 삶의 목표가 무엇이고 행복과 권력은 무엇인가? 다른 사람에 대해서는 어떻게 인정하며 어떤 성취감을 갖는가? 당신 자신에 대해서는 어느 정도 진실한가? 등이다. 이런 질문들에 대하여 답변하고자 한다면 우리는 목표성취 여부와 그 가능성에 의해서 어떤 종류의 평가든 회피할 수 없을 것이다. 이 같은 접근방법을 우리는 '목적론적'이라고 하는데, 이는 궁극적으로 모든 행위가 목적 지향적임을 의미한다. 여기서 의무는 가치관으로부터 나오며 목표의 성취여부가 행위결정에 영향을 미치게 된다.

 어떤 사람들은 이와는 대조적으로 의무를 우선적으로 내세우고 가치는 의무로부터 나온다고 말한다. '의무'(duty)라는 말은 관계에 기초하거나, 혹은 삶의 어떤 지위로부터 결과하는 책무(obligation)를 의미한다. 따라서 의무는 '책임'(responsibility)과 밀접한 관계를 갖는데, 이는 자신 밖에 있는 어떤 것에 대한 성실성에 기인한 행위를 말한다. 의무로 인해서 행위하는 사람은 목적을 이루기 위해서 행동하지 않고 자신의 내적인 위임으로 말미암아 행동한다. 이는 행위의 초점이 목적이라기보다 동기에 주어진다는 말이다. 만족은 다만 의무를 행하는데 있으며, 선한 삶이란 이와 같은 내적 요구에 반응하는 삶이라고 한다. 이 같은 의미에서 가치는 의무로부터 나온다고 말할 수 있는 것이다. 이 같은 이론을 '의무론적'이라고 하는데 이는 기본적인 책무로부터 오는 동기를 중시한다.

 기독교 윤리가 목적론적이냐 의무론적이냐 하는 것에 대하여는 토론의 여지가 있다. 결과야 어쨌든 간에 그러한 토론은 규범, 혹은 표준과 관여되는 문제이기도 하다. 이는 단지 사람들의 행위양식을 기술하거나 그들의 도덕적 신념이나 관습, 실천을 분석하는 데 관심이 있는 것이 아니다. 그러한 것은 사회과학의 기능에 해당한다.

그러나 그와 같은 과학은 가치판단을 회피하는 경향을 지닌다. 그것들은 어떤 행위가 선하다거나 혹은 악하다거나 하는 말을 하려 하지 않는다. 그들은 단지 어떤 행위는 이러한 결과를 가져오고, 다른 행위는 다른 결과를 낳는다고 말할 뿐이다. 윤리학의 특성은 이와 같은 과학과는 달리 가치판단에 역점을 둔다. 윤리학의 특성은 서술적이기보다는 규범적이라는 데 있다. 윤리학은 어떤 바람직한 목표를 성취하기 위해서든(목적론적), 어떤 근본적인 관계에 대하여 책임적이든(의무론적) 간에 행위의 방법을 천거한다. 자연과학이나 사회과학에서와 마찬가지로 윤리학에서도 우리가 개인적일 뿐만 아니라, 그와 같은 개개인이 사회 속에 있다는 것을 인식하고 있다. 윤리학자는 개인이나 사회 위에 기준들을 부과하려고 하기보다는 사회를 이루고 있는 개인에게 도덕적인 문제에 관한 심도 있는 가치판단적 행위 결정 방법을 발견하게 하고 그렇게 행하도록 격려한다.

가설

모든 학문에 있어서 학생들은 어떤 가설을 설정할 것을 요청받는다. 역사학, 생물학, 수학, 경제학, 음악 혹은 물리학 등 어떤 학문에서도 진공상태에서 연구가 진행되지는 않는다. 한 학문의 가설은 다른 학문의 탐구분야에서도 적합한 것이 될 수 있다. 사실상, 같은 학문권 안에서도 어떤 가설들이 적합한가 하는 논쟁이 있을 수 있다. 동의하든 하지 않든 간에 가설 없는 연구란 있을 수 없다.

윤리학의 연구는 세계관을 바탕으로 하고 있으며, 기독교 윤리학이 기초하고 있는 세계관은 기독교 신앙이라는 점을 이미 언급한 바 있다. 이는 바로 윤리학의 특별한 연구를 강조하는 첫번째 가설이라고 할 수 있겠다. 모든 종교 안에는 가치와 의무, 옳은 것과 그른 것, 선과 악에 관한 독특한 이해를 지닌다. 여러 가지 점에서 기독교 윤리학과 다른 종교 윤리학과는 중첩되는 것과 전혀 그렇지 않은 것들이 있다. 비종교적인 철학들은 가치와 의무, 옳고 그른 것, 선과 악에 관한 그들 자신만의 이해를 가지고 있다. 심지어 기독교 안에서도 신학과 윤리학에서 각각 다양한 견해를 갖고 있는 것이 사실이다. 이와 같은 인식하에서 기독교 윤리학은 기독교 신앙 안에 자리잡고 있으며 바로 그 신앙 안에서 결론을 도출해 낸다.

    윤리학 연구에 대한 접근방법을 강조하는 두번째 가설은 우리의 지식을 능가하는 우주적 질서가 있다는 것이다. 사실 이 같은 가설은 모든 과학적 탐구에서도 가지고 있는 것이다. 양식들이 관찰된 다음 그것에 근거해서 고도의 정확성을 지닌 예측 가능성을 갖곤 한다. 그 같은 양식에 대해서 더 많이 알면 알수록 우리들은 자신의 목적을 위해서 그것을 더 잘 사용할 수가 있게 된다. 기독교 윤리학 연구에서도 어떤 양식, 즉 인간관계를 강조하는 질서가 있다는 가설을 설정한다. 따라서 그와 같은 관계 속에서 원인과 결과, 연속성, 규범성 등에 관하여 말할 수 있게 된다. 그리고 그 속에 어느 정도의 정확성을 갖고 있는 예측 가능성을 보여 주게 된다.

    세번째 가설은, 인간은 우주적인 질서에 관하여 무엇인가 알 수 있다고 하는 것이다. 물론 이렇게 말하는 것이 인간은 무엇이든지 다 알 수 있다는 것을 의미하지는 않는다. 과학적 탐구가 알아낼 수 있는 만큼의 지식마저도 윤리학이 관여하는 영역에서는 불가능한 것이 사실이다. 어떤 학문에서든지 정직한 학자는 발견과 결론을 내리는 일에 대해서 잠정적 태도를 보여 주고자 한다. 정보가 불확실할 수도 있고 자료가 잘못 해석되어질 수도 있으며, 나중 발견이 지금 사실이라고 믿고 있는 것을 뒤엎을 수도 있기 때문이다. 그 같은 잠정성이 학문적 수행을 계속하게 하고 보다 더 많이 배우게 하는 것인지도 모른다. 배우기 위해서는 현재 알고, 믿고 있는 것에 근거해서 앞으로 나아가지 않으면 안된다. 이것이 바로 현재로서는 기독교 윤리학에서도 나아갈 진행방향이다. 도덕적 행위결정을 위한 근거가 될 만한 진리의 탐구가 바로 그것이다. 윤리학자는 현재의 통찰력에 근거해서 자신있게 행동하고 동시에 앞으로의 새로운 이해를 위하여 개방적이어야만 한다.

네번째 가설은 자유의지에 관한 문제이다. 인간은 사실상 그들 자신들의 의지에 의해서 선택하고 행동하는 존재이다. 그렇다고 인간이 전적으로 자유롭다고만 여기는 사람은 없는 것 같다. 어떤 것은 명백하고 다른 것은 덜 명백하게 보이지만 자연질서와 사회질서라는 제한하에 우리가 살고 있는 것 만큼은 분명한 것 같다. 그러나 그러한 제한 속에서도 우리는 결국 선택하지 않으면 안된다. 예를 들면, 우리는 비록 중력의 법칙을 어길 수 없을지라도, 어떤 목적을 달성하기 위해서 그 법칙을 다양한 방법으로 사용할 수는 있는 것이다. 우리가 부모를 임의로 선택할 수는 없지만, 부모를 어떻게 대해야 할지를 결정할 수는 있다. 남자가 되는 것과 여자가 되는 것을 마음대로 선택할 수 없다고 하더라도, 상대편 성을 대하는 태도는 우리 스스로가 결정하지 않으면 안된다. 결국 우리는 우리의 결정 범위 밖에 있는 것일지라도 우리의 선택에 어떤 조건이나 영향을 미친다는 사실을 깨닫게 된다. 예를 들어, 어떤 사람의 범죄의 원인에 대해서 말할 때 가난한 가족 형편, 나쁜 친구들, 성격적 결함 등이 그 사람에게 영향을 주었음을 알 수 있다. 동시에 우리는 그러한 형편들이 영향을 줄 수는 있었으나 결정적일 수는 없으며, 결국은 개개인의 결정이 매우 독자적일 수밖에 없음을 인정하기도 한다.

마지막 가설은 개인의 책임에 관한 것이다. 어떤 의미에서 이러한 책임성은 한 개인이 살아가는 데 회피할 수 없는 결단을 의미한다. 행위의 결과는 선택의 논리적인 결과라고 말할 수도 있다. 행위의 선택을 마음대로 회피하거나 그 결과를 거부할 수 있는 것이 결코 아니다. 선택의 결과를 어떤 다른 사람에게나 다른 환경에 전가할 수도 없다. 이와 같이 개인의 책임이란 선택하는 사람이 모든 것을 떠맡는 것을 의미한다. 종종 어떤 사람의 선택과 행위는 외부의 권위에 의한 판단에서 이루어질 수도 있다. 그러한 권위는 단체 압력과 같이 비형식적일 수도 있고 공동체 내의 법과 같이 형식적일 수도 있다. 기독교적 전망에서 볼 때 우리가 인정하는 궁극적인 권위는 하나님뿐이다. 이러한 방법으로 의무에 관한 개념이 기독교 윤리학 속에 포함되게 된다. 사람들은 자신에 대해서 그리고 그가 소속되어 있는 사회에 대하여 의무를 지닌다. 그러나 그러한 의무는 부수적인 것이며, 그리스도인의 궁극적인 의무는 하나님께 있고, 도덕적 선택은 하나님께 대한 책임에서 이루어진다.

윤리학과 다른 학문

학문적인 연구에 있어서 윤리학은 철학의 한 분야라고도 할 수 있다. 역사적으로 철학은 몇 가지 주요문제들을 포함하는데, 이를테면 형이상학은 실재하는 것의 궁극적 성격을 다루며 인식론은 인간지식의 성격과 한계를 다룬다. 논리학은 명료하고 정확한 사고의 성격과 문제를 다루고, 미학은 미의 특성과 미와 관련된 판단을 다룬다. 철학의 한 분야로서의 윤리학은 가치와 의무를 다룬다. 따라서 윤리학 분야 내에서의 대부분의 연구나 저서는 이전 시대에는 철학자들에 의해서 이루어졌었다.

신학과 철학이 다른 학문이긴 하지만 그들이 다루는 주제는 중복되는 것을 볼 수 있다. 중복되는 분야 중에 중요한 한 가지는 도덕적 행위에 관한 주제이다. 비록 대부분의 학자들이 철학자의 작업에 대해서 알고 있고 그중에 철학에 의존하는 경우가 있다 해서 기독교 윤리학자들이 반드시 철학자가 될 필요는 없다. 같은 논리로 모든 철학자가 그리스도인일 수도 없다. 다른 종교적 전통과 무종교, 무신앙을 주장하는 사람도 얼마든지 있다. 그러나 기독교 윤리학적 작업이 원만히 이루어지기 위해서는 이런 모든 것들과 서로 영향을 주고받는다는 것을 알아야 한다.

사회과학은 윤리학자들이 이용하는 수많은 양의 정보를 제공하고 있다. 윤리적 사고의 초점은 인간행위에 대하여 가치판단을 하는 것이다. 어떤 인간의 행위도 전적으로 사사로울 수만은 없다. 어떤 종류의 사사로운 행위나 생각이든 모두 사회계약을 반영하고 미래의 계획에 영향을 미치기 마련이다. 만약 어떤 행위에 유효한 판단이 내려졌을지라도 그러한 판단이 추상적으로 되어졌다고 보기는 어렵다. 윤리적 판단은 행위의 발생뿐만 아니라 그 행위가 발생한 상황에 대한 이해 없이 내려질 수가 없다. 예를 들어 낙태를 해야 하느냐를 결정하는 개인적인 결정이나 낙태를 다루는 법안에 관한 공적인 결정은 모두 많은 정보를 요구한다. 물론 이러한 결정이 정보에만 의존하는 것은 아니라고 하더라도 그러한 정보 없이 효과적인 판단이 내려질 수는 없다. 윤리학과 마찬가지로 법학 역시 규범적 학문에 속한다. 그것 역시 무엇을 요구한다거나 무엇을 금한다는 것을 말하고 있다. 그런 의미에서 법을 순응하는 것은 선한 행위이고 법을 어기는 것은 악한 행위가 된다. 따라서 법은 기준을 설정하고 행동을 규정한다. 법을 따르는 사람은 선하고 법을 어기는 사람은 죄인이 된다. 율법적인 접근이 윤리학의 최선의 방법이 아닐지라도 행위를 평가하고자 한다는 점에서 윤리학과 법학은 어느 정도의 공통점을 가지고 있다. 법과 마찬가지로 윤리학의 기본적인 목적은 자신이든 타인이든 간에 기준을 어김으로 말미암아 죄의식을 갖게 하는 것이 아니라 사람들로 하여금 선한 삶을 살도록 인도하는 것이다.

    법학과 윤리학이 모두 규범에 관여하기 때문에 사람들은 종종 이 둘을 분간하지 못할 때가 있다. 예를 들어 언젠가 국가적으로 법률이 산모의 건강에 관여되지 않는 한 모든 낙태를 금한 적이 있었다. 따라서 낙태를 찬성하는 토론은 불법으로 여겨졌다. 어떤 의사들은 그들이 낙태를 이행하지 않는 단 한 가지 이유는 그것이 불법이기 때문이라고 했다. 현재는 더 이상 이 법률이 유효하지 않으며 의료적인 진행사항을 규제하는 법률적인 제한은 거의 없어졌다. 결국 이는 해당되는 법률을 바꿈으로서 제기된 문제를 해결한 것이 아닌가? 많은 사람들은 낙태가 비도덕적이며 따라서 낙태를 행하는 것은 불법적이라고 하는 법령이 다시 만들어지기를 바라고 있다. 만약 그들이 원하는 대로 법령이 만들어진다고 해서 낙태에 관한 도덕적인 문제가 해결되는 것일까?

목적

객관성을 신중하게 유지하기 위하여, 그리고 하나의 학문으로서 연구의 통일성을 유지하기 위하여, 윤리학자들은 윤리학의 목표가 행위가 아닌 지식이라는 사실을 강조해 왔다. 예를 들어, 호스퍼스(John Hospers)는 "윤리학은 도덕적 질문들에 관한 진리를 발견하는 일일뿐, 그것으로 행위를 결정하고자 하는 일에 관심을 갖지는 않는다"고 말한다. 그러나 호스퍼스는 이것이 행동, 그 자체와 전혀 무관한 것은 아니고 다만 진리를 발견한 사람이라면 그 진리에 따라서 행동하게 될 것이라고 하는 생각을 갖고 있었다. 윤리학은 "직접적으로 실천에 관여하지 않고 행위의 당위성에 대한 바른 진술에 관심을 갖는다"라고 호스퍼스는 주장했다(*Human Conduct*, p. 9). 이러한 윤리학자들의 말은 어쩌면 과장인지도 모른다. 아마도 어떠한 학문이든, 지식 자체만을 추구하지 않고 그 적용을 추구하듯, 윤리학의 경우에는 이 경향이 더 두드러진다. 물론 선한 지식이 사람을 선하게 하는 것은 아니다. 선을 아는 것과 선을 행하는 것은 일치하지 않는다. 최고의 정보를 갖고서도 최악의 결정을 내릴 수가 있다. 그러나 지식은 행위를 위해서 아주 긴요한 도구가 되는 것이 사실이다. 그 지식을 통하여 선한 결단을 내리기 위해서 어떻게 해야 하는 것인지를 배울 수도 있기 때문이다.

　　바른 결단을 내리기 위한 방법을 배우고자 하는 목적을 추구하는 가운데 사람들은 여러 가지 심각한 문제들에 직면하게 된다. 그 중에 한 가지는 선과 악, 옳은 것과 그른 것, 가치와 의무의 특성에 관한 일치가 없다는 것이다. 처음부터 정말 절대적인 어떤 것이 있는가 하는 것도 문제이다. 어떤 것에 대해서 '항상' 혹은 '결코'라는 말을 사용할 수 있는지도 의문이다. 참이라는 것이 단순하게 인간의 마음속에 있는 것인지, 아니면 인간의 사고나 지식과는 별도로 존재하는 것인지도 마찬가지로 의문이다. 철학자들이나 신학자들 가운데서도 도덕적인 영역 속에 객관적인 진리가 있는지에 대해서 일치된 견해가 없다. 객관적인 진리가 있다고 믿는 사람들 가운데서도 실상 그 진리의 내용에 관해서는 역시 일치점이 없다. 따라서 그들은 믿을 만한 보편적인 어떤 판단기준에 대해서도, 어떤 것이 선과 악을 가능하게 하는지에 대해서도 일치하는 바가 없다.

　　사람들은 한때 일반적으로 받아들여졌던 것이 다시금 도전받을 수도 있다는 것을 대수롭게 생각하지 않는다. 더 이상 혼전(婚前), 혼외(婚外) 성관계나 낙태, 동성애 같은 성윤리에 관해 일치하고 있는 기준이란 없다고 믿는다. 비록 보편적으로 모두가 추종했던 기준이 없었다고 하더라도 그런 것을 무시하면 안된다는 것을 사람들은 알고 있다. 이제 그런 것에 관한 질문은 반칙의 여부문제가 아니라 유효성의 여부에 관한 문제가 되고 있다. 선한 목적을 달성하기 위하여 폭력을 사용할 수 있는가 하는 문제도 마찬가지이다. 아주 최근에 이르기까지 국가만이 선한 목적으로 폭력을 사용할 권리를 갖고 있으며, 개인이 자신의 목적을 위해서 폭력을 사용하는 것은 잘못이라는 생각에 일치했다. 개인들은 그들이 부당하다고 여기는 것을 시정하는 제도 안에서만 허용되는 삶을 살았다. 그러나 점차 변화를 위해서는 폭력이 정당화 될 수도 있다고 주장하는 사람들이 늘어나고 있다. 1960년대의 미국 도시들 안에서 있었던 폭력이 유감스럽기는 하지만 인종적인 정의를 위해서는 필요한 과정이 아니었느냐 하는 주장도 있다. 런던과 벨파스트(Belfast)에서의 폭동도 북아일랜드로부터 영국 사람들을 몰아내기 위한 투쟁에서 필요한 것이 아니었느냐 하는 주장이 있기도 하다. 그리고 일반 시민들의 경우 자신의 방어를 위해서 무기를 소지하고 위협을 당할 때에 그것을 사용하는 것이 도덕적으로 정당하다고 믿고 있다.

  올바른 행위양식을 발전시키고자 하는 노력 속에서 직면하는 다른 곤란은 옳은 것과 그른 것을 구분하는 것이 단순하거나 명료한 선택의 문제가 아니라는 데 있다. 사람들은 직면하는 대부분의 문제들이 고도로 복잡하고, 어떤 결정들은 분명히 바람직하지 않은 결과들을 초래한다는 것을 알고 있다. 예를 들어, 미국 남부 공립학교에서 인종 간의 균형을 확보하기 위한 압력은 과거로부터 지속적으로 부당했던 것을 시정하고, 젊은이들로 하나의 통합된 사회 내에서 살 수 있도록 준비시키고자 하는 것이었다. 동시에 그것은 많은 사람들로 하여금 정서적으로 긴장상황 속에 있게 하고, 학교에서는 교육상의 문제를 가져오게 했으며, 많은 사람들이 의미 있다고 여기는 이웃 개념을 침해하기도 했다. 어린이들을 차량으로 등교시키는 것은 학교에서의 인종차별 철폐라는 목적을 달성하는데 매우 효과적이긴 했지만, 이는 많은 학생들로 하여금 부당하게 학교에 가기 위해 오랜 시간 동안 차를 타야 하는 불편을 야기시켰다. 교사들의 고용분배 제도는 인종 간의 균형을 보장했지만, 수많은 개개인들이 수고해야 했고 학생들과 교사, 그리고 인종 간의 정서적인 긴장을 초래했다. 똑같은 어려운 점들이 극도로 개인적인 결정을 함에 있어서 사람들을 곤란케 하고 있다. 시험을 치르는데, 정직하게 시험을 치른 사람이 C학점을 얻고, 부정행위를 한 동료가 A학점을 얻었다고 가정해 보자. 동료의 이 같은 부정행위를 알고 있는 이상, 설령 이에 대해서 서로 간에 아무 말이 없었다고 하더라도 이는 두 사람의 관계에 어떤 영향이든 미칠 것이 확실하다. 이는 어느 쪽이든 상대방의 입장이 달라져도 마찬가지일 것이다. 또한 이 같은 학생의 부정행위는 교사로 하여금 잘못을 저지르게 만드는 결과를 가져오기도 한다. 부정한 학생의 속임수가 당장에 아무에게도 상처를 주지 않는다고 하더라도 장기적인 안목에서는 어떠할까? 그러므로 우리는 사회적인 문제이든 개인적인 일이든 간에 옳은 것과 그른 것을 구별하는 행위결정이 결코 단순한 일이 아니라는 것을 알게 된다.

    주어진 정황 속에서 어떤 행동이 적합한지를 확신하는 일에 대해서 우리는 그러한 정황을 접할 때마다 좌절을 느낄 때가 많다. 예를 들어, 한 중산층 가정이 어떤 가난한 노령의 이웃을 도우려는 노력에 대해서 생각해 보도록 하자. 이 나이 많은 과부는 방 두 개가 있는 판잣집에서 비정상적 관계로 말미암은 두 손자와 자신의 외손자, 이렇게 모두 다섯 명과 더불어서 살고 있었다. 그 과부의 딸은 다른 시에서 살고 있었다. 이 과부 할머니의 유일한 수입원은 시에서 나오는 생계비 보조가 전부였다. 그녀는 일하기에 너무 늙었고, 결국 어린 손자 손녀들을 돌볼 수 있는 다른 방법이라곤 전혀 없었다. 이 가족이 살고 있는 판잣집은 목재난로를 사용하고 있었고 화재에 대해서 아무런 방책도 없었다. 어린이들은 영양결핍, 낡은 옷, 비정상적인 교육 그리고 부적절한 의료혜택을 받고 있었다. 이 과부는 종종 중산층으로 살고 있는 이웃에게 도움을 청했고 그들의 동정을 구하고자 했다. 그와 같은 절박한 상황에 대해서 이웃 사람들은 도움을 거절할 수가 없었다. 그러나 그들의 단순한 도움은 이 가엾은 가족에게 결코 항구적일 수가 없는 것이 분명했다. 문제는 일차적으로 그 여인과 손자들이 스스로 충족시킬 수 없는 당장의 필요를 채워 주어야 할 개인적인 문제로 여겨지나, 한편 궁극적으로는 가난한 사람들을 어떻게 도와야 할지에 관한 대책을 요하는 사회적인 문제가 아닐 수 없다. 사람들은 종종 도움을 구하는 손길에, 특히 그럴 만한 가치가 있을 때 자발적인 반응을 보이지만, 그러한 도움이 수많은 도움의 요청을 다 들어줄 수 없다는 것을 잘 알고 있는 것이다. 그들은 단지 근본적인 질병의 치유책에 대해서 알지 못한 채 다만 사회문제의 징후만을 다루고 있을 뿐이다. 복지제도가 비록 사람들의 필요에 응하는 중요한 노력이기는 하지만, 그것이 오용되고 있는 것도 사실이다. 우리가 분명히 우리의 삶의 자리에서 가난한 사람들에게 도움을 주어야 하지만, 우리들이 할 수 있는 한두 가지의 방법만으로 만족할 도덕적인 결정을 내리고자 할 때 복잡한 문제가 한 가지 더 있다. 우리들 모두는 다양한 영향력 하에 놓여 있으며 복잡한 동기로부터 행동하고 있다. 오직 단 한 가지만의 의무감으로 살고 있는 사람은 없는 것이다. 대부분의 사람들은 가족과 친구가 있고, 시민의 일원이며, 사회적인 단체의 일원으로, 교회의 회원으로, 정당의 일원으로 살아가고 있다. 우리는 대중매체로부터 뉴스를 듣기도 하고 또한 그로부터 오락을 누리기도 한다. 무언가를 집요하게 우리에게 팔려고 하는 상품광고자들에 의해 계속 압력을 받으며 무엇이든 해야 한다는 중압감도 역시 크다. 상인으로부터도, 자선단체로부터도, 우리들의 가치나 의무가 객관적 측면으로부터 방해받고 있는 것이다.

그러나 이런 모든 난관에도 불구하고, 이 책에서는 보다 치밀한 도덕적 결정을 내릴 수 있는 방안들을 찾아보고자 한다. 이 책의 일부에서는 이론적인 접근방법으로 도덕적인 문제를 다루는 하나의 형식적 체계를 마련해 보고자 한다. 물론 그러한 체계를 기독교 신앙의 틀 안에서 발전시킨다는 것에 대해서는 이미 분명히 언급했다. 그렇게 하기 위하여 비기독교적인 대안들을 평 없이 간단하게라도 언급해야 할 필요성을 느끼는데, 이는 현대인들의 경향성을 무시한 채 우리 자신만의 입장을 이해하는 것에 한계가 있기 때문이다. 그러나 우리의 목적은 우선적으로 기독교적 접근을 시도하는 것이다.

이 책의 다른 한 부분은 보다 실천적인 면에 역점을 두고 있다. 이 부분은 우리의 무디어진 양심을 자극시키게 될 것이다. 이 과정에서 일반적으로 받아들일 수 있는 것들에 대해 의문을 제기하게 될지도 모른다. 비록 윤리적인 문제 전반을 다 다루지 못한다고 하더라도 가능한 한 개인적이며 사회적인 행위에 대해서 질문을 제기하고자 한다. 그런 문제들을 다룰 때 모든 삶의 영역에 접근하는 실천적 질문들이 개발되어지기를 희망한다.

토론을 위한 질문들

1. 개인의 도덕성과 사회문제 사이에는 어떤 관계가 있는가?
2. 가치와 의무 사이에는 어떤 관계가 있는가?
3. 윤리문제를 다룸에 있어 개인의 종교적 신앙은 어떤 역할을 하는가?
4. 수많은 다른 종교와 철학적 관점이 존재하는 세계에서 어떻게 옳고 그름을 말할 수 있는가?

참고도서 목록

Nolan, Richard T., and Kirkpatrick, Frank G. *Living Issues in Ethics*, Part I. Belmont, CA: Wadsworth, 1982.

Olafson, Frederick. *Ethics and Twentieth-Century Thought*. Englewood Cliffs, NJ: Prentice Hall, 1973.

Stout, Jeffrey. *Ethics After Babel*. Boston: Beacon Press, 1988.

제 2 장

기독교 밖에서의 윤리적 대안

그리스도인의 행위결단에 대한 관심은 다른 사람과의 관계와 관련되어 있다. 신앙에 기초하여 행위결단을 내리고자 할 때 그리스도인들은 기독교적 관점에서 개인적인 문제나 사회적인 문제를 보기를 원한다.

그러나 그리스도인들은 윤리적인 관심에 있어서 일방적이지 않다. 기독교 외의 다른 종교를 신봉하는 사람들도 그리스도인들이 살아가면서 직면하는 것과 같은 문제들을 대하지만, 그 해결책에 있어서는 각각 자신들의 신앙적 관점을 지지한다. 아무런 종교를 신봉하지 않는 사람들도 직면하는 문제에 대해서 강력한 윤리적 관심을 갖고 있는 것이 사실이다. 그들도 종교인들과 마찬가지로 가치나 의무에 대해서 진지하게 생각하며 종교인들이 그러하듯 강한 도덕적 충동을 느끼고 있다. 이 장에서는 현대사회 내에 있는 기독교 윤리학과 대조되는 이론 경향들에 대하여 토론해 보고자 한다. 그렇다고 고전적인 철학적 체계를 다루고자 하는 것은 아니며, 다만 오늘날 삶을 살고 있는 사람들의 특성에 대해서 말해 보고자 한다. 거론되는 대표적인 체계들이 꼭 공식적으로 잘 알려진 사상가들의 것을 의미하지는 않는다 하더라도, 많은 사람들에게 영향을 주는 명백한 체계적 진술이라는 특징을 가지고 있다.

휴머니즘(Humanism)

기독교 윤리에 대한 현대적 대안 중에서 가장 괄목할 만한 것 중에 하나는 아마도 휴머니즘이 아닌가 한다. 도덕적 문제에 대한 휴머니즘적 접근의 특징은 인간의 기본적인 의무가 전적으로 인간, 즉 인간성에 대한 의무라고 주장하는 데 있다. 이 같은 접근 속에 있는 한 형식을 우리는 "세속적 휴머니즘"이라고 부른다. 별반 조심성 없이 심지어는 이 같은 어휘를 악의적으로 잘못 해석하기도 하는 이 휴머니즘이 갖는 삶의 철학에 대하여 우리들의 눈이 멀어서는 안 될 것 같다. 인간중심과 인간성취의 가능성에 대한 강조는 현대인들의 마음에 충분히 자극적이지만, 또한 많은 사람들을 도덕적으로 혼미하게 하는 것도 사실이다.

스토러(Morris B. Storer)는 세속적 휴머니즘의 탁월한 대표자 중에 하나라고 할 수 있겠다. 그는 휴머니스트에 대해서 다음과 같이 말하고 있다.

계시나 교리적 권위에 대한 신앙을 제쳐 두고 (만약에 전에 그런 것들을 갖고 있었다면) 인간의 선 - 지상에서의 삶 속에서 자신과 타인에 관련된 선 - 을 다른 살아 있는 피조물에 대한 관심과 함께 옳은 것과 그른 것, 신념과 행위를 위한 궁극적 기준의 근거로 인간의 경험과 이상을 설정하는 사람들이다 (Humanistic Ethics, p. 2).

이렇게 휴머니즘은 우주 내에서의 인간을 중점적으로 강조한다. 이는 인류가 우주의 운명을 조종하고 인간존재가 최고의 가치를 갖고 있다는 것을 의미한다. 휴머니스트들은 우주의 기원이든, 그 운행이든, 이를 설명하는데 어떤 신적인 능력을 찾거나 믿지 않는다. 그들은 인간존재를 자연질서의 일부분과 그 속에 있는 하나의 특성으로 보고자 한다. 만약에 그러한 질서를 사람들이 조작할 때는 인류의 공익을 위해서라야 한다. 선과 악, 옳은 것과 그른 것에 대한 판단은 다른 인간존재에 미칠 영향을 고려해야만 한다.

다른 세속적 휴머니스트인 쿠르츠(Paul Kurtz)는 휴머니즘을 우선적으로 과학에 근거를 두고 세계 이해나 문제해결을 위해 비판적인 지성이나 이성적 질문을 사용하는 하나의 윤리적인 철학(In Defense of Secular Humanism, pp. 8-9)이라고 특징짓는다. 모든 삶에 대한 과학적 접근을 강조하고 있기 때문에, 그에게 처음 두 특징은 윤리철학을 위한 기초를 제공한다고 한다. 휴머니스트는 "그 자신의 용어로 선한 삶을 이끌고 그 자신의 손으로 운명을 택하고자 노력한다"고 쿠르츠는 말한다. 따라서 휴머니스트는 개인적인 자유를 방어하고 "스스로를 결정할 수 있는 권리, 양심의 발전, 그리고 다른 사람의 방해를 받지 않고 삶을 주도해 나아가고자" 노력한다. 도덕적 문제는 - 따라서 삶에 대한 위대한 도전 - "개개인의 재능을 실현하고 필요를 충족시키며, 한편으로는 도덕의식과 타인에 대한 도덕적 책임감을 발전시키는 것"이라고 말한다(p. 9).

그러나 모든 휴머니즘이 다 세속적인 것만은 아니다. 아메리카 휴머니스트들에 의해 주도되어 1933년에 발간된 "휴머니스트 선언문"은 사실상 강한 종교적 어조를 지니고 있다. 그러나 휴머니스트들의 종교에 대한 이해는 전통적인 기독교적 이해와는 아주 다르다. 선언문의 일곱째 항목은 종교를 "인간적으로 중요하게 여기는 행위, 목적 그리고 경험들"이라고 정의하고 있다. 과학적 지식은 "인산의 가치에 관한 어떤 초자연적, 혹은 우주적인 보증도 받아들일 수 없다"고 그 선언문은 주장한다(다섯째 항목). 전부 열다섯 항목으로 되어 있는 선언문 대부분은 과학적인 방법으로 신앙을 승인하고 전통적인 종교에 대한 다른 어떤 승인도 받아들이지 않는다. 인류는 어떤 초자연적인 도움 없이도 삶을 극복할 수 있고 또 해야만 한다고 주장하고 있는 것이다.

처음 선언문이 발표된 지 40년이 지난 1973년 10월에, 275명이 넘는 철학자, 심리학자, 사회학자들이 모여 "제2의 휴머니스트 선언문"(Humanist Manifesto II)을 발표했다. 처음 문서와 마찬가지로 이 선언문 역시 전통적인 종교적 주장들을 거부하는데 상당한 노력을 기울였음을 알 수 있다. 그러나 두번째 선언문은 첫번째 것과 매우 큰 차이를 보이고 있는 것이 있는데, 그것은 일차적인 것보다 훨씬 더 명백하게 세속적이라는 것이다. "종교가 최고의 윤리적인 이상에 대한 헌신을 고무하는 것"을 인정하지만, 선언문의 첫번째 주장은 "그러나 우리는 계시, 신, 의식, 신조 등을 인간의 필요나 경험 위에 두는 전통적으로 교리적인 혹은 권위적인 종교는 인류에게 결코 봉사적이지 못하다고 본다"고 덧붙이고 있는 것이다. 도덕성에 커다란 초점을 두고 있는 것도 두번째 선언문이 첫번째 선언문과 다른 것이기도 하다. 두번째 선언문은 처음 네 개의 주장이 종교에 대해서 언급하고 있는 반면, 다른 열세 개의 주장 속에서 개인, 민주사회, 세계공동체를 다루고 있다.

다음으로 휴머니즘은 인격을 존중하고 개인의 책임과 모든 인간을 유익하게 하는 사회질서를 확립하는 고도의 도덕적 이상을 추구한다. 휴머니즘은 자연질서를 다루는 데 성공적이라고 입증된 방법을 도덕적 이상을 추구하는 데 사용하므로 사람들이 직면하는 개인적이며, 사회적인 문제들을 효과적으로 다루는 인류의 능력을 철저히 신봉한다.

휴머니스트들이 갈등하고 있는 또 한 가지 문제는 그들의 도덕적 관심을 위하여 적합한 기초를 확립하는 것이다. 각기 그들 나름대로 결론에 이르는 과정과 그들의 결정을 이행하는 적합한 방법이 다르다고 하더라도 그들은 20세기 공리주의를 일종의 도덕적 판단을 내리는 기초로 받아들이는 것으로 보인다. 휴머니스트들은 도덕적 명령들을 어떤 행위의 결과에 초점을 두어 생각한다. 그러한 도덕적 규범들은 모든 사람들이 관여하는 최고 가능성으로서의 삶을 가져올 때에 유효하다고 본다. 그들이 자신의 이익을 배제하지는 않으나 그들은 모든 개인적인 복리야말로 모든 인류가 추구하는 목표를 달성하게 하는 질서임을 인정하고 있는 것이다.

그렇다면 그 목표는 무엇인가? 휴머니스트들은 행복과 자의식이 인간의 기본적인 목표이며, 아픔과 고통이야말로 바람직한 것이 아니라고 한다. 인간들이 이와 같은 기본적인 목표를 성취할 수 있는 사회환경에 관하여 신뢰할 만한 단 한가지 방법은 다른 인간들의 요구에 협조하는 것이다. 그러한 협조를 위하여 필요 불가결한 것은 각 사람이 존경받고 또한 각 사람들의 관심들이 동등하게 고려되는 공동체 사회이다. 호컷(Max Hocutt)은 이에 대해서 다음과 같이 말한다.

> 나는 타인의 필요와 관심을 고려할 의무를 갖는다고 보는데, 그렇게 하는 이유는 어느 전능한 신성에 의해 주어진 초월적인 도덕적 기준에 의해 옳다고 하기 때문이 아니라, 사람들이 함께 살고 있는 세계에서 자신의 목표를 효과적으로 달성하고자 원하는 한, 그렇게 할 수밖에 없기 때문이다 ("Toward an Ethic of Mutual Accommodation," in Storer, p. 147).

다음으로 휴머니즘은 인간을 우주의 중심으로 여긴다. 인간은 자연질서의 일부분이긴 하지만 그 질서 속에서의 최고는 역시 인간이라고 한다. 세계 운명을 좌우하는 초자연적인 힘은 없으며 인간이 결부되었거나 관여해야 할 힘이 따로 있지도 않다. 우리가 다루어야 할 모든 것이란 자연질서일 뿐이다. 그렇게 하는 가장 효과적인 방법은 과학적 방법을 사용하는 것이다. 인간존재는 탁월하게 합리적인 존재이며, 과학적인 방법은 인간의 환경을 극복할 수 있는 도구이다. 개개인의 목표는 고립된 채 추구될 수 없다. 인간은 공동체 사회 안에 존재하기 때문에 인간의 목표는 바로 그 사회 안에서 성취되어질 수밖에 없다. 더욱이 그러한 공동체는 즉각적인 그리고 직접적인 접촉의 용어만으로는 정의되어질 수 없다. 공동체 사회는 인류전체가 포함되지 않으면 안된다. 이 같은 사실이 바로 모든 도덕적 의무의 기초가 되고 있는 것이다. 인간은 환경을 다룰 때 목표달성을 가능케 하는 규칙을 제정하게 된다. 그 같은 규칙은 절대적이지 않으며 환경이 변하는 만큼 규칙도 항상 변하기 마련이다. 따라서 모든 도덕적 가치는 발견되기보다는 만들어지는 것으로 여긴다. 휴머니스트들은 항상 상대적이며 일시적인 유용성에 의해 테스트를 받는다.

객관주의

기독교 윤리학에 도전하는 두번째 대안은, 인간의 우선적인 의무란 자기 자신에 대한 것이라는 주장이다. 그 같은 전망에서 도덕적인 문제에 대한 결정의 기초는 자신에게 미치는 행위의 효과가 된다. 비록 이 같은 태도가 모든 문화 전반에 나타나고 있는 현상이긴 하지만 그것이야말로 바로 오늘 우리 사회의 중요한 특징인 것을 지적하지 않을 수 없다. 대부분의 사람들에게 이러한 생각들은 주의 깊게 체계화되기보다는 하나의 잠재의식적 성향으로 자리잡고 있다. 이에 대한 가장 사려 깊고 잘 정리된 문헌으로는 란드(Ayn Rand)의 객관주의(objectivism) 철학을 들 수 있겠다. 그의 잘 짜여진 소설로서, The Fountainhead와 Atlas Shrugged가 있는가 하면 보다 잘 정리된 비소설류로서 For the New Intellectual, 그리고 The Virtue of Selfishness, Capitalism: The Unknown Ideal 등을 그 예로 들 수 있겠다.

　　　란드는 이타주의를 맹렬히 공격하는데, 이타주의는 지금까지 여러 면에서 대부분 전통적인 윤리체계의 주요 요소로 여겨져 왔던 것이다. 그녀는 이타주의를 근본적으로 악하다고 보는데, 이유는 이타주의가 인간의 본성에 맞지 않기 때문이라고 한다. 인간이 타인에 대하여 헌신할 만한 철저한 근거가 없기 때문에 이타주의는 전적으로 비합리적이라고 그녀는 믿고 있다. 그녀는 이타주의설을 "도덕적 야만," "반 자아윤리"라고 부른다. 근본적인 도덕적 의무로서 이타주의 대신에 란드는 이기주의를 제안한다. 그녀는 대중적인 사고 속에서 이 용어는 악과 동의어로 여겨지고 있음을 인정하나 그 기본적인 의미는 자신의 이익에 대한 관심일 뿐이라고 강조한다. 그 같은 정의는 도덕적 평가를 하지 않으며 단지 진술할 뿐이라고 한다. 전통적인 윤리는 자신의 이익에 대한 관심을 표명하는 것을 악이라고 하고 인간은 타인을 위하여 자기 이익을 포기하지 않으면 안됨을 주장한다고 그녀는 말한다.

　　　란드는 그녀가 사용하는 이기주의라는 용어가 일반적인 것이 아님을 인정한다. 그녀는 이기주의라는 말을 비합리적인 욕망, 정서, 혹은 변덕에 대한 즉각적인 반응을 의미하는 것으로 사용하지는 않았다. 그보다는 인간생존을 위한 가치필요를 추구하는 "합리적 자기 관심"을 의미했다. 그녀는 주장하기를 인간의 궁극적 관심과 최종적인 책임은 삶을 보존하는 것이라고 한다. 이 같은 가치의 추구는 합리적인 사람으로 하여금 갈등을 갖게 한다. "부당한 소득을 원치 않는 사람, 희생이 없고 타인을 수용하지 않는 사람, 서로를 장사꾼으로 간주해 값을 매기는 사람들에게 갈등을 일으키는 관심이란 없을 것"이라고 그녀는 주장한다(Selfishness, p.31). 란드의 기본사상은, "행동하는 사람은 자신의 이익을 바라보고 행동할 것이며, 인간은 합리적인 자기 관심 속에서 행동하지 않으면 안된다"는 것이다(p. x).

    란드는 하나의 행위가 단순히 어떤 주어진 방법 안에서만 선택적으로 이루어진다고 믿지 않는다. 그렇다고 그녀가 "무엇이든지 될 대로 돼라"든가 옳은 것과 그른 것에 대한 아무런 객관적인 개념도 없다는 것을 시사하지는 않는다. 이와는 반대로 그녀는 사람들이 종종 잘못된 선택을 하기도 하며, 어떤 한 사람의 판단이 모두의 옳고 그름의 기준이 되지 않는다는 것, 그리고 사람은 어떤 원칙에 준해서 그의 선택의 유효성 여부를 결정해야 할 것이라고 주장한다. 따라서 그녀는 윤리학을 "인간의 선택과 행위를 지도하는 가치"를 발견하고 정의하는 것이라고 말한다(p. x).

    란드에게 있어서 가치는 사람들이 무엇인가를 얻거나 유지하고자 행동할 때에 생겨난다고 한다. 이 같은 의미에서 그녀에게 궁극적인 가치가 되는 것은 삶, 그 자체일 뿐이다. 삶을 위협하는 것과 같은 경험적 감각이 있는가 하면, 삶을 고양시키는 물질도 있고 그것을 보전하는 이성이 있기도 하다. 결국 이성이 인간의 기본적인 생존수단이고 이성적 존재의 삶에 적합한 것이면 무엇이든지 선이요, 삶을 방해하고 파괴시키는 것이 곧 악이다(pp. 17-25).

그렇다면 사회적 책임이란 무엇인가? 란드가 인정하고 있는 이와 같은 책임은 타인의 복리를 방해하지 않는 방법으로 사는 것을 의미한다. "모든 인간존재는 그 자신이 목적이며, 타인의 목표나 복리에 대해서 수단이 되지 않는다. 각 사람은 자신만을 위해서 살며 타인을 위해서 희생하지도, 또한 타인이 자신을 위해서도 희생할 것을 기대하지도 않는다"고 그녀는 말한다. "자신만을 위하여 산다는 것은 자신의 행복을 성취하는 것이 인간의 최고 도덕적인 목적이 된다는 것을 의미한다"고 그녀는 자신의 입장을 요약한다(p. 27).

이와 같은 객관주의적 철학은 "나는 나 자신이어야 한다"는 주장 속에서 일반적으로 표현된다. 이는 각 사람은 외부의 모든 간섭으로부터 독립적이지 않으면 안된다는 것을 시사한다. 사람들은 자신의 인간성을 다른 사람과의 공통성으로서가 아니라 자신의 독특한 관심과 능력만을 가지고 이해하고자 한다. 자기 이해의 추구는 개성의 추구가 된다. 타인과의 관계를 위해서 밖을 내다보기보다는 자기 자신만을 위하여 내면으로 파고들고자 한다.

전통적인 사회는 외부로부터의 억제요인을 사람들에게 부과해 왔다. 그러한 삶의 규칙들은 커다란 제도, 즉 국가, 가족, 교육체계, 종교, 기업이나 산업 등에 의해 주어졌다. 그러한 규칙들이 선한 삶을 정의하고 그것을 성취하는 방법을 지적했다. 규칙은 모든 사람에게 동일했으며, 목표도 그 보상도 마찬가지로 동일했다. 규칙대로 하지 않는 사람은 부적합했고, 따라서 적응을 위해 부단히 자신을 쳐서 복종시키지 않을 수 없었다. 게임의 규칙은 가장 중요한 사회적 힘을 의미한다.

　　그러한 외부의 억제에 대한 반작용은 1960년대 미국의 대학 내에서 두드러졌고, 특별히 미국의 월남전 개입에 대한 반대로 더욱 그러했다. 1970년대에 들어 사회 전반으로 확대되어 성, 결혼과 가족, 개인적인 목표 그리고 국민적 충성 등 전반 분야에서 일반적으로 받아들여졌던 가치나 기준들에 도전했다. 그러한 저항은 새로운 삶의 스타일, 해방운동, 저항운동으로 표현되었다. 개인적인 권리에 대한 관심은 정부나 사업에도 크게 확산되어 무엇이든지 당연한 것으로 받아들여질 수 없다는 의심이 당시에 지배적인 분위기였다. 1980년대에 모든 사회적 제도들은 해답보다는 질문이 많아지고, 헌신보다는 자기 주장이 거세지는 세대로부터 지지도가 급격하게 떨어지므로 심각한 영향을 받았다.

　　이와 같은 반작용은 개혁이라기보다는 일종의 혁명이었다. 개혁은 구조 내에서의 취약점을 다루어 그것들을 바로잡고 필요할 때는 그렇게 하기 위하여 보다 근본적인 단계들을 밟기도 한다. 그러나 개혁은 체제의 유효성을 도전하지는 않으며 단지 체제가 적합하게 운영되는 것을 추구한다. 그러나 혁명은 체제 자체를 도전한다. 혁명은 기존체제가 본래적으로 악하며, 따라서 새 것으로 대체되지 않으면 안된다고 가정한다. 전통적인 제도가 기초하고 있는 가설은 의문시 된다.

　　전통적인 미국사회 내에서 자기 부정의 개념은 기본적인 것으로 여겨졌었다. 그리스도인들은 자기 부정을 예수님의 이상적인 가르침으로 인정해 왔다. 기독교의 영향으로 모든 사회적 제도와의 관계방식에서 자기 부정이 가장 중요하게 여겨졌다. 간단히 말하면 이는 타인의 이익이 자신의 것보다 앞서야 된다는 주장이다.

그러나 개인주의의 강조는 자기 부정의 이상을 거부하고 자신만의 옳음을 위해서 행동할 수밖에 없다는 주장으로 대치되고 있다. 그 같은 변화는 자기 부정이 좌절과 불안전, 여러 가지 다른 부정적이고 삶을 파괴하는 정서와 태도를 야기시킨다는 확신에 기초하고 있다. "나는 나 자신에 대하여 정직해야 한다"는 것이 이러한 삶에 대한 관점의 주제가 된다. "나는 타인의 태도에 의해서나 다른 개인, 또는 사회에 의해서가 아닌 오직 나 자신만의 내적 성향에 의해서 다스려지는 확실한 사람이 되지 않으면 안된다. 나는 타인을 판단하는 위치에 서지 않을 것이며 타인에 의해 내가 판단받지도 않을 것이다. 나는 나 자신의 결정에 의해 사는 자유를 누리고자 하며 타인의 자유도 마찬가지로 제한시키지 않을 것이다."

이와 같은 삶의 관점은 여성의 전통적인 지위나 성관계 등 관계를 지배하고 있는 제반 사회적 관습에 대한 급격한 도전이 되었다. 이는 또한 더 이상 사람들로 언짢은 결혼생활, 개인적으로 보상받지 못하는 직업, 흥미를 끌지 못하는 연구 등에 머물러 있게 하지 않았으며, 자신들의 삶이 직접적으로 결부되어 있지 않은 제도적인 활동 등에 참여할 필요성을 느끼지 못하도록 했다.

다음으로 객관주의는 대중적인 개인주의의 표현에 따라서 도덕에 대하여도 급격하게 다른 이해를 내포하고 있다. 행위를 위한 권위의 출처는 전적으로 내적인 것일 뿐 전혀 외부적인 사회구조에 있다고 보지 않는다. 인간은 일차적으로 자기 자신에게만 의무가 있을 뿐이며, 다음으로 개개인의 자유와 개성을 존중해 줄 의무 이외는 없다고 본다. 개개인의 목표는 확실한 자기 지향성일 뿐이다. 이러한 접근은 개인적으로 매우 강력한 것이어서 사회적으로 커다란 관심을 요하는 문제들의 경우, 그 희생자 외에 다른 사람들에게 전적으로 무시되는 경향이 있다.

행동주의(Behaviorism)

세번째 대안은 인간의 행동을 자유 선택적으로서가 아니라 조건적으로 인식하는 사고방식이다. 이에 따르면 인간이 어떤 행동을 하는 것은 사회, 문화, 경제적 환경과 개인적인 역사, 유전인자, 혹은 개개인이 조정할 수 없는 요인들에 의해서라고 한다. 그러한 사고방식은 필연적으로 어떤 도덕적 고려도 배제하게 된다. 이러한 관점에서는 인간의 행동을 반응보다는 반사작용으로 본다.

이 대안에 대한 최고의 설명은 스키너(B. F. Skinner)의 저서 속에서 심리학 연구에 대한 행동주의적 접근에 의해 제시되고 있다. 스키너는 금세기 초기에 왓슨(J. B. Watson)에 의해 발전된 개념을 풍부하고 효과적으로 재확인하고 있다. 왓슨은 심리학자들이 수행한 연구는 정신적 과정에 대해서가 아니라 인간의 행동에 대해서 였다고 주장한다. 스키너가 단순히 왓슨을 반복하고 있지 않은 것은 분명하다. 스키너와 왓슨 사이의 지난 50여 년의 과학적 탐구를 결코 무시할 수 없다. 그러나 분명히 왓슨은 심리학 연구를 위한 기본적인 주요주제와 그러한 연구에 관하여 스키너에게 동의하고 있는 것이 사실이다.

　　행동주의는 인간의 본성에 관한 이해이며 그러므로 그것은 윤리학 연구를 위해서 깊은 함축성을 갖는다. 스키너는 모든 인간행동이 엄격하게 과학적인 용어로 이해되어질 수 있다고 주장한다. 사상과 감정, 감각의 존재를 인정하는 반면에, 그는 그러한 것들을 유전, 환경적인 역사를 연구하므로 가장 잘 이해할 수 있다고 주장한다 (About Behaviorism, p. 117). 인간은 "행동목록(a repertoire of behavior)을 습득해 온 하나의 유기체이다"(p. 167). 같은 목록을 가진 사람이란 없기 때문에 정확히 똑같은 방식으로 행동하는 사람도 있을 수 없다. 더욱이 각 사람의 행동목록은 그 사람이 살고 있는 세계의 변화에 의해 끊임없이 바뀌어지고 있다. 행동양식도 이에 따라서 끊임없이 변하고 있다. 그리고 결국 인간의 행동은 그렇게 축적된 역사에 의해서 결정되는 것이다. "행동에 관한 과학적 분석은 인간의 행동이 인간 자신에 의해서 시작하거나 창조적인 대행자로보다는 유전이나 환경적인 역사에 의해 조정되는 것을 믿는다"고 스키너는 말하였다(p. 189).

　　다음으로 스키너에 의하면 인간은 자율적인 피조물이 아니라 전체 환경에 반사적인 존재라고 한다. 인간은 하나의 동물, 즉 다른 동물들이 갖고 있지 않은 어떤 능력과 다른 동물에게 없는 자의식이라는 특성을 가진 훨씬 더 복잡한 동물임에 불과할 뿐이다. 인간은 매우 효율적인 방법으로 자신의 환경을 조성하고, 또한 그렇게 자신들의 생활양식에 영향을 줄 수 있다. 그러나 이것이 개인, 또는 한 종으로서 자율적인 인간을 의미하지는 않는다. 인간의 존재양식은 인류가 고안해 낸 하나의 문화적 산물이다(*Beyond Freedom and Dignity*, p. 206). 비록 각 사람이 독특하기는 하지만 인간은 "단지 그가 존재하기 훨씬 이전에 시작되고 그의 존재보다 오래 남게 될 과정 속의 한 단계로서의 개인일 뿐이다"(p. 209). 그러므로 스키너에게 인간본성을 연구하는 대부분의 학생들이 인지하고 있는 의미상의 자유 같은 것은 없다. 인간존재는 자율적이지 않으며 단지 처해진 환경에 반사적일 뿐이라고 그는 주장한다. 개인적인 책임이나 성취 같은 것도 그에게는 없다. 인간의 상황개선은 자유로운 인간의 조성능력으로부터가 아니라 자신들이 노출되고 있는 기존의 변화된 조성에 의해서 결과되어진다(p. 43).

인간본성에 관한 이와 같은 이해는 어떤 도덕적 특성을 지니는가? 이들에 의하면 도덕성은 전체 환경에 의해 설정된 양식에 일치하여 행동하는 것일 뿐이라고 한다. 인간은 결단을 내리며 자율적인 인간으로서 행동하는 것이 아니라, 편안한 방법으로 환경에 따라 반응을 보일 뿐이다. 사회는 그러한 행동을 선과 악으로 구별하고 어떤 것을 강화하기도 하고 또 처벌하기도 한다. 사람들은 그러한 구별을 규칙이라고 부르고 그에 따라 살기를 배우고, 그렇게 했을 때 선이라고 느끼든지 혹은 보상을 받게 된다(*About Behaviorism*, p. 193).

스키너에 의하면 최고선은 생존 그 자체이다. 생존이야말로 도덕적 판단의 근거가 된다. 생존과 복지를 도모하는 것이면 개인적이든 사회적이든 무엇이든지 선이 된다. 스키너는 그러나 다윈이 말한 생존을 위한 맹목적인 투쟁 같은 것을 생각하지는 않았다. 오히려 그는 생존을 분명한 계획에 의해 사물들이 바른 위치에 놓여질 수 있다는 가능성의 의미로 생각하였다. "개개인의 행동은 새롭게 부수적으로 보강되는 계획에 의해 쉽게 바뀌어진다"고 스키너는 말한다(p. 206).

스키너는 누가 그러한 계획을 결정하느냐 하는 구차한 질문을 회피하지는 않는다. 그는 그것을 어떤 지도자의 역할이라기보다는 '사회환경으로서의 문화의 역할'로 보고자 했다. 문화의 진보에 대해서는 개개인들이 자신들에 대한 관심이 아니라 '문화의 미래'에 관심을 두는 것이라고 예견하고 있다. 따라서 어느 누구도 실제로 그 과정을 방해하는 사람은 없다고 한다. 사람들은 단순히 어느 정도의 개인적인 만족을 가지고 살고 있는, 느리지만 변화 있게 발전하는 환경의 일부가 되고 있을 뿐이다(About Behaviorism, p. 206).

이와 같은 상황에서 어떻게 도덕적인 문제에 대하여 결단을 내릴 수 있는가? 스키너는 이와 같은 질문에 아무런 토론도 하지 않으며 그렇게 할 것을 기대하지도 않고 있다. 결국 그는 한 사람의 심리학자일 뿐, 윤리학자는 아니었던 것이다. 그의 관점에서 위의 질문은 무의미한 것이었다. 도덕적 결단은 단지 자율적인 개인에 의해서 이루어질 뿐이며, 스키너에 의하면 자율적인 개인은 존재하지 않는다. 인간의 선택은 개개인의 역사에 의해 둘러싸여 있으며 인간은 행동하는 것이 아니라 단지 반사적일 뿐이다. 반사적으로 환경에 영향을 미치고 보다 큰 안락을 제공하기 위해 변화할 뿐이다. 그러나 그러한 변화는 개인이나 신적인 것에 의해 결정되는 것이 결코 아니다. "아무도 인과관계의 고리에서 빠져 나올 수가 없다. 실제로 아무도 이를 방해할 수 없다"고 스키너는 말한다. 인류는 "천천히 그러나 변화 있게" 진보하고 있는 것이다(p. 206).

스키너는 때때로 가치와 이상에 대해서도 말하였다. 그러나 그는 언제나 그것들이 사회적으로 결정되는 것이라고 생각하였다. 그는 '당연,' '당위,' '필요' 같은 단어들을 자유스럽게 사용했다. 그는 사람들을 대함에 있어서 "윤리적인 것이 무엇이냐?" 하는 질문을 하기도 했다. 그는 사람들이 행동방법을 수정하기 전에 먼저 조건들을 충족시키지 않으면 안된다고 말하기도 했다. 그러나 그러한 모든 토론은 가치나 이상이 사회적으로 결정된다는 그의 확신에 의해서 제시되고 있는 것이다.

자아실현

현대 철학자들 중 언어분석에 치중하고 있는 사람들을 제외하고 대부분의 사람들은 도덕적인 문제에 접근하는 방법들을 자아성취적 방법에서 찾고 있다. 이러한 접근은 삶에 있어서 최고선을 인정하고, 따라서 인간 본연의 정상적 능력과의 조화로운 발전이라는 명목으로 '옳은 것'을 인정한다. 그러므로 이 접근방법은 인간의 본성 이해에 깊은 관심을 갖는다. 이를 지지하는 사람들은 철학을 어떤 종교적 전제와도 동일시하지 않으나, 한편으로 그들은 철학이 세계적인 종교들의 윤리적 가르침과 불일치한다고 보지도 않는다.

자아성취는 가능한 자기 이해 위에 그 체계를 세운다. 예를 들어, 패터슨(Charles M. Patterson)은 자아의 특성을 다섯 가지로 나열한다. 첫째, 마음과 몸 양면성을 가지는데 이는 상호 작용한다. 둘째,

욕구를 가지며 욕구의 질에 따라서 진보를 가능케 한다. 셋째, 타인과의 상호작용을 필요로 하는 사회적 특성을 지닌다. 넷째, 지식을 추구하고 학습한 것은 자아의 일부가 된다. 다섯째, 이상(理想)에 의해서 움직인다. 선한 삶은 이들 다섯 가지 모든 특징들이 상호 조화하여 단일적인 그리고 전체 조화로 통일되는 삶을 지향하여 사는 것이라고 한다(Moral Standards, pp. 181-186).

같은 맥락에서 티투스(Harold Titus)와 키톤(Morris Keeton)은 그들이 "독특하고 구별되는 자아의 질(質)"이라고 부르는 목록들을 다음과 같이 나열하고 있다. 자아의식, 추상적 사고 혹은 반성적 사고능력, 윤리적 판단과 어느 정도의 선택의 자유, 미저 감상, 종교직 열망과 헌신, 특정 시·공간의 초월, 공동체 삶을 통하여 완성되는 발전, 독특한 창의력(Ethics for Today, p. 91).

티투스와 키톤은 윤리영역에서 "가장 기본적인 도덕적 전제는 인간의 가치이다"라는 주장을 믿는다. 인간에게 가치 있는 것이 옳고 그른 것의 기준이 된다고 그들은 말한다. 그 같은 기초 위에서 그들은 다음과 같은 도덕적 지침을 요약한다. 첫째, 행동은 신체적, 지적, 영적 발전과 보다 조화 있는 개인과 사회적 삶을 가져다 줄 때에 옳은 것이다. 둘째, 올바른 선택은 더 큰 혹은 가장 큰 가치를 선택하는 것이다. 셋째, 선한 삶은 인간이 살고 있는 세계의 본성과 마찬가지로 인간의 본성에 달려 있다. 인간은 우주의 기본적인 구조와 과정에 맞추어 조화롭게 살아야지 그렇지 않으면 재앙을 겪게 된다. 넷째, 인간은 빈곤해지지 않기 위하여 발전하고 표출되어야 할 필요가 있는 감정과 정서를 갖고 있는 존재이다(pp. 89, 93-95).

티투스와 키톤은 인간이 상충하는 가치 사이에서의 선택을 위한 네 가지 원칙을 진술함으로 행위결정을 위한 접근방법에 대해서 요약하고 있다. 첫째, 선택 가능한 두 가지 가치 중 더 큰 가치를 선택한다. 둘째, 단지 도구적 가치를 지닌 것보다는 목적적 가치를 선택하고, 더 큰 본질적 가치를 지니지 않은 미래의 선보다는 현재적 선을 선택한다. 셋째, 대등한 가치 중에서는 보다 생산적인 것을 선택한다. 넷째, 같은 것이라면 보다 영구적이고 지속적인 가치를 선택한다. 이렇게 지적한 원칙과 더불어서 그들은 근본적인 것이라고 생각되는 인간의 권리 가운데 잠정적으로 다음의 목록, 즉 건강, 교육, 자유, 노동과 생계비, 안정, 사랑과 가족, 오락과 레저, 삶의 조건들을 조정하는 일에의 가담, 문화적 유산에의 참여, 예배 등을 제시하고 있다(pp. 254, 258-260).

마르크스주의

1980년대 말과 1990년대 초에 소비에트 연방이 무너지기는 했지만, 세계의 상당한 지역이 아직도 마르크스주의의 이데올로기에 의해 지배되어 있다. 한때 소비에트 연방을 구성하고 있던 많은 공화국들 내에 마르크스주의에 헌신하고 있는 개인과 정치적 정당들이 중요한 영향력과 심지어는 권력을 계속해서 행사하고 있다. 중국 공산당 정부는 견고하게 권력을 장악하고 있으며, 마찬가지로 세계 주변에 여러 작은 국가 속에서도 공산주의 정부가 권력을 행사하고 있다. 그리고 마르크스주의 이데올로기에 의해 충동된 혁명세력들이 라틴 아메리카 전 영역에 여전히 잔존하고 있는 형편이다.

　　그렇다고 이 이데올로기가 칼 마르크스(Karl Marx) 이후 현재에 이르기까지 변질되지 않은 채 지속되어져 왔음을 의미하지는 않는다. 마르크스도 몇 가지 중요한 점에서 자신의 생각을 바꾸었으며, 사후 그의 입장은 마르크스주의 전통 내의 사상가들의 통찰력에 의해서 그 철학이 수정되어 왔다. 그렇지만 현대 공산주의의 기본적인 개념은 마르크스 자신에 의해 고안되고 발전되었던 것이 사실이다.

　　마르크스의 지적 배경을 이루고 있는 가장 중요한 요소 가운데 하나는 헤겔(G. W. F. Hegel)의 변증법 개념이었다. 헤겔은 우주 속에서의 모든 발전은 변증법적 과정의 상호 대립되는 것을 극복함으로 일어난다고 가르쳤다. 모든 사고(思考)는 그와 대립되는 사고로 반립되며 이렇게 해서 사고(thesis: 명제)는 그 반대(antithesis: 반명제)에 의해서 하나의 개념(synthesis: 종합)으로 연합된다고 헤겔은 말한다. 그는 모든 실재가 자기 모순적이고, 모든 사고는 단지 부분적으로만 진리이고 그 반대 사고 속에도 역시 어느 정도의 진리가 있다고 가정했다. 두 개의 대립되는 사고가 결합될 때에만 비로소 보다 높은 차원의 진리를 희미하게나마 얻게 된다. 그러나 모든 사고는 단지 부분적으로만 진리이기 때문에, 이러한 더 높은 차원의 진리 자체도 하나의 명제에 불과할 뿐이며 여기에 다시 반명제가 있게 되고 이와 같은 과정이 계속되는 것이다. 정치, 문화, 경제적인 용어로, 이는 절대적인 체계가 없으며 도전을 받지 않거나 변하지 않는 것은 아무 것도 없다는 것을 의미한다.

　　이와 같은 헤겔 철학에 마르크스는 모든 실재는 정신적이라기보다는 물질적이라는 포이에르바하의 사고를 첨가했다. 따라서 모든 인간의 사고는 물질적 환경에 의해 생겨나며, 모든 역사는 어떠한 신적 권한도 관여하지 않은 인간의 투쟁으로 본다.

단순한 사상보다는 행동과 관련하여 마르크스는 그 자신의 변증법적 유물론을 고안하였다. 그에게 있어서 철학은 지적인 연습이 아니라 인간의 실존을 이해하고 개선하고자 하는 노력이었다. 그의 관심은 19세기 유럽의 정치, 경제, 사회적 조건을 반영했다. 마르크스는 인간복지를 위하여 많은 약속을 내건 산업혁명이 대중을 빈곤으로부터 해방시키기보다는 오히려 탄광과 공장에서 혹독하고 가련하며 더욱 빈곤한 삶을 살게 했다고 지적했다. 그는 노동자 집단이 자본과 정치체제를 장악하고 있는 소수의 개인적인 집단에 의해 수탈당하고 있다고 보았다. 그는 바로 이러한 대중을 억압으로부터 해방시키는 데 투신하고자 했다.

마르크스는 인간의 조건을 개선하기 위해 성공적으로 투쟁하기 위해서는 적합한 역사이해가 필수적이라고 믿었다. 그는 역사가 다음의 다섯 단계를 거쳐 진행한다고 보았다. 첫째, 모든 소유가 사적이기보다는 공동으로 소유되었던 원시 공산주의가 있었다. 둘째, 사적 소유개념의 발전은 귀족과 노예계급을 가져오게 했다. 셋째, 농노는 무사 봉건시대에 노예로 대치되었다. 넷째, 공장제도는 자본주의를 가져왔다. 다섯째로, 둘째, 셋째, 넷째 단계를 특징지운 계급투쟁은 끝장나고, 자본주의가 무너지고, 공산주의가 회복되는 때에 자유, 평등, 풍요의 시대가 정착될 것이다.

마르크스는 자본주의 사회에서의 인간의 근본적 문제를 소외라고 보고 소외에 대해서 다음의 세 가지를 말하고 있다. 첫째, 노동자는 자기 자신을 인간존재로 보기보다는 하나의 도구로 보므로 자기 자신으로부터 소외당하고 있다. 둘째, 자본주의는 노동자를 생산으로부터 소외시킨다. 생산물은 인간의 성과도, 노동자의 복지를 위한 어떤 관계도, 노동자의 자기 표현도 아니다. 오히려 생산물은 인간의 부정이요 파괴에 불과하다. 셋째, 자본주의는 인간존재를 그 사회적 본성으로부터 소외시킨다. 자본주의는 상품생산에서 인간들을 분리시키고, 진정한 협동을 불가능케 하며, 인간을 분열시키는 경쟁만을 만들어 내는 전문성을 요구할 뿐이다.

자본주의 사회의 근본적 특성인 전문성은 인간존재를 착취할 뿐이라고 마르크스는 말한다. 그것은 인간으로 하여금 자아 표현을 위한 기회 제공의 과제로서가 아니라, 생산과정에 의해서 하달된 과제에 의해 일할 것을 요구한다. 인간은 필요한 것을 만들기 위하여 일하는 것도 노동자 자신에 의하거나, 그 외의 다른 것에 의해서가 아니라 임금을 벌기 위해서 일할 뿐이다. 생산물은 노동자에게 속한 것이 아니고 물질과 생산도구를 소유하고 있는 사람의 것이 된다. 노동자와 생산물, 생산과 소비 사이에는 아무런 진실한 관계도 없다. 노동자는 생산물에 대해서 아무런 주장도 할 수 없으며 생산조건을 조절함에 있어서 어떠한 의견도 낼 수가 없다. 그와 같은 점에서 노동자는 인간이기보다는 하나의 도구, 타인을 위하여 물건을 만드는 도구에 불과할 뿐인 것이다.

마르크스에 의하면 자본주의 사회는 소유계급인 부르주아와 노동계급인 프롤레타리아 간의 계급투쟁에 의해 지배된다고 한다.

부르주아는 모든 자연자원과 생산, 분배, 교환의 모든 수단을 조정한다. 그들은 정치적, 경제적 체제를 지배하면서 그러한 체제를 이용하여 노동자들을 수탈한다. 그들은 그들 자신들의 특권적 지위를 유지시키는 행위의 기준들을 명령하며 그 구조를 변화시키고자 하는 모든 노력들을 방해한다.

그러면, 어떻게 정의가 실현될 수 있을까? 어떻게 노동자들이 이런 억압적인 세력으로부터 해방될 수 있을까? 마르크스는 현재의 구조를 개조시키는 것은 거의 불가능하며, 단지 현존하는 사회적 조건들을 붕괴시키고 계급이 존재하지 않는 새로운 질서를 창조하는 혁명만이 유일한 해답이라고 주장한다. 이러한 새로운 질서 안에서는 자본과 노동간의 갈등이 존재하지 않는데, 이는 모든 생산력이 전체 사회로 되돌아오기 때문이다. 모든 사람들은 공동체의 생존을 위해 각기 기여하게 된다. 풍요한 삶에 필요한 것들을 모두 함께 확보하게 된다. 사회가 운영되는 방식은 "각자의 능력과 필요에 따라서"가 된다.

마르크스는 이와 같은 새로운 질서의 도래가 불가피한 것이라고 믿는다. 그는 안정적이고 영원한 구조적 진리란 존재하지 않는다고 주장한다. 역사는 역사적 사건들의 불변하는 법칙에 의한 변화의 과정, 즉 변증법적 과정에 불과할 뿐이다. 인류는 이 과정을 연기, 또는 촉구할 수는 있으나 이를 멈추게 할 수는 없다. 마르크스는 자신이 이와 같은 고유한 변화의 법칙을 발견했다고 믿었으며, 역사는 이 법칙에 의해 한 시대에서 다음 시대로 가차없이 흘러간다고 생각했다. 이를 바탕으로 그는 자본주의의 필연적인 붕괴와 질적으로 다른 공산주의 사회질서의 창출을 예견했다.

　　마르크스가 자신을 윤리학자로 보지 않았고, 또한 그의 사상을 수정한 사람들이 비록 윤리적인 체계를 발달시키지 않았을지라도, 마르크스의 철학은 다른 모든 철학들과 마찬가지로 중요한 윤리적 의미를 가지고 있다. 이런 의미들은 1961년 소비에트 연방 공산당이 채택한 도덕규약에 채택되어 있다. 그 규약은 아래와 같은 원칙들을 포함한다.

- 공산주의 목적에 대한 헌신: 사회주의 조국과 다른 사회주의 국가에 대한 애정
- 풍요로운 사회를 위한 의식화된 노동자 – 일하지 않는 자는 먹지도 않는다.
- 공공의 복리 증진과 그 보전을 위한 각 사람에 대한 관심
- 고도의 공적 의무와 공공의 복리를 저해하는 것에 대한 비관용적 행동
- 집단주의와 상호 동료애적 협조와 전체를 위한 개인, 개인을 위한 전체
- 인간관계와 개개인 간의 상호 존경 – 인간은 상호간에 친구, 동료 그리고 형제이다.
- 사회와 개인적인 삶 속에서의 정직, 신뢰, 도덕적 순결 그리고 겸양
- 가족 안에서의 상호 존경과 어린이 양육에 대한 관심
- 불의, 기생(寄生), 부정직, 입신출세주의 그리고 수전노에 대한 비타협적 태도
- 공산주의 연합 내 모든 사람들 가운데서의 우정과 형제애와 국가

적 · 인종적 혐오에 대한 불관용
- 공산주의의 적에 대한 비타협적 태도와 국가 간의 평화와 자유
- 모든 국가의 노동자들, 모든 사람들과의 형제애적 단결(The Road to Communism, Documents of the 22nd Congress of the CPSU(Moscow: 1961), pp. 566-567. Cited in Titus and Keeton, p. 212.)

이 규약은 새로운 체계를 만드는 것이 아니라 오히려 보편적으로 받아들여지고 있는 공산주의적 이상을 반영한다. 예상되는 바와 같이, 이것은 휴머니즘 그 자체를 넘어선 어떠한 영구적 가치 개념, 불변적 법칙, 또는 권위에도 바탕을 두지 않았다. 도덕적 판단은 오로지 인간사회에 그 바탕을 두고 있을 뿐이다. 결국 공산주의자의 사적, 또는 공적인 기본적 도덕의무는 공산주의에 대한 헌신에서 나온다. 모든 구체적인 판단들은 이러한 헌신에 근거한다. 물론 다른 정치적, 경제적 체계들과는 다른 승인된 행위의 양식들이 있는 것이 사실이다. 그러나 절대적인 것은 아무 것도 없으며, 올바른 행위는 환경에 의해 조건지워질 뿐이다. 모든 행동들은 공산주의의 목적과 결과에 의해 옳고 그름이 판단되어진다.

다음으로, 공산주의 윤리 속에서 우선권은 개인이 아닌 사회공동체에 주어진다. 지상목표는 개인의 복리가 아니라 전체로서의 사회의 복지가 된다. 이는 개인의 복리가 전혀 무시된다는 말이 아니라, 모든 개인의 복리가 단체의 복지로부터 기인하고 그 속에 내포되는 것을 의미한다. 최종적인 분석으로 인간의 의무는 그 자신에 대해

서가 아니라 공동체에 대하여 갖게 된다. 이와 같은 전체 복지를 위한 헌신은 공산주의 이데올로기의 관심이 그러한 것들을 인간의 기본적인 삶의 표준으로, 노동계급을 위한 노동조건으로 설명하고 모든 사람들을 위한 교육을 강화한다.

공산주의의 윤리는 하나의 계급윤리라고 할 수 있다. 공산주의 이론 속에서 모든 윤리적 체계는 지배계급의 이득을 반영한다. 공산주의 운동이 프롤레타리아의 이득에 관심을 갖고 있기 때문에 진정한 도덕성은 그러한 계급의 목적을 추구한다. 러시아에서 1917년 혁명을 주도하고 공산당을 설립한 다음 1924년에 죽기까지 집권한 레닌은 다음과 같이 진술하고 있다.

> 인간의 도덕성은 전적으로 프롤레타리아 계급투쟁의 이익에 종속된다… 도덕성은 낡은 착취 사회를 무너뜨리고 프롤레타리아 주변에서 수고하는 사람들을 결합시킨다. 우리는 영원한 도덕성이 있다고 믿지 않는다(Third Congress of the Russian Young Communist League에서 연설된 내용, Barnette, *An Introduction to Communism*, p. 51에서 인용).

토론을 위한 질문들

1. 개인의 목표가 개인의 도덕적 사고에 미치는 영향은 무엇인가?
2. 다양한 종류의 철학들이 도덕적 행동에 관해 동일한 결론을 내릴 수 있는가? 그 이유는?
3. 개인은 어떤 기초 위에서 삶에 관한 자신들의 철학을 선택하게 되는가?
4. 기독교 신앙과 가장 적합한 철학체계는 어떤 것이라고 생각하는가?

참고도서 목록

Ashmore, Robert B. *Building a Moral System*. Englewood Cliffs, NJ: Prentice Hall, 1987.

Purhill, Richard L. *Thinking About Ethics*, Chaps. 1-4. Englewood Cliffs, NJ: Prentice Hall, 1973.

Stout, Jeffrey. *Ethics After Babel*. Boston: Beacon Press, 1988.

제 3 장

기독교 안에서의 윤리적 대안

그리스도인들 가운데 도덕적 판단에 대한 일치된 견해가 없기 때문에 어느 누구도 '유일한' 기독교 윤리가 있다고 말할 수는 없다. 정직이 절대적으로 요구되는가와 같은 개인적인 질문, 또는 시민의 권리와 같은 사회적 문제 등에 관해서 그리스도인은 각각 다른 견해를 갖고 있다. 비핵무장(nuclear disarmament), 차별철폐, 낙태, 건강관리, 또는 여타 다른 도덕적 문제에서도 일치된 그리스도인의 입장은 없다.

이렇게 일치할 수 없는 한 가지 이유는 그리스도인들 가운데서도 행위결단을 내리는 접근방법이 다르기 때문이다. 무슨 기준으로 사람들은 가치를 설정하는가? 무엇으로 선과 악, 옳고 그름을 구분하는가? 어떤 행동을 결정할 때 사람들은 무슨 절차를 따르는가?

아마도 우리는 행위결정과정에 대하여 몇 가지 특징적인 접근방법들을 요약할 수 있으리라고 본다. 이와 같은 대안들에 대해서 알아야 할 이유는 다양성 때문만이 아니라 사람들 자신의 필요에 응하는 방법을 확립하기 위해서도 그렇다. 여기에서 제시되고 있는 체계들을 평가하거나 비판하고자 하는 의도는 없다. 단지 조심스럽고 정확한 대안 제시를 시도하고자 할 뿐이다.

로마 카톨릭의 도덕신학

제2차 바티칸 공의회는 로마 카톨릭 교회에게 하나의 중요한 전환점이 되었다. 1962년부터 1965년까지 열린 제2차 바티칸 공의회의 토론과 결정은 카톨릭 교회생활에 급진적인 변화를 가져다 주었다는 점에서 결코 간과할 수 없는 중요한 의의를 지닌다. 공의회가 끼친 영향력이 가장 컸던 것은 역시 기독교 윤리분야였다.

로마 카톨릭의 최근의 윤리적 사고의 경향성을 이해하기 위해서는 제2차 바티칸까지의 교회를 지배해 온 접근방법과 많은 카톨릭 도덕 신학자들이 여전히 지지하고 있는 방법들을 이해하지 않으면 안된다(전통적인 방법으로 예를 들 수 있는 두 가지 방법으로는 Edwin F. Healey의 *Moral Guidance*와 Robert H. Dailey의 *Introduction to Moral Theology*가 있다). 그러한 방법들은 인간의 정신이 보다 덜 중요한(비록 악은 아닐지라도) 몸과 결합되어 있다는 사상으로 일종의 이원론을 가정한다. 영혼의 구원은 신학적, 지성적, 도덕적 덕목을 추구하는 엄격한 영적 훈련을 통해 이루어진다. 그러나 이러한 덕목들은 오직 하나님의 도움을 통해서만 얻을 수 있다. 그리스도인의 삶을 위하여 요청되는 힘을 주시는 하나님의 은혜는 교회의 성례전을 통하여 중재된다. 그러므로 성례전은 선한 삶을 위하여 필요 불가결의 것이 된다.

도덕적인 삶을 살고자 하는 사람들에게 지침이 되는 두 가지 기본적인 자료가 있다. 그 첫째는 '법'인데, 법은 명료하고 정확한 것이 그 특징이다. 법은 다음의 세 가지 범주로 나누어진다. 첫째, 자연법은 인간의 이성을 통하여 전달되며 신중한 관찰과 논리적인 사고훈련을 하고자 하는 모든 사람에게 유효하다. 그러나 자연법이 가진 의미는 인간의 죄로 인하여 흐려져 있다. 이 법은 하나님에 의해서 자연의 질서 속에 기록되어졌기 때문에 보편적이고 불변한다. 둘째, 신성한 실정법은 거룩한 성경에 기록되어 있으며 계시를 믿고 따르는 사람들에게 유효하다. 이 실정법은 하나님의 법이기 때문에 인간의 어떤 힘도 이를 변경시킬 수 없다. 셋째, 인간의 실정법은 인간 존재에 의해 만들어졌으며 시민법과 교회법을 포함하고 있다. 교회 회원들로 하여금 행위결정을 지도하기 위하여 교회에 의해서 만들어진 교회법은 율법의 처음 두 형식을 시·공간의 특수성에 적용한 것이다. 교회에 의해서 만들어졌기 때문에 필요할 때는 교회에 의해서 변경될 수도 있다.

두번째 지침자료는 '양심'이다. 법이 일반적이라면 양심은 개별적이다. 양심은 선 혹은 악에 관하여 심사숙고하여 판단하는 것을 의미한다. 그것은 도덕적 원칙을 특수행위에 적용하고자 하는 이성을 통하여 내려지는 결론을 말한다. 양심은 율법, 교훈, 경험, 이성, 예배 그리고 성의 내적 음성에 의해 인지된다.

이와 같은 체계 안에서 도덕적 행위를 결정하기 위해서는 다음의 세 원칙들이 다루어져야만 한다. 첫째, 행위 자체는 본능적으로 선하며 결코 악한 것이 아니다. 둘째, 환경은 본래 죄악스러운 것이 아니지만 죄악스러운 것으로 바뀔 수가 있다. 셋째, 행위자가 마음속에 가지고 있는 목적은 선한 것이어야만 한다. 어떤 행동이 위의 세 조건을 모두 충족시킬 때에 도덕적인 행동이 되지만 그 중에 한 조건이라도 충족시키지 못하면 비도덕적인 행동이 된다.

모든 문제가 명료하지 않고 때때로 애매모호한 상황 속에서도 결정하게 된다는 사실을 알면, 이와 같은 체계는 다음의 두 가지 중요한 사실에 대비하지 않으면 안된다. 첫째는 이중적인 결과의 원칙이다. 단 한가지의 결과를 가져오는 행위란 거의 없다. 대부분은 다양한 결과를 가져오기 마련이다. 도대체 왜 심사숙고한 행위의 결과가 어떤 것은 선하게도 되고 또 악하게도 되는가? 이와 같은 상황 속에서는 행위 자체가 본래 악한 것이 아니며, 비록 악한 수단에 의해서 선한 결과가 발생하지 않았더라도 선한 결과를 의도하기만 했으면 그 행동은 선으로 간주된다. 두번째 대비해야 할 것은 개연론(蓋然論)의 원칙인데, 이는 이성적인 행위는 그 결과가 절대적으로 확실하지 않더라도 옳은 것으로 인정 받는 것을 말한다.

이와 같은 전통적인 접근방법에는 어떤 행위가 선하든, 악하든, 또는 옳든, 그르든 간에 행위결단을 가능케 하는 객관적인 도덕성이 있기 마련이다. 신자의 책임은 탐험가나 되는 것처럼 결정을 내리는 것이 아니다. 따라가야 할 통로는 분명하게 드러나 있으며, 대부분 도달하게 될 결과는 선택하는 사람에게나 그 외의 사람들에게 도 마찬가지로 유효하다. 주어진 상황 속에서 행동하는데 옳다고 여겨진 것은 같은 상황 속에 있는 다른 사람들에게도 마찬가지로 옳은 것이 된다.

제2차 바티칸 이후 몇 명의 카톨릭 도덕 신학자들은 새로운 정책을 택하였다. 제2차 바티칸이 그러한 변화를 실제로 토론했다기 보다는 이미 나타나기 시작한 새로운 접근방법을 위하여 지금까지 닫혀졌던 문을 열었다고 해야 할 것이다. 19세기 말엽 이전에 어떤 독일 신학자들은 이미 몇 가지 선택적 시도를 시작했으며, 그들의 영향력은 20세기 초기에 이미 자유롭게 아메리카를 통해 감지할 수가 있었다. 20세기 중엽에 해어링(Bernard Haring)의 영향력은 카톨릭 도덕 신학자들에게 새로운 방향을 제시하는데 결정적인 역할을 했다. 1954년에 처음 출간된 그의 가장 중요한 저서인 「그리스도의 법」(The Law of Christ)에서, 해어링은 하나님의 은혜로운 선물에 대한 신자의 응답으로서의 도덕적인 삶을 결정하고 해석함에 있어서 성경의 중요성을 강조하였다. 해어링은 특정행위의 죄성(罪性)을 결정하고자 하는 전통적인 노력과는 대조적으로 신실한 사랑을 요청받고 있는 그리스도인의 전반적인 삶에 관심을 집중했다. 이와 같은 접근은 제2차 바티칸 이후 도덕 신학자들 전부는 아니더라도 많은 사람들에 의해 선택되었다.

이와 같은 접근방법을 택한 신학자 가운데 한 사람인 오카널(Timothy E. O'Connell)은, 도덕신학을 "하나님의 은혜를 받은 인간이 어떻게 살아야만 하는가?" 하는 질문에 대한 대답의 시도라고 정의

한다(*Principles for a Catholic Morality*, p. 7). 도덕신학은 그리스도인의 일반적인 삶과 특별한 행위의 형태를 함께 다룬다. 그것은 정의, 삶에 대한 외경, 진실을 말함, 사유 재산권 그리고 성(性) 등의 영역에서의 적합한 행위에 관한 질문들을 제기한다. 오카널은 이전의 방법론적 틀을 사용하나 그 결론은 거의 모든 점에서 다르다. 때때로 그 차이는 단순히 강조점의 차이일 뿐인 때도 있다. 예를 들어, 그는 전통적인 도덕 신학자들과는 달리 성서적 교훈의 연구에 보다 큰 관심을 기울이는 것이다. 그러나 어떤 때에는 그 차이점이 보다 현저하게 나타나기도 한다. 예를 들면, 그가 '도덕적 행위' 보다 '도덕적 인간'에 대해서 더 큰 관심을 기울일 때에 그러하다고 하겠다. 또한 이전의 방법이 객관적인 권위에서 시작하여 사람에 관해 논의하고 있는 반면, 오카널은 사람에게서 시작하여 인간 됨의 의미와 그리스도인 됨의 의미가 무엇인가 하는 관점에서 법을 논의하고 있다.

    오카널의 접근방법의 핵심은 '도덕적 인간'에 대한 분석이다. 그가 카톨릭 교회의 전통을 거부하지는 않으나 그 전통으로부터 이끌어 낸 강조점은 그로 하여금 새로운 방향성을 갖게 했다. 그는 개인의 자유를 강조하는 가운데 인간답게 행동한다는 것이 무엇인지를 논의한다. 특정 장애들의 실재를 인정하나, 그는 인간존재가 "실재하고 또한 실제로 개개인에게 유효한 대안적 상황" 속에 존재하고 있음을 주장한다(p. 58). 인간 각자는 "스스로 책임을 진다"고 그는 말하고 있다. 인간들의 모든 행동 이면에는 삶을 방향 지우는 '근본적인 자세'가 있다고 한다(p. 72). 인간이 신에 대하여 이미 기본적인 자세를 취한 뒤에도 여전히 그는 죄와 덕에 대하여 결정하지 않으면 안된다. 그리스도인들도 죄인들이 선한 행위를 할 수 있는 것과 마찬가지로 죄짓는 행위를 할 수 있기 때문이다.

　　오카널은 양심을 기독교 도덕체계의 중심으로 본다. 그에게 있어 양심은 도덕적 부담감, 즉 '당위성'에 관한 감각인 것이다. 그는 이것을 죄의식과 동일시하기보다는 오히려 가치에 대한 위임과 동일시하고자 한다. 그는 교회의 권위를 인정하나 그 권위에 대해서는 특별한 해석을 부여한다. 과거의 카톨릭 신도들은 양심과 교회권위 사이에서 갈등을 느낄 때 권위를 따르도록 교육받았다고 그는 지적한다. 그러나 "이러한 이해는 카톨릭 교회의 진정한 전통이 아니며", 따라서 궁극적으로 인간은 그의 양심의 명령을 따라야 할 것이라고 오카널은 주장한다(p. 114). 이는 이전의 접근방식이 법에서 양심으로 이동했다면, 오카널은 반대로 양심에서 법으로 이동하는 것이다. 그러나 그는 교회로부터의 가르침과 도덕적 지도력을 위해서 인간존재의 요청을 강조하고 있다. 비록 성령의 역사가 교회에 제한되지는 않으나, 성령은 교회에 독특한 방법으로 임재하신다. 진리를 탐구함에 있어서, 그리스도인의 양심은 교회의 통찰에 겸허히 귀를 기울여야 할 것이다(pp. 114-117).

　　오카널은 객관적인 도덕적 가치의 타당성이 자연법에 의해 지지되고 있다고 믿는다. 그러나 그는 자연법에 대한 이해에 있어서는 전통적인 신학자들과 견해를 달리한다. 그는 비록 그 법이 인지될 수 있으나, 그 인지형식은 부적절하고 편파적이고 일시적이며 변할 수 있는 것이라고 말한다. 그러나 책임감이 있고 믿음직한 인간존재로서는 알고 있는 지식을 가지고 자신들의 삶을 형성해 나아가야 할 것이라고 한다.

　　오카널은 자연법에 대한 그의 이해를 바탕으로 가치와 규범에 대해서 고려해야 할 첫번째 단계로서의 '삶을 위한 전략'을 모색하고자 한다. 그는 '실제 세계'의 가치와 무가치, 즉 진리와 오류, 지식과 무지, 이해와 혼동, 조화와 갈등, 연합과 소외, 동료애와 고독, 건강과 질병, 안정과 불안정, 다산과 흉작, 소유와 상실, 미와 추함 등이 상호간 갈등 속에 있다고 전제한다. 인간의 도덕적 문제는 이런 것들을 다루는 태도 여하에 달려 있다. 여기에서 도덕적 판단에 관한 일반적인 객관성은 '옳은 것을 행하는 것'이며, '가능한 한 최대의 선과 불가피한 최소의 악'을 행하는 것이 된다. 선을 행하고 악을 피하는 것은 특성 덕목들(정직, 정의, 순결, 생명에 대한 존엄성 등)의 실천을 가져오고 특정 악덕들(잔인성, 탐욕, 경멸, 불의 등)을 회피하게 한다. 덕목들은 대개 정직하라, 삶을 존중하라, 공평하라, 너의 부모를 존경하라 등 일종의 '규범적 언어'로 표현된다. 이러한 규범들은 기독교적인 방식이 어떤 것인가를 가르치고, 기독교적인 삶을 고양시킨다. 이러한 덕목들이 특정 위기 속에서 어떻게 행동하는가를 가르쳐 주지 않는다고 하더라도 이들은 마땅히 되어야 할 인간상을 설정해 준다(pp. 175-186).

　　그러므로 오카널은 결혼계약의 위반, 무고한 살인, 혼외정사와 같은 특정행위가 본래 악하다고 하는 전통적인 카톨릭의 견해를 거부한다. 그는 교회의 전통적인 입장이 대부분의 경우 유효하지만 환경을 고려하지 않은 행동 그 자체로서 악한 것은 없다고 생각한다. 그는 또한 선과 악 양쪽 모두의 결과를 가져다 주는 행위라도 그 행위 자체가 선 이외의 것과는 무관한 것일 때, 동기가 선할 때, 악한 결과가 선을 이루는 수단이 아닐 때, 악한 결과를 관용할 수 있는 적합한 이유가 있을 때는 허용된다는 이중효과 원칙을 거부한다. 오히려 그는 모든 인간의 행위는 선과 악, 양쪽 모두의 결과를 가져올 수 있다고 말한다. 선이 지배적이기는 하지만 선을 이루는 수단으로 기능한 악의 경우 이를 허용하지 않을 수 없다고 한다(pp. 198-200).

오카널에 의하면 인간의 법(실정법)은 도움이 되기는 하지만 권위적인 지침은 못된다고 주장한다. 인간은 약하고 죄스럽기 때문에 법이 제공하는 지침을 필요로 한다. 그러나 법이 어떤 의미로든 궁극적인 것은 아니다. 다만 법은 인간을 위하여 봉사하는 한도 내에서 사용되어질 뿐이다. 법이 우리의 필요를 충족시키지 못할 때, 그것은 적당히 무시될어질 수밖에 없다(p. 238).

그의 논의가 종교적이기보다는 철학적이고 현상학적인 것으로 알려져 있는데, 오카널은 분명하게 기독교적인 도덕성이 되기 위해서 필요한 것이 무엇인가를 고려하므로 다음과 같이 결론을 내리고 있다. "카톨릭 윤리는 다르지만 만약에 이러한 기독교적 차이는 다음의 네 가지 시각, 즉 다른 의무, 다른 출처의 지혜, 다른 비전, 다른 동기에서 올 수 있다"(p. 241). 그는 그러한 의무에 있어서는 차이가 없다고 한다(pp. 242-243). 놀랍게도 그는 또한 지혜의 출처에 있어서도 특별한 차이가 없음을 발견하지만, 성서와 전통적인 교회의 가르침 모두의 기능이 지시적이기보다는 도전적이고 자극적이라고 생각한다(pp. 243-248). 그러나 그가 발견한 기독교적 비전은 독특한 것이었다. "그리스도를 믿고 따르는 자들로서 우리는 심오한 기독교적 세계관의 의미를 부여받고 있다. 이러한 세계관은 우리 모두의 구체적인 도덕적 판단을 위한 기초로서 그리고 상황으로서 기능을 한다"(p. 248). 이와 같은 세계관의 중심에 부활의 교리가 있다. 그 외에 오카널은 "기독교적 동기의 전체적인 복합적 독특성"을 보기도 한다(p. 249). 비록 그리스도인들이 믿지 않는 이웃과 마찬가지로 같은 선을 행한다고 하더라도 "그리스도인들은 그들의 행위를 종교적 진지성으로 본다"고 그는 말한다. 그들은 그리스도인의 삶을 "성만찬의 삶, 감사의 삶, 신의 명령에 응답하는 삶"으로 본다(p. 250).

개신교 윤리의 핵심

1950년에 처음 출판된 램지(Paul Ramsey)의 「기초 기독교 윤리학」(*Basic Christian Ethics*)은 다른 어떤 것보다도 많은 사람들에게 도움이 되도록 기독교 윤리학에 대한 접근방법을 정리해 주고 있다. 램지는 이 책의 서론에서 그의 논지를 이렇게 진술하고 있다. "기독교 윤리학에서의 중심개념 혹은 범주는 '복종적인 사랑', 즉 복음이 '율법을 완성하는 사랑'이라고 기록하고 사도 바울이 '사랑을 통해서 일하는 믿음'으로 진술한 것과 같은 종류의 사랑"이라고 했다(p. xi). 램지에 의하면, 이와 같은 사랑은 보편적인 것이거나 '푸른 색이나 부성(父性)'과 같이 어느 곳에서든 모든 사람에게 이해되어질 수 있는 것이 아니라고 한다. 그것은 오직 그리스도를 알 수 있는 것처럼 알 수 있을 뿐이다. 램지는 이렇게 해서 철저히 그리스도 중심적이다. 그에게 "기독교적인 사랑의 관점에서 윤리적인 문제를 분석하는 것은 단순히 예수 그리스도가 중심이 된다는 것"을 의미한다(p. xvii).

램지에 의하면, 기독교 사랑은 두 가지 사실에 근거를 둔다. 첫째는 하나님의 의(義)인데, 램지는 이를 인간을 다루는 하나님의 방법이라고 한다. 성서적 용어로 하나님의 의는 필연적으로 정의(正義)와 같은 것이다. 정의는 하나님의 성품과 하나님의 행위에 기초한 것으로 인간의 성품에 기초하지 않는다. 정의는 인간은 단지 인간일 뿐이기에 인간존재에 상응할 수 없고 다만 하나님이 인간을 위해서 행하신 것에 상응하는 것인데, 이는 하나님이야말로 신이시기 때문이다. 인류와 더불어 그분이 설정하신 계약은 인간의 정의가 측정되는 기준이 된다. 이와 같은 구속적인 일에 대한 인간의 응답은 "은혜로운 복종, 또는 복종하는 은혜"로 불리워지고 있다. 따라서 기독교적인 사랑의 의미는 "그리스도의 지배적인 사랑에 대한 결정적인 준거"에 의해서만 이해되어질 수 있을 뿐이다(p. 21).

기독교 사랑의 두번째 자료는 하나님 나라이다. 램지는 하나님 나라에 관한 예수님의 가르침이 종말론적 용어로 이해되지 않으면 안된다는 것을 인정한다. 램지는 하나님이 급박하게, 그리고 대재앙으로 현재의 시대에 임하시고 새로운 의의 왕국을 세우실 것을 예수님이 기대하셨다고 개관하고 있다. 그와 같은 종말론적인 사건의 절박성에 대한 예수님의 믿음은 그의 모든 가르침에 긴급성을 더하게 되었다고 램지는 보고 있다.

예수님의 윤리적 교훈 내용은 이와 같은 종말론적인 희망을 가지므로 다양해졌다고 램지는 말한다. 어떤 교훈, 이를테면 "분노하지 말고, 은밀한 욕망을 품지 말며, 오직 한 가지 목적만을 갖고 모든 다른 의무와 다른 선보다도 우월한 것에 충실함으로 한 번 결정한 것을 바꾸지 말라"와 같은 교훈은 분명히 보편적 성격을 지닌다고 한다(p. 33). 그러나 다른 것, 이를테면 저항하지 말고 선으로 악을 갚으라는 것은 오직 묵시적인 전망에서만 적합하다고 본다(p. 34). 그러나 그러한 종말론적 요인을 고려하지 않아도 예수님의 윤리적인 교훈은 변함없이 가치 있는 것이다. 예수님의 가르침은 지금도 현실 속에서 여전히 작용하고 있다는 의미에서, 혹은 인간의 문제를 해결하고 있거나 하나님 나라를 예비하고 있다는 의미에서 유효하다. 사실상 예수님은 이런 것들이 그분의 가르침에서 결과하리라고 암시히지는 않으셨다. 그분은 단지 그의 제자들의 소명에 합당한 삶의 방법을 가르치셨을 뿐이다. 하나님 나라의 임박성에 대하여 그분이 말씀하신 사실이 그의 가르침의 중요성을 최소화하지는 않는다. 그와 같은 가르침은 교훈 자체 만으로 그 의미의 중요성을 평가할 일이지 그 교훈이 제시된 조건에 결부시켜 따질 일이 아니라고 한다(p. 41).

  램지는 기독교 윤리를 "법전이 없는 윤리"라고 부른다. 그는 율법에 대한 예수님의 태도를 "신실한 유대인이 율법과 상관없는 것까지도 가능한 한 율법 내부에서 그것을 준수하고자 했다면, 예수님은 광범위한 안식일에 관한 율법에도 불구하고 가능한 한 인간의 필요를 들어 주고자 하였다"고 요약하고 있다(p. 56). 램지는 예수님의 인간에 대한 사랑과 존경, 특히 인간의 기본적인 필요, 공공연한 행동보다는 그 동기를 강조하는 필수적인 내적 도덕성, 우선적으로 하나님을 사랑하고 이웃을 자기 몸처럼 사랑하라는 법으로 계명을 요약하신 예수님과, 그분의 "어떤 법률적 가능성의 형식도 초월하는 완성의 윤리"에 초점을 두고 있다. 램지는 바울을 예수님의 윤리적 교훈의 철저한 해석자로 보고 있다. "법전 없이 그리스도인들은 무엇을 행하는가"라는 제목의 장에서 램지는 바울의 견해를 다음과 같이 요약하고 있다. "기독교 사랑이 허락하는 것이면 모든 것이 허락되고 합법적이며, 기독교 사랑이 요구하는 것이면 모든 것이 가하다"(p. 79).

    램지는 그리스도인의 삶이란 덕의 계발보다는 신앙이 우선적이라고 본다. 그러므로 그리스도인의 선은 자의식적이거나 선 그 자체가 목적이 되지 않는다. 선이 신앙적인 삶의 결과라고 보지도 않는다. 선은 신앙적인 삶이 다양하게 표현되는 방식 중에 하나일 뿐이다. 램지는 사랑은 공동체를 창조하고 보전하며 인간에 대하여 가치를 기여하도록 가르치고, 정의를 위하여 권력체계를 통해 일하도록 한다고 말하므로서 사랑을 함축한다(pp. 234-248).

    위에서 제시한 사랑의 세 가지 기능은 사랑의 윤리를 사회적 문제에 적용시킬 수 있는 기초가 된다. 램지는 개인적인 문제를 다룰 때와 마찬가지로 사회적인 제도들을 다룰 때에도 죄에 관한 사실이 고려되어야 한다고 믿고 있다. 모든 사회적 제도들은 죄로 인해서 영향받고 있으며, 그것을 무시하고는 어떠한 제도적 계획도 있을 수 없다고 한다. '복종적인 사랑'과 더불어 인간 본성에 대한 현실주의가 함께할 때만이 정부, 교육, 사업, 산업현장에서 우리가 무엇을 하여야 할지를 안내할 수 있다. 이 두 가지가 사회정책을 형성하는데 도움이 된다. 그리스도인은 사랑을 기초하여 사회구조 내에서 작용하며 사회정책을 사랑이 요구하는 방향으로 가게끔 시도할 수 있다.

상황윤리

1960년대와 1970년대 초반 기독교 윤리논쟁은 상황윤리에 관한 것이 지배적이었다. 그 같은 접근방식에서 가장 잘 알려진 대변인은 플렛처(Joseph Fletcher)였다. 플렛처는 초기 저작에서 비록 정확하게 정의되지는 않았다 하더라도 상황윤리적 관점에서 저술했었다. 그러나 1966년에 그는 「상황윤리」라는 책에서 그의 입장을 명백하게 진술하고 방어하고 있다. 그가 '비체계적'이라고 부르고 있는 핵심적인 수장은 오직 사랑만이 절대적인 윤리라고 하는 것이다(p. 11). "상황에 관계없이 본질적으로 선하며, 항상 선하고 옳은 것은 오직 한 가지 즉 사랑일 뿐이다"(p. 60). "사랑은 항상 선하다고 우리가 말할 때 의미하는 바는 어떤 특수한 상황에서든 사랑한다는 것은 선하다는 것이다"(p. 61).

플렛처의 가장 역설적인 반대 논쟁대상이 되고 있는 것은 당시 기독교 윤리학을 지배하고 있다고 생각되었던 율법주의적 접근방법이었다. 그가 채택하고 있는 상황주의는 인위적인 규칙에서가 아니라 사랑하는 것에 기초하여 특수한 문제의 해결을 모색하는 것이었다. 상황주의자는 전통적인 윤리적 교훈을 존중하고 그것들로 문제를 조명하기도 한다. 그러나 그는 항상 타협할 준비가 되어 있으며, 전통적인 교훈들이 사랑에 못 미치는 상황에서는 그런 것들을 무시할 수도 있는 것이다(p. 26).

플렛처는 그의 가정(假定)을 다음의 네 가지로 작용하는 원칙에 두고 있다. 첫째는 패러다임인데, 플렛처는 어떤 행위의 옳고 그름을 판단하는 기준은 사랑이라고 말한다. 둘째는 상대주의로서 "결코, 완전한, 항상, 완전하게, 절대적" 등의 말을 인간은 사용할 수 없다고 한다. 셋째는 실증주의로서 기독교 윤리는 사랑을 요구하는 하나님의 명령에의 복종에 기인한다고 한다. 넷째는 인격주의로서 플렛처는 사물보다는 인간을 생각해야 한다고 말한다. 플렛처는 이와 같은 작용원칙에 기초하여 오직 보편적 요구는 사랑하라는 명령일 뿐이라고 결론을 내린다. 다른 모든 계명들은 준칙에 불과하나 그렇다고 규범성을 잃는 것은 아니라고 한다. 그는 "상황주의자에게는 결코 여러 가지 법칙들이 있는 것이 아니다"라고 주장한다(p. 55).

사랑만이 홀로 항상 선한 것이기 때문에 어떤 상황에서든지 사랑하는 것은 그것이 무엇이든지 선하며, 반대로 사랑하지 못하는 것은 악한 것으로 본다. 본래부터 선하거나 악한 행위란 없다. 모든 행위는 인간을 돕느냐 해치느냐에 따라 선하기도 하고 악하기도 한다. 심지어는 십계명까지도 절대적으로 받아들일 수가 없다. 주어진 상황 속에서 어떤 금지된 행위도 그것이 사람을 돕는 것이면 행할 수밖에 없는 정당한 것이 되어야 한다는 것이다. 법률들이 공동체의 삶에 필요하고 인격적인 관계에 도움이 된다고 할지라도, 그것을 지키는 것보다는 오히려 그것을 무시하는 것이 인간에게 더 유익하다면 그 법률은 무시되어야 한다고 말한다.

플렛처는 진행중인 상황 속에서는 어떤 것이 정당한 행위인지를 결정하기가 어렵다고 말한다. "사랑은 시각과 장소를 결정한 다"고 말하고 있는 것이다(제8장). 결단을 요구하는 모든 상황은 독특하며 그 상황이 있기 전까지는 상황에 걸맞는 사실 여부가 무엇인지를 알 수 없다. 항상 경험으로부터 얻는 유익이 있으며 과거의 축적된 지혜로부터도 도움을 받기 때문이다. 한편 선행적인 상황이 있는 것도 아니다. 사람들은 단지 상황 속에서 무엇을 사랑해야 하는지를 결정하지 않으면 안된다.

레만(Paul Lehmann)은 1963년에 발행된 「기독교적 상황 안에서의 윤리」(Ethics in a Christian Context)라는 책 속에서 플렛처의 접근 방식과 매우 흡사한 견해를 드러낸다. 그의 책이 플렛처의 책같이 대중석이지는 못하나 매우 신중한 편이고, 플렛처의 책과 어떤 상관성을 갖고 있지는 않다. 그럼에도 불구하고 레만은 최소한 플렛처의 사상과 전혀 별개의 것일 수 없었으며, 그렇다고 그 복사판도 아닌 그러한 요소를 포함하고 있다고 해야 할 것 같다. 레만은 예수 그리스도에 대한 믿음과 그리스도인 공동체 내의 존재를 강조하고 있다. 그는 기독교 윤리를 "'예수 그리스도를 믿는 신자로서 그리고 교회의 한 회원으로서 나는 무엇을 해야 하는가?'라는 질문과 대답에 대한 학문적 반성"이라고 정의한다. "기독교 윤리는 선이 무엇이냐를 다루는 것이 아니라 예수 그리스도를 믿는 사람으로서, 그리고 교회의 한 회원으로서 나는 무엇을 해야 하는가?"를 다룬다고 한다. 기독교 윤리는 다른 말로 "계시를 지향하지 도덕성을 지향하지 않는다"고 한다(p. 45).

레만에게 있어서 공동체 개념은 그의 윤리사상에서 근본적인 것이 된다. 그는 교회의 이상을 그리스도의 몸으로 강조하고 "세계 내 그리스도 현존적인 사귐을 만들어 내는 실재"라고 부른다. 교회의 사귐은 모든 장애를 가로질러 새로운 인류를 만들어 내는 것이다. 이와 같은 새로운 그리스도인 공동체의 일원이 된 개개인의 목표는 '성숙한 인간성'을 이루는 것이다. "기독교 윤리는 도덕성을 지향하지 않고 성숙성을 지향한다"고 레만은 말한다(p. 54). 그리스도인으로서 성숙해 지고자 하는 노력은 교회 안에서만 가능하다. 코이노니아(Koinonia)가 가시적인 교회는 아니라도 이 둘은 상호 밀접한 관계를 지닌다. 이렇게 해서 사람들은 삶에 관한 문제를 기독교 공동체 상황 안에서 결정하게 된다. 결단을 내리는 과정 속에서도 그리스도인은 하나님이 세계 속에서 무슨 일을 하고 계시나 하는 질문에 의해서 방향을 설정한다. 사귐을 통해서 하나님이 하시는 일은 상호 연관되어 있는 사람들과 관계를 맺고 있음을 배우게 한다.

레만은 사랑만이 유일하게 절대적이라는 점에서 플렛처와 같은 입장에 선다. 하지만 이를 넘어서서 레만은 그리스도인의 행동을 일반화할 수 없다고 말한다. 행위결정은 상황적일 수밖에 없다고 보는 것이다. 그러나 그러한 상황 속에서 한 가지 중요한 것, 아주 지배적인 한 요인이 있다면 그것은 세계 내에서의 하나님의 일에 관하여 알고 있는 한 책임있게 응답해야 한다는 것이다. 그리스도인들에게 도덕적 결단의 기본적인 요소는 기독교 공동체 내에서의 삶의 실재성이다. 기독교 공동체를 위한 형성적 요인은 하나님이 성육신하셔서 세계 안에서 일하고 계신다는 사실이다.

복음주의적 윤리

대부분의 아메리카 기독교는 자신들을 '복음적'이라고 자인한다. 그와 같은 전통 속에 있는 윤리학자들은 상황주의의 영향에 대해서 알고는 있으나 사실상 그것으로부터 아무런 영향도 받고 있지 않다. 대부분의 경우 그들은 상황주의자와 논쟁하지 않으며 단지 원칙 없는 행동이라고 그것을 거부하는 가운데, 결국 도덕적인 결단을 내려야 하는 사람들에게 아무런 도움도 주지 못하고 있는 실정이다. 자신들을 율법주의자로 간주하지 않는 그들은 플렛처가 정의한 바, "기존의 율법이나 규칙에 관한 전체적인 제도와 맞물려 있는 행위결정 상황 속에 머물러 있는" 율법주의와도 걸맞지 않는다. 그들은 그리스도인의 삶을 하나님께 대한 신자의 응답이라고 본다. 따라서 궁극적인 권위는 하나님께 있다. 하나님은 인간을 어떤 지침도 없이 행위결단하도록 내버려 두지 않으신다. 성서는 독특하게 하나님의 자기 계시를 권위적으로 기록하고 있다. 그리스도인은 하나님의 언약의 백성이며, 성령께서 하나님의 백성들을 그의 자녀로서 세상에서 살도록 지도하신다. 하나님께서 계시하신 진리에 기초하여 그리스도인은 도덕적 상황 속에서 행위결정을 내려야 한다.

스미드스(Lewis B. Smedes)의 저서는 복음적인 접근방법을 알 수 있는 가장 훌륭한 예가 된다. 스미드스는 그의 책 서론 "단순한 도덕성"에서, 도덕성은 인간의 삶의 기본적 구성요소라고 전제한다. 모든 사람은 도덕적 의식을 가지고 있으며, 모두가 동의할 만한 어떤 근본적인 도덕적 판단의 가능성에 대해서 말하고 있다. 도덕성은 그리스도인의 헌신이나 종교적인 열성과 같은 것은 아니라고 한다. 그 것은 일종의 보편적 관심거리일 뿐이다. 그럼에도 스미드스는 자신의 입장을 명백하게 기독교적이라고 말하기 때문에 모든 사람들이 받아들여야 하는 것은 아니라고 말한다. 그는 "도덕성은 사람들이 믿든지 믿지 않든지 간에 하나님이 모든 사람들에게 기대하고 있는 것을 행하는 것"이라고 한다. 단지 어떤 사람이 하나님을 믿지 않는다고 하여 그가 하나님의 도덕적인 요구로부터 예외자가 되는 것은 아니다. 하나님의 도덕적 요구는 그것을 이해하고자 노력하기만 한다면 합리적으로 이해가 가능한 것이다. 그러므로 도덕성은 결코 분파적인 것이 아니며 매우 인간적이고 에큐메니컬한 것이다. 그것은 의무적이며 그리스도인에게만이 아니라 모든 사람들에게 해당하는 것이다(p. vii).

스미드스는 성경이 도덕적인 문제에 관해서 권위를 지닌다는 가정하에 시작한다. 그는 모든 도덕적 의무를 요약하고 있는 것으로 십계명을 강조한다. 예수님께서 완성하신 율법은 십계명의 율법이며, 그리스도인들은 그 계명들이 말하고 있는 바, 현대인들을 향하신 하나님의 뜻을 찾아내기 위하여 계명들을 지킬 의무감을 가져야 한다고 말한다(pp. 4-5). 스미드스는 하나님의 도덕적 의지가 계명을 통해서만 말씀되어진다고 생각하지는 않지만, "가장 긴요하고도 명백하게" 말하고 있는 것은 역시 계명이라고 한다(p. 50).

스미드스는 '직접명령'과 '지속적 율법'을 구분한다. 직접명령은 특별한 상황 속에 있는 특별한 개인에게 주어지며 보편적인 진리와 일치하지는 않는다. 예를 들어, 스미드스는 이삭을 제물로 바치라고 아브라함에게 내린 하나님의 명령은 분명히 일반적인 의무로 번역할 수 없다고 말한다. 그러나 지속적인 율법은 특별한 시간에 특별한 사람에게 주어지기는 하지만 "모든 사람들을 위한 의무"로 적합하게 번역될 수 있다고 말한다. "너희는… 하라"라는 형식의 십계명은 분명히 "모든 이를 위한 의무"로 번역될 수가 있다. 그러나 어떤 명령이 어떤 범주에 속하는가를 어떻게 알 수 있는가? 스미드스는 지속적 율법은 '삶의 설계'에 적합하거나 하나님이 계획하신 바 인간의 삶에 맞아떨어지며, 인간의 삶의 지속적인 법률적 구조를 구체화하고, 이미 우리가 알고 있는 것을 행할 것, 그리스도인이 살고 있는 종류의 삶을 지적하고 있다고 말하다(pp. 7-10).

스미드스는 정의와 사랑 모두를 중요하게 강조한다. 그는 정의를 다른 사람의 권리에 대한 존중으로, 그리고 사랑을 공동체의 일원으로서 역할할 수 있도록 사람들의 필요를 돌보는 것이라고 정의한다. 그러나 그는 이들이 결국은 같은 것인데 단순하게 둘로 구분할 뿐이라는 식으로 정의와 사랑을 동질화시키지는 않는다. 그는 정의와 사랑은 불가결하게 상호 연관되어 있다고 말한다. 스미드스는 하나님으로부터 지속적인 명령으로서의 십계명은 신실한 것이라고 주장하는 가운데, 사람들이 오늘날 그것을 어떻게 지킬 수 있는가 하는 문제에 관심을 두고 있다. 그는 어떤 율법을 어기는 것이 죄인가 하는 문제보다는, 계명이 어떻게 사람들로 하여금 행위결정하도록 지도할 수 있는가 하는 문제에 부담을 갖는다. 절대주의의 입장을 지지하지 않는 그는 절대주의적 입장이 결코 옳은 것이 아니라고 한다. 그는 어떤 규칙에도 예외가 받아들여져야 할 충분한 이유가 있어야 한다고 말한다. 예를 들어 낙태에 관한 질문에 대해서 그는 태아가 한 인간이 되는 시기를 결정하는 것의 어려움을 인정하고, 태아와 마찬가지로 어머니의 문제도 낙태의 결정에 포함시켜야 할 것을 인정한다(p. 144). 따라서 그는 좀 어정쩡하기는 하지만 낙태를 금하는 법률이 좋은 법은 아니라고 결론을 내린다(pp. 144-145).

스미드스는 이 같은 접근방법을 각 계명에 적용한다. 그는 모든 계명들이 현대인에게 권위 있으며 선한 삶을 위하여 충분한 지도를 하고 있다고 본다. 어떤 계명에도 예외가 있음을 인정한다. 그러나 그는 예외보다는 방향성에 초점을 둔다. 계명이 요구하는 바는 근본적인 것이며, 단순히 그리스도인뿐만 아니라 모든 사람을 위해 의미 있는 삶을 요청한다. 계명이 유효한 것은 하나님께서 인간실존을 어떻게 질서 지우셨는가를 우리에게 말하고 있기 때문이다.

계명에 관한 저서 중 스미드스의 매 장(章) 제목 첫 글자는 '존경'이었다. 스미드스의 접근방법 중에서 존경이라는 개념은 매우 큰 의미를 지니고 있다. 용어를 정의하고 있지는 않지만 그 개념을 사용함으로 스미드스는 각 계명 속에 사람들이 인정해야 할 것, 계명에 대하여 진실해야 할 것 등의 생각을 전해 주고자 한다. 그는 그러한 설명 속에서 논쟁의 여지가 아닌 단지 이해해야 할 것이라고 말한다. 이해는 그대로 살아야 할 것을 전제한다. 계명이 모든 문제에 대해서 특별한 방향을 제시해 주는 것은 아니다. 계명은 어떤 문제에 대하여 결단을 내릴 수 있는 틀을 제공해 줄 뿐이다. 그 틀 안에서의 개인적인 결정은 다양할지도 모른다. 그러나 개인은 그 틀을 버려도 되는 자유를 갖고 있는 것이 아니다. 인간의 자유는 계명의 지도 안에서 행사되어져야 한다. 계명이 행위결정하는 데 알아야 할 모든 것을 우리에게 말해 주지는 않지만 마땅히 행해야 할 가장 중요한 것을 말해 주고 있는 것이 사실이다. 이성(理性)이나 제도들로부터 도움을 받을 수 있다고 하더라도 우리는 성경의 가르침에 의해 모든 것을 테스트 받지 않으면 안된다고 한다(pp. 239-240).

신중심 윤리

토론하게 될 기독교 윤리학 내의 마지막 대안은 신중심 윤리학이라는 개념이다. 지난 세대에 기독교 윤리학 분야에서 가장 영향력이 컸던 사람들 가운데 하나인 구스타프슨(James Gustafson)이 신중심적인 접근방법을 발전시킨 몇 권의 저서를 내놓았다. 가장 종합적인 내용을 제시한 두 권의 책이 1981년과 1984년에 각각 「신중심적 관점에서 본 윤리학」(Ethics from a Theocentric Perspective)으로 출판되었다.

구스타프슨은 기독교와 철학적 윤리학자들 모두가 그들의 작업을 우주에서 일어나는 모든 것이 인류를 위해서 발생하고 있다든지, 인류는 존재하는 모든 것의 핵심이라든지 등의 받아들이기 힘든 가설에 기초하고 있다고 말한다. 그는 그러한 가설을 로마 카톨릭의 자연법적 개념과 프로테스탄트의 섭리적인 중재사상 속에서 발견한다. 이와는 전혀 새로운 관점으로부터 도덕적 판단이 내려져야 한다는 기초에 관하여 구스타프슨은 철저하게 다른 결론을 이끌어 내고 있다. 그는 하나님의 관심은 인류를 넘어 전체 피조물에게로 확장된다는 것과 "인간은 하나님과의 올바른 관계 속에서 모든 사물에 대하여도 생명을 다루듯 해야 한다"는 원칙을 지적한다. 인간은 창조 질서를 넘어서는 어떤 절대적 주권을 갖고 있다기보다는 그 질서 속에 있는 일부분에 해당한다고 말한다. 인간의 목적과 행위는 단순히 인류를 위해서 선한 것이 무엇인가라는 입장보다 피조물 전체를 위한 하나님의 목적에 기초하여 평가되어야 한다고 지적한다(p. 113).

물론 아무도 하나님의 뜻에 대하여 최후적이거나 종합적인 결론을 내릴 수는 없다. 구스타프슨은 하나님의 목적에 관한 모든 주장들이 일시적이고 위험부담이 있다는 것을 알고 있다. 그는 결단을 내리는 데 있어서 인간의 경험의 우선성과 그와 같은 경험의 사회적 성격을 신중하게 인정하고 있다. 그러나 그는 도덕적 결단의 장(場)이 되는 '타자'(他者)의 경험이 모든 역사적 종교 단체와 전통에 공통되는 특성을 갖고 있음을 주장한다. 구스타프슨은 그러한 요인들을 다음의 세 가지, 즉 첫째, 타자의 힘에 대한 감지, 둘째, 충성, 의무, 책임감을 느끼게 하는 동정, 혹은 경외, 두려움, 존경하는 태도, 셋째, 인간의 모든 행동은 하나님의 목적과의 관계 속에서 적합하게 정돈되어야 한다는 신념 등으로 요약한다(p. 340).

하나님과 세계에 대한 인간의 관계를 토론하면서 구스타프슨은 인간의 본성과 타락, 그리고 구속에 관한 전통적인 신학적 개념들을 다룬다. 그와 같은 신학적 기초 위에서 신중심 윤리학이 전개된다. 그는 "하나님이 하실 수 있는 것과 요구하시는 것에 관하여, 그리고 하나님께 대한 우리들 자신과 사물들의 적합한 관계에 관하여 어떤 확실성(늘 그렇지 않다고 하더라도)에 도달할 수 있는" 전망을 확립하기 위하여 노력한다. 그러한 식별력은 사실들에 대한 식별력과 사실들의 도덕적 관련성에 대한 판단, 그리고 가능성에 대한 이해에 관한 인식과 더불어 시작한다. 이와 같은 식별력이 반성적이고 합리적이긴 하지만 그 이상이기도 하다. 그것은 '일종의 공개된 직관'인 것이다. 인간 이성을 사용한 다음에는 "전체와 관련된 부분을 보고, 추론과 마찬가지로 지각 가능성을 표현하며, 인간 유한성 조건 속에서 이루어진 인식의 최후 순간"이 있어야 한다(p. 339).

무슨 의미에서 이러한 접근방법을 신중심이라고 하는 것인가? 신적 통치의 요소는 어디에 있는 것인가? 구스타프슨은 성경이 가르치고 있는 것이 역사적으로 조건지워져 있기 때문에 성서 속에 도덕적인 상세한 내용에 이르기까지 하나님의 뜻이 계시되었다고 믿지는 않는다. 사람들이 성서를 통하여 식별할 수 있는 것은 개인이나 인간 상호간, 그리고 사회적인 삶을 위한 근본적인 요청이라고 한다. 특성상 일반적이고 형식적인 이들 요청은 개인의 도덕적 결단을 위한 기초를 제공한다.

그러나 만약에 도덕적 결단이 개인적일 경우 윤리학은 전혀 상대주의적일 수밖에 없는 것인가? 구스타프슨은 결코 그렇지 않다고 주장한다. 어떤 행위나 관계든 언제나 잘못된 것일 수 있다. 절대적인 금지사항은 도덕적 행위의 한계를 설정할 뿐, 특별한 문제의 해결은 개인에게 떠넘겨진다. 구스타프슨은 노예와 살인은 인간에 대한 경외감을 위반하기 때문에 언제나 옳지 않은 것이라고 말함으로써 그 예를 들고 있다. 그러나 여전히 수많은 사람들을 위한 삶의 조건을 좌우하는 정치, 경제, 체제적인 문제를 파악하여야 하는 것이

급선무이다(pp. 163-164). 이와 같은 정황 속에서 우리는 가능한 한 도덕적 악을 회피하여야 할 책임성을 갖고 있다. 그러나 비록 우리가 '선한' 선택을 하고자 노력할지라도 그 속에서 악을 완전히 배제할 수는 없는 것이다. 예를 들면, 어떤 전쟁은 정당할지 모르나 전쟁이 가져다 주는 고통이나 죽음은 결코 악한 것이 아닐 수 없다. 낙태가 정당하다고 하더라도 가능성으로서의 인간존재가 파괴되는 것을 어쩔 수는 없다. 경제적인 강화는 한 나라에 필요할지 모르나 가난한 자의 상대적 박탈감과 고통을 완전히 덜어 주지는 못한다. 악의 불가피성 때문에 선을 위해 노력해야 하는 책임감을 회피할 수는 없는 것이다(pp. 340-342).

신중심적 관점은 가치와 윤리개념의 재편을 요구한다. 이를 위한 기본적인 질문은 "인간이 되어야 하고, 하나님이 행하도록 하실 수 있고, 또 요구하시는 것이 무엇인가?" 이와 같은 질문을 묻는다는 것은 인간의 궁극적 책임이 "자신들과 모든 사물들을 하나님과의 관계에 적합하도록 하는 태도(또는 방법)임을 인정하는 것이다" (p. 3). 그러므로 신중심 윤리의 주요 강조점은 다음과 같다. 첫째, 인류는 창조의 중심이 아니다. 둘째, 인간의 삶과 피조물의 안식은 상호 의존적이다. 셋째, 자연적인 충동이나 욕망을 심판하는 자리에 서기보다는 도덕적인 사고가 그것들의 방향을 정하게 해야 한다. 넷째, 동정은 궁극적인 힘의 경험에 대한 자연적인 반응이다. 다섯째, 모든 것은 보다 전체적인 상황 안에서 설명되지 않으면 안된다. 여섯째, 공통선에 대한 관심이 필수적이다. 일곱째, 신중심의 윤리는 삶 속에 있는 도덕적 모호성에 대한 인식이 요구되며, 결과적으로 어떤 특별한 선택으로 말미암은 비극적 성격에 대한 깊은 파악이 요청된다. 여덟째, 특별한 강조점이 자기 부정과 때로는 심지어 자기 희생으로까지 연결되어야 한다(pp. 4-29). 구스타프슨은 도덕적 사고를 위한 기본은 "하나님 말씀의 해석과 하나님과 세계와의 관계, 그리고 인간존재를 포함"하는데 있다고 주장한다. 그는 인간존재는 삶의 과정을 관망하는 자가 아니며 그것을 소유한 자도 아니라, 단지 그 속에 참여하고 있는 자라는 사상을 중심으로 자신의 사고를 발전시키고 있다. 인류는 전체에 속한 한 부분이라는 것이다(p. 144).

토론을 위한 질문들

1. 모든 기독교 윤리체계가 동의하는 방법은 무엇일까? 기독교 윤리체계 간에는 어떤 차이들이 있는가?
2. 동일한 지도원리를 사용하면서도, 도덕적 문제점들에 대해서 그리스도인들이 현저하게 다른 결론에 도달하고 있는 사실을 어떻게 설명할 수 있을까?
3. 제2차 바티칸 공의회 이후 전통적인 카톨릭의 지도개념에는 어떤 변화가 있었는가?
4. 개신교 윤리에 있어서 양심은 어떤 위치를 차지하는가?

참고도서 목록

Bennett, John C., Gustafson, James M., Gardner, E. Clinton, Fackre, Gabriel, Smith, Harmon L., Gleason, Robert W, Kennedy, Gerald, Fletcher, Joseph. *Storm Over Ethics*. United Church Press/Bethany Press, 1967.

Cox, Harvey, ed. *The Situation Ethics Debate*. Philadelphia: Westminster, 1968.

Gustafson, James M. *Protestant and Roman Catholic Ethics*. Chicago: University of Chicago Press, 1978.

Hauerwas, Stanley, and Willimon, William H. *Resident

Aliens. Nashville, TN: Abingdon, 1989.

Long, Edward LeRoy, Jr. *A Survey of Christian Ethics*. New York: Oxford University Press, 1967.

제 2 부

기독교 윤리학과 기독교 신앙

제 4 장

근거자료

옳고 그름의 선택은 때때로 아무런 결단의 필요조차 없이 명백한 것으로 보일 때가 있다. 예를 들어, 사람들은 시험에서 컨닝하는 것을 도덕적으로 옳다고 말하지 않는다. 그러면서도 어떤 사람들은 분명히 나쁜 짓인 줄을 알면서도 자포자기하는 가운데 스스로 "그렇게 할 수밖에 없었다"고 변명하면서 컨닝하기도 한다. 또 어떤 사람들은 아예 컨닝하는 것이 도덕적으로 상관없다고 하면서 일을 저지르는 경우도 있다. 이런저런 모든 것을 다 알면서도 단지 점수를 올리기 위해서 컨닝을 하는 사람도 있다. 그러나 그들은 분명히 컨닝을 도덕적으로 옳다고 간주하지는 않는다. 이런 사람들은 순전히 도덕적인 고려를 회피하고 있는 것이다. 같은 종류의 논의를 살인, 도둑질, 혹은 간음에 대해서도 적용할 수 있다. 극단적인 상황 속에서는 강한 신념을 가진 사람일지라도 유혹에 넘어가고 거기에 휩쓸릴 수가 있다. 그러한 신념이 없는 사람은 보다 쉽게 남을 죽이거나 훔치고 간음을 범하고 말 것이다. 어떤 경우에 그러한 행위를 하는 것이 옳다고 생각하기 때문이라든가, 혹은 그외의 다른 요인이 도덕적 판단을 무력화시키는 것이라고 보지는 않는다.

　　도덕적 관점에서 어떤 때는 그렇게 하는 것이 올바른 행위라는 명백한 이유로 쉽게 판단이 이루어지기도 한다. 그런 경우에는 도덕적으로냐, 아니면 비도덕적으로 행할 것이냐 하는 것을 선택하기만 하면 된다. 삶이란 선택의 결과인 것이다. 비도덕적 행위의 결과로 사람은 후회하거나, 반항적이기도, 냉소적이기도, 겸연쩍어하거나 당혹스러워하기도 하며, 발각되지 않은 위반사항으로 인해서 안도감을 갖기도 한다. 도덕적 행위의 결과는 행복해 하고, 스스로 만족해 하거나 사회적 인정으로 기뻐하고, 하나님이 인정하신다는 확신을 갖기도 한다. 어쨌든지 옳고 그름에 대한 사람의 생각 그 자체가 도전받지는 않는다.

　　그러나 대부분의 행위결단은 훨씬 더 복잡하다. 예를 들어, 컨닝 그 자체마저 명백하게 정의된 용어가 아니라는 점도 그러하다. 어떤 학생이나 교사는 표절을 컨닝이라고 하나, 다른 학생이나 교사들 가운데서는 그것을 적당한 자료 사용으로 간주하기도 한다. 살인은 다른 사람의 생명을 고의적으로 탈취하는 것으로 정의되고 있다. 그렇다면 안락사도 살인에 포함되는가? 낙태와 사형과 전쟁은 어떤가? 훔친다는 것은 다른 사람의 소유를 그 사람의 동의없이 탈취하는 것을 말한다. 그러면 희귀한 물건에 고액의 가격을 붙이는 것도 이에 포함되는가? 값비싼 식대를 지불하는 것도 이에 해당하는가? 다른 사람으로부터 배운 아이디어를 가로채는 행위는 어떠한가? 행위결단의 어려움은 선택이 명백하게 제시되지 않았거나 경계선이 분명치 않을 때, 어느 쪽 선택이든지 선과 악 둘 중에 하나일 때, 혹은 어떤 대안도 그 속에 선과 악이 모두 포함되어 있는 곳에서도 발견된다.

　　이와 같은 어려운 상황 속에서 그리스도인은 어떻게 결단을 해야 하나? 자기 스스로를 위해서 결단을 해야 한다는 말로만은 미흡하다. 단순히 어떤 선택이든지 해야만 한다는 생각을 거듭 주장하는 것도 진부한 말이다. 물론 어떤 문제든지 직면한 바로 그 사람 자신이 행위자가 되지 않으면 안된다. 그러므로 문제를 직면한 그 사람이 무엇을 행해야 할 것인지를 결정해야 하는 것은 물론이다. 그러나 문제는 "행위결단의 준비가 되어 있는가? 행위자가 움직일 수 있는 어떤 근거는 있는가? 결단에 갈등이 생길 때를 위한 도움은 있는가? 도덕적 판단이 되도록 하는 어떤 지침은 있는가?" 하는 것이다.

　　우리가 알고 있는 철학자들과 신학자들 중에, 결단이 어떻게 이루어져야 하는가, 결단을 위한 지침은 있는가, 있다면 그런 지침들은 무엇인가 하는 문제에 대한 의견일치가 없는 것 같다. 앞서 지적한 대로 어떤 기독교 윤리체계는 추구하는 대상에 의해서 행위가 좌우된다는 주장으로 목적달성에 접근하는 체계를 갖기도 한다. 이들 체계는 이러저러한 방법으로 만약에 주어진 대로 행하기만 하면 우리가 추구하는 - 대개 그런 목표들은 하나님 나라, 우주적 평화, 교회의 성장, 인류의 복지 등으로 표현되는 - 목표에 도달한다고 한다. 또한 다른 체계들 가운데서는 하나님 성품이나 그의 피조물의 특성에 근거한 일반적인 행위원칙들이 있다는 주장으로 의무와 당위성을 중심으로 하는 방법적 구조를 갖기도 한다. 이들 체계들은 결과보다는 동기에 초점을 두고 있다. 다른 기독교 체계 중에는 여전히 그리스도 안에서 하나님께 대한 개인적인 응답으로서의 기독교 도덕성에 초점을 두고 있는 것도 있다. 이상에서 말한 어떤 특별한 체계의 장단점에 대한 논쟁을 떠나 독자는 이 책이 후자, 즉 도덕적 의무체계에 기초하고 있음을 알아야 할 것이다. 다른 방법론을 가진 윤리학자로부터의 영향력을 배제하지는 않으나, 필자는 기독교 도덕성이란 그리스도와 관련된 신앙적 상황 안에서의 결단과 행위라는 기본적인 입장을 견지하는 것이라고 말하고 싶다.

그러한 신앙관계가 아무런 특징이 없는 것은 아니다. 과거로부터의 어떤 지혜도, 어떤 교훈도, 다른 상황에 대한 어떤 연관성도 없는 결단이란 있을 수 없다. 전혀 새로운 인간경험이란 있지 않다. 선행적 사건 없는 선택이 있을 수도 없다. 신앙공동체를 포함하여 상위 인간 공동체로부터 단절된 사람도 있을 수 없다. 사람마다 독특한 반면 모두 제각기 역사와 환경과 미래를 간직하고 있는 것이다. 이러한 이유로 기독교 신앙의 기본적인 교리와 이들 교리에 대한 우리 자신들의 해석이 도덕적 문제에 관한 사고를 형성하게 되는 것이다. 그러므로 이 점에서 이제 도덕적 결단을 내리는 데 유효한 지침이 무엇인지에 대하여 우리들의 관심을 돌리고자 한다.

성서

　성서는 교회생활에 있어서 기본적인 만큼 도덕적 문제에 대한 결단에 있어서도 방법론적으로 그리스도인들에게 기본적인 것이 된다. 개신교의 근본원칙은 사실 신앙과 실천문제에 있어서 성경의 권위문제에 있다. 많은 그리스도인들은 "성경이 하나님의 영감에 의해서 주어진 것으로 신앙과 삶의 규범이며, 성경의 권위는 어떤 사람이나 교회의 증언에 달려 있는 것이 아니라 전적으로 그 저자이신 하나님(그분이 진리 자체이심)께 있다"는 주장에 동의한다.

　그러나 그리스도인들 가운데는 성경이 "하나님의 영감에 의해서 주어진 것"이라는 점에 대하여 동의하지 않는 사람도 있다. 어떤 이들은 성경의 글자 하나하나가 하나님에 의해서 저자에게 주어진 것으로 성경말씀은 곧 하나님의 말씀이라는 것을 믿는다. 어떤 사람은 생각이 하나님으로부터 왔을 뿐 저자 나름대로 기록했다고 말하는 사람도 있다. 그중에는 성경이 하나님에 관한 인류의 최고사상을 기록하고 있다고 생각하는 사람도 있다. 몇몇 그룹 속에서 '무오성'에 관한 토론이 있기는 하나 성경을 진지하게 대하는 대부분의 사람들은 그러한 용어를 더 이상 사용하지 않고 있다. 그들은 어떤 방법으로든 성경을 기록한 사람들이 실제로 하나님의 영감을 받았다고 믿으므로 성경의 권위를 받아들이고 있다. 그러나 그들은 궁극적인 권위는 성경이 아니라 하나님이라고 생각한다. 성경이 영감된 것을 어떻게 이해하느냐에 따라서 성경을 어떻게 해석하고 그 가르침을 일상생활에 어떻게 적용할 것인지를 결정한다. 영감설이나 성경의 권위를 논하는 장소는 아니지만 이와 같은 연구의 배경을 형성하는 성경의 이해를 설명할 필요가 있다.

기독교 신앙의 중요한 성향 가운데 하나는 하나님이 역사 속에서 일하고 계시며, 하나님의 성품과 목적이 그러한 일 속에 계시되어 있다는 신념이다. 하나님은 그가 행하신 일에 의해서 알려진다. 이 교리는 하나님께서 독특한 방식으로 히브리 백성을 택하시고 그들을 통하여 일하셨으며, 따라서 이 백성들의 역사는 하나님의 자기 계시이고, 그 같은 자기 계시는 예수님의 인격에서 그 절정에 달했다는 사실을 주장하고 있다. 그러한 역사의 유일한 기록으로서 성경은 하나님을 아는데 특이한 자료가 되는 것이다. 구약성서는 하나님과 함께한 히브리 백성들의 독특한 만남에 참여한 사람들에 의해 쓰여졌다. 신약성서는 하나님과의 만남이 예수 그리스도의 인격에 의해 형성된 사람들에 의해 기록되었다. 그들의 기록을 통해서 하나님께서는 말씀을 계속하신다.

역사 속에서의 이와 같은 하나님과의 만남은 역동적인 현실로서 결코 정적이지 않았다. 하나님은 어떤 건물이나 인간존재에 대하여 기록할 수 있는 것처럼, 보여지고 설명할 수 있는 분이 아니다. 하나님은 행위하시고 사람들에게 먼저 접근하시고 개인과 공동체를 향하여 움직여 나가시는 그런 분이시다. 하나님은 이제 글로서가 아니라 행위로 말씀하고 계신다.

그러면 어떻게 성경은 하나님이 말씀하고 계시는 것과 관련되는가? 어떤 의미에서 그것이 '하나님의 말씀'이 되는가? 성경이 하나님의 말씀으로 이해될 수 있는 두 가지 중요한 사항이 있다. 첫째, 언어는 특별한 생각을 전하는 일종의 메시지이다. 성서는 역사적 사건 속에서 하나님과의 만남에 참여한 사람들의 통찰력을 담고 있다는 의미에서 하나님의 말씀이다. 그들이 기록한 것은 독자들에게 결정적인 생각들을 전해 준다. 그러한 생각들은 세계 내에서 역사하신 하나님, 사람들을 위한 하나님의 목적, 그리고 사람들이 그 속에서 서로 관계하는 방법을 위한 하나님의 뜻과 관련되어 있다. 이와 같이 성경에는 개인이 생각하고 기록한 그 이상을 담고 있다. 우리는 하나님의 자기 계시의 보고서를 갖고 있다. 그러한 것들은 기록 당시의 환경을 초월한 내용을 지니고 있다. 그것은 성서의 글자들이나 사건의 역사적 진술, 특정형태의 율법들을 절대화시키지 않는다. 그것은 문서의 문화적 조건을 인정한다. 단순한 사회적 관습에 대한 신적인 재가를 끄집어내려는 사람들의 경향성을 인정하기도 한다. 그러나 이와 같은 사회적 조건의 인정 이면에는 하나님이 말씀하시고 시간을 초월하는 진리와 의미를 드러냄으로 사람들에게 자신을 알게 하시는 하나님에 대한 신념이 있다. 그러므로 성경이 교훈하고 있는 것은 현대 세계 속에서 삶을 지도하는 것으로서 진지하게 받아들여지고 있다.

둘째, 언어는 사람들 사이의 만남에 영향을 주는 수단이다. 성경이 하나님의 말씀이라고 말하는 것은 말씀으로 사람들이 하나님을 만난다는 것을 의미한다. 기록된 말씀으로부터 살아 있는 말씀이라고 사용되는 용어는 바로 이를 위한 것이다. 성경을 통하여 하나님을 만나고 어떻게 응답하여야 할지를 요청받는다. 성경의 진리는 그로 인해 하나님과 만나는 실재성에 있는 만큼 그 진술의 시대 간의 정확성에 달려 있지 않다. 계시는 성서의 저자에게 오래 전에만 알려진 것이 아니라 오늘 성경을 읽고 있는 독자에게도 알려져 있는 것이다.

그러면 기독교 윤리학은 성경을 어떻게 사용하는가? 성서적 교훈을 현대문제에 어떻게 적용시켜야 하는가? 일종의 부정적인 이야기가 초두에 나올 수도 있다. 모든 윤리적 질문에 대한 대답을 성경으로부터 다 찾아낼 수는 없다. 만약에 그럴 수만 있다면 윤리적 결단을 필요로 하지는 않을 것이다. 이미 결단이 개별적으로 다 이루어졌고, 사람들은 정해진 절차를 따르기만 하면 되기 때문이다. 그러나 사실 성경이 문제(전쟁, 여성의 지위, 다른 인종그룹에 대한 대도 등)를 다루는 방법은 도덕적 문제를 해결한다기보다 오히려 도덕적 문제를 야기하는 편이다. 게다가 성경은 현대인들이 직면하고 있는 수많은 윤리적 문제들, 이를테면, 낙태, 장기이식, 핵에너지, 환경오염, 유전공학, 행동교정 등의 문제를 다루고 있지 않다. 따라서 성경 속에서 현대인이 직면하고 있는 모든 삶의 문제를 위하여 미리 해결되고 명백하게 제시된 내용을 찾을 수는 없다.

그러나 이러한 간단한 접근방법의 포기가 곧 성경의 포기를 의미하지 않는다. 오히려 이는 성경을 적합하게 사용할 것을 촉구한다. 최선의 방법으로 성경을 해석하고 신중하고 정직하게 사용할 것을 요청하는 것이다. 우리의 삶의 환경에 대한 최선의 비판적 사고를 요구하기도 한다. 그리고 그렇게 하는 것은 옛 진리를 현재의 문제에 적용시키는 상상력과 직관을 요구하는 것이다.

지금까지는 권위라는 말을 일반적으로 사용할 때 율법주의적인 의미를 지니고 있는 것 같아서 성경과 관련지어 사용하는 것을 회피했었다. 권위라는 말은 어떤 것을 명령한다거나, 명령된 것이 사람들에게 의무감을 부여하는 등의 인상을 주고 있다. 권위는 그것을 따르는 사람은 옳고, 무시하는 사람은 그르다고 하는 '하나님의 의지'라는 생각과 밀접한 관계를 갖고 있다. 권위는 그것과 더불어 주고받음이 없고 그것으로부터 회피할 수 없는 강제하는 힘이 있다는 암시를 주고 있다. 권위가 사람들의 행위를 통제하고 합법성을 부여하는 듯한 인상을 시사한다. 그렇게 권위적인 하나님은 사랑이 없고 두렵기만 한, 신뢰 대신에 복종하기만 해야 하는 하나님을 연상케 한다. 이와같은 권위의 주제는 자유도, 책임도 아닌 굴종일 뿐이다. 그러한 사람이 바랄 수 있는 최선이란 그렇게 일방적인 권력의 지시로부터 도망가는 것뿐이다.

물론 그러한 설명은 단편적인 것이다. 권위라는 말의 근본의미는 '저자'(著者), 혹은 '최초의 사람', 또는 '출처'에서 비롯되었다. 헬라어로는 '존재 그 자체로부터'라는 의미에서 파생되었다. 따라서 권위적인 선포는 원출처(原出處), 처음 시작할 수 있는 힘을 가진 자로부터 나온다. 이런 의미에서 권위는 오직 하나님의 특성에서 비롯되는 것으로 성경을 권위적이라고 말하는 것은 적합하다고 보이지 않는다. 그리스도인의 삶과 사고에 있어서 성경의 위치에 대하여 이렇게 저렇게 말하는 것으로 하나님을 제한시켜서는 안된다.

그러나 실천적인 용어로 대부분의 그리스도인들은 어떤 면으로든 하나님께서 저자들에게 영감을 주었다는 사실을 믿기 때문에 성경의 권위를 받아들인다. 그러한 승인은 일종의 인격적인 결정이다. 성경은 오직 그 권위를 인정하는 사람에게만 권위적이다. 성경은 살아계신 하나님을 만나는 수단으로서 인정한다는 점에서 그들에게 권위적이다. 하나님께서 성경을 통하여 말씀하신다는 사실을 믿는 사람들에 한하여 성경은 권위적이다. 그런 사람들에게는 단지 최종적인 말로서 "하나님이 말씀하신다"고 말하는 것만으로 만족해 하지 않는다. 그들에게 있어서 권위는 성경을 통해서 들을 귀 있는 자에게만 말씀하시는 하나님께 있는 것이다.

그리스도인 공동체

그리스노인은 다른 그리스도인들로부터 따로 분리되어 존재하지 않기 때문에 교회는 도덕적 결단을 내리는데 활성적인 역할을 한다. 신앙 공동체는 그 속에서 사람들이 그리스도를 알고 그분의 제자로서 살도록 하는 상황을 말한다. 교회의 회원으로서 그리스도인들은 도덕적 문제에 직면하고, 교회는 이들의 도덕적 판단을 갖추도록 돕는다. 이러한 사실이 개인의 책임을 부정하거나 교회 안에서 모든 도덕적 문제가 일치한다거나 하는 것을 의미하지는 않는다. 이는 교회가 그 회원들로 하여금 심오한 도덕적 결정을 할 수 있도록 사용 가능하지만 평가할 수는 없는 자료들을 제공해 주는 것을 의미할 뿐이다.

교회의 본질

'교회'라는 말은 '주님의, 또는 주님께 속한'을 의미하는 헬라어 '큐리아콘'(kuriakon)에서 파생된 것이다. 따라서 그 이름은 우리가 다루는 현실이 단지 그 일부분에 해당하는 인간에게 속한 것이 아니라는 것을 시사한다. 교회의 기원은 신적인 것이지 인간적인 것이 아니며, 궁극적으로 그 운명도 사람의 손이 아니라 하나님의 손에 달려 있는 것이다. 교회가 택하고 있는 어떤 특별한 행정형태와 상관없이 교회는 궁극적으로 하나님이 책임을 지고 있다. 교회의 의무는 옳고 그름을 배우는 것이며 배운 바에 기초해서 결단을 내려야 한다. 교회는 하나님의 계속적인 자기 계시와 세계를 위한 구속의 도구인 것이다.

이러한 이유로 그리스도의 몸으로서의 교회에 대한 바울의 묘사(고전 12:4-31; 엡 4:11-16)는 중요한 것이다. 그 용어는 교회가 성육화의 지속성을 암시하고 있다. 그것은 관계하고 성취하고 자신을 표현하는 등 행동하는 몸을 통해서 이루어진다. 몸이 없는 인격을 인식하는 것이란 거의 불가능에 가까운 것이다. 몸은 세상에서 살고 있는 일종의 방식인 것이다. 바울이 교회를 그리스도의 몸이라고 일컬었던 것은 교회를 통해서 그리스도가 세계 속에 살고 있음을 말하고자 했던 것이다.

바울이 교회를 위해서 사용한 다른 용어는 '하나님의 전'이다. 바울이 고린도에 있는 그리스도인들에게 그들의 분열에 대해서 서신을 보냈을 때, "너희가 하나님의 성전인 것과 하나님의 성령이 너희 안에 거하시는 것을 알지 못하느뇨"(고전 3:16) 하고 물었다. 고대세계의 다른 사람들과 마찬가지로 히브리 사람들에게도 성전은 하나님이 계신 곳으로 인식되었다. 비록 히브리 사람들은 하나님이 편재하신 것을 믿고 있었지만, 그들은 특별하고도 독특한 의미로 성소에 머무르신다는 것을 믿고 있었다. 바울은 따라서 고린도 사람들에게 고린도의 교회야말로 하나님이 살아계신 곳이라고 말했다.

계약 공동체 사상이야말로 바울의 영적 유산의 한 부분이라고 할 수 있다. 그는 유대인으로 양육되고 랍비로 교육받은 자로서 하나님께서 히브리 백성들을 선택하고 아브라함을 통해서 히브리 백성과 언약관계를 맺으신 것을 믿고 있었다. 언약의 구절인 "나는 너희의 하나님이 되고 너희는 나의 백성이 되리라"는 히브리 백성들의 마음과 가슴속 깊이 새겨진 것이었다. 그들의 신앙에 의하면 자신들이야말로 하나님의 은혜로서 그러한 관계 속에 살고 있다고 믿고 있었다. 갈라디아와 로마에 보낸 편지에서 바울은 언약관계가 예수님의 제자들로 말미암아 계속되고 있다고 주장한다. 바울은 그 제자들이 새로운 이스라엘이요, 하나님의 새로운 백성이라고 말한다. 그리스도인이 된다고 하는 것은 새로운 언약 공동체의 일부분이 되어 그로부터 배우고, 그로 말미암아 유지되고, 그에 대해서 신실해지는 것을 의미한다.

교회에 해당되는 다른 말로 종종 '코이노니아'(koinonia)가 사용되고 있다. 헬라어인 이 말은 공동체, 교제, 연합 그리고 함께 소속된다는 사상을 강조한다. 사도행전 초두에서 이 사상은 "모든 물건을 서로 통용하고"(행 2:44; 4:32-35)라는 말로 제자들의 삶을 설명하는 가운데서 강조되고 있다. 바울은 종종 지체를 필요로 하는 몸에 대해서 말하며 고린도 교인들이 피차 나누고 교제를 방해하는 행위에 대해서 강력하게 비판하는 말을 했다. 반대로 그가 열렬히 칭찬한 것은 타인에 대한 그들의 사랑과 돌봄의 행위에 대한 것이었다. 교회의 이와 같은 연합은 그 자신을 위해서라든가 사람들이 만들어 낸 것을 의미하지 않는다. 오히려 교회의 연합은 그리스도께 대한 신자들의 공통된 헌신으로 말미암은 것이라고 할 수 있다. 그들은 제자가 됨으로 말미암아 공동체 안에 들어가게 된다. 개인적으로는 공동체를 이탈하거나 존경할 수도, 방해하거나 유지할 수도, 무시하거나 소중하게 여길 수도 있다. 그러나 이 교회는 자신의 실재(존재)가 이런 사실로부터 기인하기보다는 그리스도 안에 있는 하나님으로부터 기인한다. 모든 것들이 그들 본체로부터보다는 그리스도 안에 계시는 하나님으로부터 실재적일 수가 있는 것이다.

　　　　이와 같은 코이노니아의 실재는 교회들 간의 차이를 극복한다. 교파들의 기원에는 역사적인 이유들이 있으며, 그 특징들을 유지하기 위한 조직적, 신학적 관련사항들이 있다. 이와 같은 차이들 때문에 어떤 그리스도인들은 다른 그리스도인들과 예배를 드리거나 교제하고 교회의 선교에 협동하는 데 곤란을 겪기도 한다. 그러나 대부분의 그리스도인은 차이를 극복하는 코이노니아의 필요성을 느끼고 교제를 방해하는 입장에 있는 교파적 구분을 허락하지 않고 있다. 그들은 공통의 성경을 가지고 있으며 서로 중첩되는 유산을 물려받고, 그들의 예배는 피차에 영향을 주고 세계 내에 일어나는 일에 공통적인 관심사를 갖고 있는 것이다.

교회의 기능

　　종교는 기본적으로 우주를 창조하고 유지하시는 삶의 원천이

신 하나님께 대한 인간의 응답에서 출발한다. 여기서 적합한 반응이란 두려워하고 경외하고 찬양하고 감사하는 정신인 것이다. 그밖의 모든 것은 이들에게서부터 나오는 개인적인 종교적 경험인 것이다. 따라서 교회의 기본적인 기능은 예배하는 것이라고 할 수 있다. 공동체가 예배하는 목적으로 함께 모일 때, 그것을 통해 신자들이 종교적인 표현을 할 수 있게끔 어떤 종류의 것이든 구조를 갖게 된다. 구조 그 자체가 그렇게 중요한 것은 아니라고 하더라도, 그것은 하나님을 예배하는 자가 경외함으로 만날 수 있는 조건이기도 한 것이다. 기독교적 전망에서 도덕적 책임을 이와 같은 경험으로부터 분리시키는 것은 도덕성의 기초를 박탈하는 것과 같은 것이라고 하겠다.

교회의 두번째 기능은 가르치는 것이다. 교육의 기능과 도덕성과의 관계는 분명하다. 교회 교육의 핵심은 성경이다. 초대교회는 그리스도인이 아닌 사람들과 신앙을 공유하고 그리스도인들에게 신앙을 가르치기 위한 방법으로서 신약성서를 갖게 된 것이다. 신약성서의 각 책들은 특수한 환경에 처해져 있는 특수한 그룹에게 쓰여졌으며, 그 내용은 부분적으로 수신자의 필요에 의해 결정되기도 했다. 복음의 진리와 신약성서 속에 기록된 근본적인 삶의 문제에 대한 적용은 처음부터 현재에 이르기까지 교회에 의해 사용되어졌다. 교회가 비록 다양한 형태를 취하고 항상 신학적인 논쟁의 여지를 가지고 있으며 인간실존의 문제가 여러 가지 다른 방법으로 표현되고 있더라도, 교회가 성경을 신자들의 교육을 위해서 사용하고 있는 이유는 성경이 기본적으로 인간조건을 바탕으로 기록되었기 때문이다.

그러나 교회의 가르침은 성경의 내용 속에 있는 교훈에만 국한되지 않았다. 교회는 성경의 관점에서 세상을 바라본다. 성경은 개인적이고 사회적인 문제에 대해서 판단을 내린다. 성경은 세상을 위한 하나님의 목적을 이해시킨다. 어떤 그룹에서는 그 가르침이 매우 권위적인 발언형태를 취하기도 하고 다른 곳에서는 권면의 형태를 취하기도 한다. 어떤 판단 속에서 교회는 삶의 양식을 받아들이는 데 아주 전통적이기도 하고, 현상유지적일 때가 있는가 하면, 일반적으로 받아들일 수 있는 사회와 정치적 문제들에 대하여 도전적일 때도 있다. 어떤 판단은 역사에 의해서 입증되기도 하고 어떤 것은 전혀 맞지 않는 것으로 보여지는 것도 있다. 그러나 교회는 항상 도덕적 문제에 관해서 따르는 사람들을 가르치는 책임을 진지하게 지고 있다.

교회의 세번째 기능은 신자들로 하여금 행동하도록 하는 것이다. 다른 어떤 기관도 우리들로 하여금 성경과 같이 실천하게끔 헌신케 하는 것이 없다. 또한 잘못된 것을 바로잡고, 선한 관계를 세우며, 개인적인 책임을 받아들이게끔 하는데 성경과 같이 열정을 갖게 하는 것도 없다. 이기적인 목적 이외에 선에 관해서 법적 목적을 떠나 옳은 것에 관하여 성경이 보여 주는 관심을 대신할 만한 것은 없다. 교회의 가르침은 비교리적인가 하면 그만큼 자극적이기도 하다. 신자는 도덕적인 문제들을 시험하고 도덕적 판단을 내리는데 도움을 받기도 한다. 심지어 도덕적인 판단이 전통적인 견해를 재확인할 때도 예민한 양심의 바탕에서 그렇게 하며, 전통적인 견해를 바꿀 때에도 공동체 신앙에 대한 헌신 속에서 그렇게 한다.

교회 안에서의 그리스도인

교회의 특성과 기능에 관해서 말한 모든 것은 공동체 개념과 관련된다. 공동체와 마찬가지로 교회는 개인이 도덕적 문제에 대한 결단을 내려야 하는 전반적인 상황의 대부분을 차지한다. 교회는 우리의 환경을 결정하는 것을 돕기 때문에 우리가 생각하고 느끼고 행동하는 조건을 설정하는 데 중요한 역할을 한다. 이는 교회의 가르침에 대한 조심스러운 주의력과 교회의 삶에 영향을 주는 결정에 대한 주의력을 가지고 결정하는 것을 의미한다.

이 모든 것은 우리가 교회의 삶을 공유하고 있음을 전제한다. 그와 같은 공유는 단순히 조직이 연루되는 것이 사실이라고 하더라도 그렇다고 반드시 조직적인 것만은 아니다. 트루블러드(Elton Trueblood)는 "실제로 교회의 삶을 공유하기 전에는 교회의 회원이 될 수가 없다"고 말한 적이 있다(*Foundations for Reconstruction*, p. 53). 교회를 꼭 조직적인 용어로 말하고자 하는 것은 결코 아니다. 교회는 신자의 교제로서 조직 이전에도 존재했다. 예수님은 "두세 사람이 내 이름으로 모인 곳에는 나도 그들 중에 있느니라"(마 18:20)고 말씀하셨다. 사람들 상호간에 그리고 예수님과 함께 하는 공동체가 바로 교회의 실재인 것이다. 조직은 단지 어떤 결과를 얻기 위한, 어떤 것을 효과적으로 수행하기 위한 수단일 뿐이다. 조직이 필요한 것은 사실이나 그것이 교회의 필수조건은 아니다. 이러한 이해와 더불어 우리는 교회의 삶에 연루되는 상황 속에서만 그리스도인의 도덕적 결단이 가능하다는 생각을 재확인할 수 있다. 그러한 연루는 형식적이기보다는 실제적인 것이다. 그것은 관계, 즉 느낌, 태도, 인격적인 동질성의 문제다. 그것은 어느 한 사람에게 일어나는 것이 곧 모든 사람에게 일어나는 것을, 그리고 그 하나가 모두에게 영향을 미친다는 것을 받아들이는 것이다. 바울의 권고에 의해서 로마에 있는 그리스도인들에게 전해진 바 "즐거워하는 자들로 함께 즐거워하고 우는 자들로 함께 울라"(롬 12:15)고 한 것과 같다.

다음으로, 그리스도 안에 계신 하나님께 나아온다는 것은 같은 경험을 가진 다른 사람들과의 교제 속에 들어가는 것을 말한다. 타인과 더불어서가 아닌 다른 선택이나 가능성의 여지는 없다. 한 쪽 끝만 있는 줄이나 한 면만 있는 동전이 없는 것과 마찬가지로 하나님의 다른 자녀와의 관계없이 하나님과 관계를 가질 수는 없다. 실제적인 용어로 이는 우리가 고립된 채 그리스도인이 될 수 없음을 의미한다. 우리는 서로 배우며 하나님의 뜻을 함께 인식하고 서로간의 관계 속에서 결단하고 함께 행동한다. 이는 교회 안에 차이의 여지가 없다는 것을 의미하는 것이 아니다. 다수에 의한 규칙, 무엇이든 어떤 단체가 내린 결론이 옳다는 것을 의미하지도 않는다. 실제로 대부분의 심오한 통찰력 가운데는 단체적인 판단을 거부하는 개인에게서 나올 경우가 많다. 그러나 이는 개개의 신자가 교제권에 있고, 교제로부터 배우며, 교제에 의해서 행위가 조장되고, 교제를 위한 관심 속에서 행위를 하게 되는 것을 의미한다.

개인적인 판단

성서와 교회에 관해서 말할 때는 개인 외적인 것을 다루게 된다. 비록 그런 것들이 토론과 해석에서 공개적이라 하더라도 모두 객관적 실재인 것만은 사실이다. 그러나 개인적인 판단은 주관적이며 다루기가 더 어려워진다. 여기서는 논쟁의 여지가 없는 몇 가지를 다루고자 한다. 아름다움이 시각적인 것이라면 판단은 심리적이라고 할 수 있겠다. 이렇게 말한다고 해서 실재에 대한 선과 악, 옳고 그름 등 객관적인 판단의 여지가 없다고 하는 것은 아니다. 이는 어떤 사람이 "그것은 내가 생각하고 있는 것이다"라고 말했을 때, 그 사람과 논쟁의 여지가 없다는 것을 말하는 것이다. 그 생각이 진지한 것이냐를 질문할 수 있을지는 몰라도 왜 그런 생각을 했느냐고 따져 물을 수는 없는 것이다. 여기서 생각의 책임은 전적으로 개인에게 달려 있는 것이다. 개인적인 판단과 관련된 세 가지 요인, 즉 성령의 인도하심에 대한 느낌, 인간이성의 사용 그리고 양심의 자극 등에 대해서 다루고자 한다.

성령의 인도하심

신약성서는 성령의 역사하심에 대한 관련 구절로 가득 차 있으며 그리스도인들에게 그분의 사역은 행위결정 과정에 활력이 된다. 신약성서와 교회의 계속적인 경험 속에 반영된 성령의 주 기능은 가르치시는 것이다. 이는 지식을 나눈다는 뜻이 아니라 신자 개개인이나 단체로 하여금 특정방향으로 움직이게끔 자극을 주는 것을 의미한다. 이러한 가르치심은 "이것은 마땅히 행해져야 한다"라든가, "그렇게 해서는 안된다" 등의 확신으로 발전한다. 그것은 통찰력을 주는 것이며 관심을 갖게 하고 희망을 새롭게 하고 해야 될 것을 하는데 따른 내적인 자료를 제공하는 것이다. 성령의 사역은 신자와 그리고 교회와 더불은 하나님의 현존에 대한 확신이며, 그분께 대한 경외감과 두려움을 불러일으키는 것이다.

　어떤 그리스도인들은 성령의 인도하심에 관한 사상을 최종적인 권위로서 받아들이기도 한다. 어려운 결단을 내려야 하는 많은 사람들은 이러한 인도하심을 위해 기도하고 종종 그들의 기도가 응답받았다는 확신을 갖기도 한다. 또는 성령의 인도하심에 관한 사상은 일상적인 행위와 밀접히 연결되어 있어서 매일매일 정해지는 결정을 '인도받았다'고 말하는 데 익숙해진 사람도 있다. 역사적으로 퀘이커 교도들은 '내적 조명'으로서의 하나님 말씀에 우선권을 두기도 한다. 그러나 대부분의 그리스도인들은 신적인 인도하심에 대해서 그렇게 자유롭게 말하지 않는 반면 그 사상은 기도의 개념 속에서 시사되고 있다. 기도는 우리들의 영이 하나님 앞에 열려져 하나님께서 성경과 교회, 다른 사람, 그리고 인간 자신들의 마음의 수고를 통해 인간에게 말씀하시는 방법으로 하나님과 교제를 갖는 것이다. 이와 같은 개방성은 인간들로 하여금 하나님으로부터 통찰력과 삶에 대한 전망, 그리고 일어난 것과 일어날 것에 관한 이해를 갖게 하고, 마침내 "하나님께서 이렇게 행하셨다," 혹은 "하나님께서 나를 이렇게 행하게끔 움직이셨다"고 말하도록 한다. 일어나는 모든 사건을 하나님의 목적으로 여기지는 않지만 인간은 전 삶의 환경 속에서 역사하시는 하나님을 깨달으며, 삶의 제문제들을 다룸에 있어서 하나님의 은혜가 함께하신 것을 깨닫게 된다.

　다음으로 성령의 인도하심은 대개 어떤 특별한 문제를 다루는데 분명한 형식이나 명백한 지침으로 오지는 않는다. 성령의 인도하심은 종종 사람과 사람의 만남을 통해서 받게 된다. 그러한 만남을 통해서 사람들은 자신만의 위치를 넘어 이웃에게로 관심을 돌릴 수가 있게 된다. 어떤 사람의 성품과 인격은 신적인 현존과의 끊임없는 만남을 통해서 변화를 위해 도전받게 될 것이다. 그러한 변화는 어려운 결단에 대하여 심사숙고하는 가운데서, 그리고 곤란한 상황 안에서의 행동에 반영될 것이다.

　그러므로 성령의 인도하심은 우연한 것, 곤란을 겪고 있을 때 호소하는 '응급조치'적인 경험과 같은 것이 아니다. 그것은 누적적인 것으로, 모든 사적, 공적예배와 결부되어 일어나는 사건이다. 분명히 최상의 행위가 무엇인지 불확실할 때도 있고, 그래서 어떤 도움이 필요한지를 알 때가 있는 것이다. 그러한 때에 대개는 누군가로부터 지도(指導)를 구하게 되고, 하나님의 현존에 대하여 보다 책임적이게 되기도 한다. 그러나 하나님의 현존에 항상 민감하지 못할 때에는 긴급한 상황 속에서 하나님의 인도하심을 깨닫지 못하게 될 것이다. 하나님의 뜻에 대한 이해와 당위성에 관한 감지, 하나님의 현존의식 속에서 작용하는 선을 느낄 수 있는 것들에 대한 경험을 축적할 때에 비로소 성령의 인도하심에 대하여 응답적이게 된다.

　많은 그리스도인들은 성령의 인도하심을 순전히 인격적이고 개인적인 것으로만 생각한다. 하나님은 개개인만을 다루시며, 따라서 어떤 한 사람이 무엇을 하도록 인도받는 것은 다른 사람이 인도받는 것과는 전혀 다르다고 생각한다. 하나님이 개인에게 말씀하시고 개개인이 하나님께 응답하는 것이 사실이지만 아무도 공동체로부터 격리되어 있는 사람이란 없는 법이다. 따라서 하나님의 영의 체험은 신앙 공동체의 상황 안에서만 가능하다. 사람들은 교회를 통해서 신앙을 가지며, 교회의 일부로서 성경을 읽고, 예배한다. 같은 의미로 성령은 교회상황 안에서 사람들을 인도한다. 성령의 영향하에서 신앙 공동체에 말하며, 그렇게 또한 우리는 신앙 공동체에 귀를 기울인다. 성령은 교회가 나아가야 할 방향을 바꾸는데 우리를 통하여 일하시며, 또한 교회를 통하여 우리가 취해야 할 방향전환을 위해서도 일하신다. 성령의 인도하심을 받는다는 것을 다른 말로 하면 '신앙공동체의 삶을 공유하는 것'이라고 할 수도 있다.

성령의 인도하심에 관하여 이렇게 공동체적인 면을 강조하는 것이 개인적인 책임을 최소화하는 것은 결코 아니다. 물론 모든 사람은 그룹의 마음이나 그룹의 뜻이란 것이 없는 만큼 자신들을 위하여 결정하지 않으면 안된다. 한 그룹의 동질성은 최소한 부분적으로 그룹을 이루고 있는 개인에게 달려 있는 것이다. 그러나 성령의 인도하심에 있어서 공동체적인 면을 강조하는 것은 세계 속에서의 하나님의 사역이 발작적이거나 혼돈스럽지 않다는 것과, 하나님께서는 상호관계를 무시한 채 사람을 인도하지 않는다는 것을 의미하는 것이다. 영적 삶은 하나님의 현존을 의식하는 삶, 다른 신자와 교제하는 삶, 그리고 하나님의 현존 하에 사람들을 연합케 하는 진리에 대하여 공동으로 헌신하는 삶인 것이다.

인간의 이성

개인적인 판단을 내리는 두번째 요인은 이성(理性)의 능력을 사용하는 것이다. 인간의 본성에 대한 대부분의 토론 속에서는 이와 같은 능력이 인간의 특성상 가장 중요한 것임을 인정하고 있다. 최소한 철학적 사색은 항상 이성이야말로 궁극적인 권위를 갖는다는 것을 주장하고 있다. 우리가 토의하고 있는 기독교 윤리체계는 실재를 접하는 데 있어서 마음의 가능성을 인정한다. 하나님의 형상으로 지음받은 인간존재에 관해서 말할 때에도 그들은 그 주제에 신비적일 뿐만 아니라 합리적으로도 접근하는 것이다.

신앙과 이성은 비교 불가능한 것이 아니다. 철학적 체계는 논리에, 그리고 종교적 체계는 신앙에 기초하고 있다는 주장은 맞지 않다. 철학자들은 그들이 참이라고 입증하지 못하는 어떤 개념들의 유효성을 받아들이는 가운데 주장을 펴곤 한다. 신학자들은 그들의 신앙을 논리적, 지성적 형태로 설명하고자 시도한다. 따라서 철학자들과 신학자들 모두는 신앙에 기초하고 사용 가능한 최고의 논리를 사용한다. 신앙과 이성은 삶을 파악하는 데 필수적인 기능을 한다.

신앙과 이성은 진리에 도달하는 두 개의 보조적 방법이 아니다. 일반적인 방법 가운데 하나는 합리적인 방법으로 갈 데까지 가고 그 다음에 신앙이 합리적으로 이룰 수 없는 곳에 이르는 것이었다. 이러한 방법이 그럴 듯하기는 하지만 신앙이나 이성, 아무 쪽에도 정당한 것이 아니다. 이는 둘이 같은 종류의 질문을 묻고 사실적인 지식을 추구하는 것을 시사한다. 이는 또한 과학적 방법에 의해서 얻는 지식이 증가하고 미지의 영역이 감소되며 신앙의 영역이 감소되는 것을 시사하기도 한다. 만약에 이것이 사실이라면 어느 날 신앙의 필요성이 완전히 사라질 것을 예측할 수밖에 없다. 문제는 어떤 사람이 실재를 이해하려고 할 때에는 신앙과 이성, 양쪽 모두에 기초하여야만 가능하다는 사실이다. 하나를 사용하고 다음에 다시 하나를 사용하고 하는 문제가 결코 아니다. 이 둘은 함께 작용하여야만 하는 것이다. 살며 일할 때 사람의 몸의 기관이 동시에 작용해야 하듯 삶 속의 의미를 다룰 때 신앙과 이성은 동시에 그 기능을 발휘하게 된다.

따라서 어떤 것은 이성에 의해서 배우고 다른 것은 신앙에 의해서 배운다고 하는 말은 맞는 것이 아니다. 이해할 수 없는 것은 신앙에 의해서 받아들인다고 하는 말은 정확한 것이 아니다. 어떤 것은 합리적 실증에 속하는 주제요, 다른 것은 그렇지 않다는 주장은 틀린 것이다. 신앙에 의해서 어떠한 질문도 없이 신적인 칙령을 받아들인다는 말도, 이성에 의해서 하나님을 부정할 권리가 있다고 하는 말도 모두 신빙성이 없다. 기독교 윤리학 속에서 신앙과 이성은 우주 내에서 우리의 위치와 인간의 의무를 이해하고 결단을 내리는데 하나님께 응답함에 있어서 상호 결합되어 있는 것이다.

따라서 이성은 도덕적 결단을 내리는데 필요한 기능이다. 이성은 유한적이며, 제한적이고, 죄에 의해서 타락될 수 있으며, 결코 진리를 위한 유일한 기준이 될 수 없다. 이성은 하나님을 대신할 수 없다. 그러나 이성은 여전히 인간의 다른 기능과 같이 하나님의 선물이며, 인간 본성의 일부분이고, 결단과정에서 활동적인 한 부분을 이룬다. 이성은 인간의 비판적인 태도로, 감정의 절제로, 그리고 신비적 경험의 평가로서 역할을 한다. 이성은 인격적인 만남과 종교적 체험을 분석, 반영하고 그것들을 나머지 삶과 관련시키는 일을 돕는다. 하나의 신중한 신학이 이성을 종교적 체험과 확신에 통일적인 표현을 위해서 사용하는 것처럼, 신중한 윤리학은 이성을 가치와 의무감에 대한 통일적인 표현을 위해서 사용한다.

이를 보다 단순한 용어로 표현하면 이성은 가치와 의무의 궁극적 기준이 아니라는 뜻이다. 궁극적 기준이 되시는 분은 하나님이시다. 그러나 이성은 보다 철저한 결단을 위해 하나님께서 주신 필요한 도구이다. 이성은 그것이 신앙에 의해서 조명될 때 최선의 기능을 가지며, 신앙은 이성으로 하여금 의미를 추구하도록 자극한다. 신앙은 진리의 탐구를 위해서 이성을 필요로 하며, 이성은 신앙의 도구로서의 기능을 갖는다.

양심

양심은 개인적인 판단을 내리는 과정에 세번째 요인으로 포함되어 있다. 양심의 본질은, 그리고 지침으로서의 신빙성은 질문을 여는 데 있다. 그 어원인 'science'는 지식을 의미한다. 접두사 'con-'은 '함께', 혹은 '결합하여', 또는 '철저하게'를 의미한다. 이 어휘 속에서 접두사는 기본적인 의미를 강조하고 있다. 따라서 양심은 문자적으로 '철저한 지식'을 의미한다. 양심이라는 용어는 도덕적인 선, 혹은 행위의 견책의 의미, 또는 선과 정당하다고 판단되는 것을 행하도록 하는 충동과 관여된다. "나는 이것을 했어야만 했다"라든가, "나는 그것을 해서는 안되었다", 혹은 "나는 이것을 반드시 해야 한다"라든가, "나는 이것을 해서는 안된다"와 같은 강한 의식이 바로 그런 것이다.

양심의 일은 보편적인 것으로 보인다. 모든 사람은 어떤 행위에 대해서 죄의식을 혹은 의무감을 갖거나, 행위충동 혹은 혐오감을 갖기도 한다. 물론 양심적인 것에 보편적 동의라는 게 있지는 않다. 모든 사람이 동의하는 행위가 없다고 하는 것은 옳기도 하고 그르기도 하다. 양심적인 것은 문화와 개인적인 차이에 따라 다양하다. 그러나 일치하지 않는 것은 도덕적으로 행동해야 하느냐 마느냐가 아니라 무엇이 도덕적인 것이냐에 해당한다. 행위충동도, 혐오감도 바로 거기에 있는 것이다. 오직 차이가 있다면 그것은 당위적이냐, 금지된 것이냐 하는 것뿐이다.

양심은 매우 강력한 힘을 갖는다. 그러나 그것은 잠재의식을 통해 작용하기 때문에, 항상 인식되지는 않는다. 때때로 인간의 심리적 과정은 양심의 요구와는 다른 결과를 가져오기도 하기 때문에, 그것이 항상 합리적이지도 않다. 그러나 그것은 여전히 권위적인 목소리를 가지며, 그 명령은 최종적이고, 그 명령을 거스른 사람은 죄책감으로 고통스러워한다.

양심적인 것은 다른 태도와 같은 방식으로 배우게 된다. 어린이나 젊은 이들의 도덕교육에 있어서 가정이나 학교, 교회와 같은 공식적인 제도는 중요한 요인이 된다. 대다수가 인정하는 것보다는 순수그룹이 과정에 있어서는 훨씬 더 중요하다. 모든 사회계약 속에서 사람들이 갖는 경험은 영향력을 준다. 양심적인 것에 관한 두 가지 중요한 사실은 그것이 어디에서부터 온 것이냐를 이해하는 데에서 제기되는데, 그 첫째는 개인의 양심은 문화가 다양하기 때문에 다양하다는 견해이고, 둘째는 인간의 양심은 영구적으로 고정된 것이 아니고 계속해서 바뀐다는 주장이다.

만약에 양심이 그렇게 신뢰할 수 없는 것이면 그리스도인의 결단과정에 어떤 중요성이 있는 것인가? 양심은 다른 인간의 기능과도 같은 것이다. 즉 양심은 바르게 사용될 수도 있고 오용될 수도 있다. 인간이 양심을 다스릴 수도 있고, 차별 없이 모든 자료들로 양심의 내용을 채울 수도 있다. 어떤 지시가 주어질 수도 있고, 구별하지 않고 모든 자료로부터 내용을 채울 수도 있다. 양심을 총체적인 한마디로 보는 것이 가장 잘 이해하는 것이다. 도덕적인 용어로, 이는 양심이 의와 선의 견인력이며 그르고 나쁜 것에 대한 배척을 의미한다. 양심은 신앙을 통해서 성숙하는 한 그리스도인을 위한 가치 있는 지침이 될 수 있다. 그리스도인은 정보를 수집하고, 성경을 공부하고 코이노니아의 삶을 나누고 하나님을 예배하므로 양심을 평가할 수 있다.

피터슨(Geoffrey Peterson)은 「양심과 양육」(Conscience and Caring)이라는 책 속에서 성숙한 그리스도인의 양심의 여섯 가지 특징에 대해서 다음과 같이 논하고 있다(pp. 68-75). 첫째, 그리스도인의 양심은 예수 그리스도 안에서 인간적으로 보여지고, 알 수 있는 하나님의 수용과 용서에 의해서 자유롭게 된다. 더 이상 그리스도인은 죄의식과 배척으로 말미암은 두려움으로 피폐해질 필요가 없다. 둘째, 양심은 신자의 삶에서 주요한 사회적 영향력인 그리스도인의 신앙 공동체 안에서 형성되고 발전된다. 그 공동체가 비록 제도라기보다는 하나의 코이노니아이긴 하지만 그리스도인 공동체와 양심은 상호간 밀접한 관계를 갖고 있다. 셋째, 그리스도인의 양심은 점진적으로 성장하고 있다. 코이노니아와 넓게는 사회 안에서의 새로운 경험들은 그리스도인들에게 새로운 정보, 새로운 통찰력 그리고 새로운 감각을 가져다 준다. 넷째, 양심은 한 인간의 여러 수준들과 단면들의 통합이다. 이성적이고 감정적인 요소들이 서로 통합하고 과거에 대한 판단과 미래에 대한 결정이 함께 통합된다. 다섯째, 성숙한 양심은 우리들로 하여금 이웃을 돌보게 한다. 비록 돌보는 것이 단순히 좋아하는 것, 동정을 가지는 것, 돕기를 원하는 것으로 해석될 수 있더라도, 실제로는 훨씬 더 많은 것을 의미한다. 그것은 다른 사람을 따뜻한 인간관계로 받아들이는 것을 의미한다. 여섯째로, 성숙한 그리스도인의 양심은 사회적 책임을 수용한다. 그것은 책임을 포기하지 않고 조직과 제도를 통하여 일한다.

결국, 그리스도인은 양심의 명령을 따라야 한다. 양심은 선과 정의를 추구하기 위한 일종의 충동적 감각이라고 할 수 있다. 그리스도인은 가능한 한 최상의 지식으로 자신의 양심을 계발하고, 그런 것들을 모두 신앙 공동체 안으로 가져오며, 사회적이고 구조적인 요청보다 하나님의 목소리를 들어야 한다는 의무감을 느낀다. 그렇게 되면 양심의 충동은 예수 그리스도 안에서 하나님의 자비로운 행위와 주변세계에서의 하나님의 계속적인 활동에 대한 그리스도인의 응답으로 이해되어진다. 비록 때때로 최상의 행동유형에 대해 잘못된 판단을 내리게 되는 경우가 있게 될지라도, 양심이 지시하는 바를 따를 때에 우리는 거룩한 명령에 답변하게 될 것이다.

토론을 위한 질문들

1. 성경을 '믿는다'라고 말할 때, 이 믿는다는 말은 어떤 의미를 지니는가?
2. 교회의 도덕적 가르침에 관하여 일반적으로 사회적 관점으로부터 받는 영향은 무엇인가?
3. 교회의 가르침과 당신의 도덕적 확신이 다를 때 당신의 책임은 무엇인가?
4. 양심과 이성 사이에는 어떤 관계가 있는가?

참고도서 목록

Higginson, Richard. *Dilemmas*. Louisville, KY: Westminster/John Knox, 1988.

Mott, Stephen Charles. *Biblical Ethics and Social Change*. New York: Oxford University Press, 1982.

Mount, Eric, Jr. *Conscience and Responsibility*. Richmond, VA: John Knox, 1969.

Smedes, Lewis B. *Choices*. New York: Harper & Row, 1986.

제 5 장

성서윤리

성서는 하나님의 자기 계시에 관한 역사적 기록이기 때문에 그 가르침에 관한 최소한의 지식 없이 교회의 사상과 그 일을 이해할 수는 없다. 하나님께서 성서를 통해서 계속 말씀하고 계시기 때문에 기독교적 관점으로부터 현대문제에 접근하고자 하는 사람은, 하나님이 성서를 통해서 지금 무엇을 말씀하고 계시는가를 이해하고자 시도해야 한다. 성서윤리와 기독교 윤리가 동일하지는 않지만 이 둘은 상보적 관계에 있다. 성서윤리의 연구는 성서가 도덕적 문제에 대하여 무엇을 가르치고 있는가를 이해하고자 해야 한다. 기독교 윤리의 연구는 기독교 신앙의 조명하에서 세계를 바라보아야 한다. 기독교 윤리는 성서의 교훈에 의해 가르침을 받아 특별한 문제들을 탐구하고 최선의 행위과정을 결정해야 한다.

구약성서

예수님의 도덕적 교훈은 그것들이 표현되고 있는 정황을 이해하지 못하고는 아무도 이해할 수는 없다. 예수님은 유대인이요, 계약 공동체의 일원이었으며, 위대한 전통의 상속자이고, 그가 귀하고 소중스럽게 여기는 살아 있는 종교적 문헌의 연구자이기도 했다. 그러한 문헌은 수세기를 거쳐 다양한 환경 속에 살고 있었던 다양한 사람들로부터 나왔다. 저자의 관점 또한 다양하며, 그들은 상이한 가치와 태도를 반영하고 다양한 절차를 드러내고 있다. 그러한 다양한 문서들은 히브리 역사의 초기와 말기에 이르기까지 그 사상에 있어서 발전적이었음을 보여 주기도 한다.

구약성서 도덕의 일반적 특징

히브리 성서 속에서 가르치고 있는 도덕성에 관한 몇 가지 일반적 개관에서부터 시작하고자 한다. 첫째, 구약성서 속에서 도덕성과 경건은 상호 구분할 수 없도록 혼합되어 있다. 하나님께 대한 헌신은 도덕성을 포함하며, 도덕성은 하나님의 뜻에 대한 복종을 의미한다. 여기서는 거룩한 것과 속된 것 사이에 차별이 존재하지 않는다. 모든 삶은 하나님의 현존 안의 삶이며, 모든 것이 거룩한 것이고 하나님께로 종속되어 있다. 예배의식을 주관하는 율법과 이웃과의 관계를 주관하는 율법은 연접해 있다. 하나님께 대한 찬양은 사람들로 하여금 의롭게 행하도록 추구하는 노래와 함께 나온다. 예언자들은 경건을 도덕성으로부터 분리하고자 하는 사람들을 꾸짖고 있으며, 의식을 적합하게 행함으로 하나님을 기쁘시게 한다고 주장하기도 한다.

둘째, 히브리의 도덕적 의무는 계약관계의 일부가 된다. 전통적인 계약의 구절은 "나는 너희의 하나님이 되고, 너희는 나의 백성이 될 것"이라는 것이다. 역사적으로 이와 같은 계약관계는 애굽에서 종 되었던 히브리 백성들을 구출해 내신 하나님에 의해서 세워진 것이다. 하나님은 바로의 권력을 파하시고 백성들을 홍해에서 건져 내셨으며, 시내산에서 그들에게 율법을 주시고 약속된 땅에서 계약관계를 세우셨다. 민족적 축제에서 그들은 하나님의 강력하신 일을 경축했다. 예배 속에서 그들은 하나님께 복종하고자 헌신했다. 그들은 민족이 강하고 번영할 때에 하나님께 감사했고, 위기와 재앙의 때에 하나님께서 그들을 다시 한 번 다 구해 주실 것을 기대했다. 그들에게 있어서 의(義)는 하나님의 뜻에 대한 감사하는 마음으로서의 복종이었다.

셋째, 히브리의 도덕적 의무감은 하나님의 절대 통치권을 이해하는 데서부터 생긴다. 하나님은 그 이상 다른 권위를 인정하지 않는 왕이시다. 하나님은 아무에게도, 어떠한 것에도 책임을 지지 않으시며, 모든 사람은 그분의 통치 아래에 있다. 하나님이 뜻하시는 것은 바로 의(義)이며, 하나님이 금지하신 것은 곧 악이다. 아무도 하나님의 결정에 이의를 제기할 수 없으며, 하나님의 행위의 정당성 여부에 대해서 왈가왈부할 수 없다. 하나님이 행하신 것이 바로 정당하고 의로운 것이기 때문이다. 따라서 하나님의 명령은 그것들이 전통적으로 정당하고 선한 것이기에 복종하는 것이 아니라 하나님이 명령하신 것이기에 순종하는 것이다.

　넷째, 구약성서의 도덕성은 율법적이다. 하나님이 요구하시고 금지하신 것은 율법 속에서도 특별한 것이다. 그러나 율법은 전횡적인 규칙이라기보다는 교훈적이다. 그 목적은 사람들에게 옳고 선한 삶의 길을 가르치고자 하는 것이다. 그것은 예배의식이나 도덕적 의무를 위해 신중한 지침을 제공하고자 하나님이 원하시는 것을 분명하고 정확하게 기술하고 있다.

　다섯째, 히브리 도덕성은 정의에 대한 특별한 개념을 갖고 있다. 그것은 인간본성에 관한 개념으로 시작하지 않고 하나님의 성품에서 출발한다. 핵심적인 문제는 인간에 부응하는 것이 아니고 하나님이 어떻게 행하셨는가에 기인한다. 하나님이 행하시는 것은 무엇이든지 옳고 선한 것이 된다. 사람들이 정당하게 되는 것은 하나님이 다른 사람을 대하시듯 그렇게 다른 사람을 대할 때이다. 만약에 정의가 인간의 본성에 관한 개념에 근거한다면 뭔가 결점을 갖고 있는 것에 기초하지 않을 수 없다. 인간존재는 어떤 때는 선하나 다른 때는 악하고, 정당한 때가 있으나 정당하지 못한 때가 있다. 선과 정당함 그리고 악과 부당함이 인간의 본성에 따라서 각각 달라질 수 있다고 주장하는 것은 오류이다. 하나님만이 홀로 지속적이시기 때문에 하나님의 성품만이 홀로 정의의 기준이 된다.

　끝으로 구약성서 도덕성의 일반적 특성은 공동체 중심이라는 것이다. 하나님은 히브리인을 개인적으로 다루지 않으시고 히브리 백성으로서 다루신다. 물론 개인이 공동체를 이루고 개인들이 지도자로, 혹은 단체의 대표가 되기도 한다. 그러나 하나님께서 계약을 맺은 것은 개인이 아니라 민족인 것이다. 복종하고 불복종하는 일은 민족적인 차원이었다. 하나님께 예배하거나 다른 신에게로 배반하는 것, 죄를 짓고 처벌받는 것도 모두 민족적인 것이었다. 이와 같은 협동적 동질성은 사회적 악을 다루는 방법에 도움이 된다. 예를 들어 전쟁에 관한 문제는 단순히 다윗이나 히스기야의 문제만은 아니며 격변의 세계 속에서 한 민족이 생존하기 위한 민족적인 문제였다. 가난한 이유는 어떤 개인의 땅이 비옥하지 않아서도 아니며, 부자의 죄가 큰 부동산을 상속받아서 생겨난 것도 결코 아니었다. 이는 바로 경제제도 자체 안에 있는 문제였다. 배교는 어떤 개인이 다른 신에게 돌아선 것이 아니라, 다른 신들에게 예배하기를 좋아하는 사회적 압력에 한 민족이 굴복하는 것이었다. 그러므로 하나님의 심판은 개인에게가 아니라 민족 전체 위에 떨어졌다.

율법의 요구

율법(구약성서의 처음 다섯 책)은 서사(narrative)와 법전이 혼합되어 있다. 이 책들은 짧은 기간 동안에 이루어진 단권의 작품이 아니라 수세기 간에 걸쳐서 쓰여지고 편집되는 길고 복잡한 과정을 통해 이루어졌기 때문에, 그 안에 기록된 율법들은 히브리 역사 속에서 다양한 기간에 걸쳐 형성된 것이다. 따라서 율법 속에서 발견된 몇몇 법전은 변하고 있는 상황을 반영하고 발전적인 개념을 드러내 보여 주고 있다.

계약법전(출 20:22-23:33)은 하나님과 히브리 백성 사이에 시내산 계약이 맺어진 때부터 기록되고 있다. 계약법전은 인간의 생명에 높은 가치와 백성들의 계층 사이에 아무런 차이도 부여하지 않고 있다는 점에서 괄목할 만한 것이다. 계약법전은 사람들에 대한 관심과 그들의 생존권리와 복지 그리고 재산 소유권에 대한 관심을 반영하고 있다. 사회 안에서 희생된 사람들, 이를테면, 노예, 여성, 가난한 자, 고아들의 보호에 관심을 갖고 있다.

구약성서 속에서 가장 잘 알려진 율법으로는 십계명이 있다 (출 20:2-17; 신 5:6-21). 이 율법은 계약법전의 요구들과 사실상 히브리 백성들의 전체 율법체계를 요약하고 있다. 처음 네 계명은 하나님을 지향하는 인간에 대해서 말하고 있다. 즉, 첫째 계명은 하나님께 대한 절대적 충성을 요구하고 있으며, 둘째 계명은 하나님께 예배하는데 무가치한 수단을 사용하는 것을 금하고 있다. 셋째 계명은 하나님 이름에 대한 경외와 존경을 요구하고 있다. 넷째 계명은 일곱째 날을 하나님께 거룩하게 드릴 것을 설정하고 있다. 그 날은 따로 안식을 위하여 구별함으로써 인간의 기본적인 필요를 공급받게 될 것이라고 한다. 다른 여섯 계명은 인간의 근본적인 가치와 요구에 관해서 말하고 있다. 다섯째 계명은 가족의 안정성의 확보, 여섯째 계명은 인간의 생명의 보호, 일곱째 계명은 결혼의 재가와 결혼 안에서의 성관계의 보호, 여덟째 계명은 사유재산권의 인정과 그 권리의 보호, 아홉째 계명은 인간의 명예의 보호, 그리고 열째 계명(어떤 의미에서 첫번째 계명의 의미와 근접되어 있다)은 관계를 저해하는 개인에 대한 경고를 말하고 있다. 이들 율법 속에 설정되어 있는 기본적인 원칙은 개인적인 행위와 민족적인 삶에 있어서 근본적인 것들이다.

훨씬 나중의 율법인 성결법전(레 17-26)은 '거룩한' 백성, 하나님을 섬기기 위하여 '구별', 혹은 '분리' 된 백성을 요구하고 있다. 히브리 백성들이 다른 백성들의 신에게로 돌아서든지, 그들의 신앙과 실천이 다른 종교의 영향을 받게 한다든지 등의 위기의 때에, 성결법전은 히브리 백성들을 구별하는 분명한 의식의 거행을 강조했었다. 그러나 성결이 도덕으로부터 분리된 것이 아니기 때문에 성결법전들은 순결하신 하나님에 의해 명령된 도덕적 순결을 요구한다. 법전의 핵심구절이라고 할 수 있는 레위기 19:2은 "너희는 거룩하라 나 여호와 너희 하나님이 거룩함이니라"고 말씀하고 있다. 성결법전은 마치 그들 모두가 같은 범주 안에 있는 것같이 의식적 요구와 도덕적 요구를 뒤섞어 놓았다. 히브리 사고의 예가 바로 그것인데, 모든 법규는 히브리 백성들이 계약으로 맺어진 한 분 하나님으로부터 나온다. 하나님은 예배방법이나 다른 사람과의 관계방법에서 히브리 백성들을 다른 백성과 구별시킨 성결의 출처가 되시는 것이다.

신명기법전(신 12-26)은 신명기의 나머지 전부를 구성하고 있다. 신명기법전의 이상은 일반적으로 히브리 종교를 최고로, 그리고 책에 기록된 역사 속에서 예증된 도덕성을 특별한 것으로 간주하는 것이다. 정신과 내용 모두에서 많은 부분이 계약법전, 성결법전과 공통점을 갖고 있다. 그러나 신명기법전은 다른 법전보다 사랑이 훨씬 더 강조되고 있다. 이스라엘에 대한 하나님의 사랑이 강조되고, 하나님께 대한 이스라엘의 사랑이 하나님의 율법에 대한 복종의 기본적인 동기로 드러나 있다. 이스라엘 백성을 위한 하나님의 사랑을 말할 때에, 이스라엘의 역사를 이끄시는 하나님의 전능하신 행위가 특별히 강조되고 있다. 하나님께 대한 이스라엘의 사랑을 말할 때에는 감사의 어조가 강조되고 있다. 하나님의 계명들은 자비와 은혜의 계명들로서 주어지고, 백성들은 계명에 복종하는 것이 그들의 선이라는 것을 알게 된다.

다른 구약성서 책들은 토라의 윤리적 내용을 전제한다. 율법이 히브리 백성들의 도덕적 의무를 전부 포함하지 않는다고 하더라도, 율법과 관련없이 그 외의 의무에 대해서 논한다는 것은 불가능하다. 율법은 출발점이요, 모든 히브리 도덕의 공통내용이며, 결단이 이루어지는 기준인 것이다. 율법 없이 예언자들의 사상이나 다른 책들의 사상을 이해할 수는 없다.

예언자들의 윤리적 유일신론

그 이전에도 조짐은 있었지만 히브리 민족가운데서의 위대한 예언운동은 8세기에 일어났다. 예언자란 하나님 앞에서 말하는 사람, 역사의 진행에 대해서 하나님의 심판을 선포하는 사람이다. 히브리 예언자들은 민족의 과거를 해석하고 당면한 문제들에 대해서도 말했다. 그들은 미래에 대해서 예견의 의미보다는 지도의 입장에서 다루었다. 대개 민족의 위기가 닥쳐올 때에 그들은 권위있게 "이것이 주께서 말씀하신 것이다" 하고 외쳤다. 제사장들과 달리 예언자들은 비전통적이었으며 비제도적이었다. 예언자들은 특별한 시기에 특별한 목적으로 '일어섰던' 것이다. 예언자들은 때로는 급진적인, 심지어는 맹렬한 언어로, 그리고 때로는 극적이고 상징주의적인 면에서 민족으로 하여금 하나님께 돌아서도록 부르짖었다.

예언자들의 메시지는 종종 윤리적 유일신론으로 요약되고 있다. 우리는 얼마나 일찍이 히브리 백성들이 전 우주 위에 홀로 하나이신 하나님을 이해하게 되었는지 알 수 없다. 다만 우리는 출애굽 이후 주전 6세기에 이르기까지도 그들이 다른 신을 예배하고자 하는 유혹을 받았었다는 것을 알 수 있다. 그러나 예언자들은 유일신론의 근본적 신앙을 선포했다. 그들의 사역으로 말미암아 다른 신들의 존재에 대한 인식은 히브리 신앙과 일치될 수 없는 것으로 이해되었다.

예언자들의 윤리적 강조는 온 땅을 다스리는 한 분 하나님에 대한 신앙의 논리적 결론이었다. 하나님의 유일성을 선포하고 율법에 대한 충성이라는 오랜 전통의 상속적 기능을 하면서, 예언자들은 사람들 상호간의 관계를 조율하는 율법에 초점을 맞추고 있다. 각기 예언자들은 그들의 일을 민족의 삶 속에서 인지된 문제들에 대한 반응에서 시작했다. 높고 낮은 위치에서, 권세 있는 사람에게든 시장에 있는 평범한 사람에게든 예언자들은 '주님의 말씀'을 선포했다. 예언들은 경제적 불의, 군국주의, 성적 부도덕, 지배적 폭력, 정치와 종교 안에 있는 부패 등을 다루었다. 그들이 모든 종교적 제도를 공격한 것은 아니나, 한편으로 종교적 의식에 대한 헌신과 하나님의 기본적인 율법에 대한 범법 사이에 있는 불일치를 관찰하고 있었다. 예언자들에게 있어서 종교의 핵심은 이웃에 대해 선을 추구하라는 하나님의 명령에 복종하는 것이다. 미가의 말(6:8)은 이러한 강조점을 훌륭하게 요약하고 있다.

사람아 주께서 선한 것이 무엇임을 네게 보이셨나니
여호와께서 네게 구하시는 것이

오직 공의를 행하며 인자를 사랑하며
겸손히 네 하나님과 함께 행하는 것이 아니냐

　　　예언자들은 히브리 신앙에 도덕법의 보편성과 총체성이라는 중요한 통찰력을 가져다 주었다. 위에서 말한 대로 초기 히브리인들은 상호간의 책임을 깨달았지만 그러한 책임감은 민족적이기보다는 개인적인 것으로 국한된 것이었다. 그러나 예언자들은 예외적으로 우주를 다스리시는 한 분 하나님이 모든 백성들의 복지에 관심이 있으시고 모든 사람들에게 같은 도덕성을 요구하시며, 그러한 명령을 따르지 못하는 사람들을 같은 방법으로 다루신다는 것을 발견했다. 이러한 강조점이 간과되어서는 안되었어야 했는데, 왜냐하면 히브리 백성들의 배타주의와 국수주의는 예수님의 때에도 문제가 될 정도였기 때문이다. 사실 나훔이나 오바댜 같은 예언자들은 다른 민족들에 대한 태도에 있어서 좀 지나치지 않았나 할 수도 있다. 그러나 유일신 개념의 논리적 결론은 하나님의 사랑과 관심이 우주적이고, 대부분의 예언자들은 이것이 함축하고 있는 바를 충분히 깨닫고 있는 것으로 보인다.

　　　의를 요구하시는 하나님에 관한 예언자들의 강조는 한편으로는 심판과 처벌의 강조, 다른 한편으로는 거룩한 용서의 가능성에 의해서 드러난다. 예언자들은, 하나님이 민족적인 부도덕한 삶에 대하여 항구적으로 관용을 베푸시지는 않으실 것이라고 주장하고 거룩한 진노의 임박을 보았던 것이다. 그러나 동시에 그들은 하나님을 은혜스럽고 용서하시며 백성들이 회개하고 돌아오면 받으실 준비가 되어 있는 분임을 주장했다. 그들은 심판과 회복을 역사과정 속에서 일어나는 것으로 생각했기 때문에, 민족의 행운은 하나님께 기본적으로 어떻게 반응을 보이느냐에 달려 있다고 보았다.

하나님께서 개인을 다루시는 것에 관하여 말하고 있는 예언자는 극히 드물었다. 도덕적, 혹은 비도덕적 행위는 민족적인 것이었으며, 하나님께서 민족을 대하시고, 따라서 재앙으로 고통받는 것도 회복을 경험하는 것도 민족적인 것이었다. 물론 그러한 협동체 내에 개인적인 책임이 있는 것이 사실이다. 그러나 하나님은 예언자들을 통해서 민족에게 말씀하시며, 그 메시지에 반응하는 것도 민족적인 것이었다.

저작의 신빙성

여러 책 가운데 오직 지혜문학만이 도덕성을 명백히 다루는 자료를 포함하고 있을 뿐이다. 지혜문학은 현실적이고 일상생활을 위한 실천적 충고가 그 핵심이라고 할 수 있다. 지혜문학은 신앙교리를 개인의 경험에 적응시키고 있다. 지혜문학은 종종 선, 성실, 상식을 선호하고 '종교적' 특징을 보이지 않을 때도 있다. 다른 구약성서와는 달리 지혜문학은 철학적으로 보이기도 하나 그렇다고 추상적인 사색에 빠져들지는 않았다. 철학은 질문을 갖는데 초점을 둔다. 반대로 지혜문학은 대답을 주는데 그 초점이 있는 것이다. 예를 들어 철학은 "지혜가 무엇인가?" 하고 질문하나, 지혜문학은 "주님을 경외하는 것이 지혜의 시작"이라고 대답한다.

지혜문학이 강조하는 내용들은 히브리 신앙에 관한 것이다.

하나님은 모든 존재의 근원이다. 하나님은 인류의 삶 속에 도덕적, 사회적 질서를 확립하셨다. 하나님은 지혜로우시며 정의로우시고 자비로우신 분이시다. 하나님은 가난하고 도움받지 못하는 사람들의 보호자이시며 의로운 자들의 안내자가 되신다. 하나님께 대한 백성들의 올바른 응답은 신뢰와 경외, 인내, 의로움, 친절, 관용이다. 하나님은 바르게 응답하는 사람에게는 친절히 대하시고, 바르지 못한 태도로 응답하는 사람에게는 벌을 내리신다. 지혜문학의 괄목할 만한 도덕적 특징은 개인적인 책임을 강조하고 있는 것이다. 지혜문학의 신중한 충고는 현 사회적 상황 속에서의 개인적인 삶을 지향한다. 권면하고 있는 덕이나 경고하고 있는 악은 개인적인 것들이다. 덕 있는 자에게 행복이 따르고 악한 자에게 재앙이 따른다는 이 모든 것들은 다 개인을 지향하고 있다. 덕과 악에 대한 진술들은 거룩한 율법에 기초하고, 행위의 선과 악은 이를 기준으로 판단되고 있다. 덕 있는 삶 혹은 악한 삶은 개인적인 선택사항이며, 선택에 따라서 그 결과도 결정된다.

예수님과 복음

현대 성서학자들은 예수의 인격에 관한 복음서 기록에 대하여 비판적인 많은 질문들을 다루고 있다. 복음서의 저자는 누구인가? 그들은 어디에서 정보를 입수했는가? 복음서를 기록한 목적은 무엇인가? 복음서 상호간은 어떤 관계를 가지고 있는가? 우리는 예수님의 생애에 대해서 무엇을 알 수 있나? 예수님이 말씀하시고 행하신 것에 대해서 복음서의 기록은 얼마만큼의 정확성을 갖고 있는가? 그것들은 얼마만큼 문화적으로 각색되어 있으며, 역사적으로 발전되었는가? 그런 것들은 단지 개인적인 기억이나 구문된 전통에 의한 것인가? 여기에서 이런 문제를 다 다룰 수 있는 여지가 없지만, 이러한 기록들이 어떻게 기독교 윤리학에 접근되는지를 지적하지 않을 수 없다.

복음서 각각은 그 나름의 방식대로 하나님께서 예수님의 인격 속에 성육화되신 것을 말하고 있다. 각각의 기록들은 그분의 가르침과 생애의 사건들을 자신들만의 접근과 흥미와 관심을 가지고 다루고 있다. 그러나 이 모든 것들은 한 인격에 대해서 말하고 있다. 사복음서는 종종 같은 사건들을 기술하고 있으며 같은 가르침들을 기록하고 있다. 복음서의 비교연구는 그 상세한 부분에 대해서 많은 질문들을 제기하고는 있지만 하나의 인간상을 드러내고 있을 뿐이다. 그분의 성품은 그가 사람을 다루시는 방법과 그가 가르치시는 방법에 의해서 나타나 보여지고 있다. 우리가 그분에 대해서 배울 수 있는 것은 기독교 윤리학에 대한 우리의 접근에서 핵심적인 것인데, 이는 여러 가지 면에서 예수님을 규범으로 삼고 있기 때문이다.

예수님과 유대주의

예수님은 철저하게 유대주의적이셨다. 그분은 전 생애를 팔레스타인에서 보내셨고, 단지 주변의 이방인 지역에 매우 제한적인 접촉이 있었을 뿐이다. 그분은 다른 지역보다는 훨씬 더 이방인의 영향력이 자유로운 갈릴리에서 사셨다. 그분은 성경을 알고 계셨으며 그것을 매우 중요하게 여기셨다. 그분은 예배의식에 참여하셨으며, 아무런 도전 없이 유대신앙의 근본적인 교리를 받아들이셨다. 종교 지도자들에 대한 그분의 날카로운 질문은 유대주의의 기본적인 경향에 대해서라기보다는 그들 개념들의 남용에 대한 것이었다. 그분은 스스로를 새로운 종교의 설립자로 여기지 않으셨으며, 단지 선조들의 옛 신앙에 대한 헌신자로 간주하셨을 뿐이다.

　　이와 같은 신앙은 예수님의 윤리적 교훈을 보강해 준다. 다른 유대인들과 같이 그는 윤리적 개념과 종교적 교훈 사이에 아무런 차별도 두지 않으셨다. 그분의 헌신적인 삶을 신학이나 윤리, 성(聖) 혹은 속(俗), 종교 혹은 비종교의 범주로 나누지 않으셨다. 그에게 있어서 모든 삶은 하나님 앞에서의 삶이며 그분의 인도를 받고, 또 그 앞에서 심판받아야 하는 삶이었다. 도덕적이지 않으면서도 종교적이 될 수 있다는 생각은 결코 그분의 생각이 아니며, 종교적이지 않고도 도덕적일 수 있다는 생각도 마찬가지이다. 그분은 어느 때나 인간의 모든 삶의 영역에서 하나님의 현존을 인식하는 것이야말로 의미 있는 것이라고 한다.

　　다음으로 예수님은 유대주의의 기본적인 주장인 윤리적 유일신론, 히브리 백성과의 언약관계, 역사의 진행에 있어서의 하나님의 개입과 다스림, 인간의 죄에 대한 하나님의 심판과 인류의 구속을 위해서 일하시는 하나님의 자비, 친절한 사랑, 그리고 신실하심을 공유하고 계신다. 그러나 그분이 단순히 또 하나의 랍비일 뿐만은 아니었다. 유대의 전통 안에 머무르시면서도 당시 일상 속에서 실천되고 있는 그 전통을 그분은 비판하셨던 것이다. 예수님은 매우 날카로운 말로 당시의 수많은 종교 지도자들의 거만함과 자기 만족, 인간의 필요에 대한 무시, 어떤 실수도 인정하지 않는 마음의 강퍅함 등을 지적하여 비판하셨다. 예수님은 여성에 대한 태도에서, 국수주의에 대한 거부, 이방인에 대한 개방성, 어린아이에 대한 태도 그리고 가난한 자와 더불어 함께하시는 태도 속에서 자신을 다른 랍비와 차별지우셨다. 예수님은 전통이나 의식, 개인적인 순결보다 정의, 자비, 신앙의 법에 초점을 두어 강조하는데서 랍비와 같지 않으셨다.

예수님의 윤리적 교훈에 어떤 새로운 내용이 있는가? 어떤 저자들은 그분이 말한 모든 것은 구약성서 아니면 다른 랍비의 말과 병행되는 것이라고 주장하기도 한다. 핵심적인 것은 가르침이 새로운 것이 아니라 진실성의 여부인 반면, 한편으로 예수님은 그 강조점을 달리하셨다. 비록 다른 랍비들의 교훈 속에서 매우 드물게 찾아볼 수 있는 사상들이 예수님에게서는 흔히 나타나기도 한다. 그런 것들 중에 하나가 바로 개인의 가치에 대한 강조이다. 그러한 강조는 "너의 머리털이 헤아려지고 있다"라든가, "너는 많은 참새들보다 더 귀하다" 등의 교훈과 잃어버린 동전, 잃은 양, 잃어버린 아들 등의 비유에서 발견된다. 또한 그러한 강조는 유대의 지도자였던 니고데모와 같은 사람 혹은 세리 삭개오, 발에 기름을 부은 '죄인인 여자', 제자들이 내쫓은 어린아이와 같은 사람들에 대하여 보여 주신 각별한 관심에 대한 기록에서도 찾아볼 수 있다.

두번째 강조는 모든 사람을 향하신 하나님의 사랑이다. 위에서 본 대로 유대인의 율법에 넘치고 있는 이웃에 대한 의무는 대개 다른 유대인에 관한 것으로 해석되고 있다. 모두가 그것들에 대해서 동의하지는 않지만, 바리새인들(이들의 영향력은 실로 당시 사람들에게 매우 컸었다)은 유대인 외의 사람들과는 아무 것도 하기를 원치 않았고, 이들과 접촉하는 것은 부정한 것이어서 하나님께서 원치 않으시는 것이라고 생각했다. 그러나 예수님은 자유롭고도 자연스럽게 사마리아를 통과하시고 두로와 시돈지역을 방문하셨으며, 가이사랴 빌립보 지방에서 시간을 보내시기도 하시며, 로마 백부장의 아들을 고쳐주시고, 사마리아인의 이웃에 관한 예에서 영웅적인 주인공으로 등장시키기도 하셨다.

세번째 강조는 율법과 종교적 제도를 다루는데 있어서의 융통성이다. 당시에 사람들은 자신들의 목적을 달성하기 위하여 율법쪽에 치우쳐 있었다(비교 막 7: 9-13). 그러나 예수님을 특징지운 융통성의 예로서는 인간의 필요를 제도나 그 과정보다 우선적으로 여기신 것을 들 수 있다. 이 같은 관심과 더불어 예수님은 예를 들어, "안식일은 사람을 위하여 있는 것이요 사람이 안식일을 위하여 있는 것이 아니니"(막 2:27)라고 선언하실 수 있었던 것이다.

당시 유대주의 사상 안에 있는 종말론적 요소에 대한 예수님의 반응은, 그분의 윤리적 교훈을 고려함에 있어서 불가결한 요소가 되고 있다. 광의적인 의미로서의 종말론적 사고는 히브리 백성들이 계속해서 역사를 하나님의 수중에 있는 것으로 생각하고 있었으며, 히브리 나라가 하나님의 목적에 특별한 위치를 차지하고 있다고 생각하고 있었기 때문에 끊임없이 발견되고 있다. 그들은 자신들이 당면하고 있는 환경과 최종적인 목적이 하나님의 수중에 있음을 확신하고 있었다. 보다 엄격한 의미에서 구약성서의 종말론은 묵시적인 특징을 갖고 있다. 묵시적 자료들은 역사에 대한 하나님의 갑작스런 개입이 현재 질서에 종말을 가져오고 뭔가 새롭고 다른 것을 만들어 낼 것이라고 말하고 있다. 이와 같은 종류의 종말론은 나라의 상황이 위태롭고 개선의 여지가 거의 없는 당시의 유대역사를 특징짓고 있다. 그러므로 넓은 의미에서 종말론은 새롭고도 다른 사건의 국면이 등장하는 역사적 과정에서의 중요한 변화를 다루고 있다. 그것은 엄격한 의미에서 역사의 끝과 관련 있고 하나님의 백성을 위한 새로운 종류의 실존과도 관계되고 있다.

  예수님 당시에 유행한 묵시문학에 의하면 종말은 임박한 것이었다. 당시에 신자들에게 절망의 시기, 보편적인 선한 세력과 악한 세력 사이의 갈등에 사로잡혀 있던 시련과 재앙의 시기가 있었다. 그러나 궁극적으로는 하나님이 승리하시며, 악한 자가 멸망당하고 의로운 자가 인정받는 이상적인 세계가 도래할 것이라는 최후의 심판을 기대했다. 아마도 문자적으로 받아들일 것이라고 기대하지 않은 상황이기도 하고 기괴한 환상을 이용하면서, 저자들은 사건이 일어나는 때를 연상하고 일반적으로 그 때가 임박하였다고 결론을 내렸다. 그 끝이 가까왔다는 징조로 그들은 자신들이 직면하고 있는 곤란한 상황을 지적하였다. 이 같은 절망으로부터 그들의 메시지는 미래에 대한 희망을 담고 있었다. 그것들은 하나님께서 모든 것을 조정하시며, 하나님의 신실한 백성들은 새로운 질서에 참여하게 될 것이라는 확신을 나타내고 있다.

  이와 같은 묵시적인 비전을 얼마만큼 예수님이 공유하고 계시는가 하는 것은 논의의 여지가 있으며, 얼마만큼 그러한 사상이 그분의 윤리적인 사상에 영향을 끼쳤는가 하는 것은 그렇게 명료하지 않다. 마가복음 13장의 묵시적 담론을 있는 그대로 받아들인다고 하더라도, 초대교회가 예수님의 마음과는 대립되는 그 자체의 사상을 파악했었을 가능성을 무시하고서, 이러한 사고방식이 그분에게 얼마나 중요했었는가를 확인할 수는 없다. 분명히 예수님은 끝이 가까왔다고 주장하셨다(막 1:15; 9:1; 마 10:23). 그러나 그분은 그것이 언제인가에 대해서는 상상하지 않으셨으며, 마가복음 13장 외에 '때의 징조'에 대해서는 거의 관심을 모으지 않으셨고, 새로운 시대의 영광에 대해서도 기술하고 있지 않다. 하나님 나라가 오는 때에 관하여 질문받았을 때, 그분은 '보여지는 징조'와 더불어서가 아니라 이미 하나님 나라가 현재 임하였다고 대답하고 있다(눅 17:20f). 다른 곳에서 같은 질문을 다시 받았을 때에 그분은 단지 자신의 행위에 대해서만 말하셨을 뿐이다(마 11:2-6).

미래에 대한 예수님의 비전은 현재의 중요성을 감소시키기보다 오히려 확대시키는 경향이었다. 현재는 단지 미래를 준비하는 것이 아니라 이미 미래에 참여하고 있는 것이다. 세상을 위한 하나님의 미래는 구원이며 그 미래는 현재에 작업되고 있는 것이다. 하나님의 승리는 미래에 이루어졌으면 하는 희망이 아니고 이미 지금 이루어지고 있는 현실인 것이다. 신자의 합당한 반응이란 복종하는 삶일 뿐이다. "주의하여 보라"라고 하신 예수님의 말씀을 인용하면서 보른캄(Gunther Bornkamm)은 "예수님의 메시지는 미래를 염두에 두고 성실하게 때를 보내되 시간을 계산하지 않을 것을 요구하고 있다. 올바른 방법으로 기다리는 자가 바로 전력을 다하여 하나님의 뜻을 성취하도록 부름받고 있는 것이다"(*Jesus of Nazareth*, p. 95)고 말하고 있다.

예수님이 만약에 이 세상을 포기하지 않으셨다면 그분의 가르침은 이 세상에서의 삶의 중요성을 의도하셨을 것이다. 세상이 언제 끝날 것인가라는 질문을 중요하게 다루지 않으셨다면 이는 그 질문 자체가 중요하지 않기 때문이었을 것이다. 분명히 끝이 하나님께 달렸다고 하는 내용이 그분의 메시지에서 긴급성을 부여하고 있는 것은 사실이다. 그 날짜에 대해서 무관심한 것은 메시지의 무시간성을 부여하고 있는 것이라고 할 수 있다.

예수님의 교훈의 특성

하나님께 대한 예수님의 믿음이 그분의 윤리적 기초가 되고 있다. 그분은 하나의 커다란 종교적 체계 내에 있으며 자신이 어떠한 의미로든 그 신앙을 저버렸다고 생각하지 않았다. 그분은 인간과 하나님과의 관계, 하나님의 인간에 대한 기대에 대해서 말씀하셨다. 또한 하나님의 사랑과 하나님을 기쁘시게 하고자 하는 인간의 욕망에 대해서도 말씀하셨다. 심지어 그분이 신앙에 대한 일반적 해석에 불편을 느낄 때에도 자신과 하나님과의 관계에 대한 이해에 기초하여 일을 하셨다. 그분의 가르침의 핵심은 사람들로 하여금 하나님과의 경험에 기초하여 행동하도록 격려하는 것이었다.

예수님의 교훈의 방법은 오늘날 학생들이 익숙해 있는 그런 방법과는 판이하게 달랐다. 그분은 결코 체계적이지 않으셨다. 그분은 주어진 주제에 따라서 담론을 체계화 시키지 않았고, 조심스럽게 준비된 서론에서 단계적으로 논리적 결론을 내리지도 않으셨다. 주어진 주제에 관한 그분의 사상은 신론, 인간론, 죄론, 가족론, 국가론 등의 순서를 거쳐서 집약된 것이 아니었다. 오히려 그분의 교훈은 임의적이고 상황적이었다. 질문에 답하고 비판에 응수하셨으며, 주변에서 일어나고 있는 것들에 관하여 논평하곤 하셨다. 그에게로 가져오는 문제들을 다루고 회당을 방문하여 성서를 함께 연구하기도 하셨다. 친구들과의 대화에도 참여하셨다. 그러나 이와 같은 비체계적 접근이 도덕에 대하여 하나의 단편적인 접근으로 끝나지는 않았다. 대신에 예수님의 하나님 이해와 인간을 위한 하나님의 목적에 관한 이해로부터 결과된 내적 결합이 그 속에 있었던 것이다.

예수님은 항상 인간관계에 관하여 이상형적인 용어로 말씀하신 것처럼 보인다. 그분이 사랑에 대하여, 분노, 욕망, 탐욕에 대하여, 이혼과 그 외의 다른 여러 가지 문제들에 대하여 가르치신 것을 고려할 때에 아마 "도대체 그게 우리와 무슨 상관인가?" 하고 묻고 싶은 충동이 일어날 것이다. 행위를 일일이 규정하고 있는 절대주의적 입장에서 감정과 태도를 다루는 것은 불가능한 것으로 보인다. 예수님은 인간의 연약함에 무감각하지 않으셨으며, 사람들이 이상에 못미칠 때 그분은 사람들을 구속의 차원에서 다루셨다. 그러나 그분은 정규적으로 끊임없이 인간을 위한 하나님의 뜻으로서의 이상을 지니셨다.

예수님은 율법적이지 않으셨다. 그분은 근본적인 진리를 진술하고 그것들을 설명하거나 예증하셨을 뿐이다. 만약에 그분이 율법적이었다면 그 교훈은 장소와 시간에 제한적이었을 것이다. 그런 것들은 당시 사람들에게 도움이 되었을지 모르지만, 다른 율법주의적 체계와 마찬가지로 더 이상 영구한 가치를 지니지는 못했을 것이다. 그러나 도덕적 삶을 위한 원칙의 윤곽과 그 적용을 제자들에게 맡기면서 그분은 뭔가 항구적인 가치를 제공하셨다.

예수님의 교훈이 그분의 종교에 기초하였다는 내용은 그런 것들이 그의 제자들을 위해 의도되었음을 의미한다. 여러 가지 점에서 기독교 윤리학은 다른 종교나 철학체계와 중복된다. 누가 그것을 주장하였는가와는 상관없이, 혹은 그것이 어디에 기초하였는가와도 상관없이 진리는 진리이다. 그러나 예수님의 관점으로부터 가치와 의무는 이제 그 의미를 하나님으로부터 찾기 시작하게 된 것이다. 하나님을 알고 사랑하는 사람은 그러한 가치를 지니고 하나님으로부터 나온 의무를 인정한다. 하나님은 신자의 사고와 행위를 위한 원인이 되신다. 예수님이 가르치신 것은 하나님의 성품과 목적에 대한 그분의 이해를 공유하는 사람을 지향하고 있다. 도덕적 행위에 관한 다른 접근은 불필요하며 무가치하다. 예수님의 윤리는 모든 사람들을 위한 것이 아니다. 그것은 하나님을 아는 사람들에 의하여 받아들여져야 할 살아가는 방법이다.

예수님의 윤리적 교훈의 기본개념

하나님 나라. 하나님 나라 사상은 예수님의 교훈의 핵심이며 그분의 윤리의 기초이다. 마가복음은 예수님의 사역을 그분의 메시지를 통하여 다음과 같이 요약하고 있다. "때가 찼고 하나님 나라가 가까왔으니 회개하고 복음을 믿으라 하시더라"(막 1:15). 예수님께서 하나님과 인간존재, 종교제도와 개인적 경견의 실천, 도덕성에 대하여 가르치신 모든 것은 하나님 나라 개념의 조명하에서 이해되어져야만 한다.

'하나님 나라'라는 어휘가 구약성서 속에 나타나 있지는 않지만 예수님의 청중들에 의해서 충분히 이해되고 있었다. 하나님 나라는 계약백성들 위에 있는 하나님의 통치, 히브리 신앙의 핵심 사상을 의미한다. 하나님은 히브리 백성과 독특한 관계를 확립하고, 그들이 지켜 살아야 할 율법을 주셨으며, 그들의 역사를 하나님께 가까이 가도록 인도하고 계셨다. 왕에 의해서 통치되고 있을 때에도 그 왕의 세력은 절대적인 것이 아니었으며, 단지 하나님의 통치를 대행할 뿐이있다. 율법과 예인자, 지혜문학, 경긴문학, 이 모두는 하나님의 절대주권을 전제하며, 하나님이 역사를 조정하시는 것으로 해석하고 있다.

그러한 이해와 더불어 히브리 백성들은 다른 백성들이 재앙이라고 간주하는 사건에 대해서도 특별한 관점으로 해석한다. 히브리 백성들은 그러한 사건을 하나님의 심판이라고 믿으며 백성들을 꾸짖어 언약으로 돌아가도록 하고 있다. 그러나 그러한 심판은 최후의 의미를 갖지 않는다. 하나님은 직면하고 있는 상황을 넘어서 백성들의 구속을 바라보고 계시기 때문이다. 최악의 상황일지라도 그들에게 항상 미래가 있었다. 그러한 조명하에서 주전 1세기에 시작된 히브리의 로마 종속은 일시적인 상황으로 여겨졌다. 때가 되면, 하나님께서 로마를 쫓아 내실 것이고 나라가 다시 자유롭게 될 것으로 여겼다. 실로 하나님의 왕국이 이루질 것이라고 믿었다.

그러나 하나님께서 백성들을 어떻게 자유롭게 하실 것인가? 이에 대해서는 세 가지 견해를 들 수 있다. 어떤 사람들은 국가의 독립을 회복시킬 수 있는 군사적 움직임을 기대했다. 이런 사람들은 대개 메시아가 먼저 일어나서 행동할 것이라고 생각했다. 이 견해는 예수님 당시의 혁명적인 단체행동을 했던 열심당(Zealot)과 결부되었다. 다른 견해는 국가적 독립이 이루어지는 것을 기대했으나 그것은 하나님의 특유의 역사운행 방법으로 이루어질 것을 기대했다. 하나님은 사람들의 투쟁을 통해서 개입하시지 않고 국가들의 사건을 방향지우므로 이를 이루실 것이라고 믿었다. 사람들이 할 수 있는 최선의 방법은 율법을 엄격하게 준수하는 것이라고 보았다. 율법이 온전히 지켜질 때, 하나님이 활동하실 것이라고 믿었다. 여전히 묵시적인 희망을 지닌 사람들도 있었는데, 이들은 하나님의 개입이 현대의 질서에 대해서 대재앙의 형태로 와서 인자가 다스리시는 새로운 질서가 올 것이라고 기대했다.

이들 견해에 한 가지 공통점이 있다면, 그것은 메시아를 통해서 통치하시는 하나님의 새로운 질서를 기대하고 있다는 것이다. 신약성서 문서는 예수 안에서 히브리 백성들의 역사적 희망이 어떤 방법으로 이루어질 것인가를 보여 주고 있다. 어떻게 예수님이 그 희망을 이루셨는가, 그런 것들을 찾는 방법은 무엇인가, 그리고 그리스도의 인격은 어떤 것인가에 관하여 하나의 통일적인 견해가 있는 것은 아니었다. 그러나 예수님이 그리스도라는 것과 그분의 강림이 하나님 나라의 도래에 결정적인 사건이라는 것, 그리고 사람들이 그분에게 반응을 보임으로 새로운 시대를 맞이하도록 초청받고 있다는 사실에 대해서는 일치하고 있었다. 예수 그리스도 안에서 희망은 현실적이 되고 기대했던 것이 이루어지게 되었다. 사람들에 대한 하나님의 요구는 '아직'이라는 말보다는 '이미'라는 용어 속에서 풀이된다. 왕국은 이미 온 것이다. 성경이 이루어진 것이다. 모든 시대를 거쳐 그렇게 보기를 원하던 것이 이제 여기에 있게 되었다. 왕국에 대해서 미래적인 면을 다루어야 하지만 이미 일어나고 있는 현실과 그것이 모순된 것은 결코 아니다. 초대교회는 새로운 시대가 그리스도의 오심과 더불어 밝았으며 제자들이 이미 새로운 시대를 살고 있다고 주장했다. 그들은 새로운 의무, 새로운 헌신, 이미 변화되기 시작한 실재로부터 나오는 동기를 가지고 사는 사람들이었다. 그리스도인의 의와 선에 대한 감각은 새로운 시대가 밝았다는 확신에 기초하고 있었던 것이다.

그러나 예수님의 제자들은 그들이 여전히 '옛 시대'에 살고 있음을 알고 있었다. 그들은 전통 속에서 일하고, 가족들과 살고 있으며, 전통적인 종교적 활동에 참여하고, 이웃을 만나고, 시장에서 사고 팔며, 행군하는 로마군대를 보고, 그리고 아직도 개선되어야 할 현실들을 바라보고 있었던 것이다. 예수님의 가르침 중 많은 부분들은 현재의 질서가 곧 끝날 것이라는 믿음을 반영하고 있다(막 9:1; 마 16:28; 눅 9:27). 어떤 해석자들은 그분의 모든 가르침은 그러한 신념에 의해서 형성된 것이라고 주장하기도 한다. 비록 그러한 주장이 아마도 너무 광의적일지는 몰라도 그분의 가르침이 그러한 신념에 의해 영향받은 것은 확실한 것 같다. 하나님 나라의 완성이 이루어져야 할 것이라는 그분의 의식은 옛 질서 속에서 일어나고 있는 것들에게 중요한 의미를 주며 그의 제자들로 하여금 옛 질서에의 구속으로부터 자유를 주는 것이었다. 윤리적 책임의 의미에서 이는 사회질서의 초월이라기보다는 그 속에서의 책임을 의미한다고 하겠다.

이러한 언어는 추상적으로 보일지도 모른다. 윤리적 삶을 위해서 그렇게 이해된 하나님 나라는 어떠한 중요성을 갖는가? 문제의 핵심은 왕국 안에서의 시민권이 예수님의 제자들에게 철저한 복종을 요청한다는 것이다. 하나님의 용서를 받아들이고 신앙 공동체의 일원이 된 사람들은 복종할 책임을 갖는다. 옳고 그름, 선과 악은 하나님의 목적에 의해서 결정된다. 모든 행동방식은 수단이나 논리성에 의해서가 아니라 하나님의 뜻에 의해 결정된다. 신자의 일상적 행동에 대한 결단은 하나님의 절대 통치적인 뜻에 기초하지 않으면 안된다.

하나님의 뜻은 일시적인 기분이나 변덕의 문제가 아니다. 그것은 하나님의 성품의 반영이며 지속적이고 명령적, 의존적 그리고 예측 가능한 것이다. 그러나 예수님의 생각 속에 하나님의 결정이 평가되는 어떤 기준이 별도로 있는 것은 아니었다. 즉 하나님 스스로가 그의 모든 결정의 기준이 되신다. 우리들은 옳고 그름을 우리들이 가진 하나님에 관한 지식으로 이해한다. 하나님께 대한 헌신은 우리의 결단을 의미하며 그러한 결단들은 하나님과의 관계에 따라 선하거나 악한 것, 옳은 것이나 그른 것이 된다. 예수님의 윤리란 하나님의 뜻에 대한 철저한 복종을 요청하는 것이다.

율법. 우리는 하나님 나라에 관한 예수님의 가르치심에 대한 배경에 의해서 그분의 율법에 대한 태도를 생각할 수 있다. 그분이 누구인가 하는 사실만으로도 그분이 율법을 무시할 수 없다는 사실을 알게 된다. 그분은 전형적으로 경건한 유대가족 안에서 양육되었다. 그의 고향은 나라의 가장 전형적인 지역의 중앙에 위치하고 있었다. 다른 유대소년들과 같이 그분의 교육은 율법과 예언서에 기초했다. 성서가 가르쳐지고 있었던 회당은 가정 다음으로 중요한 기관이었다. 다른 어떤 단체와도 비교되지 않게 율법에 충성했던 바리새인들은 그 지역에 막강한 영향력을 갖고 있었다. 예수님 자신의 가르침은 율법에 대한 철저한 지식과 이해를 반영하고 있다. 그분이 율법을 '완성'하러 오셨다고 말하고 있는 것은 그분이 자신의 가르침을 율법의 근본진리와 완전하게 조화를 이루고 있는 것을 보여 주고 있다.

율법에 대한 예수님의 태도를 몇 가지로 일반화시킬 수 있을 것 같다. 첫째, 그분은 모세의 율법과 불문율적인 힘을 갖고 있었던 랍비들의 해석에 차이를 두셨다. 그분은 종종 랍비의 그런 해석들이 얼마나 우스꽝스러운 것인가를 지적하면서 도전하셨다. 그러나 그분은 모세의 율법을 대할 때에는 항상 존경하는 마음으로 말하셨다. 어떤 특정한 법규를 반대할 때에라도 그분은 먼저 그 율법에 대한 충분한 이해를 보인 다음 그것이 거절되어야 할 이유를 말씀하셨다(참고, 막 10:2-4).

둘째, 예수님은 어떤 율법에 대해서는 다른 것보다 더 중요하게 여기시기도 하셨다. 일반적으로 그분은 의식(儀式)에 대한 율법보다 도덕적인 율법에 깊은 관심을 가지셨다. 그분이 의식(儀式)에 관해서 많이 말씀하시지 않은 것은 아마도 다른 것에 대하여 더 중요한 관심을 갖고 있었기 때문이었을 것이다. 그러나 도덕과 관련된 율법에 대한 그분의 논평은 그분에게 도덕성이야말로 중요한 관심사라는 것을 명백히 보여 주고 있다. 그것은 또한 그분이 모든 도덕법을 똑같이 동일하게 여기지 않고 있다는 것을 보여 주기도 한다. 예를 들어 그분은 특별히 살인, 간음, 거짓 증거와 같은 율법을 해석하고자 하셨다. 그러나 이혼법에 대한 그분의 논평은 단호히 부정적인 것이었다(마 5:21-32).

셋째, 예수님은 동기를 강조하시고 행위의 의도를 중시하셨다. 그분의 해석에 의하면 도덕적으로 그른 것은 다른 사람에 대한 태도에 달려 있음을 지적하고 있다(마 5장). 그와 같은 강조는 그분의 기도와 금식, 자선, 전통적인 경건행위에 관한 언급에서 보여지고 있다(마 6장). 그것은 또한 과부의 '두 렙돈'에 해당하는 헌금에 관한 언급에서도 나타나고 있다(막 12:41-44).

넷째, 예수님은 도덕적 책임의 범위를 확대시키셨다. 율법은 유대인들의 비유대인을 다루는 특정의무를 강조하면서 우선적 관심을 유대인 상호간의 의무에 두었다. 전통적인 해석에 의하면 비유대인은 관심 밖에 있었다. 그러나 예수님은 이와 같은 인종적 제한을 철폐하셨다.

핵심 명령어. 기독교 윤리학에 있어서 핵심 명령어는 '복종적인 사랑'이라는 말로 요약된다(참조, Ramsey, *Basic Christian Ethics*, p. xi). '복종'이라는 말은 기독교 도덕성을 위에서 논의한 바 있는 하나님의 통치사상과 연관시키고 있다. 율법과 예언서 그리고 지혜서에 나타나 있는 도덕성과 관련되어 그것은 예수님의 왕국 선포와도 관련되어 있다. 그것은 정의, 정당함, 의무, 가치, 덕 그리고 하나님께 대한 관계의 요청과도 결부되어 있다. 그러한 삶의 요구가 인간의 결정에 의해서가 아니라 하나님에 의해 확립되었음을 암시하므로, 그리스도인의 삶에 하나의 객관적인 관련성을 제공하고 있다. 한마디로 이는 정당함, 옳음, 가치, 그리고 선이 스스로 결정되기보다는 인간 존재에 의해 찾아진다는 것을 말한다. 이러한 생각은 사람들이 행위 결정을 하지 않는다는 것을 의미하지 않는다. 오히려 이는 그러한 결정이 하나님의 통치하에서 이루어져야 할 것을 의미한다. 이러한 생각은 완전히 구약성서적 도덕성을 유지하는 것이기 때문에 매우 친숙한 것이다.

그러나 복종적인 사랑의 시도는 그렇게 익숙하지 않다. 사랑의 개념이 기독교 도덕성에서 기원된 것이라고 말하는 것은 맞지 않다. 하나님 사랑의 이념은 하나님이 히브리 백성들을 대하신 것에 근거한 것으로서 구약성서에 나타나 있다. 율법과 예언서 모두는 하나님의 사랑을 인용하고 있으며, 제2이사야서는 강력하고 아름다운, 희생적이고 구속적인 하나님 사랑의 특성을 나타내 보여 주고 있다. 하나님 백성들의 복종은 하나님 은혜에 대한 그들 최고의 반응이다. 그러나 구약성서 아무 곳에서도 예수님의 사상과 같이 하나님께 대한 인간의 반응의 핵심이 사랑이라고 한 것을 찾아볼 수는 없다. 그분에게 있어서 사랑은 하나님에 대한 반응일 뿐이다. 그분이 그 말을 항상 사용하지 않았다고 하더라도 그 개념은 결코 잊혀지지 않았다. 그분이 사랑을 하나님께 대한 인간의 반응의 핵심으로 간주하고 있기 때문에, 사람에 대한 반응에 있어서도 사랑은 핵심적 위치에 있는 것으로 간주된다.

　우리들에게 '사랑'이라는 말은 다양한 의미를 지닌다. 우리는 부모 그리고 형제 자매를 사랑한다. 또 연인을 사랑하기도 한다. 급우를 사랑하기도 한다. 어떤 음악, 음식 혹은 개를 사랑하기도 한다. 이렇게 사용하는 사랑이라는 단어의 의미는 특별한 태도나 성향을 전달한다. 그것들은 정상적이거나 합법적인 관계를 말한다. 그러나 이는 결코 하나님을 위한 사랑과 같은 범주는 아니며 이웃을 사랑하는 것, 적을 사랑하는 것과도 같은 범주에 들지 않는다. 이 시점에서 헬라어 용어에 대해서 길게 토론을 할 필요는 없을 것 같다. 단지 헬라어로 philia는 우정의 감정을 표현하며, storge는 가족의 연대의 의미로, eros는 미에 대한 욕망과 반응을 의미하는 것으로 족할 것 같다. agape는 다른 헬라문학에서는 매우 드물게 사용되고 있는데, 사람과 하나님, 사람과 사람 사이의 사랑에 대하여 예수님께서 가장 적합한 표현으로 간주하고 있는 신약성서 특징적인 단어이다. 그 의미는 그 단어가 사용되고 있는 곳을 고찰함으로 가장 잘 설명될 수 있으리라고 본다. 여기서 우리가 예수님의 윤리적 가르침에 대해서 논하고 있는 만큼 그 말의 사용에 관한 고찰은 복음서에만 국한시키고자 한다.

　아가페라는 개념을 이해하기 위하여 사용된 구절 중 가장 좋은 예는 마태복음 5:21-48에서 찾을 수 있다(눅 6:27-31 참조). 다른 율법 몇 구절을 해석한 다음 예수님은 "또 네 이웃을 사랑하고 네 원수를 미워하라 하였다는 것을 너희가 들었으나"(43절)라고 말씀하셨다. 그분이 인용하신 레위기 19:18도, 다른 어떤 구약성서 율법도 너의 원수를 미워하라고 말한 적은 없다. 그러나 레위기에 나오는 말은 이스라엘 사람들의 동료 이스라엘 사람들에 대한 의무를 진술하는 문맥 속에 들어 있다. 만약 원치 않는다면 이스라엘인이 아닌 다른 사람들에게 대한 어떤 의무가 있다는 것에 신경쓰지 않아도 된다. 다른 구약성서 구절은 적들에 대한 적대감을 인정하고 있는 것으로 보인다. 이렇게 예수님의 '인용'의 마지막 부분은 일반적으로 받아들여지고 있는 태도의 매우 정확한 요약이 된다고 할 수 있겠다. 예수님은 "나는 너희에게 이르노니 너희 원수를 사랑하며"라고 말하심으로 타인에 대한 일반적인 적대감에 대하여 도전하셨다. 그분의 견해 속에서는 이웃에게나 적에게나 동등한 의무가 있음을 보여 준다.

　　　이 같은 구절을 근거로 사랑의 성격에 대해서 몇 가지를 말할 수 있겠다. 첫째, 사랑은 미움과 반대된다. 미움은 분열하는 힘이고 사랑은 연합하는 힘이다. 살인을 금하는 율법에 대한 예수님의 언급(마 5:21-26)은 살인에 대하여 보다 깊은 통찰력을 갖게 한다. 분노와 모독은 똑같이 미움의 범주에 속하며 사랑과 반대되는 것으로 보인다. 둘째, 사랑은 적극적으로 표현되는 능동성을 지닌다. 예수님은 그의 제자들로 원수를 위해 '기도'하고 '문안'하라고 촉구하셨다. 같은 방법으로 살인을 금하는 율법에 대한 언급에서 그분은 적극적으로 화해를 추구하라고 말씀하셨다. 셋째, 사랑은 선한 사람과 악한 사람, 의로운 자와 불의한 자를 차별하지 않는 전체적인 관심이다. 그것이 바로 예수님 제자들의 봉사의 양식으로 하나님 사랑의 특성인 것이다. 그러한 특성은 넷째 특성을 지향하는데 사랑은 보편적이라고 하는 것이다. 만약에 하나님이 의로운 자와 불의한 자, 악한 사람과 선한 사람을 모두 사랑하신다면, 결국은 하나님께서 모든 사람을 사랑하시는 것이 된다. 예수님은 이를 그분의 제자들에게 하나님이 완전하신 것같이 완전하게 되라고 주의를 시킴으로써 요약하고 있다. '완전'이라는 말의 의미는 성숙을 의미한다. 따라서 예수님의 제자들은 모든 사람을 사랑하는 그 사랑에서 완성적이어야만 한다.

산상수훈의 다른 부분에서는 사랑을 봉사의 용어로도 말하고 있다. "한 사람이 두 주인을 섬기지 못할 것이니 혹 이를 미워하며 저를 사랑하거나 혹 이를 중히 여기며 저를 경히 여김이라 너희가 하나님과 재물을 겸하여 섬기지 못하느니라"(마 6:24). 이 구절은 우선순위에 관한 것이며 하나님과의 관계에 관한 구절이다. 여기에 사용되고 있는 '섬긴다'는 말은 사랑과 동의어이다. 섬김을 받는다는 말은 '무엇에 접근한다', '자신을 준다'는 의미를 갖는다. 이러한 진술은 하나님을 섬기기 위하여 사람이나 물건을 한 쪽으로 밀쳐 놓는 것으로서 고대 히브리적 헌신의 개념을 상기시킨다.

예수님의 가르침 속에서 사랑의 핵심에 관한 가장 극적인 진술은 '두 가지 계명', 즉 "예수께서 가라사대 네 마음을 다하고 목숨을 다하고 뜻을 다하여 주 너의 하나님을 사랑하라 하셨으니 이것이 크고 첫째 되는 계명이요 둘째는 그와 같으니 네 이웃을 네 몸과 같이 사랑하라 하셨으니 이 두 계명이 온 율법과 선지자의 강령이니라"(마 22:37-40; 참조 막 12:28-34; 눅 10: 27-37). 이것이 바로, 어느 계명이 가장 큰 것인가 하고 종종 논의된 질문에 대한 예수님의 대답이셨다. 많은 랍비들은 기본적인 종교적 의무를 한두 가지 간단하고 쉽게 기억될 수 있는 진술로 요약할 수 있는 방법을 찾았었다. 예수님의 대답은 이를 위에서와 같이 요약하신 것이다.

　　　　예수님의 요약은 레위기 19:18과 신명기 6:4에 대한 훌륭한 결합이라고 할 수 있겠다. 예수님이 이 두 구절을 처음으로 합성하신 것은 아니라고 하더라도 이는 종교적 의무의 핵심적인 요약이 된다. 그 속에는 하나님에 대한 사랑과 이웃에 대한 사랑이 나누어질 수 없다고 분명하게 되어 있다. 하나의 계명에 대해서 질문했는데, 대답은 마치 같은 동전의 양면과 같이 다른 한 쪽이 없으면 그 어느 하나도 있을 수 없는 것으로 두 계명을 인용하고 계신 것이다. 하나님과의 올바른 관계는 이웃과의 올바른 관계를 가져온다. 이웃과의 올바른 관계는 하나님과의 올바른 관계 위에 기초한다. 이웃과 관계하는 방법은 이웃의 가치에 의해 결정되는 것이 아니고 하나님의 성품에 의해 결정된다.

　　　　이 진술 속에 있는 아주 중요한 또 하나의 단어는 '이웃'이라는 말이다. 이웃을 사랑하라는 의무를 인정하더라도 이웃에 대한 정의를 제한시키므로 그 책임을 제한시킬지도 모른다. 예수님 당시의 유대인들은 오늘날 우리들처럼, 곁에 살고 있는 사람, 또는 인종, 계급, 종교, 교육 그리고 사회, 경제적으로 지위가 같은 사람으로 제한시켜서 이웃이라는 말을 사용하였다. 누가복음의 대화 속에 기록된 대로(눅 10:25ff) 예수님은 "누가 나의 이웃입니까?"라는 질문에 선한 사마리아인에 대한 비유로 대답하셨다(30-37절). 비록 그 이야기가 아무런 정의를 제공하고 있지는 않으나 이는 사랑의 의무에서 모든 제한을 철회했음을 시사하고 있다. 이 이야기와 더불어 예수님은 사랑은 사람들 간에 어떠한 차별도 인정하지 않는다는 것을 암시하고 있다.

사랑의 성격에 대한 또 다른 중요한 이해는 사마리아인의 행위에서 찾아진다. 사마리아인은 자신의 의무에 대하여 심사숙고하기 위해서 멈추어 서 있지 않았다. 사마리아인은 희생당한 사람의 필요에 의해 반사적으로 그리고 신속하게 움직였을 뿐이다. '연민'이라는 말은 희생자에 대하여 느끼는 감정을 의미하며 뒤따라 어려운 상황으로부터 구출하고자 하는 노력을 묘사한다. 사랑한다는 것은 무엇인가를 행하는 것이다. 신약성서 속에서 사랑이라는 말은 거의 모두 명사보다는 동사로 사용되고 있다.

제자의 특성. 예수님은 신학이나 윤리에 관한 체계적인 교사는 아니셨다. 그분은 그 당시의 교사를 특징지우는 따위의 담론에 끼여들지 않으셨으며, 기독교 사상가들을 특징지우는 일도 하지 않으셨다. 그분은 갖추어야 할 덕목, 피해야 할 악을 중요하게 다루며 토론하는 헬라 철학자의 집에 머무신 적이 없었던 것 같다. 오히려 그분은 사람들로 그들 성품의 재형성을 위하여 하나님과 관계를 맺도록 하셨다. 사람은 그가 행하는 것으로 결정된다고 그분은 주장하셨다. 그분에게 핵심적인 것은 "나무도 좋고 실과도 좋다 하든지 나무도 좋지 않고 실과도 좋지 않다 하든지 하라"(마 12:33) 는 것이다. "못된 열매 맺는 좋은 나무가 없고 또 좋은 열매 맺는 못된 나무가 없느니라"(눅 6: 43). 예수님은 선한 사람이 자동적으로 선한 행위를 한다고 하지 않는 반면, 성품이 행위를 결정한다는 것을 시사하고 계신다.

예수님이 초점을 둔 성품형성은 결코 개인적인 일이거나 하나님과의 단독적인 관계 속에서 되어지는 것이 아니다. 예수님은 신앙 공동체를 떠나서 하나님을 알 수 있거나 다른 신자들과 고립된 가운데 하나님과의 관계를 유지할 수 있다고 믿지 않으셨다. 그 문제에 대해서 어떤 토론을 벌이신 것은 아니나, 예수님은 제자 공동체 안에서 사셨으며 다른 사람들도 그 공동체 속으로 초대하셨다. 다른 말로 하면 그분은 단순히 개인적인 회심에 관여하기보다는 하나님의 가족의 일원으로서 사는 사람들에게 관심을 가지셨다. 그 공동체에의 참여는 개인적인 결단의 문제이지만 그들의 신앙적인 삶에 관하여는 추상적으로가 아니라 교제의 상황에서만 가능한 것이나.

그러므로 행위에 관한 핵심적인 질문은 우리가 과연 어떤 종류의 사람이냐? 하는 것이다. 예수님은 결코 이상적인 인간상을 기술하지 않으셨다. 그러나 예수님은 끊임없이 어떻게 사고하고 느끼는가, 또 어떻게 행위하고, 다른 사람과 관계하며, 자신을 배려하고, 하나님과 관계하는가에 대해서 말씀하셨다. 산상수훈과 예수님의 교훈, 그리고 다른 비유와 대화, 그 외의 성경해석 등에서 읽고 있는 대로 그러한 주제가 부상하고 있는 것을 발견하고 바람직한 그리스도인 상에 대해서 배울 수가 있는 것이다.

예수님께서 강조하신 바람직한 성품 가운데 하나는 겸손이다. 이 말은 사람들이 하나님 앞에 있는 자신을 발견해야 하는 방법과 관계된 것이다. 이는 사람들이 하나님 앞에서 살고 있다는 의식 속에서 반응해야 할 것을 의미한다. 이로써 자신이 극복할 수 없는,

성취하지 못했고 성취할 수도 없는 하나의 이상을 깨닫는 것이다. 하나님 앞에서의 부족을 인정하는 것은 다른 사람과의 관계 속에 있는 자신의 지위에 대해서 온전하게 평가하게 한다. 예수님에 의하면 하나님 앞에서 겸손한 사람은 다른 사람에게 과장하지 않는다고 한다. 겸손한 사람은 우선적인 대우를 바라지 않으며, 다른 사람에게 부담을 주지 않으며, 보장되지 않은 지위를 가장하지 않는다. 겸손한 사람은 개인적인 성공이나 개인적인 능력을 주장하지 않는다. 예수님의 제자들이 하나님 나라에서 큰 것이 무엇이냐고 물었을 때, 예수님은 "너희가 돌이켜 어린 아이들과 같이" 겸손한 사람이 하나님 나라에서 가장 큰 자가 된다고 대답하셨다(마 18:1-3).

예수님께서 칭찬한 두번째 바람직한 성품은 성실성(sincerity)이다. 그분이 성실이라는 말을 사용하지 않으셨더라도 내용상으로 같은 의미가 여러 곳에서 등장하는 것을 볼 수가 있다. 빈번하게 그분은 위선, 기만적인 생각, 그리고 뭔가 그럴듯하게 보이려는 술책을 책망하셨다. "저희는 과부의 가산을 삼키며 외식으로 길게 기도하는 자"(막 12:40)라고 서기관들을 아주 거친 말로 꾸짖기도 하였다. 그분은 자기 스스로를 속이는 것을 바로잡고 정직하게 생각하여야 할 것에 대해서도 말씀하셨다. 그분은 제자들에게 "눈이 나쁘면 온몸이 어두울 것이니 그러므로 네게 있는 빛이 어두우면 그 어두움이 얼마나 하겠느뇨?"(마 6:23)라고 경고하기도 하셨다. 예수님은 맹목적으로 작은 것은 강조하고 중요한 것을 소홀히 여기는 바리새인들을 비난하셨다(마 23장). 반대로, 그분은 그의 제자들로 개방적이고 단순하고 정직하라고 촉구하시고(마 5:33-37), "마음을 청결히 하라"(마

5:8)고 하시며, 신뢰할 만하고(마 5:42), "뱀같이 지혜롭고 비둘기같이 순결하라"(마 10:16)고 촉구하셨다.

예수님께서 칭송한 바람직한 세번째 성품으로 신실함이 있다. 그분의 여러 비유들은 이 성품을 강조하고 있다. 그 대부분이 시대 종말의 불확실성과 관련되어 있기는 하지만 그 조명하에 제자들이 섬기는 일에 부지런해야 한다는 생각을 강조한다. 예수님은 사람들이 하나님께 충실할 청지기인 것과 하나님께 무조건 충성해야 한 것을 주장하신다. 그분은 "지극히 작은 것에 충성된 자는 큰 것에도 충성되고 지극히 작은 것에 불의한 자는 큰 것에도 불의하니라"(눅 16:10)고 말씀하신다. 신실함은 예수님에게 있어서 하나님께 대한 기본적인 충성을 반영하는 성품을 의미한다.

예수님의 본보기

그리스도를 따른다는 사상은 교회의 역사를 통해서 제자들의 마음에 크게 부각되어 왔다. 역사적 예수의 발견이 어려운 것이 사실이기는 하지만 필요하기만 하다면 결코 불가능한 것이 아니며, 대부분의 그리스도인들은 복음서 안에서 발견하고 있는 예수상을 그들의 모델로서 받아들이고 있다. 화이트(R. E. O. White)가 말한 것처럼 "사실 그리스도를 따르는 것은 기독교 원칙에 있어서 도덕적으로 절대적인 것이다."

사랑의 법은 두번째로 기독교에 있어서 절대적인 것이다. 그러나 예수님의 모본이 없다면 그 율법은 구체적인 이상이라기보다는 추상적 형식으로 남으며, 그리스도의 인격에 대한 헌신이 없다면 그 율법은 아무런 자극도 주지 못하고 도덕적인 에너지도 되지 못할 것이다. 다양한 해석이 허용될 때 그리스도의 모방은 기독교 윤리의 핵심이 될 것이다(*Biblical Ethics*, p.177).

그리스도의 모범을 통해 우리가 배울 수 있는 것은 그분의 교훈으로부터 배우는 것을 강화시킨다. 거기에는 연속성이 있으며 그가 말씀하신 통찰력에서 진실성을 결여하는 것은 없었다. 그분은 하나님 나라의 도래를 선포하였고 하나님의 절대주권을 인정하는 가운데서 기쁨으로 사셨다. 율법과 예언자의 완성으로서 사랑을 선포함으로 그분은 사랑을 그 나름대로 표현하셨다. 그분은 칭찬하는 성품이 있었으며, 선하고자 하는 의식 없이도 그분은 그 자신의 삶에서 그러한 성품을 나타내셨다.

예수님의 모범은 그분의 가르침에서 명시적이기보다는 함축적으로 모든 개인들이 무한한 가치를 지니며 존중히 여겨져야 한다는 것을 전달하고 있다. 그분의 사역에 대한 기록은 그분이 사람들 사이에 아무런 차별도 두지 않으셨음을 보여 주고 있다. 남자와 여자, 유대인과 이방인, 의로운 사람과 죄인 모두는 하나님께서 관심 갖고 있는 사람들로 존중히 여겨지고 있다. 그분은 모든 사람을 동일하게 취급하시지 않았다. 즉 처해져 있는 상황과 개개인들의 반응에 따라서 각각 달리 대하셨다. 그러나 그분은 어떤 사람에게도 무가치하고 하나님의 관심이 떠난 것처럼 대하신 적이 없다. 그분은 부자 관원과 눈먼 거지를 똑같이 소중히 여기셨다. 그분은 식사에 자신을 초대한 바리새인이나 그 집에 들어와 그의 발에 기름을 바른 그 도시의 여인이나 모두 은혜스럽게 대하셨다. 그분은 사회의 균열로 타락한 사람, 어린아이들, 문둥병자 그리고 귀신 들린 사람들에게도 같은 관심을 보이셨다. 비록 그들을 이상화시키지는 않았지만 그들을 내버려 두지도 않으셨다. 그분은 이들 모두를 다 하나님의 자녀로 보셨다.

예수님에게 있어서 하나님께 응답하는 삶은 사람들의 필요를 충족시키고자 노력하는 활동적인 삶이었다. 연민이라는 말은 곤경에 처해 있는 사람들을 바라볼 때의 정서적 반응을 묘사할 때, 그리고 언제든지 그러한 곤경으로부터 구출해 내고자 하는 노력을 묘사할 때 사용된다. 그분의 사역을 묘사하는 핵심구절이 있다면 그것은 그분이 사역의 초기에 가버나움 회당에서 직접 읽고 나서 섬김에 관하여 말씀하셨던 이사야 61:1-2일 것이다.

> 주의 성령이 내게 임하셨으니
> 이는 가난한 자에게 복음을 전하게 하시려고 내게 기름을 부으시고
> 나를 보내사 포로 된 자에게 자유를
> 눈먼 자에게 다시 보게 함을 전파하며
> 눌린 자를 자유케 하고 주의 은혜의 해를 전파하게 하려 하심이라
> (눅4:18-19)

예수님의 돌보심에 관한 이야기는 바로 이 말씀에 나와 있는 사람들을 위한 활동적인 사역의 이야기이다.

바울의 윤리적 교훈

　　바울은 자신의 정체를 전적으로 예수 그리스도와의 관계 속에서 밝히고 있다. 그는 자신을 새로운 신학이나 윤리학의 체계를 만든 사람으로서가 아니라 예수 그리스도의 복음 선포자로 소개했다. 그러나 그의 서신들은 예수 그리스도의 사역에 관한 보고서라기보다는 예수님의 제자들을 위하여 복음이 함축하고 있는 내용을 말하고 있다. 여러 가지 문제들을 직면하고 다룰 때에 그는 예수님의 방법을 생각하고 판단을 내리고자 노력했다. 그가 실제로 그리스도의 정신과 일치하고 있었는지는 논쟁의 대상이 될 수 있다. 예수님의 방법이었을 것이라고 믿고 있었던 것에 그가 어떤 교훈을 덧붙였는지도 질문의 대상이 될 것이다. 그러나 그의 가르침 속에서 그가 믿은 복음에 충실했었을 것임에는 의심의 여지가 없다. 바울은 도덕적 판단을 위해서 아마도 유대적인 배경에 실질적으로 상당히 의존했었을 것으로 보인다. 사실 그는 당시에 매우 유명했던 선생 중의 하나였던 가말리엘의 문하생으로 랍비의 가르침을 받았던 것이다. 그의 메시아에 관한 이해가 전통적인 이해와는 많이 다르다고 하더라도 예수님을 메시아로 받아들였음에는 틀림이 없다. 그는 그리스도인을 새로운 이스라엘이라고 말했고, 유대인들의 성서를 예수님이 그리스도이신 것을 입증하기 위하여 거리낌없이 사용하셨다. 그러나 그의 도덕적 가르침 속에서 근본적인 것은 율법이 아니고 예수님이었다.

신학과 윤리

　예수님과 마찬가지로 바울에게 있어서도 인간의 삶에 관한 사고의 출발점은 하나님의 주권 사상이었다. 이러한 근본적인 히브리 신념은 세계 내의 인간존재의 위치와 그 책임에 관한 그의 모든 사상의 기초가 되고 있다. 하나님은 창조자, 보전자, 심판자이시다. 하나님은 사람으로 요구하게도 하시고 그러한 요구를 충족시킬 수 있는 힘을 주시며, 잘못에 대해서는 심판하기도 하신다. 이와 같은 하나님 주권개념은 도덕적 의무에 관한 바울의 모든 설명에 한결같이 나와 있다. 바울은 결단을 내림에 있어서 인간의 책임을 충분히 인정하면서도 결코 인간의 결단여부가 선과 의를 결정한다고 생각했다는 여운을 남기지 않고 있다. 선과 의는 하나님의 주권적인 의지에 근거한다.

　바울은 죄의 보편성을 믿었다. "모든 사람이 죄를 범하였으매 하나님의 영광에 이르지 못하더니"(롬 3:23)라는 진술은 아무도 죄를 회피할 수 없다는 뿌리깊은 신념을 보여 주고 있다. 그는 죄를 하나님으로부터의 근본적인 소외, 하나님의 목적과 요구에 진실하지 못한 것이라고 보았다. 그와 같은 소외는 사람들의 자기 사랑, 하나님의 뜻에 순종하기보다는 자신들이 원하는 대로 결정하는 다양한 행위를 하게 되었다. 그것이 너무 깊이 뿌리를 내리고 있어서 아무도 죄를 극복할 수 없게 되었다고 한다. 따라서 바울에 의하면 인간존재는 그들 자신의 죄로 말미암아 희생되었다고 한다. 비록 바울이 세상 일에서 인간의 삶에 미치는 악의 영적 세력에 대해 말하고는 있지만, 악의 영적 세력이 죄를 담당할 수 있다고 생각하지 않았다. 죄를 책임져야 하는 것은 인간인 것이다. 그러나 문제가 매우 심각한 것이기에 사람들은 그것을 극복할 수가 없게 되었다.

　　바울에게 있어서 그리스도는 이와 같은 인간의 곤경에 대한 해결책이 되신다. 그리스도 안에서 하나님은 인간을 구원하기 위해서 활동하신다. 그리스도 안에서 하나님은 사람들로 하나님의 진정한 자녀가 되도록 함에 있어서 우선권을 가지신다. 바울에게 있어서 성육신, 그리스도의 삶, 십자가 상의 죽음, 그리고 부활은 하나의 구속적 행위를 이룬다. 이 모든 존재와 행위 속에서 그리스도는 하나님의 사랑의 계시이며 구속받은 백성 안에 있는 하나님의 역사인 것이다. 바울은 "이는 하나님께서 그리스도 안에 계시사 세상을 자기와 화목하게 하시며"(고후 5:19)라고 요약하고 있다.

　　이러한 새로운 생명은 믿음으로 응답한 사람에게 실재가 된다. 바울은 '믿음을 통한 은혜로' 사람들이 구원받을 수 있다고 주장한다. 율법을 가진 유대인과 율법을 갖지 못한 이방인들 모두가 아무런 도움이 되지 않는다고 바울은 말한다. 그들 모두가 같은 처지에 있기 때문에 양쪽 모두 같은 방법, 즉 그리스도의 인격을 통하여 제공된 하나님의 사랑을 받아들임으로 하나님과 화해해야 한다고 한다. 사람들은 자신들의 구원을 위해 아무 것도 할 수 없으며, 구원은 오직 하나님의 은혜의 선물로서 그들에게 주어질 뿐이다. 하나님의 선취에 대한 인간의 적합한 반응은, 자신의 죄를 시인하고 이 상황을 벗어날 아무런 도움이 없음을 인정하고, 자신을 하나님의 자비 앞에 맡기는 것이다. 이렇게 한 사람은 하나님의 용서를 받고 새로운 생명 안으로 들어가게 된다.

바울에 의하면 이런 하나님과의 관계는 새로운 삶의 길로 들어서는 관문이 된다. 신자는 단지 그들의 죄를 위해서만 용서받는 것이 아니고 죄를 극복할 수 있는 힘을 부여받기도 한다. 바울은 끊임없이 "너희는 그리스도인이니 그리스도인답게 행동하라"고 말함으로써 그의 독자들로 하여금 그리스도인다운 행동을 할 것을 촉구하고 있다. 그는 그리스도인들에게 악에 대항하고 선을 행하며 그들의 구원을 이루라고 말한다. 때때로 그는 그리스도인이 무엇을 해야 하고, 혹은 해서는 안되는지에 대해서 아주 구체적으로 말할 때가 있고, 어떤 곳에서는 매우 일반적으로 말하기도 했다. 그러나 그는 항상 그리스도인들이 끊임없이 결단을 내려야 할 도덕적 긴급성을 전달하고 있다. 그리스도 안에 있는 이와 같은 새로운 생명에 대한 그의 이해는 그의 윤리적 교훈의 골격이 되고 있는 것이다.

책임적 자유의 윤리

그리스도인이 살아야 하는 이러한 새로운 삶의 길은 자유를 책임 있게 사용할 것을 요구한다. 바울은 "죄가 너희를 주관치 못하리니 이는 너희가 법 아래 있지 아니하고 은혜 아래 있음이니라"(롬 6:14) 하고 말함으로써 사람들이 구원받는 방법과 도덕적인 삶의 중요성을 요약하고 있다. 만약에 우리가 하나님의 구원의 선물을 받아들임으로 법 아래 있지 아니하다면 도덕적인 의무의 법 아래에 있는 것인가? 율법에 복종함이 없이 은혜로 구원받았는데 율법이 다시 우리로 어떻게 행동해야 할지를 명령한단 말인가?

바울에게 있어서 그리스도의 제자로서 기대되는 도덕적 기준은 율법에 나타나 있는 것보다 더 높은 것이다. 신자는 율법으로부터 자유하다고 주장했을지라도, 그는 한편으로 자유를 '육체를 위한 기회'로 사용해서는 안된다고 말한다(갈 5:13). 그는 '육체의 일'을 "음행, 더러운 것, 호색, 우상숭배, 술수, 원수 맺음, 분쟁, 시기, 분냄, 당 짓는 것, 분리, 이단, 투기, 술 취함, 방탕" 등이라고 한다. 이와는 대조적으로 "성령의 열매는 사랑과 희락과 화평과 오래 참음과 자비와 양선과 충성과 온유와 절제"라고 한다(갈 5:19-23). 바울은 히브리 의식이 그리스도인의 의무가 된다는 생각을 거부하나 그러나 그는 구약성서 도덕법에 대한 그리스도인의 관계에 대해서 실제적으로는 아무런 논의도 하지 않았다. 그러한 논의를 요청받았다면 그는 아마도 신자들에게 아무런 의무도 없다고 일관되게 주장했을 것이다. 그러나 그는 어떤 행위는 신자의 새로운 삶과 불일치하지만, 어떤 행위는 그리스도와의 관계 속에서 자연스런 결과일 수도 있다는 생각을 가졌던 것 같다(엡 4:22-5:14; 골 3:1-17). 그는 이런 것들에 대해서 말하는데 결코 주저하지 않았던 것으로 보인다.

대부분의 서신에서 바울은 개인적이거나 사회적인 도덕적 문제를 말하고 있다. 그는 다른 곳에서보다도 고린도서에서 이러한 문제를 많이 말하고 있는데, 이는 아마도 도덕적으로 부패한 고린도 같은 큰 도시의 그리스도인들이 직면한 특수한 문제 때문인 것 같다. 그의 말에 근거해서 그리스도인의 책임 있는 결단을 지도할 만한 몇 가지 사항들을 요약할 수 있겠다.

교회를 존중히 여김. 바울은 교회에 대하여 그리스도의 몸, 하나님의 전, 믿음의 가족, 하나님의 권속 등으로 묘사하는 것에서 볼 수 있듯이 교회를 매우 존중히 여기고 있음을 알 수 있다. 그는 교회 회원들의 상호의존 관계와 각 사람들이 기여하는 바의 중요성을 강조한다. 고린도 교회 내의 분열에 대하여 말하는 구절에서 바울은 교인들에게 그들 속에 있는 차별을 극복해야 한다고 호소한다. "너희가 하나님의 성전인 것과 하나님의 성령이 너희 안에 거하시는 것을 알지 못하느뇨"(고전 3:16) 하고 바울은 묻는다. 그는 "너희 자신을 교회의 판단에 굴복하라"고 말하지 않으나, "너희가 하는 짓이 하나님의 전에 영향을 미치는 것을 기억하라"고 말하고 있다.

자신을 존중히 여김. 법적인 체계에 의해서 설난을 내릴 때의 질문은 "이 행동을 함으로 어기게 되는 법은 없는가?" 하는 것이다. 만약에 어기게 되는 법이 없다면 아마도 그 행동은 합법적으로 간주될 것이다. 바울이 "우리가 율법 아래에 있지 않고 은혜 아래에 있다"고 주장하고 있기 때문에, 어떤 사람들은 도덕적인 고려는 부적합한 것이며 어떤 행동도 허용된다고 결론을 내렸다. 그들의 견해는 "모든 것이 내게 합법적이다"로 요약된다.

그러나 바울은 도덕적 문제에 대해서 결단을 내릴 때에 인정해야 할 다른 지침, 즉 '모든 것이 유익한 것이 아니라'는 사실을 지적한다(고전 6:12). 이렇게 도덕적 문제를 깊이 생각하다 보면 이와 같은 행위에서 기대할 수 있는 좋은 결과가 무엇인가?라는 물음을 묻게 될 것이다. 만약에 우리가 원하는 목표에 도달하게 됐다고 해서 선한 결과라고 한다면 그리스도인의 삶의 목표는 무엇인가? 목표들이 다양하게 서술될 수 있을지는 모르나, 우리의 대답은 그리스도 안에서의 하나님과의 관계와 그리스도 안에서 알려진 하나님의 뜻에 대한 헌신의 차원에서 대답되어지지 않으면 안된다.

도덕적 결단을 내리는 문제에 관한 이와 같은 제시에서 바울은 "내가 아무에게든지 제재를 받지 아니하리라"(고전 6:12)는 내용을 덧붙이고 있다. 따라서 도덕적 문제를 고려할 때 어떤 사람은 "그것이 나를 조종하고 내 행동을 다스리고자 하는가?"를 묻지 않을 수 없을 것이다. 만약에 그렇다면 내게 그토록 중요한 자유가 위협당하지 않을 수 없게 된다.

성적 행위에 대하여 적용하는 가운데 '모든 것이 가하다' 는 행위지침에 의해서 어떤 사람들은 어떤 '육신에 속한' 행위에 대해서도 합법적이라는 결론을 내리기도 했다(고전 6:13ff). 바울은 그러한 생각을 그리스도인의 새로운 삶에 있어서 '부도덕한 것' 이 곧 육신적인 것, 정상적인 것이 아니라는 생각을 주장함으로 반박하고 있다. 그가 예를 든 것은 혼외 성행위에 관하여 설명하고자 한 것으로 그의 기본적인 논쟁은 그러한 행동이 그리스도 안에 있는 새로운 삶에는 부적합한 것임을 말하고자 했다. 그는 다음과 같이 결론을 내리고 있다. "너희는 너희의 것이 아니라 값으로 산 것이 되었으니 그런 즉 너희 몸으로 하나님께 영광을 돌리라"(고전 6:19-20).

그리스도인 형제를 존중히 여김. 바울이 교회를 그리스도의 몸, 신자의 교제로 이해한 것은 그 교제를 구성하는 사람들에 대한 관심과 존중히 여김을 포함하고 있다. 그는 그리스도인의 책임이 오직 동료 그리스도인에게만 있는 것으로 생각하지는 않았지만, 그러한 특별한 관계는 특별한 책임을 수반한다고 믿었다. 그가 말하고 있는 대부분은 그리스도인들 상호간의 관계에 관련된 것에 속한다. 고린도전서 8장에서 그는 교회 안에서 분열을 야기시켰던 문제, 즉 우상에게 바쳤던 고기를 먹어도 되는가 하는 질문에 대하여 "그러므로 만일 식물이 내 형제로 실족케 하면 나는 영원히 고기를 먹지 아니하여 내 형제를 실족치 않게 하리라"(고전 8:13)고 말함으로써 결론을 내렸다. 그는 다음 장에서 분명히 밝히고 있는 대로 자신의 양심을 타인에게 굴복하고자 하지는 않았다. 그는 다른 사람을 위해서 법을 만들기를 원치도 않았고, 다른 사람이 자신을 위해서 법을 만드는 것을 허용하지도 않았다. 그러나 그의 형제에 대한 책임감이 바로 그가 해야 될 것을 결정하는 원칙이었다. 로마에 있는 교회도 비슷한 질문, 즉 교회의 회원이 개인적인 행위에 대해서 상이한 결론을 내릴 때 어떻게 해야 하는가에 관한 질문을 갖고 있었다. 다른 사람의 판단을 간과해서는 안된다고 주장하는 면에서 바울은 "고기도 먹지 아니하고 포도주도 마시지 아니하고 무엇이든지 네 형제로 거리끼게 하는 일을 아니 함이 아름다우니라"(롬 14:21)고 말했다. 이는 "고기를 먹느냐, 포도주를 마시느냐" 하는 문제를 논한 것이 아니었다. 그러나 여기서 중요한 것은 형제에게 무슨 일이 일어나는가에 대한 관심의 문제이다.

같은 관심들이 그리스도인들은 '서로 사랑'하고, '서로 돌보아야' 한다는 바울의 주장에서도 보인다. "강한 자가 마땅히 연약한 자의 약점을 담당하고"(롬 15:1). 그리스도인은 '짐을 서로 지는'(갈

6:2) 사람들이다. 그들은 서로를 위해서 기도하고 서로 나누고 피차 권면하고 "즐거워하는 자들로 함께 즐거워하고 우는 자들로 함께 우는" 사람들이다. 그리스도인들은 심지어 법정에서 정당성을 추구하기보다는 형제로부터 손해를 보기도 한다(고전 6:7-8). 그들은 자신들을 그리스도를 존경함으로 피차 복종한다. 따라서 그들의 행동은 최소한 그것이 그리스도인 동료에게 어떤 영향을 주느냐에 의해 결정되어야 한다.

비그리스도인을 존중히 여김. 그리스도인이 아닌 사람을 위한 바울의 기본적인 목표는 그들을 기독교 신앙으로 개종시키는 것이다. 다른 사람을 위한 그리스도인의 주요책임은 복음을 전하는 것이다. 그와 같은 강조 외에 바울은 어떻게 그리스도인들이 그들의 적을 대하고, 한편 적대감을 표시하는 사람에게 반응하여야 하는가를 통해서 비그리스도인에 대한 태도를 말한다. 복수하지 않는 원칙은 그러한 태도에서 우선적인 것이다. 바울은 그 예로서 로마의 그리스도인에게 "너희를 박해하는 사람을 축복하라", "악을 악으로 갚지 말라", "모든 사람과 화목하게 지내라", 심지어는 필요로 하거든 적에게 음식을 주라고 권면한다(롬 12:14-21).

사랑의 윤리

바울은 사랑을 핵심명령으로 하는 예수님의 가르침에 충실했다. 그는 로마인들에게 "피차 사랑의 빚 외에는 아무에게든지 아무 빚도 지지 말라 남을 사랑하는 자는 율법을 다 이루었느니라"(롬

13:8)고 말하였다. 그는 같은 생각을 갈라디아인들에게도 말했다. "온 율법은 네 이웃 사랑하기를 네 몸같이 하라 하신 한 말씀에 이루었나니"(갈 5:14). 이와 같은 권고는 예수님의 온 율법과 예언자는 하나님 사랑과 이웃 사랑에 달려있다고 하신 것을 반영하고 있다(마 22:37-40).

몇 군데 중요한 구절에서 바울은 그의 판단에 사랑이 그리스도인의 삶에 핵심이라는 보다 깊은 의미를 입증하고 있다. 이와 같은 구절 가운데 가장 잘 알려진 것은 고린도전서 13장이다. 이 아름다운 시는 대부분의 다른 바울 서신과는 달리 세련되고 문학적이다. 그중 처음 세 구절은 사랑의 가치에 대해서 말하고 있으며, 4-7절은 사랑의 특성에 대해서, 8-13절은 사랑의 영구성에 대해서 말하고 있다. 둘째 부분, 그러니까 4-7절은 거의 전부 사랑을 다른 것과 비유해서 말하고 있다. 사랑은 어느 것과 같으나 어느 것과는 다르다는 등의 비유는 사랑이 사람들을 연합하게 하고 그것을 유지하게 한다고 말한다. 사랑의 사역은 사람을 함께하게 하며, 사랑이 피하는 것은 사람을 분열시키는 것이다.

사랑의 성격을 나타내는 다른 중요한 구절은 로마서 12장에 나온다. 이 구절들은 행위에 관하여 구체적이며 실천적인 충고를 하는 부분으로 시작한다. 이 장의 중간에 이르기까지 사랑이라는 말을 사용하고 있지 않으나 그 말을 사용한 부분에서, 비유는 그 장 전체에서 논의하고자 하는 내용을 분명히 하고 있다. 이 장에서 그는 겸손과 동료들의 연합을 위한 관심, 부지런히 피차 복종하는 일, 나눔과 복수하지 않음을 중요하게 말하고 있다. 그러한 광의적이고 비체계적으로나마 여러 충고를 하는 가운데서 바울은 다음과 같이 말한다. "사랑엔 거짓이 없나니 악을 미워하고 선에 속하라 형제를 사랑하여 서로 우애하고 존경하기를 서로 먼저 하며 부지런하여 게으르지 말고 열심을 품고 주를 섬기라"(롬 12:9-11).

사랑에 관하여 바울이 말한 대부분은 그리스도인 상호간의 관계에 관한 것이다. 그에게 있어서 그리스도인은 피차 종속되며 상호간에 책임져야 하는 것이 당연한 일이다. 만약에 형제 사랑이 실제로 교회를 특징지우지 못하고 있다면, 교회는 마땅히 그렇게 되어야 한다. 따라서 종종 바울이 교회를 높이는 이유는 교회가 형제 사랑의 특성을 지니고 있기 때문이다(살전 4:9 참고). 다른 곳에서 그는 교회가 사랑의 기초 위에서 행동하지 않는 것을 책망하기도 한다(고전 1-3장, 참조). 언제든지 그는 동료 신자를 사랑하는 자가 바로 그리스도의 정신으로 행동하는 것이라고 말한다. 그에게 있어서 교회는 매우 중요하게 여겨지고 있기 때문에, 그리스도인의 최악의 행위는 교회를 멸시하는 행위라고 말한다. 주의 만찬을 기념하는 방법 때문에, 고린도 교인들에게 "너희가 먹고 마실 집이 없느냐 너희가 하나님의 교회를 업신여기고 빈궁한 자들을 부끄럽게 하느냐"라고 책망했다(고전 11:22).

새로운 삶의 윤리

바울에게 있어서 윤리적 행위의 핵심은 그리스도 안에서의 새로운 삶이다. 그는 그리스도 안에서 사람들은 하나님과 새로운 관계를 맺고, 그 관계로 인해서 새로운 사람이 되며, 새로운 사람으로서 그들의 삶은 달라져야 한다고 믿었다. 우리가 알고 있는 대로 그는 어떤 행동에 대해서는 '육체의 일'(갈 5:19)이라고 했고, 어떤 행동에 대해서는 '성령의 열매'(갈 5:22)라고도 했다. 이와 같은 용어를 사용하면서 그는 사람들이 자신들이 행하는 악에 대해서 책임을 져야하나 선을 행할 능력이 없음을 시사하고 있다. 그리스도인의 새로운 삶의 길은 신앙의 결과이다. 개개인 속에서 하나님이 역사하고 계시니 만큼 그리스도인의 성품을 나타낼 것을 기대하는 것은 당연하다.

그러나 동시에 바울이 교회에 대하여 쓴 것처럼, 그는 끊임없이 도덕적 문제를 다루고 신자로 하여금 그리스도인의 방법으로 행동할 것을 촉구하고 있다. 예를 들어 고린도 교회의 회원들은 다양한 지도자에 대한 충성에서 서로 갈라져 있었다. 그들은 어떤 문제를 해결하기 위해서 법정에 가는 경우도 있었다. 그들은 회원 안에서 있었던 성적 부도덕에 대해서도 무감각했다. 바울은 이와 같은 문제를 바로잡고자 하는 충동을 느꼈으며 그들에게 바르게 행할 것을 충고했다. 그는 다시 육체에 관한 죄에 대해서 갈라디아 교인들을 경고할 때에도 같은 교훈을 주고 있다. 에베소 교인들에게 "음행과 온갖 더러운 것과 탐욕", 그리고 "누추함과 어리석은 말, 희롱의 말"을 버리라고 말할 때에도 그는 그들이 책망할 것이 없이 살기를 바랐다. 골로새 교인들에게 이러이러한 성품을 "입으라"고 하고, "그리스도의 평강이 너희 마음을 주장하게 하라"(골 3:12-17)고 한 것도 그들을 자극하기 위해서였다. 바울은 새로운 삶의 방법이 그리스도인이 될 때에 자동적으로 주어지는 결과라고 인정하지는 않았다.

따라서 바울에게 있어서 도덕적인 삶은 그리스도 신앙의 결과이며 그리스도인 공동체 상황 안에서만 가능하다. 그는 그리스도인을 악과 더불어서 끊임없이 싸우는, 따라서 비도덕적인 행위의 압력을 받고 있는 사람으로 보고 있다. 신앙적이고자 노력하나 끊임없이 위협당하고 있는 사람으로 여기기도 한다. 그는 또한 하나님의 은혜를 떠나서는 그 싸움에서 어떠한 성공도 거둘 수 없는 사람으로 본다. 그는 실패의 가능성을 인정하므로 계속적인 용서의 필요성에 대해서도 말하고 있다. 하나님의 은혜로 말미암은 성공의 가능성을 인정하는 가운데 그는 계속해서 사람들로 하나님의 성령에 응답하도록 촉구한다. 그는 그 싸움이 오래 지속되지 않을 것임을 알고 마지막 때에는 선이 마침내 악을 극복할 것을 기대했다. 그러나 마지막 승리의 기대는 초월로서만이 아닌, 현재의 싸움에서 신실할 이유를 갖고 있는 것이었다. 그러므로 그에게 있어서 도덕적 싸움은 신앙의 중요한 요소가 된다.

    바울에게 있어서 구원은 종말론적 세계의 의미를 지닐 뿐만 아니라 도덕적 개념에도 필수적인 것이다. 구원이 하나님의 은혜의 선물이며 돈으로 사들인다는 의미를 지니지 않는 반면, 행위와는 직접적으로 관련되어 있는 것으로 묘사되었다. 바울은 사람의 행위를 중요하지 않다고 생각하는 것이야말로 무의미한 것이라고 간주한다. 의롭게 된 사람(그리스도인을 의미함)은 엄격하게 자신을 훈련시킬 줄 알고 율법을 해석하기보다 모범적인 삶을 살아야 된다고 한다. 의롭게 되는 것은 의를 대신하는 것이 아니라 의를 위한 선행조건이 된다. 바울은 그리스도인이 율법에 의해서 사는 것을 기대하지는 않았지만, 그리스도인에게 율법의 요구보다 더한 의를 기대했다. 그에게 있어서 그리스도가 주님 되심은 그리스도의 예를 따르는 것, 그리고 그분의 말씀에 순종하는 것을 의미한다. 구속은 도덕적 변화를 의미하며 그리스도인은 예수 그리스도 안에서 새로운 사람이 된다. 과거와의 단호한 단절은 단순히 신앙이나 예배의 문제만은 아니다. 그것은 새로운 성품에서 그리고 새롭게 발견되는 자원에서 나오는 새로운 삶의 방법이기도 한 것이다. 바울에게 있어서 그리스도 안에 있는 삶은 그리스도를 닮는 삶이다. 그는 이를 두고 "이는 내게 사는 것이 그리스도니"(빌 1:21)라고 말한다.

토론을 위한 질문들

1. 예수님은 율법을 폐하러 오신 것이 아니라 완성하러 오셨다고 말했다. 그분이 율법을 완성하러 오셨다는 것은 무엇을 의미하는가? 윤리적 문제에 대한 그분의 접근은 구약의 방법과 어떤 차이가 있는가?
2. 예수님과 바울의 윤리적인 접근방법을 비교해 보자.
3. 도덕적 관심과 묵시적인 사고는 어떤 관계가 있는가?
4. 2천년 전에 살았던 사람의 예가 현대인에게도 적용될 수 있는가?

참고도서 목록

Gardner, E. Clinton. *Biblical Faith and Social Ethics*. New York: Harper & Row, 1960.

Houlden, J. L. *Ethics and the New Testament*. New York: Oxford University Press, 1977.

Mott, Stephen Charles. *Biblical Ethics and Social Change, Part I*. New York: Oxford University Press, 1982.

White, R. E. O. *Biblical Ethics*. Atlanta: John Knox, 1979.

제 6 장

사랑으로 역사하는 믿음

이제 윤리적 결단을 위한 일반적 접근을 시도해 보고자 한다. 제1장에서 우리는 윤리학의 제 분야를, 제2장과 제3장에서는 몇 가지 대안들에 대해서, 그리고 제4장과 제5장에서는 신학적, 성서적인 개념들을 제시했다. 이제는 이들 개념들을 종합하여 윤리적 행위결단을 위한 체계를 제시하고자 한다. 이와 같은 체계적인 접근은 바울에 의해서 처음 시도되었었다. "그리스도 예수 안에서는 할례나 무할례가 효력이 없되 사랑으로써 역사하는 믿음뿐이니라"(갈 5:6).

믿음의 전제

제3장에서 언급했듯이 기독교 윤리학자는 기독교 신앙의 입장에서 인간의 본성, 인간 상호간의 관계 그리고 하나님과의 관계에 대한 기독교적 가설을 설정하게 된다. 윤리를 신학으로부터 분리시킬 수는 없다. 이는 먼저 신학을 발전시키고 나서 그것이 요구하는 윤리적 요구를 고려해야 한다는 것을 뜻하는 것이 아니다. 실제로 윤리적 통찰력과 신학적 이해는 대개 함께 발전하고 상호간에 영향을 준다. 그러나 논리적으로는 신학이 윤리를 형성시킨다. 비록 이 연구의 영역이 기본적인 기독교 신학에 관한 자세한 설명을 다루는 것은 아니지만, 윤리적인 고려에 직접적으로 관련된 특정신앙의 전제들에 대하여 관심을 갖는 것은 중요한 일이다.

하나님에 대한 믿음

그리스도인을 위한 신학적 출발점은 하나님에 대한 믿음이다. 이 믿음에 대해 진술하고자 할 때, 우리는 인간적인 용어를 사용하지 않을 수 없다. 이미지를 사용하지 않을 수 없는 이유는 우리가 믿고 있는 것을 적합하게 말할 수 있는 것이 없으며 문자적인 진리의 한계가 있기 때문이다.

우리가 사용하는 첫번째 이미지는 '인격'이다. 우리는 하나님에 대하여 인격적인 용어로 말하는데, 이는 바로 성경을 따르는 것이다. 우리는 하나님을 비인격적인 힘, 무감각적인 능력, 혹은 무반응적인 체계라고 생각하지 않는다. 오히려 우리는 하나님께서 사고와 느낌, 의지, 자기 의식과 인격적인 요소를 가지신 분으로 이해한다. 인간이 '하나님의 형상'으로 만들어졌다는 창세기 기사를 읽을 때 우리는 이러한 하나님의 속성들을 생각하게 된다. 그러므로 하나님 안에 있는 이런 속성들로 말미암아, 우리는 하나님과 인격적인 관계를 맺을 수 있다고 이해한다.

두번째 이미지는 '창조자'이다. 성경의 기자는 하나님을 창조주이시며 피조물과는 다른 분이라고 묘사하고 있다. 이것은 하나님이 태초 이전부터 계셨고 만물의 '처음 원인'이 되심을 뜻한다. 하나님은 그러나 그 이상으로서 지속적으로 창조사역을 하고 계심을 의미한다. 우리는 하나님은 창조자였다(was)라고 하지 않고, 창조자이다(is)라고 말한다. 창조란 세상을 지속적으로 변화시키는, 어떤 것들은 소멸시키기도 하고 또 새로운 것들을 존재하게도 하는 역동적인 과정이다. 이 지속적인 창조과정은 질서있고 믿을 만하며, 이해할 수 있으며 하나님의 속성을 반영하고 있다.

창조자 하나님에 대한 이미지와 밀접하게 관련된 것은 주권자로서의 하나님의 이미지이다. 고대의 사람들은 자연현상의 의존성을 신적인 능력의 탓으로 돌렸다. 고대인들에게는 아직 알려지지 않았던, 현대의 자연법에 대한 개념은 세계가 하나님의 어떤 간섭도 없이 작동하는 자기 영속적인 체계라고 가정하는 것이었다. 그러나 비록 우리가 이해할 수 없는 방식으로 세계가 지속적으로 발달하고 변화할 때에도, 그리스도인들은 하나님께서 이 과정에 관여하고 계시며 그 방향을 결정하신다고 믿는다. 이러한 생각은 윤리적인 고려에 있어서 특별히 중요한 사실이다. 창조의 일부분으로서 인간은 세계 안에서 하나님의 지속적인 활동의 일부분이 된다. 자연질서에서와 마찬가지로 도덕적인 영역에서도 하나님께서는 그 과정을 지도하신다. 그러므로 하나님의 속성과 인간을 위한 그분의 목적이 인간 행위의 궁극적인 표준을 결정한다. 이것이 하나님 나라에 대하여 예수님께서 가르치신 내용이기도 하였다.

심판자로서의 하나님의 이미지는 자연적으로 주권자의 이미지로부터 나온다. 하나님의 사랑을 강조하는데 익숙해져 있기 때문에, 우리는 하나님의 심판에 대해 거의 말하지 않는 경향이 있다. 결과적으로 한 나라를 그들의 행위로 말미암아 멸망시키거나 구원하시는 하나님, 신실성의 정도에 따라서 개인들을 축복하거나 징계하시는 하나님에 대한 구약의 묘사에 대해서 우리는 난처해 한다. 심지어 염소와 양을 구분하시는 마지막 심판에 대한 예수님의 묘사에 대해서도 우리는 당혹스러워한다. 우리는 특정 행동방식이 특정한 결과를 낳는다는 사실을 알고 있다. 우리는 우리의 행동결과를 무제한적으로 지연시킬 수 없다는 사실을 알고 있다. 그리고 만일 하나님께서 역사와 우리 자신의 삶 속에서 일하고 계심을 안다면, 우리는 그러한 결과가 바로 하나님의 심판이라는 사실을 깨닫게 될 것이다.

인간에 대한 믿음

윤리학 연구를 위해서 중요한 신학체계 내의 두번째 요소는 인간본성에 대한 관점이다. 인간에 대한 우리의 이해를 다음 네 가지로 요약할 수 있겠다. 첫째, '인간은 자연질서의 일부분'이다. 우리는 신적인 존재가 아닌, 하나님의 행위로 인해 존재하게 된 피조물이다. '땅의 흙으로' 만들어졌다는 점에서 우리는 다른 모든 피조물들과 유사하다. 다른 모든 것들과 마찬가지로 우리도 자연질서 안에 위치하고 있는 것이다.

둘째, '인간은 독특한 창조물'이다. 성경에 따르면, 인간은 창조과정의 정점에 있다. 우리는 '하나님의 형상'으로 지음받았다. 우리의 코를 통하여 '생기'가 불어넣어졌다. 시편기자는 우리를 '하나님 보다 조금 낮은' 존재라고 말하고 있다.

셋째, '인간은 사회적인 피조물'이다. 우리는 공동체 안에서 산다. 존재의 가장 단순한 단계에서 가장 높은 수준에 이르기까지 인간은 상호적으로 영향을 주고받는다. 중요한 점은 우리들의 정체성이 공동체로부터 주어진다는 것이다. 우리들의 정체성을 상실하지 않는 한 다른 사람들을 위한 우리의 필요도 상실하지 않는다.

넷째, '인간은 죄인'이다. 성경의 이미지대로, 남자와 여자로 된 인간은 에덴동산에서 금지된 열매를 먹었다. 우리는 동생을 질투하여 죽인 바로 그 가인이며, 교만과 자기 주장의 바벨탑을 세운 사람이기도 하다. 불행하게도 인간은 죄의 개념을 대수롭게 여기지 않는 오랜 전통을 지녀왔다. 우리는 죄를 하찮은 사실로 여기고 마음만 먹으면 쉽게 극복할 수 있는 것으로, 그저 특정한 행동으로 묘사하고 있을 뿐이다. 그러나 죄의 문제는 훨씬 더 깊게 자리하고 있다. 죄의 본질은 자만이며 하나님의 주권에 대항하여 우리 자신들의 주권을 주장하는 반역이다. 그것은 개인적이든, 사회적이든 우리들의 관계를 왜곡시키고 오염시킨다. 왈도 비치(Waldo Beach)가 말한 것처럼, 죄는 "공동체적 창조질서를 파괴하고 사람이나 단체들 서로간을 적대시하게 하는 사악이요, 왜곡된 의지의 영향력이다"(*Christian Ethics in the Protestant Tradition*, p. 27). 개인적이든 사회적이든 도덕적 이슈에 대한 현실적인 어떠한 고려도 인간은 본질상 자기 중심적이라는 사실을 고려하지 않으면 안된다.

역사에 대한 신뢰

"인간이 어떻게 하나님을 볼 수 있는가"라는 관심은 모든 종교에서 기본적인 신학적 질문이 된다. 이는 신적인 본성과 목적이 인간존재에게 어떻게 알려지는가 하는 문제이다. 고대 이스라엘 백성들이 가나안 땅에서 만났던 다산의식(多産儀式)을 갖고 있었던 종교 속에서, 신적인 것은 자연의 현상과 계절의 주기로 드러내어졌다. 힌두교나 불교와 같은 고대종교에서의 신은 인간이 물질세계를 초월하는 신비적인 체험을 통해서 경험되어졌다. 기독교와 유대교에서 역사는 하나님의 자기 계시의 영역이 된다. 이는 유대인들에게 하나님이 구약성서 속에서 기록되고 제축(celebrated)되고 해석되는 역사적 활동 속에서 보여지고 있음을 의미한다. 그리스도인들에게는 하나님의 최고의 계시가 그의 삶과 죽음, 그리고 부활이 신약성서 속에 기록되고 해석된 예수 그리스도의 인격과 사역 속에서 보여지는 것을 의미한다.

기독교 신앙은 역사과정 안에서 지속적임을 전제한다. 인간은 이 과정을 완전하게 조정하거나 세상의 운명을 조작할 수 없다. 뿐만 아니라 인간은 단지 이 과정의 희생물도 아니며, 전적으로 그들의 조정능력 밖에 있는 사건들에 지배당하고 있지도 않다. 오히려 인간은 역사와 상호작용하며, 모든 창조물에 영향을 주는 결정과 행위에 참여하고 있다.

이런 이유로, 종말론은 윤리학을 공부하는데 있어서 중요하다. 문자적으로 '종말에 대한 교리'를 뜻하는 이 용어는 인간의 역사의 방향성에 관심을 갖는다. 1세기의 그리스도인들에게는, 유대인과 그리스도인 모두 현존하는 세계질서의 임박한 종말에 대한 공통된 기대와, 종말이 가까웠다고 하는 증거에 대한 추측들이 있기도 했다. 그러나 대부분의 현대 그리스도인들은 그들의 생애 동안에, 또는 가까운 장래에 세상에 종말이 올 것이라는 것을 실제로 기대하고 있지 않다. 오히려 그들은 마치 역사가 무한정으로 계속될 것처럼 행동하고, 자신들의 책임은 적당하게 평범하고 행복한 삶을 위해 최선을 다하는 것인 양 행동하고 있다.

예수님 자신은 종말에 대한 추측에 빠져 있지 않으셨다. 그분은 질문자들이 집요하게 그 대답을 요구할 때에만 '마지막 날'에 대해서 말씀하셨다(막 13). 그러나 그분의 가르침은 세상이 영구적이지 않다는 것, 시간은 제한되어 있으며, 심판이 기다리고 있다는 것, 그리고 그의 제자들은 종말을 준비해야만 한다고 하는 믿음을 반영하고 있다. 신약의 모든 기록들은 이러한 믿음의 영향들이 초대교회의 생활에 나타나고 있음을 보여 주고 있다. 대부분의 신약성서 저자들은 세상의 종말에 관한 사상을 그리스도의 재림과 관련시키고 있다. 신약성서의 종말에 관한 사상 속에는 모든 악의 세력들에 대한 하나님의 궁극적인 승리의 사건의 중요성이 들어 있다.

윤리학적 고려에 대한 종말론의 연관성을 이해하는 단서는 이러한 신약성서적 접근 속에 있다. 세상이 지속되는 한, 개인과 사회구조 안에서 선과 악의 싸움은 계속될 것이다. 우리는 영원한 해결방안에 다다를 수 있다고 믿으면서 악과 투쟁하지는 않는다. 우리는 그저 항상 특별한 문제를 해결하기 위해 노력하고 있을 뿐이다. 우리는 하나님이 우리에게 요구하시는 삶의 방식대로 문제를 해결하려고 노력한다. 우리는 우리를 위한 하나님의 목적에 응답하고 다른 사람들에게도 가능한 비슷한 반응을 하려고 노력한다. 우리는 현재의 특별한 문제가 무엇이든지 간에, 이런 상황 속에서 결과가 무엇이 되든지 간에 궁극적인 승리는 하나님의 것이라고 하는 지식을 가지고 일한다. 그리스도인의 행동에 있어서 궁극적인 문제는 우리가 악을 성공적으로 이길 수 있을 것인지에 관한 것이 아니라, 우리를 이 세상에 두신 하나님께 우리가 신실할 수 있는지의 여부에 관한 것이다.

믿음

하나님과의 신앙적 관계야말로 종교적인 생활의 핵심이라고 하겠다. 신앙이란 어떤 책을 자신의 것으로 소유하거나 어떤 의복 내지는 장신구를 걸치는 것에 관한 것이 아니다. 말하거나 수표를 쓰고, 혹은 어떤 사람을 때리고 하는 행동을 믿음이라고 하지는 않는다. 믿음은 사랑, 두려움, 감탄, 적개심과 같은 일종의 태도나 성향과 관련된다. 믿음에 가장 가까운 동의어는 신뢰와 확신일 것이다. 이러한 의미에서 믿음은 조건, 즉 일종의 삶의 방법이라고도 할 수 있겠다.

바울은 종종 신앙의 출발점에 대해서 말하곤 했다. 그는 과거를 되돌아보면서 그가 처음 그리스도를 믿었던 때를 기억하곤 했다. 그러나 그에게 있어서 그 처음 행동은 관계의 시작이었지 행위의 완성이나 행위 그 자체는 아니었다. 더욱이 그는 자신의 경험만이 모든 사람에게 유효한 유일한 기준이라고 주장하지도 않았다. 그는 관계 속에 들어갈 수 있는 수많은 여러 가지 다른 방법이 있음을 인정하고 있으며, 따라서 그에게 있어서 중요한 것은 관계 그 자체이지 관계 속에 들어가는 방법이 아니었다.

믿음과 구원

구원이란 죄인된 사람이 새롭고 완전한 삶을 살도록 구속하시는 하나님의 은혜로운 행위를 말한다. 이 말의 문자적인 의미는 '건강' 혹은 '완전'이다. 구속은 이처럼 고통과 상실, 소외를 수반하는 어두움, 파괴적인 죄의 세력, 죄의식, 그리고 죽음으로부터 해방받는 것이다. 그것은 한 개인의 가장 완전하고 진실된 힘과 가치의 실현과 풍부하고 창의적인 관계로의 이전을 의미한다. 구원이라는 개념이 도덕적 이상(理想)보다는 광범위한 것이지만, 한편으로 구원은 기독교 윤리학을 위해서 분명하고 중요한 의미를 함축하고 있다.

인간이 구원받는 길에 대한 기독교적 이해는 우리들이 방금 시사한 바 인간의 본성에 관한 두 가지 믿음, 즉 모든 인간은 하나님의 형상으로 지음받았다는 것과 모든 인간은 죄를 지었다는 사실을 전제한다. 이렇게 상호 대립되는 두 사상은 선과 악 사이에서 우리가 느낄 수 있는 긴장을 설명해 준다. 하나님의 형상이 우리들 모두에게 들어있기 때문에 선을 위한 욕망과 잠재력이 우리들 모두에게 들어 있는 것이다. 그러나 동시에 우리는 죄인이기 때문에 악에게 유혹을 당하며 커다란 악도 저지를 수 있는 가능성이 있으며, 우리들의 최선의 노력마저도 우리 자신들의 죄성에 의해서 변색되어져 버리고 마는 것을 발견하기도 한다. 인간의 이중적인 본성에 대한 이와 같은 인식은 우리가 남을 비판하고 자만에 빠지는 행동을 하지 않도록 막아줄 수 있을 것이다.

이와 같은 인간의 딜레마에 대한 해결은 하나님의 은혜에서만 가능하다. '은혜'는 인간존재에 대한 하나님의 사랑, 친절, 그리고 자비로운 만남을 의미한다. 고대 헬라어에서 이 말은 기쁨, 즐거움, 혹은 만족을 주는 것을 의미했다. 신약성서 속에서 이 말은 인간존재에게 가장 커다란 선의 가능성을 제공하는, 즉 인간들을 위한 하나님의 행위의 의미로 사용되었다. 하나님은 죄로 인하여 깨어진 조화와 평화를 회복하기 위하여 세계와 우리들의 삶 속에서 끊임없이 활동하고 계신다. 우리는 비록 우리 자신들의 문제를 바로잡을 수 없으나 우리의 죄 때문에 만들어진 혼돈에 처하도록 운명지어지지 않았다. 하나님의 은혜는 우리에게 우리 행위의 문제점이나 결과들을 무시한 채 방임상태로서가 아니라 회복과 새롭게 하는 능력으로 오신다. 이러한 행위는 획득하거나 확보하는 것이 결코 아니며 무조건적인 선물인 것이다. 우리들의 죄성에도 불구하고 우리가 은혜를 입을 만한 아무 것도 하나님 앞에 행하지 않았는 데도 하나님이 우리를 받아들이신 것이다.

하나님은 항상 세상과 인간들에 대하여 구속적으로 활동하신다. 히브리 백성들에 관한 구약성서의 이야기는 하나님 자신을 사람들에게 알려 주시고, 그들로 하여금 평안을 발견할 수 있도록 하기 위하여 역사 속에서 일하고 계시는 하나님을 묘사하고 있다. 물론 구약성서 이야기 속에는 도덕적이고 윤리적인 문제들, 이를테면 우리가 쉽게 간과할 수 없는 많은 문제들이 들어 있다. 그러나 이야기의 핵심은 하나님께서 백성들을 결코 홀로, 그들 자신의 계략 속에 내버려 두지 않으시고 끊임없이 그들과 다른 세상과도 상호 교류하고 계신다는 것이다.

그리스도인들에게 대한 하나님의 구속적인 사역은 특별하며, 예수 그리스도의 인격 속에서 그 절정을 드러낸다. 복음의 '좋은 소식'은 그리스도의 생명과 죽음, 부활에 관한 이야기이다. 예수님께서 말씀하시고, 행동하시고 그리고 그에게 일어난 모든 것 속에서 우리는 구속적인 사랑을 경험한다. 그리스도를 통해서 하나님의 은혜는 우리에게 오며, 믿음을 통해서 우리는 하나님께로 돌아가게 된다. 그리스도의 인격과 사역에 의하여 우리가 어떻게 구원받게 되었는가에 관한 많은 이론들이 있지만, 모든 기독교 신학은 바로 우리가 예수 그리스도를 통하여 구원받았음을 시인하고 있는 것이다. 개신교 신학 속에서 구원은 노력해서 벌어들였거나 공로로 얻었다는 의미는 없으며, 단지 하나님의 선물이라고 한다. 이러한 구원은 우리로 하여금 자기중심에서 하나님을 의존하는 새로운 삶으로 전향하게 한다. 따라서 복음의 핵심은 "하나님께서 그리스도 안에 계시사 세상을 자기와 화목하게 하시며"(고후 5:19)라고 하신 선포 속에서 발견된다.

그리스도가 우리 안에서 역사하실 때에 성품이 변하는 결과가 나타난다. 이기적인 사랑으로 훼손된 우리들의 본성이 새로운 그리스도인의 성격으로 변화되는 것이다. 하나님과 하나됨의 의미는 거룩한 형상으로 지음받은 존재에 의해 가능했으나 죄로 말미암아 파괴되어진 우리의 본성이 새로워지는 것이다. 그리스도 안에서 하나님은 우리가 우리 자신들을 위해서 아무 것도 할 수 없는 것을 대신 행하여 주신 것이다. 믿음은 이러한 은혜에 대한 응답이다. 하나님이 행하신, 그리고 지금도 행하고 계신 것에서 시작하여, 이제는 우리가 하나님께 대하여 계속해서 "예"라고 대답하는 것이다.

구원은 새로운 삶의 방법을 가져다 준다. 바울은 우리가 '선한 일을 위해' 구원받았다고 말한다(엡 2:8-10). 하나님과의 새로운 관계를 가질 때에 새로운 성품을 지니게 되는데, 그것은 바로 개인적인 순결과 다른 사람의 복지에 대한 새로운 관심을 표현하는 새로운 형태의 삶을 말한다. 최소한 바울에게 있어서 구원으로 말미암은 차이는 분명하고 명백한 것이었다. 바울은 이에 대해서 "너희가 전에는 어두움이더니 이제는 주 안에서 빛이라"(엡 5:8)고 말한다. 너희가 한 때는 육신적인 방법, 즉 음란, 부정, 정욕, 사욕, 탐욕, 분노, 악의, 훼방, 부끄러운 말 등을 행했다고 바울은 골로새 교인들에게 말하고 있다. 그러나 이제는 너희가 "새사람을 입었다"고 말하고, 이는 "긍휼과 자비와 겸손과 온유와 오래 참음, 용서, 사랑"을 포함하는 것이라고 말한다(골 3:5-17). 그러므로 구원에 있어서 새로운 도덕적 성격은 필수적인 요소가 된다. 그리스도를 주로 섬기는 사람들은 새로운 자아를 갖는다. 새로운 동기가 새로운 결단을 하게 하며, 새로운 자원이 새로운 결단을 수행할 수 있도록 한다. 새로운 목표가 삶 속에 들어오고 도덕적 발전을 위한 새로운 방향이 주어진다.

그리스도인 공동체 안에서의 삶

그리스도인이 됨의 덕목으로 인해 사람들은 다른 그리스도인과 특별한 관계를 지니게 된다. 교회는 예수 그리스도를 믿는 사람들의 공동체이다. 그 중심 형상으로서의 그리스도는 교회와 다른 신앙 공동체 사이에 현격한 차이점을 두셨다. 조직 이전에 교회는 하나의 공동체로 존재했었다. 교회는 사람들이 그리스도와 연합하면서 생겨나고, 그 위에 다른 사람들이 그리스도의 제자가 됨으로 성장하게 되었다. 사람들이 다른 어떤 것과의 결합을 통해 교회의 일원이 되는 것이 아니라, 바로 그리스도를 주님으로 인정하므로서만 교회의 소속이 되는 것이다. 이러한 종류의 관계는 시공을 초월하여, 문화와 윤리적인 차이를 무시하고, 신학적 치밀함에 신경쓰지 않으며, 조직 문제에 관여하지 않는 가운데 오늘날까지 지속되고 있다.

기독교 공동체적 콘텍스트 안에서 삶의 목표는 "하나님의 아들을 믿는 것과 아는 일에 하나"가 되는 것인데 바울은 이를 성숙이라고 부르고 있다(엡 4:13). 이는 역으로 교회 안에서 신자가 성숙하게 되는 이상에 미치지 못할 가능성이 있음을 반영하기도 한다. 바울은 그리스도인들에게 기본적인 도덕적 사상에 세심한 배려를 함으로써 피차간의 사랑 안에서 자라가라고 권고하고 있다. 아주 드물게 신약성서는 그러한 기준에 모자라는 사람들을 교제로부터 배제시켜야 할 것에 대해서 언급하고 있다. 하지만 보다 빈번하게 신약성서는 서로 돕고, 아직 이루지 못한 목표를 위해서 노력하고, 실패자를 용서하고 유혹을 물리치라고 말하고 있다. 그리스도인의 삶은 아직 성취되지 않은 목표를 향하여 가는 순례의 길인 것이다. 기독교 윤리학을 위해서 이와 같은 신앙 공동체 내에서의 삶의 중요성을 말하는 것은 결코 지나친 일이 되지 않을 것이다. 교회는 우리의 삶을 위한 콘텍스트이며, 온전한 인간을 위하여 성장해 가는 환경이기도 하다. 그리스도인에게 있어서 행위에 관한 모든 질문들은 신앙 공동체적 콘텍스트 안에서 공동체의 판단과 행위결단이 공동체에 미칠 영향이 무엇인지를 염두에 두고 대답되지 않으면 안된다.

신앙 공동체는 우리에게 어떻게 영향을 미치는가? 첫째, 우리는 공동체를 통하여 신자가 되며, 신앙은 이와 같은 공동체를 통하여 지속되게 된다. 예수님 당시에로 돌아가면 공동체는 그리스도의 인격과 사역에 관한 기본적인 정보를 제공해 준다. 그보다 더 중요한 것은 그리스도께서 지금도 공동체 안에서 세계 내에 현존하시고, 공동체를 통해서 세계를 향하여 말씀하고 계신다는 것이다. 그와 같은 말씀은 예배와 종교교육, 그리고 세계를 향한 선교 속에서 들려지고 있다.

둘째, 우리는 성경을 교회를 통하여 이해한다. 성경은 교회의 특별한 소유물이다. 신앙 공동체는 세상에서 성경을 유용하게 하고 살아 있는 말씀의 매개체로 그것을 이해하게 한다. 우리들이 다른 문학작품을 이해하는 것과 같은 방법으로 성경을 이해할 수 있을지 모르나 그것으로 충분할 수는 없다. 우리는 성경을 신앙 공동체의 일부로서 읽을 때에 그것을 가장 잘 이해할 수 있게 된다.

셋째, 이 모든 것들이 의미하는 바는 어쨌든 우리가 신앙 공동체로부터 배운다는 것이다. 우리 자신들의 판단을 교회로 인해서 포기하는 것이 결코 아니다. 교회가 모든 대답을 갖고 있다는 것도 물론 아니다. 다른 모든 제도와 마찬가지로 교회도 변하고 그 판단도 변하기 마련이다. 교회가 잘못을 저지를 수 있다는 것도 인정해야 한다. 교회는 외부로부터의 비판과 내부로부터의 예언자적 비판에도 개방적이어야 한다. 그것이 바로 신앙 공동체의 특징이며, 그렇게 함으로써 진리를 향하여 발전하고, 그 속에서 성령의 인도하심을 깨닫게 된다. 양심적인 신자들이 도덕적 판단을 내리고자 할 때, 교회는 그들에게 무엇을 가르쳐야 할 것인지를 조심스럽게 생각하지 않으면 안된다.

넷째, 그리스도를 믿는 신자로서 우리는 교회의 삶을 공유해야 한다. 공동의 정체성으로 인해 교제를 형성하고 있는 우리는 공동 행위에 참여하여야 한다. 우리는 교회의 상처, 인종차별, 성차별, 식민적인 약탈의 상흔을 함께 지니고 있다. 동시에 우리는 가난한 자를 위한 사역, 소민족의 승리 그리고 나라들에게 평화를 가져다 주는 일에 동참하여야 한다. 교회의 침묵은 바로 우리 자신들의 침묵이며, 도덕적 판단 역시 마찬가지이다. 어떤 때에 우리는 교회가 행하는 일로부터 자신을 분리시키고, 때로는 교회가 침묵을 지킬 때에 우리가 말하고 싶을 때가 있을 것이다. 그러나 우리는 바로 그 공동체의 일원으로서 말도 하고 귀를 기울이지 않으면 안된다.

끝으로, 교회의 일원으로서 교회의 부흥을 위해서 책임을 감당해야 하겠다. 교회의 영적, 도덕적 건강이야말로 우리의 관심이다.

우리가 교회의 일원으로서 불감증을 느끼고 있다면 자극을 주는 말을, 부적합한 행위에 대해서는 경고를 그리고 분열을 의식하는 곳에서는 치유를 위해서 말하지 않으면 안된다. 우리는 항상 사랑 안에서 진리를 말해야 한다

성서의 적용

"성경의 유일한 권위"는 프로테스탄트가 기본적으로 내세우는 바, "우리는 성경이 말하는 곳에서 말하고, 성경이 침묵하는 데서 침묵을 지킨다"는 주장에 있는 것 같지만 이에 대한 통일된 견해를 개신교가 갖고 있는 것으로 보이지는 않는다. 신조의 범위는 무오설에서부터 "우리는 성경을 우리의 출발점으로 한다"에 이르기까지 다양성을 반영하고 있다. 그러나 이러한 차이에도 불구하고 우리 모두는 성경을 진지하게 대하며 어떤 방법으로든지 성경은 우리의 삶을 세상에서 유지하게 한다고 생각하고 있다.

도덕적 결단을 내리는데 있어서 성경의 적합한 적용은 성경의 본질을 받아들이는 데서 이루어져야 한다. 한마디로 성경은 하나님의 자기 계시를 기록한 것이다. 그 기록을 이해하기 위한 기초는 성경이 기록된 당시의 환경과 문서의 문학적 양식, 당시 사람들의 상황 등에 대한 지식을 갖는 것이다. 성경의 저자들은 역사적 과정에서 하나님을 만나고 그들 나름대로의 방식으로 그러한 만남을 기록했다. 그들은 누구이고, 무엇을 말하고 있으며, 어떻게 말하고 있는가? 성경을 기록한 사람들은 일상 속에서, 때로는 비상한 상황 속에서 하나님을 만난 사람들이었다. 따라서 성경의 진리는 하나님이 어떤 대

상에 대하여 말씀하시거나 행위하신 것에 대한 특별한 진술 속에서 발견되는 것이 아니라, 이전 사람들의 하나님께 대한 응답 속에서 발견되며, 하나님께 대한 그들의 응답 속에서 오늘날의 독자들이 일깨움을 받는 것이다.

다음으로 성경은 하나님의 자기 계시의 매개가 된다. 저자들의 경험과 상관없이 만약에 성경을 읽는 가운데 하나님을 만나지 못한다면, 계시는 우리에게 아무런 의미도 없는 것이며 성경의 교훈들은 무효이다. 한편, 만약에 살아 있는 말씀이 기록된 말씀을 통해서 우리에게 온다면 성경은 우리에게 권위가 있는 것이다.

그러면 권위는 무엇을 의미하는가? 만약에 성경의 말씀이 명령적이지 않고 해야 할 것과 하지 말아야 할 것에 대해서 특별한 언급이 없다면 그래도 성경이 권위가 있는 것인가? 우리가 말씀을 수락할 것을 전제하지 않는다면 왜 우리를 가르치려고 하는 것일까? 성경 저자들이 기록하고 있는 하나님과의 만남은 진실한 것이다. 그분과의 만남은 단지 감정적인 경험이거나 애매모호한 하나님의 현존의식적인 경험이 아니다. 그들이 경험한 것은 하나님의 심판과 충동이다. 윤리적인 용어로 그것은 하나님이 기뻐하시거나 기뻐하시지 않는 삶이 무엇인지 이해하는 것이다. 특별한 상황 속에서의 행동 세칙은 삶의 조건이 다양한 만큼 다양할 수밖에 없으나 전망만큼은 일관된 것이 아닐 수 없다. 그러한 전망을 미가 선지자는 아주 극적으로 다음과 같이 묘사하고 있다. "사람아 주께서 선한 것이 무엇임을 네게 보이셨나니 여호와께서 네게 구하시는 것이 오직 공의를 행하며 인자를 사랑하며 겸손히 네 하나님과 함께 행하는 것이 아니냐"(미 6:8). 예수님 자신에 의해서는 다음과 같이 요약되고 있다. "주 너의 하나님을 사랑하라…네 이웃을 네 몸과 같이 사랑하라"(막 12:30-31). 또한 바울은 다음과 같이 말하고 있다. "남을 사랑하는 자는 율법을 다 이루었느니라"(롬 13:8). 야고보에 의해서 재강조되고 있는 바, 그는 순결하고 부패되지 않은 종교는, "하나님 아버지 앞에서 정결하고 더러움이 없는 경건은 곧 고아와 과부를 그 환난중에 돌아보고 또 자기를 지켜 세속에 물들지 아니하는 이것이니라"(약 1:27)고 말한다.

만약에 참 종교가 요구하는 것이 이처럼 간단한 방식으로 요약될 수 있다면 다른 것들로 고뇌할 이유가 어디 있겠는가? 이 외에 필요하거나 도움이 될 만한 다른 교훈이 또 있는가? 이렇게 진술된 규범은 다양한 상황 속에서 그것이 적용되는 예를 보아 이해해야 할 필요성을 갖는다. 함축된 통찰력은 설명과 적용을 통해서 온다. 모두가 그렇지 않더라도 대부분의 문제들은 성경 속에 그 유형이 나와 있다. 신앙의 사람들이 위기의 상황에서 하나님을 만나 응답하는 방법들은 그와 비슷한 상황을 우리가 맞이할 때에 우리가 어떻게 반응을 보여야 할지를 제시해 준다.

예배와 도덕성

교회의 주요기능은 -그리고 교회를 구성하는 개인의 주요기능도 마찬가지로 - 예배에서 찾아진다. 예배한다는 것은 하나님의 최고 가치를 인정하는 것이며, 우리 자신들을 찬양과 경배 속에서 하나님 앞에 드러내는 것, 의존적인 우리 자신들을 인정하는 것, 그리고 우리 자신들의 헌신을 표현하는 것이다. 우리는 이런 일들을 동료 신자와 함께 계획된 예배의식을 통해서도, 혼자서도, 강렬한 개인적 경험을 통해서도 할 수가 있다. 예배는 비록 영적인 갈망에 의해서 고조될 수 있다고 하더라도 분위기에 의해 좌우되지는 않는다. 예배가 장소나 상징 사용과 밀접한 관련성이 있는 것같이 보이기는 하지만, 그렇다고 특별한 장소, 특별한 상징이 요구되는 것도 아니다. 어떤 절차를 통하여 하나님께 집중하는 예배에 비록 익숙해져 있다고 하더라도 반드시 주어진 일정한 형식이 있는 것은 아니다. 장소, 상징 그리고 형식은 우리들로 자신들을 하나님께 바르게 드려질 수 있는 한에서 유용한 것이 된다.

성전에서 하나님을 보았던 것에 대한 이사야의 진술은 대부분의 예배경험에 공통적인 요소들을 말해 준다(사 6:1-8). 그중 첫번째 것은 하나님의 현존에 관한 의식이다. "내가 본즉 주께서 높이 들린 보좌에 앉으셨는데." 하나님에 관한 현존의식은 두려움인데, 이는 하나님이 초월적이시고 피조계의 절대적인 창조자, 보존자로서 모든 것들과 그 안에 있으며, 인간은 단지 의존적인 피조물이기 때문에 더욱 그러하다 하겠다. 둘째 요소는 죄의 인정이다. "그때에 내가 말하되 화로다 나여 망하게 되었도다 나는 입술이 부정한 사람이요 입술이 부정한 백성 중에 거하면서 만군의 여호와이신 왕을 뵈었음이로다." 하나님 의식은 그분의 순결에 대해서 인간이 자신의 죄를 깨닫고 그 죄를 고백하고 용서를 구하는 것이다. 셋째 요소는 갱생의 경험이다. 이사야의 사명이 말씀을 전하는 것이기 때문에 그의 죄의 고백은 "부정한 입술"에 초점이 있었고, 그의 용서의 경험은 그의 입술이 깨끗하고 순결해진 것을 느끼는 경험을 포함했다. 타는 숯불이 그의 입술에 대어졌을 때, "네 악이 제하여졌고 네 죄가 사하여졌느니라"고 말씀하셨다.

마지막 요소는 하나님의 뜻을 행하고자 하는 것이다. 깨끗함을 받은 후에야 이사야는 그러한 헌신을 할 수 있게 되었다. 그의 비전에 대한 우선적인 반응은 자신의 무가치는 인식했으나 그의 최종적인 반응은 자신을 헌신하는 것이 된다.

다음으로 예배는 하나님과의 반성적 관계 속에 자신을 포함시키는 것이다. 하나님은 우리에게로 임하시고 우리는 우리 자신들을 헌신하므로 응답한다. 이와 같은 헌신은 하나님을 찬양하는 것과 세상 속에 있는 일을 연결시킨다. 예배는 일을 준비하는 것도, 일을 예배에 종속시키는 것도 아니다. 예배와 일, 이 둘은 신앙적인 삶을 구성하는 것으로 불가분하게 결합되어 있는 것이다.

세 가지 기본적인 방법으로 우리는 예배에 의해서 영향을 받는다. 첫째, 예배는 우리를 그리스도인 공동체에 연합하게 한다. 예배 속에서 단체와 개인 모두 그리스도의 몸의 일부로서 역할하게 한다. 우리는 기도 속에서 연합하고 공동체를 구성하는 다른 사람과 더불어 봉사한다. 개인적인 예배의 체험도 마찬가지인데, 이는 하나의 넓은 교제권의 일부를 그 속에서 경험하기 때문이다. 다른 그리스도인과의 연합에서 개인적으로, 그리고 다시 연합으로 우리의 예배경험은 교차되기 마련이다. 따라서 우리는 단독적인 경험으로 다른 사람과의 예배를 지속할 수도 있다. 그러나 연대적인 예배경험은 우리를 독특한 방법으로 결합시킨다. 우리가 함께 예배할 때, 찬양과 고

백, 갱신, 헌신의 교제는 우리들이 하나된 것을 강조한다.

둘째로, 예배는 신앙의 의미에 관한 통찰력을 갖게 한다. 예배는 개인적이든 단체적이든 거의 언제나 성경과 신앙에 관한 기본문헌들을 사용한다. 예배는 묵상을 포함하며 그 속에서 합리적 혹은 정서적인 삶의 의미를 추구한다. 예배는 기도를 포함하고 그 속에서 우리 자신들을 하나님 앞에 두고 하나님의 인도하심에 자신들을 맡긴다. 성령의 핵심적인 역할을 가르치는 것이다. 이는 사실을 알려 주는 것을 의미하는 것이 아니라, 통찰력을 주고 가야 할 방향으로 움직이게 하고 마땅히 행동할 것을 하게 한다. 정서적으로 상처를 입고 순전히 합리적인 근거로 행동하지 못하는 사람들은 예배를 통해서야 비로소 무엇이 최선의 행위과정인지를 알게 된다.

셋째로, 예배는 개인을 갱신시킨다. 우리는 힘을 얻기 위해서가 아니라 하나님을 찬양하기 위한 목적으로 예배한다. 그러나 예배의 경험적 결과는 개인적으로 헌신을 새롭게 하고 헌신을 가능케 하는 힘을 느끼게 한다. 하나님이 원천이 되시기 때문에 예배를 통하여 하나님으로부터 이를 얻게 되는 것이다. 따라서 예배는 그를 통해서 하나님의 은혜가 우리에게 임하는 하나의 성례이다.

의식(儀式: *liturgy*)이란 말은 헬라어 *leiturgia*에서 온 것으로, 이는 '예배'로 번역되나 때로는 '봉사'로 번역되기도 한다. 사실, 바울이 로마에 있는 그리스도인들에게 *leiturgia*에 관하여 편지했을 때 그는 예배를 위하여 함께 모였을 때 무엇을 해야 하는지에 대해서와 상호간의 인격적 관계에 대해서, 그리고 보다 큰 공동체 내에서의 상호간의 책임에 대하여 썼다(롬 12). 세 가지 행위를 모두 의미하는 말로 한 단어를 사용한 것은 이 세 행위가 서로 다른 것이 아니라는 것과 그것들이 전체를 구성하는 일부분이라는 것을 지적한다. 기독교적 전망에서 결국 도덕성은 예배와 분리해서 고려될 수 없는 것임을 알게 된다.

사랑

만약 하나님과의 관계가 종교생활의 핵심이라면 이는 다른 사람과의 관계도 마찬가지이다. 사실 이 둘은 매우 밀접하게 관계하고 있어서 서로 분리될 수 없다. 예수님께서 "어느 계명이 가장 큰 것입니까?" 하는 질문을 받았을 때, 그분은 다음과 같이 대답하셨다.

> 첫째는 이것이니 이스라엘아 들으라 주 곧 우리 하나님은 유일한 주시라 네 마음을 다하고 목숨을 다하고 뜻을 다하고 힘을 다하여 주 너의 하나님을 사랑하라 하신 것이요 둘째는 이것이니 네 이웃을 네 몸과 같이 사랑하라 하신 것이라 이에서 더 큰 계명이 없느니라 (막 12: 29-30)

하나의 계명에 대하여 질문을 받았지만 예수님은 두 계명을 마치 하나인 것처럼 말씀하셨다. 하나님 사랑은 이웃 사랑 없이는 불완전한 것이다. 이웃 사랑은 독립된 것이 아니고 하나님 사랑에 의존적이다. 예수님에게 있어서 동전의 한 면은 믿음이고 다른 한 면은 사랑인 것이다.

사랑의 본질

하나님을 사랑하라는 계명 속에서 '사랑' 이라는 말은 '믿음' 의 개념을 함축하고 있다. 그러나 그 의미는 그 용어가 함축하고 있는 것만이 전부는 아니다. 그 의미는 하나님의 뜻에 대한 은혜로운 복종을 포함하기도 한다. "하나님을 사랑하는 것은 이것이니 우리가 그의 계명을 지키는 것이라"고 요한은 말하고 있다(요일 5:3). 우리가 하나님을 사랑할 때에 하나님의 뜻을 행하는 것이 최고의 바람이라는 관계 속에 있게 되는 것이다.

하나님은 우리가 우리들의 이웃을 사랑하기를 원하신다. 여기에서 사랑은 다른 사람의 복지에 대한 비이기적인 관심을 의미한다. 이는 다른 감정과 같이 외부요인의 반응에 따라 달라지는 하나의 감정이 아니다. 사랑은 다른 사람을 위하여 합리적이고 신중하게 책임을 감당하는 것이다. 이는 다른 사람에게서 받아들일 만한 어떤 욕구에 대한 반응이 아니다. 사랑의 이유가 사랑의 대상 속에서 찾아지는 것은 결코 아니다. 예수님은 우리의 사랑을 받을 만한 사람에 대해서는 아무 말씀이 없으셨고, 다만 사랑해야 할 책임에 대해서만 말씀하셨다. 그러므로 그리스도인의 사랑은 다른 사람으로부터의 반응에 의해 좌우되는 것이 아니다. 우리들은 다른 사람이 어떻게 행동하든 사랑하지 않으면 안된다. 사랑은 적을 친구가 되게 하기도 하나 그런 일이 항상 일어나는 것은 아니다. 그런 일이 일어나지 않을 때에도 우리는 여전히 사랑의 의무를 다하지 않으면 안된다.

어떤 사람을 사랑한다는 것은 그 사람의 선을 추구하는 것이다. 이는 그 사람이 원하는 것이면 무엇이든지 반드시 다하는 것을 의미하지 않는데, 왜냐하면 어떤 사람이 원하는 것이 바로 늘 최선의 것일 수는 없기 때문이다. 다른 사람의 선을 추구함에 있어서 우리의 판단을 포기할 필요는 없다. 다른 사람에 대한 관심 속에서 행동한다고 하면서 그 사람을 소외시키는 일이 있을지도 모른다. 그러나 그렇다고 다른 사람의 최선을 추구하는 일을 그만둘 수는 없다. 사랑은 인격적인 관계이다. 사랑은 일반적인 원칙 속에서가 아니라 개개인을 향한 특별한 관심 속에서 대한다. 사랑 안에 '가난한 자', '병든 자', 혹은 '범죄자'라는 말은 있을 수 없다. 있다면 오직 가난하고, 병들고 혹은 범법한 개인이 있을 뿐이다. 사랑은 이런 사람들을 마주 대하는 것이다. 우리는 예수님의 사역 속에서 이와 같은 사랑의 완전한 모범을 발견할 수 있다.

사랑은 그 범위에 있어서 우주적이다. 예수님께서 "하늘에 계신 너희 아버지의 온전하심과 같이 너희도 온전하라"(마 5:48)고 말씀하셨을 때, 그분은 모든 사람을 사랑하시는 하나님에 관한 이야기로 결론을 맺으셨다. 구약성서의 "네 이웃을 네 몸과 같이 사랑하라"는 계명은 예수님 당시의 유대인들에게 잘 알려져 있었다. 그러나 실천적으로 그들은 자신들의 의무를 이행함에 있어서 이웃을 다른 유대인에게만 국한시키는 의미로 제한하여 축소시켰다. 선한 사마리아인의 비유에서 예수님은 그와 같은 제한 가능성의 여지를 철회하셨다. 그리스도인의 사랑의 의무는 모든 사람에게로 확대된 것이다.

사랑은 사람들 사이에 공동체를 창조한다. 바울이 고린도전서 13장에서 말한 모든 사랑의 행위는 사람들을 한데 결합시키며, 그가 사랑에 대해서 말한 모든 것들은 사람들이 분열되는 것을 막고자 하는 것이었다. 이와 같이 사랑은 인종, 부, 계급, 민족 등으로 갈려져 있는 사람들 사이에 놓여 있는 인위적 장벽을 허문다.

사랑의 요구

개별적인 사랑의 요구는 우리가 살고 있는 상황 속에서 무한한 것이 아닐 수 없다. 그러나 신약성서의 교훈에 근거해서 우리는 그러한 사랑의 요구를 일반화시킬 수 있다. 우선적으로 요구되는 것은 다른 사람에 대한 관심과 존경이다. 모세의 율법에 대한 예수님의 해석은 계속해서 행위보다는 태도에 초점을 맞추고 있다. 그렇다고 그분이 우리가 행하는 것이 중요하지 않다는 것을 의미하는 것은 결코 아니며, 다만 우리의 생각, 느낌이 우선적이라는 것을 강조하고 있을 뿐이다. 그분에 의하면 옳지 못한 동기에 의한 '선한' 행위마저도 비기독교적인 것이 된다. 반대로 비록 우리의 판단이 보장받지는 못하지만 올바른 태도란 다른 사람에 대한 최선의 관심에서 행하고자 하는 것을 의미한다.

다음으로 요구되는 것은 사랑은 표현되어야 한다는 것이다. 우리는 혼자서 사랑하거나 살 수 없다. 누군가를 무시하는 것은 마치 한 개인이 실재하는 인격이 아닌 것처럼 행동하는 것이다. 예수님께서는 사랑해야 할 책임에 대해서 말씀하실 때 뭔가를 항상 행해야 할 것으로 말씀하셨다. 예를 들어 그분이 '네 원수를 사랑하라'고 하셨을 때에 "선대하며 아무것도 바라지 말고 빌리라"(눅 6:35)고 말씀하셨다.

사랑은 용서와 화해의 추구를 요구한다. 주님이 가르쳐 주신

기도 가운데 친히 해석하신 단 한 구절은 "우리가 우리에게 죄지은 자를 사하여 준 것같이 우리 죄를 사하여 주옵시고"라는 간구였다(마 6:12). 이를 예수님께서는 "너희가 사람의 과실을 용서하면 너희 천부께서도 너희 과실을 용서하시려니와 너희가 사람의 과실을 용서하지 아니하면 너희 아버지께서도 너희 과실을 용서하지 아니하시리라"(마 6:14, 15)고 설명하셨다. 그분은 심지어 형제와 화목하지 않는 것이 진정으로 하나님을 예배하는 것을 방해한다고도 말씀하셨다(마 5:23-36). 베드로가 죄를 범한 형제를 얼마만큼이나 용서해 주어야 하느냐고 질문했을 때, 예수님은 용서에 제한이 있어서는 안 된다고 하셨다(마 18:21-22). 적을 대하는 이와 같은 원칙은 단지 복수하지 않는 것만은 아니다. 그것은 좋은 관계를 갖기 위한 적극적인 노력으로 악을 행하는 자에게 관대하게 대하는 행위를 포함한다.

     예수님은 불행을 당한 사람에게 특별한 관심을 가지셨다. 그분은 자신의 사명을 가난하고 소외당한 사람을 위한 사역으로 여기셨다(눅 4:18-19 참조). 종종 그분은 그들을 섬김으로 진정한 이웃 사랑의 본을 보이셨다. 그분은 보다 깊은 필요, 곧 영적 필요를 보셨고 이를 소홀히 하지 않으셨다. 육체와 정서적으로 불행당한 이들의 필요에 무관심한 것은 그분의 종교성에 맞지 않는 것이며 그분의 제자들에게도 마찬가지이다.

     사랑을 위한 예수님의 요구는 정의의 요구를 포함한다. 이러한 강조 속에서 그분은 위대한 예언적 전통을 이어받고 있다. 그가 비록 '정당성' 또는 '정의'와 같은 말을 자주 사용하시지는 않았지만, 그러한 개념은 그분의 사상에 근간이 되고 있다. 예를 들어 그분이 "네 이웃을 네 자신과 같이 사랑하라"고 하셨을 때에, 그분은 이웃에 대한 우리들의 의무를 저울질하는 표준을 시사하셨다. 개인의 가치나 하나님의 뜻에 대해서 말씀하실 때도, 그분은 그의 제자들이 동료에 대한 바른 행위의 기준을 말씀하셨다. 따라서 그리스도인의 사상 속에 정의란 사람들에게 지불해야 할 대가를 지불하는 것이 아니라, 하나님이 그들에게 행하신 것처럼 바로 그렇게 행하는 것을 말한다.

사랑의 근원

위에서 말한 사랑의 요구는 실로 어려운 것이 사실이다. 가장 진지한 신앙을 가진 자만이 그 실패가 무엇인지를 가장 잘 알 수 있다. 사랑이 무엇을 요구하는지를 추상적으로 말하는 것은 쉽지만 사랑하지 않는 사람을 다루는 것은 별개의 문제이다. 율법주의적 도덕성은 우리들의 행위 성취도를 법규에 의해서 판단하고 평가하기 때문에 상대적으로 단순하다. 그러나 근본적으로 비이기적인 관심과 사랑의 요구에 의한 계속적인 헌신은 그러한 정도를 훨씬 뛰어넘는다. 우리는 완벽하게 행위할 수 없을 뿐만 아니라 우리 자신들을 무시할 수도 없다.

따라서 이러한 근원적인 의미로서의 사랑은 하나님만이 하실 수 있는, 근본적으로 하나님께 속한 것이다. 하나님은 우리가 사랑할 수 있는 능력이 없다고 인정하는 가운데서 사람을 대하신다. 만약에 이것이 사실이라면 사랑에 있어서 우리가 지니는 의무란 무엇인가? 왜 예수님께서는 "네 이웃을 네 몸과 같이 사랑하라"고 말씀하셨는가? 비록 사랑이 우리에게서 비롯된 것이 아니라고 하더라도 하나님의 사랑은 이웃을 통해서 우리에게로 오는 것이다. 요한일서는 이러한 생각을 단순하고도 직접적인 진술로 요약하여 제시하고 있다.

> 사랑하는 자들아 우리가 서로 사랑하자 사랑은 하나님께 속한 것이니 사랑하는 자마다 하나님께로 나서 하나님을 알고 사랑하지 아니하는 자는 하나님을 알지 못하나니 이는 하나님은 사랑이심이라 하나님의 사랑이 우리에게 이렇게 나타난 바 되었으니 하나님이 자기의 독생자를 세상에 보내심은 저로 말미암아 우리를 살리려 하심이니라 사랑은 여기 있으니 우리가 하나님을 사랑한 것이 아니요 오직 하나님이 우리를 사랑하사 우리 죄를 위하여 화목제로 그 아들을 보내셨음이니라 사랑하는 자들아 하나님이 이같이 우리를 사랑하셨은즉 우리도 서로 사랑하는 것이 마땅하도다 어느때나 하나님을 본 사람이 없으되 만일 우리가 서로 사랑하면 하나님이 우리 안에 거하시고 그의 사랑이 우리 안에 온전히 이루느니라(요일 4:7-12)

비록 사랑이 우리에게서 비롯된 것이 아니라고 하더라도 그것은 하나님께로부터 나와 우리를 통하여 이웃에게로 가게 된다. 우리는 사랑을 만들어 내지는 못하더라도 사랑 안에서 행할 수는 있는 것이다. 비록 우리는 우리의 의지로서 이웃 사랑을 시작할 수 있다고 하더라도 하나님의 부르심에 응답할 수는 있는 것이다. 우리는 세상에서 일할 때에 하나님의 사랑의 도구가 될 수 있는 것이다. 하나님의 사랑이 우리의 이웃에게 전달되느냐의 여부는 하나님의 사랑이 우리를 통해서 세상에 흘러가도록 허락할 것이냐 하는 우리의 의지

여부에 달려 있다.

하나님께서 우리와 더불어 맺으신 언약의 핵심은 구약성서 속에 있는 다음과 같은 구절, "나는 너희의 하나님이 되고 너희는 나의 백성이 되리라"라는 말씀 속에 요약되어 있다. 이는 마지막 만찬시 포도주에 관하여 예수님에 의해서 "이는 나의 언약의 피니라"라고 말씀하실 때 다시 확인되고 있다. 언약의 백성으로서 우리는 세계 속에서의 하나님의 일에 참여한다. 어떤 이유에서든지 우리는 하나님의 사랑에 의해 동기되고 그리스도의 영에 의해 힘입어 신앙 공동체 속에 참여하게 된다.

사랑과 정의

그리스도인의 책임에 대해서 사람들은 일반적으로 그것을 개인적인 용어로 생각하는 경향이 있다. 다른 사람과의 관계와 그러한 관계를 다룰 때 해야 할 것과 하지 말아야 할 것 등에 대해서 생각할 때에 그렇게 한다. 도움을 요청하는 가난한 사람에게 돈을 주어야 하는지의 여부, 어떤 사람이 나를 방해할 때 복수해야 할 것인지의 여부, 동업하고 있는 사람이 알지 못하고 있는 어떤 다른 이득을 취해야 하는지의 여부 등을 염두에 두기도 한다. 어떤 사람의 기질문제, 진실을 말하는 문제, 혹은 약의 사용여부 등 개인적인 문제에 관련짓기도 한다. 낙태, 다른 사람의 결혼문제에 대한 간섭, 절망적인 상태에 처한 환자로부터의 생명연장장치 제거 등의 문제를 다루기도 한다. 이런 식으로 그리스도인의 책임은 개인적인 행위를 다루는 것으로 간주되어 왔다.

물론 이런 사고방식이 정당화 될 수도 있다. 예수님의 교훈은 개인에게 직접적이었고 모든 종류의 환경에 대한 개인적인 반응을 다루고 있다. 그러한 가르침들의 유효성 여부, 또는 오늘날의 삶에 그러한 가르침들을 적용할 수 있는가 하는 여부는 논의되지 않았다. 사회정책에 관여되는 것으로서 예수님의 교훈들을 해석할 수 있을지에 대해서는 논의할 수가 있다. 물론 예수님의 교훈들이 우선적으로 개인적인 것이었던 것은 분명하다. 예수님은 개개인에게 적을 사랑하라, 악을 선으로 갚으라, 오 리를 가고자 하는 사람과 십 리를 가라고 말씀하셨다. 그러나 국가적으로 사랑할 수 있는가? 어떤 인종이 다른 인종을 직접적으로 다룰 수 있는가? 사람들이 '한 국가'로서, 혹은 '한 인종'으로서, 심지어는 '한 가족'으로서 기능하는 것은 아니다. 한 국가의 시민으로서, 주어진 인종집단의 한 구성원으로서, 그리고 한 가족의 소속인으로서 기능할 수 있을 뿐이다. 예수님께서 말씀하신 것은 바로 그와 같은 개인적인 기능에 관한 것이었다.

　그렇다면 사회질서에 대해서도 그리스도인에게 책임이 있는 것인가? 그리스도인으로서 사회적인 문제도 다룰 수 있는 것인가? 개인적으로 정당하고 정직하고 모든 사람들을 받아들이는 일 외에 다른 방법으로 인종차별을 다룰 수가 있을까? 다시는 전쟁이 일어나지 않게 해달라고 하는 기도 외에 전쟁의 문제를 달리 취급할 수 있을까? 우리 자신들의 가족생활을 안정적으로 유지하려는 노력 외에 다른 가족의 불화문제를 다룰 수가 있을까? 여성에게 적합한 것과 적합하지 않은 것이 무엇인지만을 말하는 전형적인 문제를 무시하는 일 외에 여성의 차등적인 지위에 대해서 달리 할 일이 있겠는가?

대부분의 그리스도인들은 사실상 사회질서에 대해서 뭔가 책임을 지니고 있다고 믿고 있다. 그러나 그 책임이 무엇이냐에 대한 일반적인 동의는 없는 것 같다. 많은 그리스도인들, 아마도 대부분의 그리스도인들은 보다 나은 세상을 건설하는 길은 개인을 통해서 일하는 것이라고 믿고 있다. 가장 단순한 차원에서 이는 모든 사람들을 그리스도인으로 만드는 노력을 의미하는 것으로 해석되고 있다. 사람들은 누구든지 그리스도인이 되기만 하면 성격이 변하고 도덕적으로 행동하기 시작하는 것으로 단정한다. 그리스도인이 많으면 많을수록 보다 좋은 사회가 될 것이라고 믿는 것이다. 한 단계 깊은 차원에서 이와 같은 개인적인 접근은 그리스도의 정신으로 고취되면 될수록 기독교적 방식으로 행동하게 될 것이라고 단정하기도 한다. 예배의 경험, 교회의 가르침 그리고 같은 마음을 가진 그리스도인들과의 연합은 개인으로 하여금 보다 심오한 기독교적인 삶의 특성을 갖게 하고, 예수님의 본을 따르도록 하는 동기부여가 될 것이라고 단정하기도 한다. 두 가지 차원의 이러한 개인적인 접근은 보다 훌륭한 개인이 보다 훌륭한 세상을 만들기 때문에, 사회문제에 대한 기독교적 해결은 개인으로 하여금 그리스도인이 되게 하고, 그리스도인 개개인으로 하여금 보다 그리스도를 닮게 하는 것이라고 믿고 있는 것이다.

이와 같은 개인적 접근은 보다 심각한 사회문제를 통찰하는 데 실패할 수가 있다. 이는 선과 악에 관한 미묘한 범주에까지 사람들이 다다르지 못한다는 점을 간과하고 있다. 그리스도인들의 지속적인 문제는 그들이 항상 선과 악 사이에서 괴로워하고 있으며 선택의 기로에서 갈등을 겪고, 그리고 자신들이 옳다고 믿는 것마저도 항상 따르지 못하는 데 있다. 더욱이 한 정직한 그리스도인은 기독교 신앙이나 종교, 혹은 다른 신념을 갖지 않은 사람들도 같은 관심을 갖고 있으며, 그들의 행동 역시 선하고 정당한 것이었음을 인정한다고 했다. 달리 말하면 어떤 사람이 그리스도인이 된다는 것이 그 사람의 결정이 옳다거나 그의 행위가 도덕적임을 보장하지는 못한다. 마찬가지로 그리스도인이 아니라고 해서 어떤 사람의 행위가 비도덕적임을 의미하지도 않는다.

게다가 이러한 개인주의적 접근은 근원적인 문제에 이르지 못하고 있다. 인간은 사회적 상황 속에 놓여 있다. 즉 생물학적이며 문화적인 유산을 물려받고 있으며, 가족의 일원이고, 동료들에 의해서 영향을 받으며, 국가의 법을 지켜야 하고, 보고 듣는 것에 의해서 영향을 받기도 한다. 기독교의 신앙을 받아들인다는 것이 자동적으로 사회적 문제에 대한 우리의 태도를 바르게 하는 결과를 가져오지는 않는다. 백인, 그리고 개신교도로서의 가치관이나 이상이 언제나 백인도 개신교도도 아닌 다른 그리스도인의 가치관이나 이상과 동일한 것은 아니다. 보스턴의 카톨릭 교도의 가치관이나 이상은 보스턴 출신의 카톨릭 교도가 아닌 사람의 가치관이나 이상과는 다르다. "우리가 항상 행하는 방법"이라는 어투가 암시하는 태도는 교육, 경제, 정치, 종교 그리고 도덕적인 것들에 관한 판단에 영향을 미친다. 사람들의 행위결단은 자신의 신앙에 기초해서만 이루어지지 않고 다른 가치배려에 의해서도 영향력 있게 조건지워진다.

개인적인 접근은 사회제도의 특성을 인식한다는 점에서 부족하다. 국가의 기능은 개인적이기 보다는 단체적이다. 예를 들어 국가는 도로를 건설하고 우편제도를 유지하고 전쟁을 수행하기도 한다. 국가는 범죄를 처리하고 가난한 자를 돌보고 우주공간으로 사람들을 보내기도 한다. 개인들은 국가의 시책을 긍정하거나 반대하고 자신들의 의견을 표명하고 국가가 택하고 있는 과정을 수정하고자 노력할 수 있다. 그러나 국가는 개인들의 의견에 반응을 보일 수도, 그렇지 않을 수도 있다. 다양한 방법으로 같은 상황이 경제, 종교, 교육제도 그리고 사회관습에도 존재한다. 이러한 현상은 개인이 일하는 특별한 회사, 그들이 다니고 있는 지역학교, 혹은 소속되어 있는 회중 속에도 있을 수 있다. 개인은 사회적 상황 속에서 행동하나 사회적 상황은 개인의 행동에 영향을 미친다.

위에서 지적된 사실은 사회적 문제를 다루는 그리스도인의 책임성에 관한 결론을 유도한다. 배고픈 사람들을 먹이는 일에 관심을 갖고 있다면 빈곤의 원인을 다루기 위하여 사회구조들, 이를테면 경제질서와 정부 등을 통해서 일하지 않으면 안된다. 사람들 사이의 평화에 관심을 갖고 있다면 소속되어 있는 정치적 구조를 통해서 일해야 한다. 소속된 사회에서 어떤 그룹에 대해서 잘못 다루고 있는 것에 관여하고자 한다면, 그러한 비행을 항구화하고자 하는 기관들을 설득시켜야만 한다. 이와 같은 접근은 더 이상 개인적인 관계를 최소화하는 것은 아니지만 이를 통해서 개인적인 문제들은 보다 큰 사회적 상황의 증후군이 된다는 것, 그리고 상황이 개선되기를 바란다면 그러한 구조는 바로잡아져야 한다는 것을 인정한다. 1950년대와 1960년대에 미국에서 공공시설물에서의 인종차별에 대한 반대가 제기 되었을 때에, "도덕을 법제화할 수는 없다"는 소리들이 있었다. 그와 같은 항의를 하는 사람들은 미국 남부의 재편입 이후에 시행되었던 인종차별을 요구하는 법과 같은 것이 있었음을 무시하고 있었다. 더욱이 그러한 법들이 폐기된 이후의 경험은 단지 법제화의 시행뿐만이 아니라 태도도 바꾼다는 데 실제로 큰 역할을 한다는 것을 입증해 주고 있다. 1970년대와 1980년대에 사회에서의 여성의 지위와 여성의 권리에 대한 사람들의 태도도 같은 방법으로 바뀌어졌다. 이는 모든 문제가 법제화를 통해서 다루어진다는 것을 암시하지 않는다. 이는 분명히 그리스도인들은 그들의 도덕적 기준을 법에 따라 행동하고 있는 다른 사람들에게 부담을 주어야 한다는 것을 암시하지 않는 것이다. 그러나 이는 우리가 직면하는 많은 도덕적 문제들이 성격상 사회적이고, 그러한 문제들을 다루는 보다 적합하고 효과적인 방법은 권력의 구조를 통해서 일해야 한다는 것을 암시하고 있다.

여기에서 사랑과 정의의 관계는 결정적인 것이 된다. 구약성서 속에는 정의에 관한 관심이 자주 언급되고 있다. 예수님께서는 사랑의 개념에 초점을 두고 율법과 선지자들의 모든 강령은, 하나님을 우선적으로 사랑하고 이웃을 자신과 같이 사랑하라는 계명 속에 요약되어 있다고 말씀하셨다. 예수님께서 정의에 대하여 거의 언급하지 않았기 때문에 그것이 기독교의 관심이 아니라고 결론지을 수 있을까? 만약에 기독교 윤리가 사랑과 정의에 동시에 관심을 갖고자 한다면 이 둘을 어떻게 상호 관련지을 수 있을까?

조셉 플렛처(Joseph Fletcher)는 "사랑과 정의는 같은 것이다.

왜냐하면 정의는 실행된 사랑 외에 다른 것이 아니기 때문이다"라고 주장한다(Situation Ethics, p. 86). 그는 "정의의 표제하에 그 의무와 당위성, 기회, 자원을 헤아리는 그리스도인의 사랑"이라고 정의에 대해서 말한다. 그에게 있어서 사랑과 정의는 단순히 동의어에 해당하는 것이며, 따라서 어느 것도 상호간에는 우열을 가릴 수 없고, 어느 것이 상위개념이라거나, 또는 상호 모순되지 않으며, 종속적 개념도 아니라고 한다. 두 개념은 사람들의 마음속에 똑같은 이미지를 형성하고 결국 어떠한 내용도 상실하지 않으며, 두 개념을 분리시킬 수는 없는 것이다.

매우 흥미롭게도 플렛처는 이점에서 폴 램지(Paul Ramsey)에게 동의한다. 램지는 '복종적인 사랑'이 기독교 윤리의 핵심적인 범주라고 말한다. 그는 정의(正義)를 하나님이 사람을 다루시는 방법이라고 정의(定義)하고, 그가 말하는 '하나님의 의'는 '수정'하거나 '배분'할 수 있는 것이 아니고 단지 '구속'적일 뿐이라고 한다(Basic Christian Ethics, p. 14). 그는 인간의 정의의 기준은 하나님의 의에서 도출되며 구속적이라고 말한다. 그는 또 고린도전서 13장은 "일반적으로 모든 사람이 푸른색이나 부성(父性)과 같이 어디에서나 경험할 수 있는 것을 가리키지 않고, 우리가 알고 있는 대로 예수 그리스도 지향적으로 정의"되고 있다고 한다(p. xvi). 램지는 사랑을 이웃 중심, 무차별, 무저항, 복종 그리고 보편성으로 기술하고 있다. 그러므로 그는 복종적인 사랑은 언약사상과 하나님의 통치에 초점을 두고 이 둘은 같은 것이고 언약에 복종하는 것이 곧 정의를 행하는 것이라고 결론지음으로써 문제를 바르게 직시한다(p. 388).

결단

어떤 특정 문제에 대해 선한 결단을 내리기 위해서는 사랑이 요구하는 바를 결정하는 방식을 필요로 한다. 지침이나 평가를 위한 기준, "나는 이것을 해야만 돼", 혹은 "나는 그것을 해서는 안돼" 하는 식으로 말할 수 있는 어떤 기준도 없이 정당한 결단을 내릴 수는 없다. 사실상 대부분의 사람들은 명백하든 그렇지 않든 간에 어떤 방식으로든 행동규범을 갖고 있기 마련이다. 심사숙고하거나 합리적으로 진술된 행동규범을 가지고 있는 사람이면 일차적으로 그를 훌륭한 결단을 할 수 있는 위치에 있다고 말할 수 있다.

사랑을 그리스도인의 도덕적 의무의 요소라고 받아들인다면 그 다음으로는 "사랑이 나로 하여금 무엇을 하도록 하는가?" 하고 물을 필요가 있다. 그러한 질문에 답하는 지침이 될 만한 일반적인 원칙을 다음과 같이 제시할 수 있겠다.

1. 모든 인류는 하나다. 사람들(인종, 계급, 문화, 교육 등) 사이에 존재하는 것은 부차적인 중요성을 가질 뿐이다.
2. 모든 개인은 무한한 가치를 지닌다. 그러므로 모든 사람은 도구나 물건으로서가 아니라 인격으로서, 수단이 아닌 목적으로서 다루어야 한다.
3. 물질적인 가치는 인격적인 가치에 비하여 이차적인 것이다.
4. 모든 인간은 어느 때든 존중되어야 할 기본적인 인권을 지닌다. 최소한 이러한 권리는 생명, 신체적인 복리, 명성 그리고 소유를 포함한다.

5. 각 사람은 다른 사람의 선을 추구해야 할 책임을 지닌다.
6. 때로 어떤 가치, 혹은 의무는 다른 가치나 의무를 위해서 희생되지 않으면 안된다.
7. 우주에는 질서가 있기 때문에 때로(비록 항상은 아니더라도) 일종의 어떤 결과를 예측하게 하는 행동과정을 가능케 한다.

이러한 원칙들이 행위의 규범이 되는 것은 아니다. 그런 것들은 시험에 속임수를 쓰는 것, 혼전 혹은 혼외 성교, 동의하지 않는 정책적인 제도를 위해서 일하는 것들에 관하여 직접적으로 아무런 말도 하지 않는다. 나이 많은 부모를 모시는 것, 도시의 슬럼가를 정비하는 것, 소수인종에 대한 차별정책을 철폐하는 것, 정부의 부패척결, 중동이나 남아프리카의 상황 등에 대해서도 직접적으로는 아무 것도 언급하지 않는다. 국가방위나 핵에너지, 혹은 환경보호에 대해서도 마찬가지이다. 이와 같은 종류의 상황들에 대해서 보다 근접된 어떤 결단을 내릴 수 있는 방법이 있는가?

심사숙고한 행위의 결과에 대해서는 어느 정도의 정확성을 갖고서 예측할 수가 있다. 선이란 어떤 행위과정에 의해서 어느 정도 달성될 수 있는 것이라고 할 수 있다. 각자의 상황이 독특한 반면 인간관계의 방식 속에는 어떤 규칙성이나 유사성이든 있기 마련이다. 그러한 규칙성이나 유사성에 근거해서, 해야 할 것과 해서는 안될 것에 대해 보다 근접될 수 있다고 본다. 그런 가운데서 어떤 행동양식이든 가질 수가 있게 되는 것이다.

이러한 행동양식이 바로 '규범'이 되는 것인가? 여기서 일종의 자연법 개념과 같은 것을 이끌어 낼 수도 있을 것 같다. 자연법은 관찰된 법칙성에 기초한 하나의 예측에 불과하다. 자연법은 "이것이 사물이 작동하는 방식이다"라고 말한다. 이러한 규칙성에 기초해서 "그와 같은 결과를 얻고자 한다면 이러한 방식으로 행동하지 않으면 안된다"고 말한다. 행동양식, 혹은 도덕적 현상에서의 '규범'도 같은 종류의 것이다. 규범도 일종의 일반화, 혹은 관찰에 기초한 예측에 불과하다. 규범은 조정하거나 임의적이지도 않으며 비이성적이지도 않다. 때문에 "그러한 결과를 원한다면 이러한 방식으로 행동해야 한다"고 말할 수가 있다. 이와 같은 공식은 잠정적인 것이며 항상 정보의 새로운 유입에 의해서 수정되어야 한다. 그럼에도 불구하고 그것은 매일매일의 결정을 내리는 데 유익한 방식이 된다.

우리들의 사회는 그와 같은 도덕적 일반화를 전제하며, 그것들에 충실함으로써 다른 사람의 선을 구하는데 최선일 수가 있다. 결단의 문제에 대해서 학문 공동체에 관한 예를 들어보도록 하자. 학생들에게 가능한 한 보다 완전하고 정직하고 객관적인 정보를 나누며, 그들의 사고를 자극하고 공정하게 시험을 치르어 그들의 노력을 세심하게 평가하는 것이야말로 교수의 책임이라고 할 수 있다. 할 수 있는 한 자신들의 공부에 최선을 다하는 것은 학생들의 책임이다. 교수가 자신의 기본적인 직무를 소홀히 하고서 사랑의 요구대로 학생들이 최선을 다해주기를 기대할 수는 없다. 학생들은 시험에 속임수를 써가면서 사랑의 요구대로 교수의 선이나 동료 학생들의 선을 추구할 수 없다. 비록 학문적 제도가 가능한 최선의 제도가 아니라고 할지라도 우리가 그 속에서 살고 일하고 있는 제도임에는 분명하며,

또한 그 속에 있는 규범을 따름으로써 우리가 할 수 있는 사랑을 수행할 수가 있다. 규범을 의심하게 되는 상황이 생겨날 가능성은 언제든지 있지만 장기적인 전망에서는 정당한 과정이야말로 모든 사람들의 최선의 관심에 봉사할 수 있는 하나의 틀을 제공하게 된다. 사회적 관계를 다루는 이러한 일반적인 규범들 외에 개인적인 근거에서 선택하는 인격적 행위의 규범들도 있다. 그러한 개인적인 규범들을 일반화시키거나 그것들을 일방적으로 강조할 수 없더라도 인간을 위해 특별한 행위양식을 취하시는 하나님의 인도하심에 대하여 반응을 보일 수는 있다. 레만(Paul Lehmann)의 용어를 빌린다면 "예수 그리스도를 믿는 사람으로서, 그의 교회의 한 회원으로서," 이러한 방식으로는 행하되 저런 방식으로는 행동하지 않는다고 할 수가 있는 것이다. 이와 같은 개인적인 규범의 확립은 허용될 뿐만 아니라 불가피한 것이기도 하다. 사람들은 심사숙고한 것이든 그렇지 못한 것이든 사실상 자신들의 행위양식이란 것이 다 있기 마련이다. 최선의 결단이란 주의 깊고 심사숙고한 선택에 의해서만 가능하다.

이와 같은 규범, 혹은 행위양식들은 동기보다는 행위결과와 관련된다. 그것들은 위의 사랑의 개념에서 언급했었던 원칙들을 나타내는 지침이 된다. 규범은 사랑의 도구이기도 하다. 우리가 매일매일 사랑의 결정과 선택을 하는 원칙이나 기준으로서의 역할을 하기도 한다. 그것들은 직접적이거나 미리 짜맞춘 해결책들이 아니다. 오히려 이는 정상적인 상황에서의 행위지침, 그리고 비정상적 상황에서의 결단을 돕는 양식이라고 할 수가 있다. 규범이나 행위양식은 새롭고도 다양하며, 도전적인 것들을 전통적인 것들과 비교할 수 있게 만든다. 다양성을 허용하지 않는 절대적인 것들이 결코 아니며, 기존의 것에 예외를 아무렇게나 적용할 수 있는 것도 아니다. 사실, 일상적인 상황적 규범들을 갖고 있다는 것만으로도 예외적인 것은 언제든지 가능한 것임을 전제하는 것이다.

　　이러한 접근은 예수님의 사역에서도 그 예를 찾아볼 수 있다. 예수님 당시 기록된 율법은 안식일에 일하는 것을 금하였다. 전통적인 해석, 혹은 구전된 율법에 의하면 안식일에 일어나는 대부분의 행위는 율법을 어기는 것으로 정해져 있었다. 그리고 안식일에 회당예배에 참석하는 것을 관행으로 정해 놓았었다. 복음서 내에서 당시 지도자들이라고 불리우는 사람들마저도 예수님께서 안식일과 안식일이 제정된 목적을 존중히 여기셨음을 알고 있었다. 그분은 회당을 자주 출입하셨으며, 쉬시고, 안식일이 인간의 복지를 위해 만들어졌다는 것을 인정하셨다(막 2:27). 그러나 특별한 사정이 생기면 그분은 안식일에도 일하셨다(막 3:1-5 참조). 분명히 그분은 안식일을 지키는 것과 인간의 필요를 위해서 예외적인 행위를 하는 것 사이에 어떤 모순이 있다고 보지 않으신 것 같다.

　　더욱이 주어진 상황 속에서 규범들은 항상 삶에 밀접하게 연결되어 있었기 때문에, 그 규범들은 상황의 변화에 따라서 함께 바뀌지 않으면 안되었다. 이것 역시 예수님의 교훈으로부터 그 예를 찾을 수 있겠다. 한번은 만약에 "수치되는 일이 그에게 있음을 발견하고 그를 기뻐하지 아니하거든" 남자는 여인에게 이혼해도 된다고 한 구약성서의 율법에 대해서 질문을 받은 적이 있었다(신 24:1). 그 근본 형식에 있어서 율법의 원인이야 어떻든 간에 예수님 당시에 그 율법은 여인들에게 불리하게 작용하고 있었다. 주후 1세기 여성들은 거의 전적으로 남성들에게 의존적이었다. 그러므로 이혼당한 여인들은 아무에게서도 그리고 아무 것으로부터도 보호받지 못했다. 구약성서 율법에 대한 예수님의 대안은, 그것이 그분에게 독특한 것이든 아니든 간에 여인들에게 도움이 되기보다는 해를 끼치는 율법을 변경시켜야 할 필요를 인식하고 있음을 보여 주는 것이었다. 이와같이 비록 율법에 의하여 삶에 관한 개념이 논의되어졌다고 하더라도 '누구의' 규범이냐 하는 것에 대해서는 아무런 이야기도 없었다. 그러나 도덕적 규범은 외부 권위에 의해 사람들에게 부담을 주는 것이 아니라는 것을 시사하고 있다. 규범은 사람들이 그것에 신중하고 그 규범을 지키고자 할 때 유효하다. 그러한 규범은 성숙한 그리스도인으로서 그 지침을 받아들이기를 선택할 때 유효한 것이다.

이는 규범이 아무런 근원성도 없고, 또한 사람들을 통치하기 위하여 임의대로 만들어졌다는 것을 말하는 것이 아니다. 그럴 가능성이 전혀 없지는 않았지만 그렇게 되지 않은 것은 과거로부터의 영향력이 오늘의 자신들을 만들어 가고 있기 때문이다. 사람들 각자는 가족, 동료와 교회, 교육제도, 그리고 과거의 경험으로부터 많은 것들을 배운다. 그러한 교훈들이 바로 자신들의 일부가 된다. 성인이 된다는 것은 과거로부터 전수받은 것들을 비판적으로 검토할 자유와 책임을 갖는다는 것을 의미한다. 규범에 대한 어떠한 검토도 그것이 만들어진 이유, 사건을 다루는 적합성 여부, 그리고 현재와 과거의 상황 사이의 관계 등을 고려하지 않으면 안된다. 과거로부터 전수받은 행위에 관한 규범들은 경험적 지혜를 반영하고 있는 것이라고 할 수 있다. 만약에 그러하다면 어떤 모양으로든 그것들을 잘 보전하지 않으면 안된다. 그러나 사실이 그렇지 않다면 그것들을 포기하는 것도 잘하는 일이 아닐 수 없다. 규범이 오래되었다는 사실이 진실이나 거짓의 기준이 될 수는 없다. 그러나 그것이 보전되어 왔다는 사실만으로도 검토될 가치가 있는 것이라고 할 수 있겠다.

가능하기도 하고 또 필요로 하는 어떤 종류의 규범을 만들어 내는 요인은 인간본성의 보편성과 항구성이라고 할 수 있다. 어떤 욕구나 필요, 그리고 충동은 시간과 공간을 고려하지 않고 모든 사람을 특성화한다. 그러한 보편적 성격은 개인적이고 사회적인 관계의 다양한 양식을 갖게 한다. 도덕적 규범들은 인간경험의 구체성으로서 다양한 사회 속에 존재한다. 물론 개인적인 차이들이 모든 인간관계 속에서 고려되지 않으면 안된다. 그러나 사람들로 하여금 다른 사람의 경험에 근거한 어느 정도의 자신감을 가지고 각기 새로운 경험에 접근할 수 있도록 한다는 점에서 그것은 비슷하다고 한다.

기독교 사상 속에서 기능하고 있는 규범들은 하나님께 대한 관계의 틀 안에 주어져 있다. 그리스도인들은 하나님의 뜻에 대해서 많이 말한다. 그리스도인들은 성경을 통해서 하나님의 뜻을 이해한다. 그리스도인들은 성경이 기록된 방식과 그 이해 및 해석 그리고 결과적으로는 성경의 권위에 대해서 매우 다양한 관점을 가지고 있음이 분명해졌다. 그러나 모든 기독교 사상가들은 성경이 하나님의 자기 계시의 기록이라는 점을 진지하게 받아들이고 있다. 이와 같은 이유로 기독교 윤리의 사상과 학파는 윤리적 문제에 대한 그들의 접근이 성경의 정신을 유지하는 데 필수적이라는 것을 보여 주고자 노력한다.

　　하나님은 믿음직스럽고 질서정연하며, 변덕스럽거나 변칙적이 아니라는 점을 일반적으로 인정하고 있다. 전 우주적 구조가 기초하고 있는 하나님의 불변하는 성격 때문에 사람들은 사랑과 정의, 의로움, 정직, 신뢰, 일관성 등에 대해서 말할 수가 있다. 사람들이 자신들을 위해서 만든 규범들은 하나님께서 세상을 다루시는 방법을 이해한 논리적 결론에 해당하는 것이라고 할 수 있다.

　　하나님의 뜻에 관하여 고려할 수 있는 또 다른 요소는 성령의 가르치심에 관한 개념이다. 성령의 인도하심에 관하여서는 하나님께서 세계 내에서, 사람들의 생명 안에서 일하고 계신다는 것을 말할 수 있을 뿐이다. 그렇다고 모든 상황 속에서, 혹은 어떤 상황 속에서든 하나님의 뜻에 관한 분명한 비전, 곧 사람들을 전혀 새로운 방향으로 인도하는 비전을 얻을 수 있다는 것을 시사하지는 않는다. 오히려 이는 성경을 가르치시는 방법에 의해서 가능한 최선의 것, 과거로부터 내려오는 지혜, 그리고 현재의 상황에서의 지식을 사용할 때 사람들에게 성령의 임재가 명백해짐을 말해 준다. 이와 같은 방법으로 도움이 될 만한 행동양식을 확립할 수 있을 것이다. 이러한 방식으로 확립된 행위규범은 일시적이거나 편견된 것이 아니며, 오히려 개인적인 결단과 헌신에 관한 것이며 수용할 만한 것이라고 할 수 있겠다.

　　다음으로 규범은 매일매일의 행위를 안내하는 역할을 한다. 이는 사람들이 삶에 관하여 매번 마치 이전에 전혀 같은 상황이 없었던 것처럼 결단을 할 필요가 없음을 의미한다. 예를 들면, 한때 사람들은 정직해지기 위하여 결정해야만 했고, 한때는 다른 사람의 수고를 마치 자신의 것인 양 사용하는 것을 금하였으나, 지금 이러한 문제들은 어느 정도 정리되어졌다. 사람들은 저자의 자료들을 마치 자신의 것인 양 사용할 것이냐, 아니냐에 관한 지적 논쟁으로 모든 책에 접근하지는 않는다. 시험 전에 옆 사람으로부터 답안지를 베낄 것인지를 토론하지도 않는다. 행위결정이 문제를 확정짓는다.

규범들은 사랑보다는 자기 이득에 근거해서 결정을 내리는 것을 막게끔 해준다. 만약에 어떤 방법으로든 위협을 받으면 사람들의 우선적인 생각은 대개 자신과 관련된 것들부터 구출해 내고자 한다. 대부분의 사람들은 다른 사람들을 희생시켜가면서까지 그렇게 하고자 한다. 어떤 이유로 리포트 작성에 늦은 학생의 경우, 그 최후의 순간에 표절이나 다른 사람에게서 얻은 것들을 리포트에 적어 넣는 것에 관한 도덕성 논쟁의 여지는 거의 없다. 그 학생이 생각할 수 있는 전부는 리포트 제출의 긴급성일 뿐이다. 최후의 순간이란 개인적인 정직성을 논쟁할 만한 순간이 아니다. 보다 심사숙고한 가운데 내린 결정을 행동하는 시간일 뿐이다.

규범은 부적당한 감정의 영향을 회피하는 데도 도움을 준다. 인간의 감정이란 인간의 총체성의 일부이며, 결단을 내리는 과정에서 중요한 요소가 된다. 그러나 종종 감정은 사람들로 현명하지 못하게 행동하도록 만들기도 한다. 두려움이나 분노와 같은 부정적인 것뿐만 아니라 동정, 욕망과 같은 적극적인 강한 감정들은 합리적인 과정을 와해시키는 경향이 있다. 사랑은 발생적인 것과 관여되어 있기 때문에 "자신을 내어 주는 즉흥적인 충동"은 세심한 사고와 결단방향을 요청한다. 세심하게 배려된 규범은 충동적인 반응보다 훨씬 믿을 만하다.

한편 규범은 경험의 지혜를 보전하는 데도 도움이 된다. 규범은 자신들의 실패와 성공으로부터 배운 것을 미래의 행위를 위해 활용하게 한다. 사실 적용되고 있는 많은 규범들은 부모님과 교육적인 경험, 교회, 역사의 현자들로부터 배운 것이기 때문에, 이 세대의 사람들은 일종의 종합적인 지혜가 주는 혜택을 받고 있는 셈이다. 그러나 그러한 종합적인 지혜의 내용은 다양하며 지나간 모든 것들이 지혜가 되는 것은 아니다. 더욱이 어떤 것은 과거에 유용했다고 하더라도 현재에는 전혀 관계 없는 것도 있다. 사람들의 행위양식을 결정하는 과정은 이미 전수받은 것을 검토하고, 그중 좋은 것을 일상의 삶에 적용시킬 가능성은 얼마든지 있다.

이러한 규범들은 다른 사람의 권리를 보호하기도 한다. 만약에 각자 개인들이 침해당해서는 안되는 권리를 물려받은 것이 사실이라면, 규범은 그러한 권리가 무엇인지를 밝히는 데 도움이 된다. 규범은 그러한 권리를 보장하기 위해 무엇을 해야 할지를 그리고 사람들에게 해당되는 권리를 그들 스스로 추구하는 것을 방해하지 않도록 하는 어떤 실마리를 제공한다.

일상적인 행위 안에 있는 규칙, 행위양식, 규칙적으로 적용하고 사랑이 명령하는 것을 다양화시킬 수 있는 규범은 꼭 있어야 한다. 심사숙고하므로 조심스럽게 정착되고, 개인적인 것으로 수용하고 지키기로 한, 그리고 하나님의 영의 지도하에 의식적으로 사용되고 있는 규범은 사랑이 행위하게 하는 방식의 가늠자가 될 수 있다.

토론을 위한 질문들

1. "도덕성을 법제화해서는 안된다"는 주장에 대해서 논하라.
2. 주어진 상황에서 하나님의 뜻이 무엇인지를 어떻게 아는가?
3. 인격 지향적인 사랑은 사회구조적인 문제와 어떻게 관련되는가?
4. 도덕적 행위와 예배가 불가분의 관계에 있다는 개념을 논하라.

참고도서 목록

Beach, Waldo. *Christian Ethics in the Protestant Tradition, Part I.* Atlanta: John Knox, 1988.

Bloesch, Donald G. *Freedom for Obedience.* New York: Harper & Row, 1987.

Sellers, James. *Theological Ethics.* New York: Macmillan, 1966.

제3부

기독교 윤리와 사회문제

제 7 장

성과 결혼관계

윌리암과 매리는 각각 22살과 21살로서, 그들은 고등학교 때부터 서로를 알고 있었으나 데이트를 하지는 않았다. 그들은 이웃에 살고 있었으며, 그들의 가족들도 서로 잘 알고 지내는 사이였다. 그들은 같은 교회에 출석하고 있었으며, 때로는 같은 청소년 모임에 함께 참여하기도 했었다. 그러나 고등학교 졸업반 무렵부터는 교회참석이 뜸했다. 윌리암은 고등학교를 졸업한 후 집에 계속 머물러 있으면서 지방대학을 다녔다. 매리는 부근의 대학에 다녔지만 기숙사에 거주했다. 그들은 윌리암이 3학년이 되고 매리가 2학년이 되었을 때부터 데이트를 시작했다. 윌리암은 졸업 후에 다른 주에서 직장을 잡았다. 매리도 대학을 마친 후에는 윌리암이 살고 있는 도시에서 직장을 잡고 윌리암과 함께 한 아파트로 이사를 했다.

어느 쪽 부모도 처음에는 그들이 동거하는 것을 알지 못했지만 점차 사실을 눈치채게 되었다. 부모들은 그러한 사실을 알고 나서 매우 실망했으며, 윌리암과 매리가 왜 결혼을 하지 않고 있는지에 대해서 도무지 이해할 수가 없었다. 그들은 한때 결혼에 대해서 생각도 해 보았지만, 결혼 같은 항구적인 헌신에 예속되지 않기로 했다. 그들은 결혼관계를 갖지 않은 채 동거관계로 들어가기로 결정한 것이다.

이 이야기는 어떤 특별한 경우에 있는 한 커플에 관한 이야기라기보다는 다른 여러 가능성 있는 커플의 이야기를 구성해 본 것이다. 이렇게 동거하는 경우는 점차 일반화 되어가고 있으며, 그리스도인의 관점에서 보면 실로 여러 가지 중요한 질문이 제기되지 않을 수 없다. 본질적으로 인간의 성이란 무엇인가? 남녀 관계에서 성은 어떤 위치를 차지하는가? 결혼이란 도대체 무엇인가? 그리스도인에게 적합한 삶의 구속력은 무엇인가?

최근의 경향

과거의 가족은 대개 감상적이었고 이상적이었다. 즉 남자는 빵을 벌어 오는 사람으로 그리고 여자는 가정을 지키는 사람으로 묘사 되었다. 사람들은 사랑하기 때문에 결혼했고 결혼하면 무슨 일이 일어나는지를 예측할 수 있었으며, 상대방으로부터도 예측 가능한 삶을 기대했다. 부부로서 서로 사랑하고 신실했으며, 부모로서 지혜로웠고 친절했었다. 그들의 자녀들은 자신들의 의무를 이행했으며, 부모들이 물려준 가치관을 받아들였고 밝은 미래를 기대하곤 했다.

물론 이러한 묘사는 좀 과장된 것이긴 하다. 어떤 한 가족의 생활패턴이 다수의 특징이 될 수는 없다. 백인가족과 흑인가족 간에는 차이가 있으며, 노동계급과 상류층, 남부와 중서부, 그리스도인과 유대인, 다른 종교인과 무종교인 사이에 차이가 있을 수 있다. 남성이 주도적인 가족이 있는가 하면 여성이 주도하는 가족도 있다. 자녀가 없는 부부도, 편부모 가족, 그리고 한 집에 같이 살고 있는 대가족도 있다. 행복한 가족도 있고 반면에 불행한 가족도 있다. 그러나 이 중 아무 것도 '전형적인' 가족으로 인정되고 있지는 않다.

　그러나 사회학자들은 대부분의 사람들이 결혼하는 연령이나, 결혼의 실패율, 직장을 가지고 있는 여성의 비율, 가족의 평균 크기 등에 대해서 일반화시켜 왔다. 그들은 행동양식을 기술하고, 결혼의 성공과 실패에 대해서 토론하며, 어떤 삶의 방식에 대한 결과를 예측하곤 했다. 그러나 이러한 일반화는 이제 훨씬 어렵게 되어 버렸다. 그 이유로 가장 중요하게 지적되는 요소는 급격한 변화이다. 남녀가 관계하는 방식, 결혼에 대하여 결정하는 방식, 결혼으로부터 기대하는 것, 서로 적응하는 방법, 결혼이 다른 사람들에게 주는 영향에 대한 기대, 결혼생활이 만족스럽지 못할 때 대처하는 방법 등 이 모든 것들이 매우 다를 뿐만 아니라 급격하게 변하고 있기 때문에 어떤 양식도 인식하기가 어렵다.

　삶의 질서의 변화와 더불어 이제 절대적인 것이 설 자리는 없어져 버렸다. 1960년대까지만 해도 대부분의 사람들은 옳고 그른 것이 일반적으로 받아들여질 만한 행위기준에 의해 정의된다고 생각했다. 그렇다고 모든 사람들이 그러한 기준에 의해 살았다는 것을 의미하지는 않는다. 사실 많은 사람들이 그러한 기준을 어기면서 살았던 것이 사실이다. 그러한 표준들은 대부분의 사람들에 의해서 인정되었다. 그러나 현재에는 기준 그 자체가 도전받고 있다. 사람들이 자신들의 행위를 선택하고 자신의 보기에 옳다고 여기는 것을 선택하기는 하지만, 대부분은 다른 사람들과 비슷한 것을 선택하는 것을 꺼린다고 말하고 있다. 구약의 사사시대와 마찬가지로 모든 사람들이 각자의 보기에 옳은 것을 행하고 있는 것이다.

남녀 관계에서처럼 변화가 분명한 것도 없는 것 같다. 가정 밖에서의 여성의 고용확대는 이전의 어느 때보다도 훨씬 더 많은 자유가 여성들에게 부여되었다. 자신들의 경력에 대해서 만족해 하는 여성들이 결혼을 늦추고, 결혼을 하지 않는 여성도 늘어나고 있다. 결혼에 있어서도 여성의 수입이 증가하고 그만큼 그것은 중요한 변수가 되었다. 게다가 많은 수의 결혼한 여성들조차 만족스럽지 않은 결혼생활은 더 이상 계속하지 않는다. 그러므로 더 이상 여성들이 자신들을 전적으로 혹은 우선적으로 그들의 가족에 얽매이지 않고 있는 것이다.

여성의 지위에서의 이와 같은 변화는 여성과 남성 모두에게 중요한 역할의 변화를 포함하고 있다. 그러한 변화는 결혼하지 않은 사람들 사이에서의 임의적이고 평등한 관계 속에서 가장 분명하게 반영되고 있다. 그러나 아직도 그들은 결혼 안에서의 관계 양식을 현저하게 바꾸어 놓지는 않았다. 어떤 결혼에서는 여성의 지위가 남성의 지위와 동등하게 여겨지고 있다. 가사의 책임을 동등하게 분담하는 가정이 있는가 하면, 아기를 돌보는 일에서도 똑같이 책임을 나누는 가정도 있다. 가족 안에서의 느린 변화의 속도는 단순히 남성들이 그것을 원치 않아서가 아니라, 여성들이 자신의 전통적인 역할을 포기하지 않기 때문이기도 하다. 그러나 가정 밖에서의 변화는 가정 안에서의 변화에도 불가피하게 영향을 주고 말 것이다.

    남녀 관계의 양식에 영향을 주는 또 다른 요인으로 피임의 안정성과 효과적인 방법의 발달을 들 수 있다. 과거에는 원치 않는 임신의 가능성이 결혼 전이나 결혼 후의 성생활에 막대한 지장을 주곤 했었다. 1960년대 구강(口腔) 피임법의 발달과 더불어 원치 않는 임신의 위험은 크게 줄어들었다. 더구나 보다 간편하고 안전한 낙태의 가능성은 원치 않는 임신을 적은 비용과 적은 시간, 그리고 다른 사람에게 임신이 들통나지 않고도 중단시킬 수가 있게 되었다. 원치 않는 임신에 대한 두려움이 없어진 성행위의 가능성은 남녀 관계에 막중한 영향을 주게 되었다.

    그러나 에이즈에 감염될 가능성만이 두려움의 대상으로 등장하고 있음을 주지해야 할 것이다. 처음에는 일반적으로 호모섹스를 하는 남성에게만 감염되는 것으로 알려졌었으나 남녀 간의 성관계에도 전염된다는 사실이 알려지게 되었다. 에이즈 감염의 위험과 효과적인 치료제가 없다는 것은 남녀 관계에 상당한 영향을 주고 있는 것이다.

    이러한 새로운 정황 속에서 사람들이 성적 존재로 기능하고 살고 있으며, 많은 사람들이 성의 본질에 대해서 아무런 확실성도 없이 행동하고 있다. 그들은 성충동에 노출되고 동료들, 통신매체의 주장, 가정의 교훈, 교회의 선언 사이에서 갈등하고 있다. 철학적으로 사고하는 일에 익숙해져 있지 않음으로 인해서 사람들 대부분은 합리적이고 도덕적으로 방어할 입장에 놓여 있지 않다. 그러나 그러한 입장의 확립이야말로 기독교 윤리형성에 없어서는 안될 요소이다.

성에 관한 사람들의 이해는 사람들이 살고 있는 상황 속에서 발전할 수밖에 없다. 성은 삶의 다른 면과 크게 다를 것이 없으며, 오히려 정치, 경제, 교육, 종교, 그리고 오락활동 등 다른 사람들과의 모든 관계 속에 포함되어 있다. 사람들의 모든 행동에서 결정적인 요인은 아닐지라도, 성은 사업을 하고, 놀고, 기도하고 정치활동에 가담하는 등 모든 일 속에 존재하고 있다.

성의 또 다른 한 면은 생물학적 요소이다. 어떤 사람은 성을 생물학적 기능만으로 생각하는 사람도 있다. 그런 의미에서 성충동은 배고픈 것이나 목마름같이 신체적인 기본적 필요에 해당한다. 그것은 즉각적으로 쾌락, 긴장의 해소 그리고 궁극적으로는 생산을 지향한다. 만족을 위하여 성적 상대자를 교환할 수도 있다. 이런 의미에서 성은 인간존재 안에서 하등동물에서와 똑같이 기능한다. 성에 대한 적합한 이해가 이 같은 생물학적인 면에서 머무를 수 없는 것같이 인간의 성에 대한 토론 역시 소홀히 할 수 없는 것이다.

인간의 사회에서 매우 중요한 것으로서 성의 두번째 중요한 요소는 많은 사람들, 아마도 대부분이 남자, 여자 관계를 일종의 게임으로 다룬다는 것이다. 두 사람이 서로 유혹하고, 불장난을 저지를 수도 있으며, 서로 희롱할 수도 있다. 나중에 발전할 수 있을지 몰라도 처음에 그들은 서로간에 아무런 진지한 관심도 없이 출발한다. 순간순간 그들은 단순히 게임을 즐기고 있을 뿐이다. 게임이 반드시 배제할 수는 없을지라도 성관계로 끝나는 것은 물론 아니다. 만약에 그렇더라도 성관계는 그 순간 외에 반드시 어떤 약속을 내포하지는 않는 것이다. 사실상 많은 사람들에게 있어서 약속을 회피하는 것도 게임의 일부가 되고 있는 실정이다.

    문화 속에서 중요한 성의 제3의 요소는 로맨틱한 사랑이다. 결혼신화 속에서 하나의 커플이 결혼하는 단 한가지 중요한 이유는, 완벽한 결혼을 이루고 사랑한다면 결혼해야 하며 사랑하지 않으면 결혼해서는 안된다는 것이었다. 이와 같은 종류의 사랑은 다른 사람을 이상화시킨다. 그것은 "한 사람과 그밖의 다른 사람 사이의 차이를 크게 과장시키는 것"으로 정의되어 왔다. 이는 다른 사람 안에서 발견되는 매력적인 모습에 대한 반응이며, 그 사람은 자신이 소유하고 싶은 욕망인 것이다. 멜로 드라마나 관람이 제한된 액션물에서 묘사되고 있는 극도의 로맨틱하고 비현실적인 정황은, 결혼 안과 밖의 인간관계에 관해 결혼한 사람이나 결혼하지 않은 사람 모두를 혼동시키는 경향이 있다.

    이와 같은 배경과는 반대로 성과 결혼에 대한 전통적인 기독교의 이해는 상이한 이상을 제시하고 있다. 단순한 용어로 진술된 그런 이상은 혼전 순결과 결혼의 신실성을 요청한다. 결혼은 영구적인 관계이며 어떤 이유로든 이혼은 잘못된 것으로 간주한다. 성충동의 영향 때문에 개인적인 관계는 극도로 조심하지 않으면 안된다. 남녀 간의 놀이는 고도의 성적 유혹이 있는 게임이기 때문에 결혼한 사람은 그 속에 포함되어서는 안된다. 심지어 로맨스와 흥분이 결혼에서 절감된다고 할지라도 부부는 그들의 결혼서약에 진실되지 않으면 안된다. 구혼기간은 재미있고 게임으로 간주되더라도 결혼기간은 보다 진지하지 않으면 안된다.

이 모든 것에서 결혼에 대한 전통적인 개념이 전적으로 부정적인 것을 의미하지는 않는다. 반대로 이러한 관점에서 로맨스는 보다 심오하고 의미 깊은 사랑으로 성숙되어야 한다. 성은 생물학적 충동을 만족시키는 것보다 훨씬 더 심오한 의미를 지닌다. 사실상 결혼은 구속하기보다는 자유케 하는 것이다. 그와 같은 결혼의 성취에 실패한 사람들일지라도 그와 같은 실패를 개인적인 것으로 생각하되 부적합한 제도 탓으로 돌리지는 않는다.

성에 대한 기독교적 해석

신학적 전망

하나님과 세상에 관여된 사람들을 돕는 것을 고백하고 있는 기독교가 어떤 사람의 경우 모든 인간행위의 근원으로 간주하고 있는 인간의 본질적 실재에 해당하는 것을 다룸에 있어서, 아무런 도움도 주지 못하고 있는 것은 아이러니가 아닐 수 없다. 4세기 말엽 위대한 신학자 어거스틴은 성에 대해서 부정적인 태도를 보였다. 자신의 개인적인 영적 갈등으로 인해서 그는 성욕 그 자체가 죄라고 믿고 있었다. 결혼한 사람들이 자녀를 갖고 싶을 때에 성관계가 허용된다고 하더라도, 그는 독신이야말로 가장 거룩한 삶의 방식이라고 믿었다. 그의 이러한 관점이 초기 교회의 사고에 지배적이었으며 아직도 그 영향이 남아 있다. 최근에 이르기까지도 성을 은폐하는 청교도적인 부정적 표현이 남아 있다. 성은 금기사항이며 예의 있는 사회에서 논의되어서는 안되며, 남녀가 함께 있는 자리에서는 더욱 허용되지 않는다. 성에 관한 농담은 '불순한' 농담으로 여겨지고, 성은 가정에서도 학교에서도 자녀들에게 가르쳐지지 않았으며 교회에서는 더욱 그러했다. 신학자들 가운데는 성에 관련된 주제를 토론하고자 하는 사람도 있지만, 교회의 사고를 전체적으로 바꿀 수는 없었다. 따라서 성혁명이 1960년대에 강타했을 때 교회는 어떻게 지도해야 할지를 몰라 당황해 했었다.

대조적으로 성서는 성을 다루는 일에 매우 개방적이라고 할 수 있다. 성을 모독하지 않고서도 고대의 어떤 종교에서처럼 지나치게 성을 강조하지도 않은 채, 성서는 성을 정상적이고 인간의 삶의 중요한 부분으로 인식하고 있다. 성서는 자극하지 않고 사람들의 여러 가지 성적인 삶의 단면들에 대해서 기록하고 있다. '성교'에 대한 어떤 암시도 없이 사람들의 성적 행위의 사실을 묘사하고 있기도 하다.

성서적인 교훈에 근거해서 인간의 성에 대하여 몇 가지 사실을 말하고자 한다. 우선 성은 하나님께서 주신 자연의 일부라는 사실이다. 성서적인 용어로 모든 피조물이 하나님의 작품이며, 인간이야말로 바로 하나님의 걸작품이다. 하나님의 인간창조에 대한 최초의 기사는 여자가 남자를 보완시키는 것으로 지음받은 이야기가 나오기까지 완성적인 것이 아니었으며(창 2:7, 18-22), 이야기의 절정은 두 남녀의 결합에서 나타난다(창 2:24). 나중의 창조기사에서 인간은 "남자와 여자"로 만들어졌다고 기록하고(창 1:27), 다른 피조물과 같이 "열매 맺고 번성하라"고 명령되어졌다. 따라서 성은 모든 인간존재의 특징이기도 하다. 성충동은 인간의 매력 여부와는 무관하다. 나이 많은 사람이라고 해서 더 이상 성적인 존재와 무관한 것이 아니며 종교적인 서원을 한 사람도 마찬가지이다. 인간은 환경에 의해서 성충동을 받을 수 있으나 그것으로 자신을 파괴해서는 안되는 성적 존재인 것이다.

둘째로 인간의 성은 선한 것이지 악한 것이 아니다. 하나님께서는 우리 인간을 있는 그대로 창조하셨으며 하나님의 창조는 선한 것이다. 하나님께서 창조하신 다른 것들과 같이 인간은 성을 남용하고 타락시킬 수도 있다. 심지어 성으로 자신을 파멸시킬 수도 있다. 그러나 그러한 가능성은 하나님께서 선하게 지으신 것을 악하게 만드는 것이다. 부분적으로 이런 사실의 중요성은 교회가 오랫동안 취해 온 견해와는 아주 대조를 이룬다는 점이다. 그것은 또한 비록 현세대가 성적 쾌락에 매우 개방적이고 자유하다고 하더라도 본질적인 성적 남용의 비극적인 결과는 모두에게 공통적이라는 사실 속에도 남아 있다. 성이 선하다고 하는 것은, 많은 사람들이 정상적이고 합법적인 성적 감각과 행위까지도 죄의식으로 느낌에도 불구하고 긍정된다. 피해는 성을 남녀 간의 세력다툼, 인간에 의한 인간의 침해, 질투, 좌절 그리고 인간관계를 분열시키는 불안정 속에서 사용하는 데서부터 발생한다. 본질적으로 성의 선한 본질과는 역행하여 광란적으로 쾌락을 추구하기도 하나, 막상 그 자체로는 아무런 기쁨도 없음을 젊은 세대들에게 주지시킬 필요가 있다.

셋째로, 성관계는 두 사람 간의 어떤 행위라기보다는 하나의 관계로 이해하는 것이 최선이다. 성교에 관해서 사용되는 야한 말들은 어떤 사람이 다른 사람을 무시하는 어투이다. '알다'라는 합법적인 성관계에 관한 성서적 용어는 상당히 다른 태도의 의미를 지니고 있다. 앎이란 단순히 사실에 대한 인식이나 어떤 것이 진실이라는 지적 인정을 의미하는 것이 아니라, 실재에 대한 경험을 의미한다. 남자와 여자가 성적으로 서로를 안다는 것은 육체적인 것 이상의 교제에 들어가는 것을 말한다. 레스터(Andrew Lester)의 말을 들어 본다.

> 우리는 남자든 여자든 서로 친숙한 경험 속에서 상대의 성을 가진 사람과 관계를 드러냄으로 결여하고 있는 것이 무엇인지를 '알게' 된다. 이렇게 친숙하게 '아는 것'은 성관계 속에서 가장 심원한 수준에 이르게 된다. 남자든 여자든 인간존재는 완전한 관계의 경험을 통해서 자신과 자신의 가능성을 알게 된다. 이러한 사람은 또한 다른 경험의 통로를 통해서는 성취할 수 없는 방법으로 상대방을 알게 된다.

기독교적인 전망에서 이와 같은 관계의 상호성은 매우 중요한 의미를 갖는다. 이와 같은 개념은 인간이 동반자를 필요로 하는데 초점을 맞춘 창조 이야기 속에서 시사되고 있다(창 2:18-25). 이것은 인간이 남자와 여자로 창조되었고, 한 실체의 두 필수부분으로 지음 받았다는 나중 기사 속에서 보다 직접적으로 긍정되고 있다(창 1:26-28). 성서 기자들 가운데 사도 바울이 이 사실을 가장 잘 말하고 있는 것으로 보인다. 바울은 고린도 교회에 대하여 다음과 같이 말했다.

> 음행의 연고로 남자마다 자기 아내를 두고 여자마다 자기 남편을 두
> 라 남편은 그 아내에게 대한 의무를 다하고 아내도 그 남편에게 그
> 렇게 할지라 아내가 자기 몸을 주장하지 못하고 오직 그 남편이 하
> 며 남편도 이와 같이 자기 몸을 주장하지 못하고 오직 그 아내가 하
> 나니 (고전 7:2-4)

온전한 남녀 관계에 관한 나중 기록에서 바울은 "그리스도를 경외함으로 피차 복종하라"(엡 5:21)고 말한다. 피차 간의 복종에 관한 그의 논의가 성관계에 국한되는 것은 아니지만 이를 포함하고 있는 것도 사실이다.

넷째로, 성관계는 두 가지 기본적인 기능을 한다. 첫째 기능은 재생산이다. "열매를 맺고 번성하라"는 명령에 부합되는 이 기능은 성서 전반에 걸쳐서 주장되고 있다. 둘째는 남자와 여자의 연합을 확립하고 유지하는 기능이다. 다른 요소도 내포되어 있지만, 연합은 성관계 없이는 불완전한 것이다. 이는 바로 "그러므로 이제는 둘이 아니고 하나이니라"고 말씀하고 있는 성경이 시사하고 있다. 한 번 남자와 여자가 성적으로 결합하면 그 관계는 그 이전으로 돌아갈 수 없다. 그러한 이유로 바울은 "창기와 합하는 자는 저와 한 몸인 줄을 알지 못하느냐"(고전 6:16)라고 경고하고 있다. 그가 좀 과장되게 말하고 있는 것은 사실이다. 성적인 관계에 마력적인 것이 있는 것은 아니며, 일시적인 육체적 결합 이외에 다른 관계의 의도가 없다면 두 사람이 그 행위로 인해서 필연적으로 바뀌어지는 것은 아니다. 그러나 성관계는 자신들의 사랑과 상호간의 수용을 표현하기 위하여 함

께하는 두 사람 사이에 일종의 동질성을 만들어 낸다. 그리고 그것은 계속해서 결합을 나타낸다. 서로 사랑하는 남자와 여자가 성적으로 함께할 때 그들은 단지 성적 욕구를 충족시키는 것만은 아니다. 그들이 함께하는 것은 그들이 하나이기 때문이며, 성관계는 하나됨의 가장 의미심장한 표현일 뿐이다.

다섯째로, 성충동은 억제될 필요가 있다. 배고픔을 만족시키기 위해서도 선하고 합법적인 방법이 있는 것처럼, 성충동을 만족시키는 데도 그러한 선하고 합법적인 방법이 있는 것이다. 굶주림을 채우는 과정에서 사람을 해할 수도 있듯이 성충동도 해를 끼치면서 만족시킬 수가 있는 것이다. 하나님께서 주신 기능으로서 성이 자연이라는 사실은 그 표현에 있어서 아무런 제약도 있어서는 안된다는 것을 시사하지는 않는다. 성적 억압이 명백하게 위험한 것처럼 성적 문란 역시 못지 않은 위험을 지닌다. 자발적인 한계설정과 절제의 이행이야말로 성충동을 다루는 중요한 방법이다.

이는 어떤 것은 해도 되고, 혹은 해서는 안된다는 것을 규정하고 있는 외적인 권위를 따라야 된다는 것을 의미하지 않는다. 오히려 그리스도인은 삶에 있어서 성충동을 긍정적이고 건설적이며 창조적인 힘의 통로가 되게 하도록 결정할 필요가 있다는 것을 의미한다. 우리는 결단을 내림에 있어서, 그리스도인은 여러 자료들, 그 중에서도 성서를 사용하는 것에 관하여 이미 살펴보았었다. 세 가지 일반적인 원칙이 성에 관한 성서적 교훈에 들어 있는 것을 볼 수 있다. 첫째, 우발적이거나 난잡한 성행위는 금지한다. 둘째, 결혼에 있어서 성관계는 핵심적인 것이기 때문에 어떤 사람과 성관계를 갖는다는 것은 결혼에 해당하는 사람과의 결합을 의미한다. 셋째, 어떤 종류의 강제적인 관계도 인격적인 반칙일 뿐만 아니라 하나님의 뜻을 범하는 것이다.

마지막으로 신학적 주장은 인격적인 완전성이란 단순히 행위만의 문제라기보다는 동기나 태도에 달려 있다고 하는 것이다. 예수님은 이와 같은 원칙을 살인이나, 간음, 이혼, 정직, 정의에 관련된 계명을 해석하는 데도 적용하셨다(마 5:21-48). 이와같이 도덕적인 것과 부도덕적인 것은 행위보다는 인간 그 자체의 문제로 보고 있다. 이는 행위가 전혀 문제되지 않는다는 것을 의미하는 것이 아니다. 예수님이 "그의 열매로 그들을 알리라"(마 7:20)고 하신 것처럼 행위는 언제든지 중요하게 다루어지고 있다. 그러나 어떤 사람이 사랑하는지 사랑하지 않는지의 여부가 바로 그 사람의 행위를 결정하며, 이들 양쪽 모두의 태도를 표현하는 여러 가지의 방법이 있는 것이다. 그러므로 성적 순결은 단지 행위뿐만이 아니고 다른 사람에 대한 태도와도 관련된다.

관계성에 관한 질문

성과 자유. 21세기의 사회변화에 가장 중요한 요인 중에 하나는 피임의 안전성과 신뢰할 만한 방법의 발전이라고 할 수 있다. 이러한 발전이 있기 전에는 계획하지 않은 임신이 남자와 여자 사이의 행위의 기준을 유지하고, 결혼과 가족관계, 노동단체에서의 여성의 출현에서 기본적인 요소가 되어 왔다. 그러나 '알약'은 이 모든 것들을 바꾸어 놓았다. 70명도 넘는 남자와 성관계를 가진 사실을 친구에게

털어놓은 한 여대생은 "약을 복용하고 있었기 때문에 큰 문제가 없었다"고 덧붙인 적인 있었다.

그러나 피임으로 얻게 된 자유는 학생들이 생각하는 만큼 그렇게 충분한 것이 아니었다. 다른 피임방법과 마찬가지로 알약복용에 따른 부작용은 여전히 남아 있었다. 처음에는 동성연애자에게만 문제가 되는 것으로 생각되었던 에이즈가 이성간의 관계에서도 확산되고 있다는 사실이 알려지게 되었다. 그러나 그러한 문제가 해결되는 때가 언젠가는 있을 것이며, 젊은 여성의 경우 이미 알고 있는 부정확한 안전이 곧 현실적이 것이 될 때가 있을지도 모른다.

그러므로 성이 정말로 '큰 문제'인가? 라는 질문은 중요한 것이며, 정말로 중요하다고 하는 것이야말로 그 대답이 아닐 수 없다. 성은 존재의 일부이며 인간됨과 인격의 됨됨이에 있어서 기본적인 것이다. 성행위는 단지 만족시키는 것만이 아니라 일종의 표현이기도 하다. 그러므로 그 목표는 '기분내는 것'이 아니라 성을 통해서 삶을 풍성하게 하는 것이다. 그것은 엄격한 금기사항을 부담시킴으로 이루어질 수 있는 것도, 그 중요성을 배제함으로써 이루어지는 것도 아니다. 인간이 가담하는 모든 활동에 대하여 전인격, 용모, 정신적 능력, 관심, 유머 감각, 성취감 그리고 야망이 있어야 한다. 이러한 요소들을 서로 분리시킬 수는 없으며 성으로부터도 이는 마찬가지이다. 서로 분리할 수 없는 많은 요인들을 포함하고 있는 인격을 실현한다는 것은 마음이나 정서, 혹은 성적 존재만으로 행동하는 것이 아니고, 포함시킬 수 있는 모든 것들을 전인격 속에서 실현함으로 가능한 것이다. 그러므로 인간의 성은 인간의 질(質)을 구성하는 일부이다. 만약에 성이 인격적 관계형성의 요인들을 배제해 버리면 그러한 관계는 심각한 결핍을 드러내게 될 것이다.

성과 사랑. 성관계는 부부가 상호간의 사랑을 표현하는 가장 친밀한 방법이라고 말했었다. 이는 모든 성관계가 다 그러하다는 의미일까? 현대의 로맨스 기록물들은 사랑하므로 성관계를 갖는다고 주장함으로 사랑과 성을 함께 결합시킨다. 그러나 70명도 넘는 남자와 잠자리를 함께했다는 젊의 여인의 경우, 과연 그녀가 그 남자들 모두를 사랑할 수 있었을까? 하는 것은 의문이 가지 않을 수 없다.

사랑하고 있는 한 커플이라고 해서 결혼의 여부와 관계없는 성관계를 정당화시킬 수 있을까? 예를 들면 그늘이 아식도 학교에 다니고 있다거나, 경제적으로 자립하지 못하고 있다거나, 혹은 부모들의 반대로 그들의 결혼이 막혀 있는 상황도 있을 수 있다. 그들 중 어느 하나는 다른 사람과 결혼한 상태일지도 모른다. 어느 한 쪽이 당장에 결혼하지 못하도록 누군가에게 경제적, 정서적, 혹은 법적 의무를 지니고 있을 수도 있다. 이 경우 그들의 사랑을 성관계로 표현해도 될까?

이러한 질문은 쉽게 대답할 수 없는 문제이다. 그러나 대답을 위해서는 몇 가지 요인들이 고려되어야 할 것 같다. 한 가지는 사랑이 쉽게 정의되지 않는다는 점이다. 말하자면 사랑하는 것과 사랑하지 않는 것 사이의 차이가 분명하지 않다. 사람들이 진정으로 사랑에 '빠져' 있지 않는 경우 - 최소한 대부분의 사람들이 그러한 경우다 — 대개는 갑자기 다른 사람에게 호감을 느낀다든가 한다. 때때로 사람들은 자신에게 호감을 느끼는 사람에게 직접 반응을 보이지만 그렇지 않을 때도 있다. 때로는 새로운 관계의 가능성으로 인해 쉽게 흥분하기도 한다. 이러한 호감은 깊은 애정을 가져올 수도 있고 그렇지 않을 수도 있다. 하지만 사랑은 즉흥적으로 만들어지는 것이 아니다. 사랑은 시간을 두고 발전하는 것이다.

달리 고려할 사항은 사랑이 항상 결혼으로 종결되지 않는다는 점이다. 대부분의 사람들은 결혼하기 전에 여러 사람을 사랑하기도 한다. 미국에서는 약혼한 사람들의 반 수 이상이 파혼을 경험하고 있는데, 그 이유는 사랑한다고 믿고 있던 사람들이 그렇지 않다든가, 혹은 사랑함에도 불구하고 결혼계획을 성공시키지 못함으로 인해, 혹은 정해진 때에 결혼할 준비가 되어 있지 않음으로 인해, 결혼이 불가능해질 수도 있기 때문이다. 그러므로 사랑한다고 하는 것은 성적인 관계에 들어가느냐, 아니냐 하는 중요한 것을 결정하기 위해 그렇게 튼튼한 기초라고 볼 수 없다.

세번째 고려사항은 이들 두 사람이 사랑하고 있는 정황에 관한 것이다. 말하자면 사랑하고 있는 사람들이란 다른 사람들로부터 고립되어 있는 것이 아니며, 따라서 그들의 관계는 자신들만의 배타적인 것이 아니다. 그들에게는 부모가 있으며 형제 자매도 있고, 학생이든지 아니면 일하는 사람일 수도 있고, 친구가 있고, 신앙 공동체의 일원이기도 하고, 하나님의 자녀인 동시에 그리스도의 제자이기도 하다. 과거에 은혜를 받은 적이 있었는가 하면 상처를 받은 적이 있기도 하다. 지금은 다양한 면에서 성공적이거나 만족한 현실일 수도 있다. 당장의 현실이 미래의 초석일 수도 있다. 각자가 상황에 따라 결정할 수 있는가 하면, 상황이 사랑을 방해하는 요인일 수도 있다. 사람들은 각자 과거의 배경이 있고 공동체 안에 존재하며 미래를 지향하고 있다. "다른 사람은 어떻게 생각할까?" 하고 생각하는 것이 결코 쉬운 문제가 아니다. 자신들의 삶과 다른 사람들과의 삶은 각자가 결정하는 것에 의해서 지대한 영향을 주고받는 것임을 인정하지 않을 수 없다.

성과 결혼. 전통적인 기독교 사상에서 성관계는 결혼을 전제하여야 한다고 한다. 그러한 이상은 일반적으로 "혼전 순결과 결혼에서의 신실성"이라는 용어로 진술되고 있다. 그리스도인들은 대개 그것을 신봉하지 않을지라도 긍정하고 있는 편이다. 혼전, 혼외 성행위가 증가하고 있는 증거가 뚜렷한 미국 내에서도 그것은 긍정되고 있다. 가족의 삶이 위협받고 개인적인 행복이 그러한 행위에 의해 침해당하고 있다는 믿음에 의문을 제기하는 사회학적, 심리학적 연구에 의해서 고조된 도전 속에서도 그것은 여전히 긍정되고 있다.

전통적인 기독교 견해는 성경으로부터 출발한다. 특별한 규정에 집중되지 않고 일반화시킬 수 있는 특징들이 그 속에 들어 있다. 구약성서 율법은 성관계를 결혼관계 안에서만 적합한 것이라고 말한다. 매춘은 히브리 여성들에게 금기사항이며, 남성들에게는 선심을 쓰는 듯한 매춘을 경고하고 있다. 결혼하지 않은 여자와 성적 관계를 가진 남자는 그 여자와 결혼하도록 강요되어졌고, 결혼한 여자와 관계를 가진 남자는 처형되었다.

예수님은 성관계에 대해서 많은 말씀을 하지 않으셨는데 아마도 그 이유는 그분 주변의 사람들의 삶의 기준이 높았기 때문에 그럴 필요가 없었던 것으로 보인다. 요한복음 7:53-8:11에 의하면, 간음하다가 잡힌 여인에게 예수님께서 율법의 요구대로 처벌하기보다는 용서해 주실 것을 말씀하신 경우를 기록하고 있다. 간음을 금하는 율법에 대한 해석에서 예수님은 나타난 행위보다는 욕망에 대해서 말씀하심으로 도덕성의 내적 중요성에 초점을 두셨다(마 5:27-28). 예수님은 유전된 이상을 거부하지는 않으셨으나 그것을 해석하고, 처벌보다는 구속에 초점을 두신 것이다.

도덕적인 기준이 상이한 이방세계에 위치하고 있는 교회에 편지하면서 바울은 도덕인 문제에 대해서 매우 분명하게 강조하여 말했다. 율법에 대한 복종에서가 아니라 은혜로 말미암아 구원을 받는다는 것을 주장하였지만, 그는 율법이 도덕적 행위를 철저하게 지도할 수 있는 것으로 인정했다. 그는 '부도덕'(porneia)하다고 부른 대로 혼외의 모든 성관계를 율법이 금하고 있는 것으로 이해하였다. 고린도 사람들에게 그는 "미혹을 받지 말라 음란하는 자나 우상숭배 하는 자나 간음하는 자나 탐색하는 자나 남색하는 자나 도적이나 탐람하는 자나 술 취하는 자나 후욕하는 자나 토색하는 자들은 하나님의 나라를 유업으로 받지 못하리라"(고전 6:9-10)고 말하였다. 그는 다른 말로 이와 똑같은 말씀을 갈라디아서 5:19-21, 에베소서 5:3 그리고 골로새서 3:5-6에서 사람들에게 말했다. 결혼 안에서의 성관계에 대해서는 합법적인 것으로 여긴 반면, 성적 탈선은 부도덕한 것으로 간주했다. "식물은 배를 위하고 배는 식물을 위하나 하나님이 이 것 저것 다 폐하시리라"(고전 6:13)고 바울은 말한다. 그는 혼외의 성을 매우 심각한 것으로 간주하고 있기 때문에 "너희도 이것을 정녕히 알거니와 음행하는 자나 더러운 자나 탐하는 자 곧 우상 숭배자는 다 그리스도와 하나님 나라에서 기업을 얻지 못하리니"(엡 5:5)라고 바울은 말하고 있다.

이렇게 전통적이고 성서적인 기준이 오늘날에도 여전히 유효한 것으로 남아 있는 것인가? 여러 연구기관들은 많은 수의 그리스도인을 포함해서 미국 인구의 큰 비중이 더 이상 그러한 이상을 받아들이지 않고 있음을 보여 주고 있다. 더욱이 연구자들은 혼전 성행위와 결혼의 성공내지 실패 여부와의 관계에 어떤 입증할 만한 것을 발견할 수 없었다고 보고하고 있다. 그러나 기독교 윤리학자들은 모든 혼전 성행위를 금하는 율법주의를 회피하는 경향이 있지만, 그럼에도 불구하고 최선의 방법으로는 전통적인 입장을 고수하고 있다. 헤틀링거(Richard Hettlinger)는 다음과 같이 말하고 있다.

> 성행위의 독특한 특징과 친숙성으로 인해서 그것이 결혼의 항구적인 헌신성과 분리되어 올바르고 의미있게 경험될 수 있는 것인지를 묻고자 한다. 어떤 의미에서든 부부는 상호간에 실제적으로 반응할 때까지 사랑은 미완성적인 것이 아닐까? 만약에 그렇다면 사랑의 결합을 표현하고 보증하는 행위는 그러한 순간에 정당화 되는 것이 아닐까(*Living with Sex*, p. 137)?

그러나 그는 다음과 같이 말함으로써 미련을 남겨 두고 있다.

> 만약에 성행위가 완전하고 자유로운 토의를 한 끝에 결혼하여 부부

가 되고자 하는 계획을 상호간에 받아들이고, 임신의 가능성과 그에 따르는 희생, 그리고 서로의 사랑과 존경을 받아들일 만큼 성숙하고 정립되어 있다면, 그 행위는 결혼 전이라도 중요한 의미를 갖고 있음에 별다른 차이가 없다고 본다(p. 137).

그러나 이러한 조건들이 결혼한 상태와는 어떻게 다른 것인가? 교회나 국가에 의해서 인정된 의식에 따른 관계의 합법화와 형식적 차이가 없는 것 같다.

결혼 안에서의 성관계의 위치는 무엇인가? 그것은 결혼에 있어서 핵심적인 사항인가 아니면 부차적인 것인가? 만족할 만한 성관계는 성공적인 결혼이고, 성관계가 불만족스럽다면 실패한 결혼인가? 전통적인 기독교가 혼전 성관계를 금하는 것을 따라야 할 도덕적 과정으로 간주하는 것같이 결혼 안에서의 신실성(貞節) 역시 올바른 길이라고 간주한다. 1970년대에 오닐에 의해서 주창된 '개방적 결혼'의 입장을 채택하기를 추구하는 사람들이 있기는 하지만, 오늘날 그리스도인들 가운데 부부간의 정절을 도전하는 사람은 별로 없는 것 같다(Neda and George O'Neill, *Open Marriage*). 그러나 부정(不貞)은 상대방에 의해서 허락을 받든 안받든 간에 결혼의 안정성을 심각하게 해치는 것이 아닐 수 없다. 성관계는 남편과 아내의 가장 친밀한 교제를 위한 확인이라고 할 수 있다. 자신의 배우자가 아닌 다른 사람과의 관계는 결혼에 있어서 성서가 천명하고 있는 가장 핵심적인 것을 부정하는 것이다. 한편으로 신실성(貞節)은 결혼의 자연스런 결과일 수밖에 없다. 남자와 여자 사이의 사랑은 다른 경쟁자가 끼어들 여지가 없는 실질적으로 배타적인 관계이다.

성적 표현은 남편과 아내의 상호이익을 위한 의도를 지닌다. 바울은 고린도전서 7:3-5에서 놀랄 만한 통찰력과 명료함으로 이 사실을 진술하고 있다. 관계의 상호성에 관한 이와 같은 통찰력이 항상 이해되는 것은 아니다. 많은 여자들이 성을 결혼의 부담스런 책임으로 간주하고 있기도 하다. 만약에 그들이 성을 즐긴다면 그것을 인정하기를 부끄러워할 것이다. 그러나 남편과 마찬가지로 아내도 성으로부터 의미를 발견하는 것이 가능하고 또 바람직하다. 그러한 이유로 '만족'이라는 단어를 성과 관련된 최선의 용어라고 보지 않는데, 그 이유는 그것이 자기 추구의 행위를 함축하고 있기 때문이다. '표현'이 이해 면에서 오히려 더 적합하다고 보는데, 성관계에서 각자 파트너는 사랑과 헌신을 표현하며 다른 사람을 기쁘게 하는 것을 추구하기 때문이다. 모든 인간 경험에서 성이야말로 가장 친밀한 것이기 때문에, 그것은 사랑의 가장 완전한 표현이며 다른 인격을 아는 데 가장 심오한 방법인 것이다.

결혼에 대한 기독교적 해석

현대 미국신화 속에서 사랑과 성, 그리고 결혼은 불가분적으로 삼부작을 구성하고 있다. 물론 사실상 이 셋은 쉽게 분리될 수도 있다. 사랑은 언제나 성관계 속에서 표현되는 것이 아니며, 결혼에 도달하는 것도 아니다. 최소한 성관계 내에서의 성은 사랑이나 결혼과 상관없이도 가능하다. 사랑이나 성관계 양쪽 다 없이도 결혼은 가능하다. 그러나 다른 사회적 통념과 같이 결혼은 성과 연결된 것으로 표현되고 있다. 사랑과 성, 결혼은 서로 연결되어 있는 것인데, 그 이유는 이들 셋 모두가 친밀함과 상호수용으로 인간의 기본적인 갈망과 관련되어 있기 때문이다. 그러한 이유로 결혼에 대한 기독교적 해석을 성에 대한 기독교적 해석과 연관시키는 것이 적합하다고 생각된다.

대부분 그리스도인들의 결혼예식은 결혼에 대해서 "하나님께서 제정하신 것으로 존중히 여겨야 할 것"으로 말하고 있는 "공중기도서"의 내용과 유사한 구절을 사용한다. 그러한 동의는 하나님께서 결혼을 제정하셨음을 진술하고 있는 구약성서를 예수님께서 인용하고 계시는 구절, 즉 "사람을 지으신 이가 본래 저희를 남자와 여자로 만드시고 말씀하시기를 이러므로 사람이 그 부모를 떠나서 아내에게 합하여 그 둘이 한 몸이 될지니라 하신 것을 읽지 못하였느냐"(마 19:4-5; 비교 창 2:24)를 통해 강조되고 있다.

인간존재는 이와같이 지음 받았으므로 남자와 여자가 함께하는 것은 성적일 뿐만 아니라, 인격적인 결합에서도 정상적인 경험이다. "결혼의 목적이 무엇이냐?"라는 질문은 "잠의 목적이 무엇이냐?"라는 질문보다도 더 비논리적이다. 보다 적합한 질문이라면 "결혼의 기능이 무엇인가?"를 물어야 한다. 이상적인 용어로는 두 가지 기본적인 방법으로 결혼의 기능을 진술하고 있다. 첫째, 결혼은 자녀의 생산과 양육을 위한 지원구조를 마련한다. 어떤 아이들은 결혼관계 밖에서 태어나서 양육되기도 하며, 한편 모든 결혼한 부부가 아이를 갖지 않는 것도 분명한 사실이다. 그러나 결혼은 사회적으로, 종교적으로 생산과 양육을 위한 환경을 재가한다. 둘째로 결혼은 자신을 헌신하므로 각기 상대방을 가능한 범위 내에서 인격적인 발전을 도모하는 환경을 제공하고, 인간사회에서 가능한 가장 깊은 안정감과 수용성을 제공해 준다. 모든 결혼이 이렇게 효과적으로 기능을 발휘하고 있는 것은 아니지만 그렇다고 다른 어떤 기관이 결혼의 기능을 대신할 수는 없다.

결혼에 관한 기독교적인 개념을 기술하는 데 전통적으로 사용되고 있는 용어로서 일부일처제, 연합 그리고 불가분성 등 세 가지를 들고 있다. 우리들 사회 속에서 일부일처제는 법적으로도 확고하게 확립되어 있으나 어떤 소수의 사람들은 이를 심각하게 도전하기도 한다. 그러나 높은 비율의 이혼과 재혼은 일부일처제가 항구적인 결혼관계로 함축되는 양상을 바꾸어 놓고 있다. 여성의 평등에 관한 점진적인 강조가 일부일처제의 개념과 철저하게 연결되어 있음도 지적되어야 한다. 일부일처제의 이상은 어떤 사람이 다른 사람에게 종속된다든가, 다른 사람의 행복을 위해서 어떤 사람이 완전히 조종당한다든가, 혹은 어떤 사람의 장래가 다른 사람의 자비에 전적으로 달려 있다든가 하는 것을 심각하게 고려할 여지조차도 없음을 의미한다. 만약에 일부일처제가 법적인 것 외에 다른 의미로 이해되어진다면, 두 사람 상호간의 배타적인 동시에 상호 헌신적인 의미도 이해되어질 것이다.

연합의 개념은 현재 두 가지 면에서 도전받고 있다. 첫째, 그것이 정말 가능한 것인가 하는 질문이 있다. 다른 배경과 인격, 태도, 기호 그리고 다른 기질을 가지고 있는 두 사람이 함께하고 연합될 수 있는 것일까? 그들이 정말 서로 많이 사랑한다고 하더라도 개인적인 정체성을 지니지 않아도 될까? 사실 사람이란 개별적인 것이 아닐까? 둘째로는 그것이 과연 바람직한 것인가 하는 것이다. 만약에 어떤 사람이 개인적인 관심이나 야망, 욕망을 포기하고자 한데도 정말 그것이 가능할까? 개인적인 제거보다는 오히려 발전시키는 쪽에 더 많은 관심이 있는 것이 아닐까?

만약에 연합이 개인의 정체성을 잃는 것이라면, 그것은 가능한 것도 바람직한 것도 아니다. 결혼은 각기 상대방을 풍요롭게 만듦으로 각자의 인격을 더욱 완전한 것으로 발전시켜야 한다. 인격은 격리된 속에서 발전하지 않고 다만 상대방과의 상호작용을 통해서만 발전한다. 인격은 고립 속에서가 아니라 다른 사람과의 관계 속에서 그 역할을 한다. 더욱이 인간의 삶은 아무런 변화도 없는 정지된 것이 아니다. 삶에서는 성장이나 발전이 멈추지 않는다. 결혼 안에서의 연합의 의미는 남편과 아내가 그들의 삶이 함께 성장하는 방법으로 상대방의 발전에 공헌하는 것을 의미한다. 그들은 상호 의존적이며 서로를 지탱한다. 그들은 '나'와 '우리' 사이의 긴장관계 속에 머무르며, 그러한 긴장을 해결하려는 노력 속에서 상대방의 입장에서 자신을 보려고 노력한다.

이러한 연합은 언제 이루어지는 것일까? 대부분의 결혼예식은 "그러므로 하나님이 결합하신 것을 사람이 나누지 못할지니라"라는 말을 인용하고서, 주례자는 두 남녀를 '남편과 아내'로 선포한다. 분명히 그러한 선포는 법적인 의미 외에 다른 연합을 부과하지 않는다. 예식을 거친 많은 사람들이 실제로 연합하지 못하는 경우가 허다하다. 부부의 연합은 그들이 다른 모든 가능한 결혼 상대자들로부터 떠나 각각 단일 대상이 될 때에 이루어진다. 결혼예식 전이나 그 후로든 그들이 함께하는 모든 것은 연합과정의 일부분이 된다. 연합이 어떤 특별한 시점에서 확립되는 것이라고 말할 수는 없다. 그보다는 성품이나 인격이 발전하고 성장하는 것처럼 한 부부도 과정을 거쳐서 하나가 되어 가는 것이라고 할 수 있다.

그러나 결혼예식의 중요성을 감소시켜서는 안된다. 사회학자가 '통과의식'이라고 부르는 것은 지위의 변화를 알릴 뿐만 아니라 새로운 지위를 확립하는 데도 중요하다. 이것이 바로 출생이나 죽음, 성인(成人)됨, 종교적인 입회와 지위, 결혼 등과 결부되는 예식을 필요로 하는 이유이다. 그것은 다른 사람들의 관점에서 결혼예식이 남자와 여자 간의 결합을 설정하는 것이지만 당사자들에게는 자신들이 바로 남편과 아내가 되는 지위의 변화를 의미하는 것이 된다. 종교적인 예식은 어떤 의미에서 연합이 하나님의 행위라는 확신을 인정히기도 한다. 기독교직인 용어로 예식은 최소한 하나님 앞에서 지위의 변동인 것을 인정하고 최대한으로는 연합하는 것이야말로 하나님의 일이라는 것을 인정하는 행위이다.

성적 행위관계를 통한 결혼의 성취가 연합을 이루는 데 있어서 과소평가되어서는 안된다. 성적인 행위는 전인적인 것임을 표현하는 것이기 때문에 심오한 것이며 돌이킬 수 없는 위임사항이다. 그것은 사랑과 자기 헌신의 실현이기도 하다. 그 외에 연합에 더 완전하게 영향을 미치거나 보다 적합하게 표현할 수 있는 것이란 없다.

불가분성의 개념은 연합의 개념과 밀접하게 연관되어 있다.

대부분의 그리스도인들은 결혼을 파괴시킬 수 있는 것이 있을 수 있다고 인정하더라도 항구적인 연합이야말로 이상적인 것임을 주장한다. 마태복음 5:31-32과 19:3-9보다는 마가복음 10:11-12과 누가복음 16:18에서의 예수님의 교훈을 따라서 로마 카톨릭 교회는 유효하게 성사된 결혼은 결코 나누어질 수 없다고 가르친다(이 교회는 때로 정해진 법을 어긴 결혼에 대해서는 무효로 한다). 한때 개신교들은 일반적으로 마태복음의 교훈을 좇아서 불신을 이유로 해서 이혼의 가능성을 받아들이기도 했다. 현재 대부분의 개신교는, 결혼의 항구성을 주장하기는 하지만, 그렇지 못한 다양한 이유들을 인정하며 이혼한 사람의 재혼을 허용하기도 한다.

결혼관계를 끝낼 수 있음을 인정하는 개신교는 과연 예수님의 교훈을 무시하는 것일까? 이 질문에 답하기 위해서는 예수님께서 그 당시에 가르치신 것과 오늘날 같은 교훈을 다시 말씀할 경우 어떻게 하실 것인가를 재고할 필요가 있다. 확고하고 완전하게 대답할 수는 없다고 할지라도 우리가 알 수 있는 것은, 그 당시 예수님께서 그렇게 가르치실 수밖에 없도록 여인들에 대한 보호가 필요했을 것이라는 점이다. 그 문제에 관한 고유한 구약성서의 율법은 여자가 '수치스럽다'는 이유만으로도 남자에게 이혼을 허용하고 있었다(신 24:1). '수치스럽다'는 말의 의도는 예수님 당시에도 논쟁이 되었다. 일반적으로 아주 자유주의적인 해석이 주어졌고, 여자에게는 불가능했지만, 남자에게는 이혼이 쉬운 편이었다. 그러나 독신 여인의 지위는 당시 사회 속에서 지탱하기가 매우 어려웠다. 결혼하기까지 여자는 자신의 아버지에게 의존적이어야만 했고, 결혼한 후에는 남편에게 그렇게 해야만 했다. 여자로서는 자신의 생활비를 벌 만한 직업이 제공되지 않았기 때문에 여인들에게는 자신들을 돌보아 주는 남자가 있어야만 했다. 그러므로 여자가 이혼을 당한다는 것은 그녀의 안전을 몽땅 박탈당하는 것을 의미했다. 오늘날 대부분의 여성들은 자신을 부양할 수 있는 능력을 갖고 있으며 그 수도 점차 늘어 가고 있는 추세이다. 그들은 남편이 없어도 되기 때문에 예수님 당시 당했던 같은 방법으로 이혼에 의해서 희생되지는 않고 있다. 항구적인 연합의 이상이 남아 있고 그러한 연합으로 인한 만족이 중요하지만 경제력의 상실이라는 결과로 여자가 거의 손해를 보지는 않고 있다.

그러한 이상을 표현하는 데는 아마도 '불가분성'보다 '항구성'이 더 나을 성싶다. '불가분성'은 상황이야 어떻든 간에 결혼 이외는 다른 방법이 없음을 시사하는 배타적인 법적 의미를 지닌다. 그러나 '항구성'은 '연합'과 밀접한 관계를 갖는 이상을 함축한다. 그것은 부부의 연합이 어떤 폐쇄적인 것이 아니라 성취하고 유지하고자 하는 것을 암시해 준다.

동성애와 기독교 신앙

이제까지는 이성간의 관계에 대해서만 언급하였다. 그러나 점차적으로 동성연애자들의 수가 현저하게 증가하고 있는 형편이다. 그 수를 정확하게 확인할 방법은 없지만, 인구의 5-10% 정도일 것으로 추청하기도 한다(Fromer, *Ethical Issues in Sexuality and Reproduction*, p. 81).

동성애(*homosexual*)라는 용어에 대한 대부분 사람들의 정의는 결코 정확한 것이 아니다. 알란 벨(Alan Bell)은 "동성애 경험은 정신적, 사회적 그리고 성적 관계의 다양성이 매우 광범위하고 다양한 것이어서, 광범위한 용어로 '동성애'라고 하는 단어를 사용하는 것은 무의미할 뿐 아니라 오해가 될 수 있다"라고 말한다 (*Homosexuality and the Christian*, p. 9). 더구나, 많은 사람들은 성적 취향에 있어서 전적으로 이성적이거나 동성적이거나 하지 않는다. 비록 분명한 경계를 긋는 것이 어렵기는 하지만, 근본적으로 동성애자와 그렇지 않은 사람 사이를 구분하는 것이 도움이 될 것이다. 프로머(Fromer)는 동성연애자를 "동성에 대해 강한 성적 매력을 느끼는 사람, 동성에 의해 성적으로 자극되는 사람, 동성과 성관계를 맺기를 더 선호하는 사람"으로 정의한다(p. 79). 게이와 레즈비언의 전형은 없다. 그들은 모든 인종, 문화, 종교 그리고 사회경제 그룹에서 발견되고 있다. 그들은 모든 무역, 사업 그리고 직업에 종사한다. 그들은 이성의 사람들과 마찬가지로, 다른 사람들을 만날 수 있는 장소에 자주 가서 활동하고 임시적인 관계를 맺기도 하며 지속적인 관계를 맺기도 한다. 상당수의 사람들이 "동성에 대해 강한 성적 매력"을 느낀다는 사실을 어떻게 설명할 수 있을 것인가? 일반인들은 개인이 고의적으로 동성애를 선택한다고 생각하는 경향이 있다. 만일 그렇다면, 그들은 동성애자가 되지 않기 원한다면 그러한 선택을 분명히 할 수도 있을 것이다. 그러나 게이들과 레즈비언들에게 쌓여 온 적대감과 모욕하에서 볼 때, 이성적인 사람이 의도적으로 그런 선택을 할 것인지 의아해 하지 않을 수 없다.

동성애를 이해하기 위한 한 가지 접근법은 그것을 완전히 자연스러운 현상으로 보는 것이다. 이 관점에서는 어떤 사람들은 동성애 기질을 가지고 태어난다고 보는 것이다. 비록 정신적인 요소가 그들의 성적 성향의 발전에 분명하게 관여되어 있긴 하지만, 그들의 유전인자는 제한적으로 형성되어 결정된다고 하는 것이다. 이 사실을 부정하거나 왜곡시키고자 하는 사람들이 있어 왔다. 왜냐하면 이것은 자연질서에 위배되기 때문이다. 많은 연구들이 이 견해가 맞는지 여부를 발견하고자 노력해 왔고 이를 뒷받침하는 중요한 증거도 있다. 비록 그 결과들이 전적으로 일치하지는 않지만, 이 가능성이 더 연구될 만한 가치가 있음을 시사해 주는 충분한 증거가 존재한다.

두번째 가능성은 동성애가 정신적인 원인에 기인한다는 생각이다. 이러한 접근법으로 고려되는 대부분의 학생들은 부모 중 한 쪽 혹은 모두 비정상적인 관계로 말미암은 결과로 인해 성적 심리발달이 억압되거나 왜곡되어 있다는 것이다. 어떤 사람들은 이를 정신병으로 간주하기도 한다. 실제로 수년 동안 미국 정신과 연합회(American Psychological Association)는 동성애를 정신병으로 분류해 왔다. 여전히 일부 정신과 의사들이 아직까지 동성애를 정신병으로 분류고 있는 가운데, 연합회는 1973년에 동성애를 정신병에서 제외시켰다. 만일 그것이 정신병이라면, 치료를 필요로 하며 아마도 완치되어야 하기 때문이다.

세번째 접근은 사회문화적 환경을 강조하는 것이다. 이 견해에 따르면, 개인을 첫 동성애 경험을 하게 만든 '사건', 그 경험을 조절하는 효과, 그런 성적 접촉에 대한 사회적 태도와 법규의 영향력이 미래의 행동에 중요하다는 것이다. 한 번의 동성애적 접촉으로 동성연애자가 되지는 않는다. 그러나 많은 사람들은 몇 가지 예를 들어 동성애 형태의 발달에 있어서 첫 경험이 매우 중요한 역할을 한다고 믿는다. 그들은 정상적인 성관계를 금하도록 훈련받고 그런 태도를 가진 부모의 자녀들은 특별히 더 영향을 받기 쉽다고 한다. 정상적인 성관계가 더러운 것이라고 배워 온 사람은 이성간의 관계에 대한 혐오감이 생겨나고 정상적인 관계로부터는 처음부터 빗나가게 된다고 한다.

상당수의 동성연애자들이 있다는 사실을 어느 한 가지만으로 설명하기는 어려울 것 같다. 오히려 심리학적, 사회적 요소 등 다양한 분야의 원인들이 복합되어 그러한 결과를 초래케 했을 것으로 보인다. 그러한 복잡한 요소들은 기독교적 관점으로부터 상황을 판단하려는 우리의 노력을 더욱 어렵게 만드는 것이 사실이다.

동성연애자들의 법적 지위가 급격하게 변화하고 있다. 많은 사람들은 성인(成人)의 경우 그들의 사적인 일이 법적으로 규제되어서는 안된다고 주장한다. 대체로 동성애에 관한 세번째 원인설명은 동성애에 관한 법적 제재에서 제외되는 것이라고 한다. 그러나 아직도 많은 주에서 동성애에 관한 법률이 그대로 남아 있는 형편이다. 그리고 '자연에 거스리는 범죄'라는 확신으로 이에 대한 처벌은 10년에서 종신형에 이르는 감옥형이 선고되기도 한다. 1970년대에 이 법률이 모호하고 불분명하다고 도전하는 몇 건의 판례가 있었다. 대법원은 이 법률을 지지하였다(Meredith Gould, "Statutory Oppression: An Overview of Legalized Homophobia," in Levine, ed., *Gay Man*, p. 55).

비록 이 법률들은 현재 거의 시행되고 있지는 않지만, 이 견해가 대다수 사람들의 태도를 반영해 주고 있기 때문에 여전히 법전에 남아 있는 것을 볼 수 있다.

법정에서의 판결은 사설기관이나 정부가 게이와 레즈비언을 거부할 권리를 종종 확인해 주고 있다. 비록 일부 지방정부가 이런 정책에 거스리는 법규를 제정하기도 했지만, 개인 고용주들이 동성애자들의 고용을 거절하는 것을 금지하는 연방정부와 주정부의 법률은 아직 없는 형편이다. 대부분의 주에서, 동성애자로 알고 있거나 그렇다고 믿어지는 소작인들에게 주인이 농지 대여를 거절하는 것을 금하는 법도 없다. 과거에는, 동성애자라고 알려진 사람은 군대에도 가지 못했다. 그리고 복무중에 그 사실이 알려지면 전역해야만 했다. 군대법은 "동성애자들은 군대에 적합하지 않으며, 군의 임무수행에 심각하게 손해를 끼친다"고 믿고 있었던 것이다(Fromer, pp. 98-101). 1993년 지원자들의 성적 경향에 대한 조사 금지와 군대 안에 있는 게이와 레즈비언들을 공개적으로 알리는 것을 금하는 정책이 군대에서 게이와 레즈비언의 추방을 다소나마 완화시키게 했다.

게이와 레즈비언들에게는 다른 사람들에게 허락되는 대우와 존경이 종종 거부되었다. 헌트(Morton Hunt)는 그들은 "암시적인 경멸감으로부터 노골적인 혐오감에 이르는" 태도로 취급받고 있다고 말했다. "사람들은 그들을 피하고, 소외시키며, 그들에 대해 수근거리거나 농담을 하고, 노골적인 적대감을 가지고 응시하곤 한다"(Gay, pp. 59-60). 가족 중 일부는 그들과 함께 생활하기를 거부하고 어떤 사람들은 그들이 동성연애자인줄을 모른척 함으로 무시하기도 했다. 한 조사에 따르면, 대부분의 미국인들은 동성애를 도덕적으로 잘못된 것이라고 생각하고 있으며, 그들이 판사, 교사 또는 목사가 되는 것을 반대하고 있다. 또한 많은 사람들은 그들이 의사, 정부관료가 되는 권리를 부인하고 있다. 그리고 많은 사람들은 그들이 아이들과 성관계를 맺으려 한다고 생각하고 있으며, 자신들과의 정상적인 교제를 피하려 한다고 말한다(Levitt and Klassen, "Public Attitudes Toward Homosexuality," reprinted in Levine, *Gay Men*, pp. 20-35).

    이러한 대중의 정서는 교회의 태도와 양립하고 있었다. 힐트너(Seward Hiltner)에 따르면, 1970년대까지 "대부분의 교회와 교파, 그리고 성직자와 신학자들은 동성애에 관해 가급적이면 이야기하기를 꺼려했다"("Homosexuality and the Churches," in Marmor, *Homosexual Behavior*, p. 219)고 한다. 그들이 동성애에 대해 언급하기 시작했을 때, 그들은 동성애를 죄로서 힐책하거나 아니면 병으로서 치부해 버렸다. 그러나 최근 들어, 많은 교회들이 이 문제에 새로운 관심을 나타내 보이고 있으며, 점차적으로 동성애자들에 대해 개방적인 목소리를 내는가 하면, 동성애 성향에 대한 과학적인 조사를 시도하고도 있다. 비록 로마 카톨릭 교회의 성직자회는 동성애에 관해 명백하게 비난하고 있긴 하지만, 많은 사제들과 평신도들은 이에 도전하고 있는 실정이다. 일부 개신교 교회들은 게이와 레즈비언들이 교회생활과 사역에 참여할 수 있는 범위에 대해 논쟁을 벌이기도 한다. 비록 당장에는 소수의 교파들만이 교회가 게이와 레즈비언들의 권리를 도와 주고 아무 제한없이 그들을 교회 안에 받아들여야 한다고 주장하고는 있지만, 주요 교파들에서는 아직도 전통적인 입장을 고수하고 있는 형편이다. 대부분의 개신교단으로부터 그들이 환영 받지 못하며 불편한 입장에 처해져 있는 동안, 상당수의 기독교 동성애자들이 메트로폴리탄 교회(Metropolitan Church)에서 자신들의 정체감을 찾고 있기도 하다.

기독교적 관점에서 동성연애자들을 다루고자 하는 노력은 반드시 성경의 가르침에 주의를 기울여야만 한다. 그러나 적절히 참고할 수 있는 성경구절이 거의 없어서 어려움을 겪고 있는 것이 사실이다. 실제로, 구약에서는 오직 세 구절밖에 더 이상 관련 구절을 발견할 수 없는 형편이다.

1. 창세기 19:1-11은 죄로 말미암아 멸망이 선고된 소돔성에서 그 도시의 남자들이 롯을 방문한 하나님의 사자들과 동성관계를 맺으려고 시도하므로 구원받을 기회를 상실한 이야기이다.
2. 사사기 19:22-30은 소돔사건과 비슷한데, 베냐민지파 중 한 사람이 레위 방문객을 강간하려 한 사건이다. 이는 성폭력을 다루는 것이기도 하다.
3. 레위기 18:22과 20:13은 성결법전의 일부에서 동성애를 처참한 형벌에 처하는 다양한 성적 범죄의 일환으로 취급하고 있다. 이 법전에서는 동성애 행위를 명백하게 언급하고 있다.

신약에서는 유일하게 로마서 1:18-32에서만 동성애에 관해 언급하고 있다. 이 구절은 바울이 그리스도가 전세계에 대해 원하시는 바에 대한 보다 광범위한 논의 중 일부에 해당한다(롬 1:16-2:29). 바울은 유대인이나 이방인이 모두 다 은혜로 말미암아 동일한 방법으로 구원받아야 하는 죄인이라는 주장으로서 이 논의를 시작하고 있다(1:16-17). 로마서 1:18-32에서 그는 이방인들에게도 그리스도가 필요함을 말한다. 그리고 2:1-29에서는 유대인에게도 그리스도가 필요함을 역설한다. 구원을 필요로 하는 이방인들의 죄는 우상숭배이다. 바울에 따르면, 그들의 동성애는 우상숭배의 결과라고 한다.

다른 신약성경에서 실제로 동성애를 언급하고 있는 구절이 있는지는 확실하지 않다. 일부 번역본에서 고린도전서 6:9-10을 '동성애자'라고 번역하고 있다. 그러나 신개역판(New Revised Standard Version)에서는 "남창"(male prostitutes)으로 불리우는 죄인을 포함하여 몇 가지 유형의 죄인들에 대해 언급하고 있다. 이 구절에서 "*sodomites*"(남색자, 본래는 소돔 사람을 의미 - 역자주)라는 말은 일반적으로 남성 동성애자(gay)를 의미하며, 성폭력에 가담한 남자를 언급하기도 한다. 유다서 7과 베드로후서 2:6-10과 디모데전서 1:8-11도 같은 의미를 나타내고 있는 구절이다.

성경적인 관점에서 과연 동성애를 죄라고 단정할 수 있는가? 기독교 성서학자들과 윤리학자들은 이에 대해 의견이 나뉘어지고 있다. 어떤 사람들은 명백하게 동성애가 죄라고 주장한다. 예를 들어, 말로이(Edward Malloy)는 광범위한 문헌조사와 심리학과 사회학적 이론을 고찰한 후에, "사회구조와 동성애적 하위문화에서 진행된 동성애 생활은 기독교적 생활방식과는 화합할 수 없는 것이라고 나는 확신하다"고 결론을 맺었다(*Homosexuality and the Christian Way of Life*, p. 328). 부자드(Lynn R. Buzzard)는 "성경의 특정한 금지명령, 남자와 여자에 대한 성경의 일반적인 가르침과 우리들의 일반적인 이해 모두는 동성애를 비정상적이고 비자연적인 것으로 간주한다"고 말한다. 부자드에 따르면, 동성애에 대한 하나님의 태도는 "하나님이 정말로 그를 걱정하고 사랑하신다", 그리고 "그는 반드시 회개해야 한다"는 것이다("How Gray is Gay?" in Twiss, pp. 51, 53). 명심할 것은 부자드가 그러했듯이 이런 이해는 심지어 동성애가 의도적으로 선택한 삶의 방식이 아니라도, 의도적으로 거부되어야 한다는 것을 가정한다는 사실이다. 부자드는 "전부는 아니겠지만, 만일 동성애자들이 그들의 삶의 방식을 정말 바꾸기를 원한다면, 변화될 수 있다는 증거가 점차 증가되고 있다"고 말한다.

어떤 사람들은 동성애를 받아들일 수밖에 없는 비극적인 사실로 간주한다. 킴볼 존(H. Kimball Jones)의 관점이 바로 그 경우이다(Toward a Christian Understanding of the Homosexual). "동성애 관계는 이성 관계가 가지는 인간완성과 같은 동일한 가능성을 절대로 가질 수는 없지만 어떤 사람들이 가지는 특정한 성취를 위한 유일한 가능성일 수도 있다"라고 그는 말한다. '성숙한 동성애 관계'의 정당화는 '다른 실행가능한 답이 없는' 사람들에게만 인정되어져야 한다(p. 108). 비록 동성애자들이 "그의 유일한 선택이 죄와 두려움으로 가득 찬 난잡한 성생활로 이어질 때, 한 상대자와만 충실한 관계를 맺도록" 격려되어야 하지만, 그 관계가 잘해 봐야 "인간의 성에 대한 비정상적인 표현"일 뿐 그들 상대자 사이에 유효한 결혼이라는 것은 가능한 일이 아니다(pp. 108, 109). 동성애가 "책임감 있는 동성애자를 위한 삶의 방식을 상대적으로 만들어 내고, 또 완성할 수 있다"고는 할 수 있을지 모르지만, 동성애 관계는 그 본질상, 어느 특정한 단계까지는 절대로 가지 못하는 운명에 처해 있다. 그는 "두 명의 동성애자는 여자와 남자가 서로를 보완하는 것과 같은 의미에서 절대로 상호보완적일 수가 없다"고 말한다(pp. 109-110).

아직도 일부 기독교 윤리학자들 가운데는 이성간에 사랑을 나누는 사람들이 다른 사람들과 더불어 그리스도인으로 활동하는 것처럼, 동성애자들 역시 그리스도인으로서의 역할을 할 수 있다고 생각하는 사람들이 있다. 다른 말로 하면, 그들은 한 개인의 성적 취향을 하나님과의 관계에 있어서 결정적인 요소로 간주하지 않는다는 것이다. 예를 들어 동성애에 관한 바울의 주장을 논함에 있어서 (롬 1:16-32), 바렛(David Bartlett)은 바울의 주요 논점이 아무도 자신의 선에 의해 의롭다함을 입지 못하고 믿음을 통하여 은혜로 말미암는다는 것임을 지적하면서, 이 구절은 특별히 동성애에 관한 것이 아니고 단지 모든 사람에게 구원이 필요하다는 사실을 의미할 뿐이라고 한다. "우상숭배와 자기 의를 포함한 다양한 죄에 대한 논의는 그리스도 안에 있는 하나님의 은혜와 구속하시는 인애가 모든 사람에게 필요함을 지적하는데 사용될 뿐이다"라고 바렛은 말한다("A Biblical Perspective on Homosexuality," in Twiss, p. 31). 바렛은 바울이 갈라디아 교회에 보낸 편지에 대해서도 같은 방법으로 주장한다. "그리스도 예수 안에서 할례나 무할례가 효력이 없되 사랑으로써 역사하는 믿음뿐이니라"(갈 5:6). 그는 "할례나 무할례가 효력이 없되"에 대해 말하기를 "이성애나 동성애나 효력이 없되"로 대치시킬수 있다고 말한다(p. 39). 그는 "동성애자를 이성애 관계 내에 불행하게 남아 있도록 강요당하든지, 혹은 독신으로 남아 있도록" 주장하는 윤리를 거부할 것을 요청하며, 동성애를 "바뀌어질 수 없는 감정적 선택"으로서 인식하고 있다(pp. 34-35). 성령의 은사는 "이성애자나 동성애자 모두에게 공평하게 유효하다"고 그는 말한다(p. 38).

그렇다면, 동성애와 기독교적 삶의 방식에 대해 우리는 어떤 가정을 내릴 수 있는가? 두 개의 가정이 가능하다고 본다. 첫째로, 사람들이 이성애 또는 동성애를 자의적으로 선택할 수 없고 오히려 이것이 생득적으로 주어지거나, 심리학적 또는 사회학적 조건에 의해 형성된다는 유력한 증거가 제시되었기 때문에, 이성애자나 동성애자에 대한 신뢰나 비난은 할 수 없다는 가정이다. 한 사람의 성적 취향은 어떤 사람의 눈동자의 색깔처럼 전적으로 자신이 선택할 수 없다는 것이다. 그것은 그저 단순히 받아들여야만 하는 사실이라는 것이다.

둘째로, 그리스도인 동성연애자는 기독교 이성애자들과 마찬가지로 자신의 성을 책임감을 가지고 다룰 의무가 있다고 가정하는 것이다. 여기서 우리는 이미 알아본 바와 같이 성경이 동성애 자체에 대해서 상세히 다루고 있지 않기 때문에, 상당부문 임의적일 수밖에 없다는 것이다. 그러나 우리는 동성애자들에게 이성애자들과 같은 생식과 성적 기능은 예외가 된다고 가정할 수 있겠다. 만일 그러하다고 하더라도, 게이와 레즈비언이 그들 자신들 안에서 사랑과 돌봄의 관계로 헌신되어질 수 있다고 가정할 수 있겠는가? 그러한 관계의 이상이 과연 일부일처제, 정절 그리고 항구적일 수 있겠는가? 그들의 결합에 책임감과 상호성의 특권이 과연 있겠는가? 서로간에 상대방의 전인격적 발전을 도울 수 있을 것인가? 교회는 이들을 축복할 수 있을 것인가?

피텐저(Norman Pittenger)는 "사랑으로 진실하게 결합한 사람들 사이에서의 동성애 행동은 죄스러운 것도 아니며 교회가 그들을 죄인으로 여겨서도 안된다"고 말한다("The Morality of Homosexual Acts," in Batchelor, ed., *Homosexuality and Ethics*, p. 139). 그는 동성애 관계가 도덕적일 수 있는 조건들을 제시하고자 했다. 도덕적이기 위해서는 두 사람이 서로를 이용하기 보다는 서로에게 헌신해야 한다고 말한다. 강제가 없어야 하며, 서로에게 성실해야 하고, 상대편의 인격을 받아들이고 존중해야 한다고 한다. 그리고 각자의 정체성과 자유가 보장되는 결합의 생활이 수반되는 관계이어야 한다(p. 140)고 그는 말하였다. 사실 이 조건은 이상적인 결혼관계를 묘사한 것일 뿐이다. 비록 제시된 이상이 사람들이 성취하기 어려운 것일지라도, 하나님의 은혜로 말미암아 가능한 것이라고 가정할 수도 있을 것이다. 그렇다면 과연 우리는 하나님의 은혜로 같은 성을 가진 두 사람이 이러한 도덕성을 정말 성취할 수 있다고 가정할 수 있을까?

동거생활

한 대학의 캠퍼스 목사는 지난 5년 동안 이미 동거해서 살고 있는 남녀의 결혼식만을 주례해 왔다고 말한 바 있다. 다른 대학 캠퍼스 목사는 자신이 주례한 사람들 가운데는 단지 소수만이 동거 중에 결혼하는 사람들이었을 뿐이라고 반박하기도 했다. 이 중에 어떤 목사가 전형적인 결혼주례의 사례가 되고 있는 것일까? 지금 우리

주변에서 얼마나 많은 사람들이 결혼식을 하지 않은 채 동거하고 있는지를 정확히 파악할 길은 없다. 미국의 경우 인구통계국에 의하면 대충 일백오십만 쌍 정도가 결혼관계가 아닌 이성간의 성인들이 동거해 살고 있을 것이라고 가정한다. 이러한 통계는 실제에 비하면 턱없이 낮은 수일지도 모른다.

사람들이 왜 결혼하지 않은 채로 동거하고 있는 것일까? 성적인 문제가 크게 작용하고 있을 것임이 분명하지만 완전하게 설명할 길은 없을 것 같다. 어쨌든 함께 살고 있는 사람들의 문제를 성적인 문제로만 제한시킬 수는 없을 것으로 보여진다. 미첼슨(Marvin Mitchelson)은 "내 견해로는 이렇게 당면하고 있는 현상이 아무런 부담 없이 상대방과 즐거움을 가질 수 있는 개인적인 자유에 관한 요구에서 비롯된 것"일 것이라고 말할 적이 있다(*Living Together*, p. 17). 로쉬(Judi Loesch)는 이에 대해서 보다 깊은 통찰력을 다음과 같이 제공하고 있다. "젊은 사람들은 그들의 부모님들과 함께 머물러 있기를 원치 않는다. 그들은 자신에 대해서 알지 못할 뿐만 아니라 많은 변화를 경험해야 하기 때문에 아직 결혼할 준비가 덜 되어 있다. 그러면서도 그들은 외로움을 탄다. 그들은 몹시 외로움을 느끼고 있는 것이다"("Unmarried Couples Shouldn't Live Together," p. 16).

보편적인 것은 반드시 아니라고 하더라도, 일반적인 인간의 성격은 친밀함, 누군가에의 소속감, 배타적인 인간관계 속에서의 안정감을 갈망하는 경향이 있다. 다양한 이유로, 결혼이 요구하는 조건들에 자신을 헌신하기를 원치 않으면서도 결혼의 상태를 누리고자 하는 많은 사람들이 동거관계로 들어가고 있는 것이다.

이러한 관계에서는 무슨 일들이 발생할까? 일정한 시간 후에 - 동거의 평균기간은 대략 3년 이내가 된다 - 동거자들은 헤어지든지 아니면 공식적인 결혼관계 속으로 들어가든지 한다. 그렇다고 동거가 시험적인 결혼으로 의도되어진 것임을 시사하는 것은 아니다. 동거관계에 들어가는 대부분의 사람들은 동거 이후까지를 예측하지는 않는다. 그들은 동거가 항구적일 것이라고 기대하지 않는다. 만약에 그러했다면 아마도 그들은 처음부터 결혼을 했을 것이다. 결혼으로 이어질지도 모른다는 것을 인정할 수도 있지만 그 반대일 수도 있다. 어쨌든 분명한 것은 대개가 안정적인 발전을 가져오기가 힘들다는 사실이다.

 동거는 아마 준결혼이라고 말할 수 있을지도 모른다. 그것은 결혼과 같이 신체적인 행위 그 이상을 포함하는 성적 관계를 포함하기 때문이다. 이러한 관계는 반드시 같은 의미는 아닐지라도 상대방 모두에게 의미 있는 것이다. 비록 항상 이해되는 것이 아니고, 그리고 이해가 항상 충분하게 여겨지지 않을지라도 그것은 일종의 의사소통인 것이 분명하다. 그것은 관계 속에 있는 모든 것들로부터 영향을 받고 또 영향을 주는 총체적인 인격적 관계와 혼합되어 있다.

 결혼과 같이 동거도 경제적인 사항에 대한 동의를 포함한다. 각자 상대방에 대한 재정적인 의무에 관한 동의가 어떤 식으로든지 있어야 할 것이 분명하다. 그런 것 말고도 일상적인 가계를 꾸려 나가지 않으면 안된다. 식사를 준비하고 설거지도 해야 한다. 집안 청소도 마찬가지이다. 세탁을 하기도 하고 병 들었을 때, 공동소유물, 그 외에 보다 많은 미묘한 것들이 관계 속에 포함된다. 상대방의 시간을 간섭하게 될 때, 일상적인 계획이 어긋나고 있을 때, 중요한 문제를 두고 의견이 상충될 때, 음식이나 TV 등 취미나 기호가 다를 때, 어떤 행사를 두고 시간을 조정해야 할 때 등 문제점들을 나열한다면 그 끝이 없을 것이다. 함께 살기를 시작한 두 사람은 결혼식 여부와 상관없이 많은 것들을 상호 조정하지 않을 수 없다.

결혼과 마찬가지로 동거도 상대방과의 감정적 개입 면에서 변화가 오기 마련이다. 그러한 개입은 행복하거나 불행한 경험, 갈등과 갈등해소, 어떤 일에 동참하거나 이를 거부하기 위한 의사소통 등을 통하여 영향을 받게 된다. 매일매일 전개되는 일상성에 의해서도 영향을 받고 그러한 일상성이 방해받는 것에 의해서도 영향을 받는다. 좋은 일이건 궂은 일이건 결혼여부를 떠나 동거하는 두 사람은 이미 상대방의 일부가 되어 있다.

그러나 이러한 동거가 곧 결혼은 아니다. 결혼은 법에 의해 정의되고 어떤 점에서는 법에 의해서 통제되기도 하지만 동거는 그렇지 못하다. 양쪽 모두의 권리를 고려함에 있어서 중요한 사실이 되는 것은 관계가 지속되는 동안이고 또한 관계가 끝날 때이다. 일할 것을 찾을 때도, 재산을 구입할 때도 종종 문제가 발생하기 마련이다. 그러한 고려사항은 매우 중요한 것이기 때문에, 미첼슨(Mitchelson)은 특별히 재산문제에 관해서는 개인의 권리를 보호하기 위하여 문서로 작성된 합의문서를 가질 것을 권하고 있다(*Living Together*). 이와 같은 합의는 법적으로 강화될 수 있는 것이라고 그는 믿고 있다. 에쉬리(Paul Ashley)도 이에 동의하지만 그러나 그는 좀 더 강력한 경고로 동거에 대해서 말하고 있다. 즉 결혼하지 않은 사람들 간의 성행위는 불법이며 고소할 수 있는 것이라고 말한다. 대부분의 지역에서는 결혼하지 않은 사람들의 동거를 인정하지 않는 관습이 있으며, 따라서 그는 "법이나 혹은 그들이 거주하는 사회의 관습을 무시하고자 하는 사람들에게 그들 자신들의 관계에 대해서 선언하고 있는 어떤 계약문서도 무효이다"라고 말한다(*Oh Promise Me but Put It In Writing*, p. 64).

이러한 동거는 종교적인 재가를 받지도 못한다. 많은 사람들에게 이 일은 그렇게 중요하지 않게 보일지도 모른다. 그러나 미국에 살고 있는 삼분의 이에 해당하는 인구만이 종교적인 그룹과 공식적인 관계를 가지고 있는 반면 결혼하는 사람의 90% 이상이 목사나 신부 혹은 랍비가 결혼예식을 주례하기를 기대한다는 것은 흥미 있는 일이다. 그리고 그들은 서약, 기도, 성서 등 전반적으로 종교적인 예식이 되기를 원하고 있다. 이는 사람들이 결혼할 때에 종교적이 된다는 것을 암시하는 것은 아니다. 이는 대부분의 사람들이 자신들의 결혼이 종교적으로 재가되는 것이 중요하다는 것을 인정하는 것이다. 동거는 이와 같은 종교적 재가를 받을 수 없다.

보다 중요한 차이는 동거에는 헌신이란 특징이 없다. 동거의 성격상 항구성을 기대하기란 어렵다. 대부분의 결혼예식은 "죽음이 두 사람을 갈라 놓을 때까지"라는 문구를 포함한다. 그렇게 서약하는 사람들은 적어도 그 순간에는 그것을 의도한다. 비록 높은 비율의 결혼이 항구적이지는 못하다고 하더라도 그들은 그렇게 되기를 바라고 시작하는 것이다. 세계, 혹은 하나님을 두고서 부부들은 결혼이 지탱되기를 바란다. 그러한 헌신이 현실적이든 그렇지 않든 명백히 결혼의 일부가 되고 있으나 동거에는 그러한 헌신을 결여하고 있다. 동거는 그 정의상 일시적인 특징을 지닐 뿐이다.

아마도 동거에 들어갈 것을 고려하고 있는 젊은 그리스도인들은 혼외 성관계에 관하여 이미 결정된 바가 있었으리라고 본다. 만약에 그 결정이 종교적이거나 윤리적인 문제에 대해서 신중히 고려하지 않은 것이라면 동거에 들어가기 전에 좀더 잘 생각했어야 했을 것이다. 그러나 만약에 그들이 그런 것들을 충분히 고려했으면서도 혼전 성관계를 절제하는 것에 개의치 않는다면 동거에 대해서 그들이 고려해 볼 필요가 있는 다른 면들에 대해서 몇 가지 질문해 보고자 한다.

첫째, 무슨 정서적 근거로 그들은 불가피하게 동거관계를 유지하려고 하는 것인가? 그렇게 많은 시간을 단순히 함께한다는 사실만으로 관계를 바르게 유지할 수는 없는 것이다. 익숙해 온 삶의 균형의 깨짐, 개인적인 습관의 차이, 각자가 갖고 있는 괴벽, 독자적인 시간을 누리지 못하는 어려움, 기대에 못미치는 상대방의 역부족 등 이런 것들과 그 외의 보다 많은 것들이 긴장을 형성하는 요인들이 될 것이다. 우리가 사랑이라는, 주로 신체적인 매력으로 간주되는 낭만적 개입만으로는 위의 문제를 다루는데 부적합하다. 그렇게 하고자 선택하기만 한다면 남녀는 분명히 관계의 균열을 다루는 것을 배우지 않을 수 없을 것이다. 그러나 문제는 무엇이 그들로 하여금 그렇게 하도록 만들 수 있겠는가? 다른 말로 하면 결혼한 남녀가 이러한 문제들을 다루는 같은 방법으로 이들의 문제도 다루어야 하느냐 하는 것이다.

둘째, 이 문제가 다른 사람의 생각과 관련이 있는 것인가? 달리 질문한다면, 한 쌍의 남녀가 자신들의 삶에 대해서 다른 사람이 어떻게 생각하는가를 고려하지 않고 결정을 내릴 수 있을까? 윤리를 강조하는 전제 가운데 하나가 바로 이 점이다. 각자 개인은 사실상 결단을 내릴 권리와 책임을 모두 가지고 있는 것이 사실이다. 그리스도인에게 있어서 결단은 기독교적 콘텍스트 안에서 이루어진다. 이 때 참고할 만한 한 가지 사항은 소속 공동체의 전통이다. 이 점에서 그리스도인은 매우 적합하게 '다른 사람'을 고려하지 않으면 안 된다. 우리들의 행동에 의해 부모님들은 어떤 영향을 받게 될 것인가? 교회와의 관계는 어떠할까? 개인으로서, 그리고 한 쌍의 남녀로서 보다 넓은 공동체와는 어떤 관계를 가져야 하는가? 이러한 질문을 제기한다고 대답을 미리 결정하는 것은 아니다. 이는 다만 그리스도인들에게는 이들, '다른 사람들'이 곧바로 자신들이 관계하고 있는 사람들이며 그러한 관계가 결단을 내리는 데 영향을 준다는 점을 상기시키고자 하는 것이다.

셋째는, 둘째 것과 밀접히 연관된 것으로, '증서'의 중요성에 관한 질문이다. 만약에 한 쌍의 남녀가 서로 사랑한다면 그들을 함께 하게 하는데 증서가 반드시 필요한 것인가? 만약에 그들이 서로 사랑하지 않는다면 그들이 함께 동거할 이유는 무엇인가? 증서의 법적 중요성에 대해서는 이미 논한 바 있으며 종교적 중요성 역시 시사한 바 있다. 그러나 부부가 되는 정서적 중요성은 무엇인가? 존경이나 재산권과 같은 세속적인 것과는 달리 증서 역시 그들의 관계에 있어서 어떤 차별성이 주어지는가? 증서는 아마도 성례전에 비교될 수 있을지도 모른다. 성례전은 "내적인 은혜의 외적 표시"를 의미한다. 그렇다면 그러한 표시가 꼭 필요한가? 표식 없이도 은혜는 있지 않는가? 우리의 삶 속에서 은혜의 경험이 표식으로써 입증될 필요가 있는가? 성례전과 관련된 이러한 질문들은 결혼에 있어서의 증서에도 적용시킬 수 있을 것 같다. 우리들 속에 그러한 입증을 필요로 하는 요인들이 있는가? 도전적 요인은 어떠한가? 증서는 그런 것이 없는 것보다 관계를 보다 더 견고하고 의미 있게 만드는가?

  마지막으로 고려해야 할 질문은 어떻게 관계를 끝내느냐 하는 것이다. 이 질문이 중요한 이유는 이미 지적한 대로 거의 모든 동거하는 남녀들이 결국은 결혼하지 않게 되면 대개 삼 년을 전후해서 관계를 끝낸다는 것을 알기 때문이다. 그러므로 관계에 들어가기 전에 관계를 끝내는 것에 대해서도 고려할 필요가 있다. 결혼으로 이어지는 확률이 얼마인지를 정확하게 모른다고 하더라도 한 가지 분명한 것은, 그러한 결혼이 안정적이거나 행복할 것이라고 확신할 수 없다는 것이다. 미첼슨은 "많은 사람들은 결혼이 오히려 완전하고 훌륭한 관계를 파괴시킬 수 있다고 말할 수도 있음"을 지적하고 있다 (*Living Together*, p. 137). 물론 그런 사람들은 옳지 못한데, 이는 혼전 관계가 어떤 종류의 변화든 일어나고 있는 지점에 도달될 것이 명백하기 때문이다. 통계상으로 정확하게 알 길은 없지만 훌륭한 결혼을 이룰 수 있는 커플들도 있을 수 있다. 분명히 그런 사람들은 그들의 관계가 결혼했으면 더 좋았을 것이라는 믿음을 갖고 있었으며 결국은 그러한 신념이 맞다고 하는 것을 입증하는 경우에 해당한다. 그러나 다른 이들 가운데는 곧 이혼으로 끝나는 결혼을 계약하기도 한다. 그러한 결혼의 실패는 그들이 관계가 이상적이었기 때문에 바꿀 필요성을 전혀 느끼지 못할 만큼 훌륭하고 행복했었던 관계를 바꾸었기 때문이라고 할 수는 없다. 그들은 관계가 파괴되는 것을 막기 위한 노력으로 결혼했으나 그러한 목적이 실패한 것뿐인 것이다.

또 다른 유의 관계의 종식은 별거에 의한 것이다. 일반적으로 이런 별거는 이혼보다 더 쉬운 편이라고 생각되는데, 이는 법적 장애가 적고 단순히 그 커플만이 연루되어 있기 때문이다. 짧은 동거관계의 경우 이는 사실일 수 있으나, 그러나 오랜 기간 동거한 커플의 경우에는 불가피하게 함께 구입한 재산이 있을 수 있으며, 소유가 많으면 많을수록 그들이 갈라설 때 재산의 분배 문제는 훨씬 더 복잡하기 마련이다. 더구나 각 사람이 결합할 때 가지고 온 재산이 있어서 그것을 처리하고자 할 때는 어떤 것이 누구에게 속한 것이냐 하는 문제로 다툼이 일어날 수가 있다. 한 가지 다른 더 심각한 문제는 별거에서 오는 정서적인 어려움이다. 결혼한 커플을 함께 매는 띠는 법적인 것이라기보다는 정서적 연관, 곧 경험, 관심, 갈등 등을 함께하는 것이다. 그들은 보다 훨씬 복잡한 방법으로 서로의 관계를 유지하고 있으며, 그 관계가 이혼이나 별거, 혹은 죽음으로 끝날 때는 아주 심각한 상실감을 갖게 된다. 결혼하지 않고 함께 살고 있는 커플의 경우에도 같은 문제가 연루되어 있다. 그들이 함께 거한 기간이 길면 길수록 그들의 삶도 내적으로 훨씬 더 깊이 연관되어 있다. 서로 원하기 때문에 그들이 헤어질 때에라도 이혼의 경우와 똑같은 그런 상실감을 느끼게 된다. 그리고 함께 다루어야 할 것을 상실한 일종의 구조상의 부재로 문제는 아주 어려워진다.

토론을 위한 질문들

1. 사랑과 성은 어떤 관계를 지니고 있는가? 사랑과 결혼, 성과 결혼 사이의 관계는?
2. 결혼을 정의하는 방법에 대해서 논하라. 법, 종교, 의식이 없이도 결혼은 가능한가?
3. 여성의 지위변화가 이상적인 연합으로서의 결혼에 어떤 영향을 주었는가?
4. 동성(同性)끼리의 결혼성립이 가능한가?
5. 게이와 레즈비언에 대한 교회의 역할은?
6. 동거하는 그리스도인에 대한 교회의 역할은?

참고도서 목록

Achtemeyer, Elizabeth. *The Committed Marriage*. Philadelphia: Westminster, 1978.

Cahill, Lisa Sowle. *Between the Sexes*. Philadelphia: Fortress, 1985.

Cochran, B.H., et al. *Task Force Report on Same-Gender Covenants*. Raleigh, NC: Pullen Memorial Baptist Church, 1993.

Countryman, L. William. *Dirt, Greed, and Sex*. Philadelphia: Fortress, 1988

Kysar, Myrna, and Kysar, Robert. *The Asundered*. Atlanta: John Knox, 1978.

McNeill, John J. *The Church and the Homosexual*. Boston: Beacon Press, 1988.

제 8 장

삶과 죽음: 생명의학 윤리에 관한 문제

새로운 연구방법과 기술은 지난 50년 동안 건강문제에 획기적인 발전을 가져왔다. 이와 같은 획기적인 발전의 결과의 한 예는, 무엇인가 결정해야 할 때 책임의 소재가 의사에게서부터 환자에게로 전가되었다는 점이다. 우리는 의사에게 "당신은 의사입니다. 당신이 최선이라고 생각하는 것을 행하십시오. 나는 그저 건강해지기를 바랄 뿐입니다" 하고 말하기를 좋아한다. 그러나 점차 환자들은 건강여부가 아니라 그 건강을 위해서 둘 다 원치 않는 행동 가운데 어느 하나를 선택해야 하는, 혹은 두 가지가 다 바람직한 것 가운데 어느 하나를 선택해야 하는, 아니면 할 수 있는 것이면 뭐든지 다 해야 하는 것인지를 결정해야 하는 문제들에 직면하고 있다. 아기를 낳고 싶어하지 않았으나 임신한 여인의 경우 임신중절이 가능한 것인가? 아기를 원하지만 비정상적인 절차가 아니고서는 아기를 가질 수 없을 때, 그러한 수단을 택해도 되는 것인가? 어떤 사람이 단지 이 년, 혹은 삼 년 동안의 생명을 연장시키기 위하여 장기이식의 모험을 감당해야 하는 것인가? 죽어 가는 가족 일원의 생명을 연장시키기 위해서 무엇이든 해야 하는 것인가? 환자의 고통을 덜기 위하여 죽음을 재촉하는 어떤 행동을 취할 수도 있는 것인가? 현재 과학이나 의학연구는 다양한 가능성을 갖게 되었다. 우리 자신들이 환자이거나 환자의 가족의 일원으로서 선택해야만 하는 어떤 곤욕스러운 결정을 하지 않으면 안될 경우가 얼마든지 발생할 수 있다. 이 장에서는 생명의학 윤리 가운데 다섯 가지 기본적인 문제들, 즉 낙태, 생의학적 출산, 부모됨의 책임, 장기이식 그리고 안락사 등을 다루고자 한다.

낙태

1973년 1월 22일, 미국의 대법원에서는 미국에서의 낙태에 관한 합법성에 중요한 영향을 미치는 웨이드(Roe v. Wade)의 사건에 대한 판례가 있었다. 거의 지난 10여 년 동안 그러한 변화가 올 것이라는 조짐은 있었다. 1960년대 중반을 거치는 동안 미국 모든 주의 법은 여인이 낙태할 권리를 엄격하게 제한시켜 왔는데, 대부분의 주에서는 임신으로 임산부가 생명이 위독한 경우에만 낙태를 허용했었다. 그러나 1967년에는 몇 가지 제한사항들을 첨부하여 보다 관대한 입법을 콜로라도, 캘리포니아 그리고 북캐롤라이나 주에서 채택하기에 이르렀다. 1968년 뉴욕의 주의회는 모든 제한사항들을 없애 버림으로써 여인이 선택할 경우 낙태가 합법적이 되도록 만들어 주었다. 텍사스 주에서는 어떤 변화도 없었지만, 1972년 한 미혼모가 생명이 위독한 경우에만 예외 사항을 두고 있는 주의 낙태금지법에 이의를 제기한 바 있었다. 지방법원에서 이 여성의 이의신청은 기각당했으나 곧 상고되었고, 1973년 대법원은 지방법원의 결정을 깨뜨리고 임신한 여성의 낙태는 스스로 결정할 일이지 타의에 의해서 결정될 일이 아니라고 선언하였다.

9조와 14조의 수정조항에 의한 결정에 근거하여 법원은 임신 여부와는 상관없이 개인의 권리를 여성의 결정권에 적용한 것이다. 법정은 낙태에 관한 여성의 권리는 여성의 건강을 지키고, 적절한 의료기준을 유지하며 인간의 생명을 지키는 일에 관여된 국가적인 관심에 의해 제한된다고 말한다. 그러한 국가적 관심 가운데 가장 중요한 것은 최종적으로 생명을 지키는 일이다. 재판은 14조의 수정안을 판결에 적용함으로 태아는 인간이 아니라는 의미를 인정한 결과가 되어 버렸다. 하지만 태아의 잠정성과 발전성은 임신 3개월에도 여러 기준에 의해 인정되고 있다. 결과적으로 국가는 임신의 초기 3개월 동안 낙태를 금지할 수 없게 되었다. 여성의 건강을 지킨다는 관심 속에서 국가는 다음 3개월 동안에 적합한 시설과 자격을 갖춘 의료인에 의해서라면 낙태를 시술할 수 있다고 주장할 수 있었고, 마지막 3개월 동안, 태아가 움직이는 기간에 국가는 산모의 생명이나 건강을 지키는 데 반드시 필요할 경우가 아니고서는 모든 낙태를 금지한다고 할 수도 있었다.

그러나 1973년의 결정은 미국에서의 낙태의 법적 지위를 항구적으로 해결해 주지 못했다. 1989년 7월 3일, 5대 4의 결정으로 대법원은 낙태의 권리를 제한하는 미주리 주 법의 합헌성을 지지함으로써 로 웨이드(Roe v. Wade)의 판결을 뒤집는 쪽으로 바뀌어졌다. 이와 같은 웹스터 대 생산적인 건강유지(Webster v. Reproductive Health Service)에 관한 판결은 로 웨이드 판결을 번복하는 결과를 가져올지도 모르는 시험적 사례를 남겨 두게 되었다.

국가 자체는 낙태의 도덕성에 대해서 견해가 엇갈리고 있다. 여러 개의 낙태반대 기구가 활동하며, 많은 사람들이 법을 바꾸기 위해서 일하고 있다. 그들은 공공 의견과 사적 판단에 모두 영향을 미치기를 바란다. 낙태를 찬성하는 그룹들은 낙태하는 것이 최선으로 보이면 여성으로 하여금 낙태를 자유스럽게 결정할 수 있도록 그들의 권리보호를 위해서 활동하고 있다. 정부의 기금이 어떤 방법으로든 가난한 여성의 낙태를 위해서 사용될 수 있느냐, 없느냐 하는 질문에 이르러서는 문제가 더욱 복잡해진다.

법적 지위야 어떠하든 낙태를 문제 삼는 것은 낙태를 결정하고자 하는 사람들의 도덕적인 문제인 것이다. 그 합법성이 현재 긍정되고 있다는 사실과 상대적으로 안전하고 간단한 방법이 고안되어져 왔다는 사실은 도덕적인 연관성을 고려할 가능성과 필요성이 있음을 모두 의미한다. 이러한 발전 이전에 낙태는 불법이고 안전하지 못한 것이라는 사실을 단순히 반복하는 것만으로도 도덕적인 문제를 회피하는 것이 가능했던 때가 있었다. 도덕적인 암시가 고통스럽기는 하지만, 그러나 기독교적인 전망에서 그런 것들은 보다 중요한 것이 아닐 수 없다. 도덕적 관련성을 고려함에 있어서 미국사회의 경향성을 살펴보는 것이 도움이 될 듯 싶다.

우선, 많은 사람들은 낙태가 도덕적으로 옳지 못하다는 것과 어떤 상황에서든지 이행되어서는 안된다고 믿고 있다. 이것이 바로 생명을 선호하는 권리운동의 관점이다. 로마 카톨릭 교회는 역사적으로 이 입장을 택하여 왔으며 이 운동을 주도해 왔다. 그러나 이 운동이 전적으로 카톨릭의 입장만은 아니다. 많은 프로테스트 가운데서도 이 운동에 가담하고 있는 것이다. 이 견해를 주장하는 사람들은 태아도 인간존재로서의 생명을 가지고 있다고 생각한다. 인간됨을 고려하는 한 그들은 태아의 발전단계를 근거로 해서 아무런 차별도 두지 않는다. 임신한 순간부터 태아는 다른 인간과 똑같이 살 권리를 갖고 있는 존재로 대우받는 것이다. 그들은 고의적으로 태아를 죽게 하는 것을 살인으로 규정한다. 이 견해를 주장하는 사람들은 어떤 경우, 이를테면 태아와 어머니의 생명 사이에, 어떤 한 쪽이 다른 한 쪽을 위해 희생당하지 않으면 안되는 상황 속에서 결정을 내려야만 할 때에는 선택이 불가피하다는 것을 인정한다. 그와 같은 상황 속에서 어떤 사람들은 어머니의 생명을 살리기 위해서 태어나지 않은 아이의 생명을 희생할 수도 있음을 용인한다.

둘째, 어떤 사람들은 제한된 숫자에 해당하는 아주 특별한 조건만을 예외로 하고 낙태는 옳지 못하다고 주장한다. 그들은 오직, 첫째, 어머니의 신체적 혹은 정신적 건강을 유지하기 위해 불가피한 경우, 둘째, 아이가 신체적 혹은 정신적인 장애를 가지고 태어날 것이 확실하게 입증되었을 경우, 셋째, 임신이 강간이나 근친상간으로 이루어졌을 경우에만 낙태가 정당화될 수 있다고 말한다. 이러한 접근방법은 낙태가 둘 중에 보다 작은 악을 선택하는 것이긴 하지만 그러나 여전히 악이라는 점을 시사하고 있다. 이는 낙태로 인해서 보다 높은 선이 이루어질 경우, 보다 큰 악이 낙태를 했을 때보다 하지 않음으로 결과될 경우를 입증할 때에만 낙태가 정당화할 수 있다고 한다. 이러한 접근방법은 어떤 결단이 요구되는 한편, 그러한 결단을 하는 사람은 여성이 아니라는 것을 간과해야만 한다. 낙태를 지시하는 결정은 의사에 의해서 이루어지게 된다.

셋째, 많은 사람들은 낙태에 관한 결정은 여성 자신이 결정해야 한다고 믿고 있다. 그들은 1973년의 대법원 결정은 헌법안의 바른 해석에서 뿐만이 아니고, 개인의 존엄성과 책임성에 일치한다는 이유로 올바른 것이라고 믿고 있다. 그들은 여성이 이유야 어떻든 간에 낙태하는 것이 최선이라고 판단되어질 때에는 임신중절을 선택할 권리가 있다고 믿고 있다. 그들은 태아는 사실상 인간존재가 아닌 단지 잠정적 인간일 뿐이며, 태아의 권리는 한 인간의 권리를 무시하고 허용될 수 없다고 주장한다. 태아가 움직이기를 시작했을 경우에만, 그래서 자궁 밖에서도 살아남을 수 있게 되었을 때에만, 대개는 임신 24주에서 28주를 지난 비상시에 태아의 권리는 인간의 권리와 동등히 취급될 수 있다고 한다. 그 전에는 여성이 임신중절을 할 수 있는 도덕적 권리를 가지고 있다고 한다.

만약에 첫번째 견해가 바른 것이라면 도덕적 결단에 문제될 만한 것은 없다. 옳고 그름 간의 차이가 분명하며, 단지 그리스도인에게 문제가 되는 것은 옳은 것을 행하기 위해 곤란한 과정의 선택여부일 뿐이다. 만약에 두번째 견해가 옳다면 임신한 여성의 자유와 책임은 매우 제한된다. 조건 충족의 여부를 결정할 수 있는 것은 의사이다. 이유가 적절하다는 의사의 결정이 내려진 다음에만 여성이 임신중절 여부를 선택할 수 있게 된다. 만약에 세번째 견해가 옳다면 최소한 태아가 움직이기를 시작하기 전까지는 임신중절 여부를 결정하는 결정권을 전적으로 여성 자신이 가지게 된다.

도덕적인 관점에서 해결해야 할 가장 중요한 문제는 태아가 어느 때부터 인간이냐 하는 문제이다. 로마 카톨릭 교회의 공식적인 견해는 수정 때부터 인간됨이 시작된다고 하는 것이다. 사목선언에서 교황 피우스 12세(Pope Pious XII)는 "어떤 조건으로 발견되었든 무고한 인간의 생명은 그 존재의 첫 순간에서부터, 어떤 직접적인 고의적 공격으로부터도 보호되어야 한다"고 말하였다. 그는 "어떠한 직접적인 고의적 공격으로부터도 보호받을 권리를 어머니의 자궁 안에 감추어진 생명도 이미 어머니 밖으로 태어나서 성장하고 있는 생명과 똑같이 소중한 인간의 근본적인 권리"라고 불렀다. 이렇게 해서 그는 출생 전에 아이를 죽이는 것이나 출생 후에 아이를 죽이는 것 사이에는 아무런 도덕적 차별도 없다고 하였다(McCormick, "Abortion," p. 898에서 인용).

많은 개신교들도 이 견해에 동의하고 있다. 낙태에 관한 논쟁은 다음과 같이 계속된다. 첫째, 모든 생명은 하나님의 선물이기 때문에 인간존재는 다른 인간존재의 생명을 취할 권리가 없다. 둘째, 인간의 생명은 수정하는 순간부터 시작된다. 셋째, 수정이 진행되고 있는 어떤 단계에서의 낙태도 생명을 종식시키는 것이며, 따라서 그것은 언제든지 잘못된 것이다. 어떤 사람들은 생명이 언제 시작되는지를 정확히 모르므로 인간의 생명을 종식시키는 일을 모면하기 위해서는 생명이 수정 때부터 시작되는 것처럼 행동하지 않으면 안된다고 말한다. 결국 최종적인 결과는 낙태도 역시 그르다고 하는 것이다.

    이러한 논쟁은 결국 태아도 인간이라는 주장에 초점을 두고 있는 것이다. 과연 이것이 사실일까? 생명이 분명히 수정하는 순간에 시작하는 것이 아닌 이유는 정자와 난자는 모두 그들이 만나기 전에도 살아 있었기 때문이다. 하지만 개체는 유전학적으로 수정하는 순간에 확립된다. 수정하는 순간부터 탄생과 죽음에 이르는 성숙을 거쳐서 그 개체는 가능성으로 발전하여 실체에 이르게 된다. 그러나 그 개체는 여러 발전단계 속에서 동일하지 않으며 수정된 난자 역시 신생아와는 다를 수밖에 없다. 성경은 인격의 가치를 말한다. 사실, 대부분의 도덕적 교훈은 인간의 권리를 옹호하는 데 초점을 두고 있으며 그러한 권리 가운데 기본이 되는 것은 생명 그 자체인 것이다. 그러나 그러한 성경의 교훈들은 태어나지 않은 아이에게는 없는 독립성을 가지고 기능하면서 다른 인격체와 관계하는 인격체에 대해서 말하고 있다. 물론 하나의 태아는 살아 있는 것이다. 즉 그것은 움직이고 고통에 대한 느낌을 보여 주고 초기 발전단계에 심장박동이라든가 뇌파를 갖기도 한다. 그러한 것들이 바로 태아를 인격적이게 하는 것인가? 하급동물도 움직이고 고통에 반응을 보이며 뇌파를 갖고 있으며 독립적인 실체이긴 하지만 그런 것들을 인간이라고 하지는 않는다. 태아의 가능성은 살아 있는 다른 것들과 다르긴 하지만 바로 그 차이 때문에 인간이 되는 것인가? 등이 이 논쟁에서 문제로 제기된다.

불행하게도 성경은 이러한 질문들을 대답하는데 거의 도움을 주고 있지 못하다. 사실 구약성서 내에서 단 한 구절만이 태어나지 않은 아이에 대해서 말하고 있을 뿐이다. 출애굽기 21:22-25은 남자가 사고로 여인에게 유산을 야기시켰을 경우 벌금을 물게 규정하고 있다. 그러나 그 법규는 태어나지 않은 아이의 생명의 존엄성에 대해서라기보다는 히브리인들에게 자녀의 중요성을 반영시키고 있는 것이다. 더욱이 그것은 직접적으로 여성에게나 혹은 태아에게 보다는 제삼자에게 가해진 폭력의 결과로 발생한 유산에 대해서 말하고 있는 것이었기 때문에, 결과적으로 우연한 사고이지 고의적으로 임신을 중절시킨 것과는 무관하다. 발전단계에 있는 태아를 포함하여 개인의 가치와 인간의 생명의 가치에 대해 성경이 강조하고 있는 것을 확대시키기 위해서는 보다 많은 상상력을 요구하는 실정이다.

그렇다고 태아가 중요하지 않다는 것을 시사하고자 하는 것은 아니다. 태아는 없어도 되는 편도선이나 손톱과 같은 단순한 여성의 몸의 일부가 아니다. 태아는 다른 신체의 부분이 갖지 못한 생명의 가능성을 가지고 있다. 만약에 자연스럽게 내버려 두기만 하면, 태아가 정상적으로 발전하기만 하면 그 태아는 한 인격체가 될 것이 분명하다. 태아는 마침내 되어질 잠재성으로 인해 존중히 여김을 받지 않으면 안된다. 태아의 살 권리는 완전하게 발전한 인격체의 권리와는 동등하지 않지만 그 중요성은 한 인격체가 되는 가능성 속에 충분히 들어 있는 것이다.

둘째로 고려해야 할 사항은 가치간의 충돌에 관한 문제이다. 이는 태아가 언제 한 인격체가 되느냐 하는 문제만큼이나 고통스러운 문제이기도 한다. 임신한 여성이 임신을 원치 않을 경우 그녀는 선과 악 사이에서 어떤 선택을 할 수 있기보다는 하나의 가치가 다른 가치에 희생되지 않으면 안되는 가치간의 선택사항을 경험하게 된다. 한편에는 인격체가 될 가능성을 가지고 있는 태아의 가치가 있는가 하면 다른 한편에는 그녀의 임신을 원치 않게 하는 특별한 상황이 있는 것이다. 그러한 상황은 아마도 결혼하지 않은 여인의 당혹감일 수도 있겠고, 재정적인 문제, 직업적인 계획에 방해가 되는 문제, 곤란한 결혼관계, 불안한 가족환경, 산모나 태아의 건강문제, 혹은 산모의 생명에 위협이 되는 문제일 수도 있다. 이 가운데서 희생당해도 무방한 것은 무엇일까? 태어날 아이에게 절대적인 우선권이 있는 것인가? 태아의 건강문제는 얼마만큼 중요한 것인가? 여성의 신체적, 정신적 건강 역시 절대적인 우선권이 있는 것인가? 여성의 직업적 야심은 얼마만큼 중요한 것인가? 가족 내에서의 여성의 인격적 관계는 얼마만큼 중요한 것인가? 아이들을 돌봐야 하는 여성의 가족들의 능력을 얼마나 중시해야 할 것인가? 누구의 관심이 최우선이고, 어느 것이 상처받아도 되는 것인가를 어떻게 여성이 단독적으로 결정할 수 있는 것인가?

그러므로 한 여성이 내리는 결정은 낙태와 전통적인 가족관의 유지 사이에서 양단간 어느 하나를 결정해야 하는 문제는 아닌 것 같다. 대부분의 사람들은 가족에 높은 우선순위를 부여한다. 물론 다 그런 것은 아니지만 대부분은 부모가 되는 것을 자신의 생의 중대한 사실로 받아들이고 있다. 한 여성이 특정한 때에 어머니가 되기를 거부한다고 해서 언제나 어머니가 되기를 거부한다고 보아서는 안된다. 하나, 혹은 둘, 셋 등 어린이의 수를 결정하는 것이 어머니가 되기를 거부하는 것도 결코 아니다. 전통적인 가족의 가치는 어린이의 수에 달려 있다기보다는 가족의 전 구성원, 어머니, 아버지, 어린이, 그리고 그 외의 다른 확대된 가족 구성원을 위하여 제공되는 삶의 질에 달려 있기도 하다.

이러한 고려사항들은 다른 중요한 질문들을 야기한다. 결단의 과정에 참여해야 할 사람은 누가 되어야 하는가? 객관적인 이유로 궁극적으로는 여성이 결정을 해야 한다. 많은 압력들이 그녀에게 주어진다고 할지라도 최종적인 분석에 의해서 여성이 어떤 과정을 따라야 할지를 결정하게 되는 것이다. 그녀가 결정을 내리게 될 때에 다른 누구의 판단에 의한 지도를 받아야 하는 것인가? 가능한 한 결단과정에는 아이의 아버지가 될 사람이 참여해야 한다. 결혼한 여인의 경우 이는 말할 것도 없이 분명한 사실이다. 어쨌든 아이란 결혼관계의 정황 속에서 수정되기 마련이다. 남편은 되어진 일에 대해서 권리와 책임을 가지고 있을 뿐만 아니라, 남편과 아내의 관계는 그 결정에 의해서 심각한 영향을 받게 된다. 이를 떠나서 남편과 아내 관계를 이상적으로 묘사하는 어떤 상호관계성도 있을 수 없다.

그러나 만약에 결혼하지 않은 여성의 경우 아이의 아버지의 참여는 불가능할 수도 있으며 가능하다 해도 매우 복잡할 것이 틀림없다. 결혼식을 하지 않은 아버지는 어떤 쪽의 결정도 원치 않을 수 있으며 책임을 회피하고자 할지도 모른다. 결혼하지 않은 많은 커플들은 여성이 임신하게 되면, 어떤 때는 여자의 주도하에 관계가 깨어지는 수도 있으나 대개는 남자에 의해 일방적으로 관계가 깨어지는 수가 많다. 그럴 경우 여자 혼자서 어떻게 결정하든 전 책임을 떠맡게 되는 수가 많다. 만약에 남자와 여자의 관계가 임의적일 경우 법적, 도덕적 권리와 책임은 누구에게 있는 것인가?

결혼하지 않은 나이 어린 여자의 경우, 그녀의 결정에는 그 부모의 참여를 기대할 수도 있을 것이다. 하지만 대부분 나이가 어린 여성들은 이러한 문제들을 그들의 부모와 논의하기를 원치 않는다. 어떤 여성들은 부모로부터 예측되는 반응을 두려워하며, 어떤 여성들은 부모에게 상처를 주고 싶어하지 않을 것이다. 어쨌든 분명한 것은 이러한 문제들로 부모를 행복하게 할 수 없다는 것이다. 대부분의 부모들은 아마도 화를 내고 상처받을 것이 틀림없다. 그럼에도 불구하고 부모들은 이 문제에 깊이 관여할 수밖에 없으며 자신들의 딸이 어떻게 해야 할지를 도울 뿐만 아니라 그녀의 결정과정을 따라가게 될 것이다. 결혼하지 않은 나이 어린 여성의 경우 낙태를 하게 되든 아기를 출산하게 되든 결정 내리는 일을 혼자서 할 수는 없을 것이다.

결정을 내림에 있어서 나이 어린 여성은 그녀에게 가능한 모든 대안들을 심사숙고하기 위하여 어른들의 충고를 받아들이는 것이 좋을 것이다. 낙태 외에도 여러 가지 다양한 길이 있을 수 있다. 그 중에 가장 우선적인 것은 결혼하는 것이다. 낙태법이 자유로워지기 이전에, 낙태를 쉽고 안전하게 하는 의료기술이 발달되기 이전에는 결혼이야말로 최선의 방법으로 선택되는 사항이었다. 커플들 간에는 흔히들 "그들은 결혼할 수밖에 없었어" 하는 상용어가 있는 것이다. 물론 그들이 결혼하지 않을 수도 있었으나 바로 그 당시에는 결혼이 최선의 선택사항이었던 것이다. 나이 어린 여인이 단순히 임신했다고 해서 분명히 결혼해야만 하는 것은 아니다. 그러나 만약에 한 커플이 결혼을 기대하면서도 양육이나 경제적 상황 혹은 다른 이유들로 인해 기다려야 할 형편이라면, 계획을 바꿔서 예정했던 것보다 일찍 결혼함으로 문제를 해결할 수 있을 것이다. 여자에게 주어지는 두번째 선택의 여지는 때를 채워 아이를 낳고 미혼모로서 그 아이를 기르는 것이다. 이는 많은 여성들에게 행복한 결과를 가져다 주기도 했으며 점점 더 많은 수의 여성들이 이러한 선택을 하고 있는 실정이다. 세번째 가능성은 아이를 낳고 나서 아이의 양육권을 포기하는 것이다. 갓 태어난 아기를 포기하는 것이 여인에게 매우 어려운 것이긴 하지만 많은 수의 사람들에게 이것 역시 바람직한 결정으로 입증되고 있는 형편이다(이러한 선택에 관한 토론을 위해서는 *Single and Pregnant*를 참조할 것).

낙태야말로 임신문제를 해결하는 가장 손쉬운 방법이라고 생각해서는 결코 안된다. 그것이 최선의 해결책이라고 생각될 때도 있겠지만 그러나 그 방법이 결코 모든 문제를 해결해 주지는 못한다는 것을 간과해서는 안된다. 스스로를 반낙태주의자인 동시에 여성의 결정권을 선호하는 자로 자처하고 있는 스미스(Rachel Richardson Smith)가 다음과 같이 말한 적이 있다.

왜 우리는 낙태야말로 인간에게 비극인 것임을 알지 못하고 있는가? 여성 홀로 자신의 삶을 위해서 낙태를 추방시키는 계획을 세울 수는 없다. 가장 효과적인 피임마저도 임신을 피할 수 있는 보장이 되지는 못한다. 고독, 무지, 미숙, 혹은 결단의 부족이 수시로 임신의 결과를 가져다 준다. 사람들은 실수를 저지르고 있는 것이다.

많은 사람들이 잘못 알고 있는 것은 여성들은 낙태를 원치 않는다고 하는 것이다. 상황이 그것을 요구할 때 비록 여성들이 낙태를 선택할 수는 있어도 결코 그들이 기쁨으로 낙태를 하지는 않는다고 하는 것이다. 낙태로 인해서 잠시 안도감을 가질 수도 있으나 다른 한편으로 동요와 슬픔, 모욕감, 죄의식을 갖는 것도 사실이다 ("Abortion, Right and Wrong," Newsweek, March 25, 1985, p. 16).

생의학적 출산

원치 않는 임신으로 문제가 되는 사람이 있는 반면, 아이가 없는 것이 문제가 되는 사람도 있다. 대체로 각 나라마다 10명 중 1명 꼴로 불임(不姙)부부가 있다. 과거에는 이러한 사실을 담담히 받아들이는 편이었으나 그중에는 입양으로 문제를 해결하는 사람도 있었다. 피임과 낙태의 증가로 입양 가능한 유아의 수가 상당히 줄어들었다. 결국 나이가 든 어린이를 입양하거나 인종이 다른 어린이를 입양하는 경우가 늘어나게 되었다.

현대 의료기술은 무자녀의 문제에 새로운 가능성을 제공하게 되었다. 19세기에 동물배양에서 큰 성과를 거두었던 오랜 기술을 사용하여 인간에게도 인공수정을 실험하게 되었다. 제1차 세계대전 이후 일반적이지는 않았지만 그러한 과정이 유효한 것으로 받아들이게 되었다. 제2차 세계대전 이후에는 그러한 인공수정이 인간에게도 일반적인 것이 되었고, 지금은 매년 미국에서만 연간 약 만여 명이 인공수정으로 임신되고 있는 형편이다.

기술 자체는 아주 단순하다. 의사는 도구를 사용하여 정액을 난자 속에 삽입하여 수태를 기다리고 있는 자궁 속에 넣는다. 만약에 수태의 문제가 남자 쪽의 신체적 기능, 이를테면 정액수의 부족이라든가 성기능장애 등의 이상에 의한 것이면 남편으로부터 정액을 받아 사용할 수가 있다(이를 AIH, 즉 "남편에 의한 인공수정"이라고 한다). 만약에 남편이 불임이거나 의학적, 유전학적 이유로 남편으로부터의 정액을 사용할 수 없을 때는 정액 기증자를 필요로 한다(이를 AID, 즉 "기증자에 의한 인공수정"이라고 한다). 성공적인 수태는 정액의 출처와 무관하나 남편의 정액을 사용하여 성공한 경우보다는 기증자의 정액을 사용하여 수정된 경우 도덕적인 문제는 훨씬 복잡해진다.

무자녀 문제를 해결하는 최근의 기술 발전은 시험관 수정을 가능케 하고 있는 실정이다. 여자의 난소로부터 성숙한 난자를 꺼내어 남편으로부터 받은 정액과 함께 실험실 접시에 담아 두는 기술이 이에 해당된다. 기대했던 대로 만약에 정자 중에 하나가 난자에 수태되면 그 배아를 일정기간 동안 배양한 다음 그것을 여자의 자궁 속으로 다시 돌려 보낸다. 거기에서 배아는 이식되어 자라고 정상적으로 수정된 아이와 같이 발전한다. 이 기술은 정상적인 임신과 같지는 않아서 대략 10명 중 1명 꼴로 성공할 뿐이다. 반면에 자연적 난자수정은 50% 정도가 성공한다. 실험실 수정은 여성의 불임을 해결하기 위하여 일반적으로 사용되고 있는 실정이다.

　　기증자로부터의 정액을 사용한 인공수정은 부부로 하여금 생물학적으로 아내의 아이는 될 수 있으나 남편의 아이일 수 없는 자녀를 임신 때부터 양육하게 된다. 대모(代母)의 경우는 이와 반대로 남편의 아이일 수는 있으나 아내의 아이가 아닌 자녀의 양육의 문제가 된다. 성경에서 보면, 자녀가 없는 여인은 때때로 여종을 자신의 남편에게 들여보내 남편으로 하여금 아이를 갖게 했다. 그러나 인공수정에 의한 성과는 최근의 일인 것이다. 정확하게 얼마나 오랫동안 진행되어 왔는지는 모르지만, 1980년대 초기에 의사들은 인공수정에 의한 임신가능성을 공개하기에 이르렀고, 변호사들이 이를 법적으로 다루기 시작했으며, 고객들이 그 비용에 대해서 관심을 보이게 되었다. 대모에 대한 법적 계약문제는 아직도 정착된 상태가 아니다.

　　이러한 절차에 대한 도덕적 논쟁에서 고려해야 할 몇 가지 중요한 사항이 있다. 그중 첫째는 여인이 정자 기증자에 의해서 인공수정이 되었을 경우 남편과 아내관계가 침해되는 문제점이다. 이러한 질문은 동시에 대모에 의한 인공수정의 경우에도 적용된다. 1949년 교황 피우스 12세의 칙령에 의한 로마 카톨릭 입장은 이러한 절차에 대해서, 남편과 아내는 상호적이며 각각 그 권리를 이양할 수 없는 것일 뿐만 아니라 하나님의 계획을 침해한다는 이유로 간음이 성립된다고 하였다.

　　이는 아내에 의한 생산문제가 남편이 아닌 다른 사람에 의해 침해당하는 것이라고 보는 것이다. 사실, 교황에 의하면 AIH, 즉 남편에 의한 인공수정마저도 그것이 "자연적인 성관계"를 대신하는 다른 방법으로 대치되고, 따라서 남편과 아내의 인격적인 결합이 아니라는 이유로 옳지 못하다고 한다.

비록 절대적인 목소리는 아닐지라도 인공수정을 반대하는 개신교 신학자들은 남편과 아내의 관계로부터의 출산이 분리된다는 것에 특별한 관심을 갖는다. 이들은 심지어 남편의 정자를 사용하는 인공수정의 경우도 문제를 삼는다. 그들은 이와 같은 방법에 의한 출산은 남편과 아내 사이의 사랑의 관계에 의한 것이라기보다는 의학 기술상의 문제라는 점을 고려하고 있다. 예를 들어, 램지(Paul Ramsey)는 이러한 기술을 "인간성의 기본형태", 즉 결혼과 부모됨의 언약을 위한 창조의 기초를 돌이킬 수 없게끔 하는 것이라고 말한다 (*Fabricated Man*, p. 130). 그는 "한 육체의 결합으로 사랑을 이루고 생명을 출산하는" 것이야말로 필수적인 관계라고 본다(p. 133).

그러나 모든 개신교 신학자들이 이에 동의하는 것은 아니다. 플렛처(Joseph Fletcher)는 인공수정이 간음이라는 의견을 일축하고 있다. 그는 그러한 생각은 결혼의 신뢰성을 단순히 인격적인 것이라기보다는 법적 관계로 생각하는 것이라고 믿는다(*Morals and Medicine*, p. 121). 넬슨(James Nelson)도 마찬가지로 같은 기준을 가지고 있는 남자와 여자의 의도에 초점을 맞추고 있다. 상호 동의가 있을 때, 사랑의 행위로 선택되었을 때, 그리고 인공수정으로 인한 아이의 임신이 남편과 아내의 "부모됨의 언약" 속에서 받아들여졌을 때 인공수정은 간음으로 받아들여질 수 없다고 그는 말한다(*Human Medicine*, pp. 72-73).

많은 사람들에게 중요하게 여겨지는 두번째 고려사항은 인공수정에 사용된 정자는 자위행위에 의해서 확보될 수밖에 없다는 점이다. 로마 카톨릭 교회의 전통적인 가르침은 모든 성행위의 규범이라고 할 수 있는, 출산의 의도와 상관없는 성이라는 이유로 자위행위를 죄로 인정해 왔다. 자위행위가 죄라고 하는 것을 반대하는 개신교 윤리학자들은 다른 이유를 들어서 문제를 제시한다. 우선, 그들은 자위행위 속에서 성이 인격적 관계로부터 분리되며, 성의 근본적 의미를 박탈한다고 생각한다. 다음으로 진정한 배우자와의 관계가 아닌 자위행위에 의한 성적 욕구충족은 타자의 인격성과는 상관없이 난잡하게 욕망을 배양시킨다는 것이다.

　　대부분의 윤리학자들이 자위행위의 도덕성에 관한 토론에 많은 시간을 허비하지는 않는다. 카톨릭 교회나 개신교 교회의 전통적인 가르침들은 "그의 씨를 땅에 쏟아 버린" 사람이 잘못이라는 것은 출산을 중시하고 있는 구약성서의 입장에 근거하여 자위행위를 죄라고 말하는 것이라고 한다. 따라서 인공수정의 문제를 토론함에 있어서 대부분의 개신교 윤리학자들은 이러한 점에서 다른 반대를 제기할 필요성을 느끼지 않는다. 예를 들어 틸리케(Helmut Thielicke)는 AIH, 즉 남편에 의한 인공수정에 대해서 이 목적을 위한 자위행위는 "근본적으로 철저하게 다른" 것이라고 말하고 있다(*The Ethics of Sex*, p. 256). 그리고 정자기증에 대해서 넬슨(James Nelson)은 정자기증이 자신의 성기능을 '매음'하는 것이기는 하지만 일반적인 매음과는 달리 이 행위는 어떤 이의 결혼관계에 손상을 주는 것이 아니라고 주장한다(*Human Medicine*, pp. 73-74).

　　대모에 관하여 보다 복잡한 세번째 고려사항이 있는데, 이는 한 여인이 다른 여인을 위해서 아이를 임신하고 대가를 받는 문제이다. 이에 대한 법적 문제도 아직 완전히 해결된 상태가 아니다. 이 문제는 옳고 그름을 떠나 돈을 절실하게 필요로 하는 사람들로부터 어린이를 유괴하거나 매수하는, 불법적인 어린이 매매에 비유될 수 있겠다. 사실 켄터키와 미시간 법정에서는 대모를 아이를 매매하는 형태라는 이유로 불법이라고 판결을 내린 적이 있다. 1987년 뉴저지의 한 법정에서는 대모계약을 유효하게 판결한 적이 있기는 하지만, 같은 주의 고등법원은 그러한 판결을 보류시키고 말았다. 현재 법정들은 대모계약 행위를 재가하지 않고 있는 형편이다.

그러나 우리의 관심은 대모가 불법이냐 아니냐 하는 문제가 아니다. 우리가 관여하는 바는 그러한 계약이 아이를 사실상 매매하는 것이냐 아니냐 하는 것이다. 그렇게 임신되고 출산되는 아이가 누구에게 속한 것인가를 무엇으로 결정할 것인가? 아이가 없는 부부와 돈을 필요로 하는 여인 사이의 계약이 결정의 기준이 되는 것인가? 만약에 그렇다면 부모가 된다는 것도 법적인 문제에 해당될 수밖에 없다. 난자와 정자의 결합에 그 정자가 누구 것이냐에 강조점을 둔다면 아이는 남자에게도 속할 수도 있으며, 따라서 그 남자는 아버지의 권리와 책임도 행사할 수도 있다는 문제로 비약된다. 만약에 다른 한 여인이 임신하지 못하는 여인을 대신해서 임신했다면 그 정자는 대리모의 남편의 것일 수도 있고, 다른 어떤 남자의 것일 수도 있을 수 있으며, 이렇게 복잡한 관계 속에서 도대체 정자가 누구의 것이든 그 차이점은 무엇인가? 난자의 수정이 시험관에서 이루어지는 것과 정자기증자에 의한 것, 혹은 성관계를 통해서 이루어지는 것 사이에는 어떤 차이가 있는 것인가? 돈을 받고 아이를 다른 사람에게 넘겨 주는 것이 정말 문제가 되는 것인가? 이렇게 마치 어린이를 상품으로 취급해도 되는 것인가? 한편 이 모든 문제는 아이가 없는 한 부부에게 그들 자신의 아이를 갖기 위한 갈망을 충족시켜 준다는 것에 문제될 것이 무엇인가? 아이가 없는 문제를 극복하고자 하는 이와 같은 복잡한 문제가 제기되었지만 그렇다고 이러한 문제가 최근의 것인 만큼 모든 문제가 다 나열되었다고 보지는 않는다. 남편에게서 나온 정자에 의한 인공수정에 관한 도덕적인 문제는 비교적 사소한 것으로 보이나, 정자 기증자에 의한 경우 문제는 복잡해지며 대모의 경우 생기는 문제는 훨씬 심각해진다. 문제가 많다는 이유로 인공수정은 무조건 안된다는 것을 말하고자 하는 것은 아니며, 그보다는 인공수정을 고려하고 있는 사람은 문제의 성격을 알고 그러한 복잡한 문제를 다룰 충분한 준비가 있어야 한다는 것이다. 야기될 수 있는 문제점들을 다음과 같이 요약할 수 있겠다.

1. 정자기증자에 의해서 인공수정을 받은 아내와 남편의 부모됨의 권리는 무엇인가? 대모에 의해서 아이를 갖게 된 어머니의 경우는? 대모의 권리는? 이 경우 입양의 절차가 있어야 하는가?
2. 정자기증자에게 대가를 지불해야 하나?
3. 대모에게 대가를 지불해야 하나?
4. 정자기증자, 혹은 대모의 질병이나 유전적 결함으로부터 보호받기 위하여는 어떤 절차를 밟아야 하나?
5. 어떤 기록물을 남겨야 하나? 후에 아이가 성장해서 자신의 생물학적 부모를 알기 원할 때에 관련된 기록물들을 입양된 아이

에게와 마찬가지로 그에게도 보여 주어야 하는가?

부모됨의 책임

오늘날 대부분 결혼한 부부들은 아이를 가질 계획을 세우기 마련이다. 그리고 아이를 갖는 시기, 자녀의 수에 대해서 이들은 자신들의 결정권 내에서 해결하는 경우가 대부분이다. 그들이 이를 결정하는 데는 많은 요인들이 작용하기 마련이지만 우선적으로는 정상적이고 건강한 아이를 갖기를 원한다. 그런데 이러한 기대가 언제나 적중하는 것은 아니다. 인류는 지금 유전적인 위기라고 불리우는 사실에 직면하고 있다. 유전적인 질병과 장애가 경고의 수준에 이르고 있으며, 현대의 의료시술은 이 문제에 대해서 속수무책인 것으로 보인다. 미국에서 태어나고 있는 아이의 7% 정도가 선천성 장애아이며, 1년에 백만 명을 넘는 사람들이 이러한 질병으로 입원하고 있는 실정이다. 게다가 유전적 요인이 다양한 질병과 연결되어 있음이 입증되고 있다.

모두 다 유전적인 문제라고 말할 수는 없지만 많은 부부들이 심각한 장애를 가지고 있는 아이를 출산할 수 있는 위험성이 있음을 대부분 두려워하고 있는 실정이다. 심지어는 건강하게 보이는 사람도 질병의 보균자로 판명되기도 하는 것이다. 예를 들어 대개 네 살 이전에 시력장애나, 마비를 일으키다가 죽게 되는 타이-사크(Tay-Sachs: 흑내장 가족성 백치)라는 질병은 동부유럽의 유대인들 가운데서 심심찮게 발병하고 있다. 극심한 고통 끝에 죽음으로 끝나는 겸상

적혈구 빈혈증(Sickle-cell anemia)이라는 병은 주로 흑인 가운데서 발견되고 있다. 비록 이들 가운데 극 소수의 사람들이 감염되어 있기는 하지만 보균자로 알려져 있는 사람들도 아이를 가져야 할지에 대해서는 심각하게 결정하지 않으면 안될 것이다.

만약에 어떤 부부의 경우 그들이 출산하게 될 어린아이가 장애를 가지고 태어날 것을 알고 있다면 그들은 몇 가지 대안에 직면하지 않을 수 없을 것이다. 첫째로 그들은 확률에 의존하는 도박을 할 수 있겠다. 만약에 겸상 적혈구 빈혈증에 걸릴 아이의 확률이 사분의 일이라면 병에 걸리지 않을 확률이 사분의 삼이라는 것을 믿고 아이를 갖는 것이다. 아이가 병에 걸릴 경우에는 그 아이를 기를 준비도 해야 할 것이다. 둘째는 아이를 갖지 않는 경우이며 이 때에는 피임을 해야 할 것이다. 물론 이 경우의 결정은 반드시 피임하는 동안 아이를 갖지 않는다는 것을 의미한다. 그러나 때때로 피임도 전적으로 믿을 수 없을 때가 있다. 이 결정은 단지 피임을 중단함으로써 번복할 수도 있다. 셋째는 배우자 가운데 한 사람이 불임수술을 받는 것이다. 이는 항구적인 선택에 해당한다. 어떤 경우 정관절제수술이 실패하는 경우도 있지만 그럴 경우는 그렇게 흔치 않다.

가장 널리 사용되고 있는 양막천자(태아의 성별, 염색체이상 감별방법)라는 다양한 시험방법에 의해서 임신 초기에 태아의 건강상태를 진단하는 것이 가능하다. 이미 아이를 임신했으나 심각한 문제가 있음을 알게 된 부부가 선택할 수 있는 것은 두 가지 경우가 되겠다. 한 가지 선택의 여지는 낙태하는 것이다. 우리는 이미 그러한 문제가 지니는 도덕성에 관한 토의를 한 적이 있기 때문에 여기서는 단지 다른 사람들은 결코 낙태를 해서는 안되나 어떤 사람의 경우, 이를테면 아이가 심각한 장애를 가지고 태어날 것이 확실시 될 경우, 낙태는 정당화될 수도 있다는 것을 말하는 것이다. 둘째는 임신상태를 유지하면서 치료의 방법을 찾는 것이다. 태아의 출산전 치료가 가능할 경우도 있으며 유아기에 가능한 치료방법에 대해서도 알아볼 수 있겠다. 따라서 이 경우에는 출산 전이나 출산 후 최선의 치료를 제공하겠다는 책임을 수락하는 것이다.

위에서 말한 내용은 어떤 결정이든 부모 자신에 의해서 이루어져야 한다는 것을 전제한 것이다. 그렇다고 그런 선택에 대한 사회적 책임을 배제한 것은 아니다. 장애자를 돌보는 데 필요한 막중한 비용이 적지 않은 문제인데 반해 이를 감당할 수 있는 가족은 많지 않으며, 결국 그 책임은 종종 국가나 사설기관에 부담을 주게 된다. 게다가 건강, 교육 그리고 지속적인 생존비용은 계산이 불가능할 정도로 큰 것이다. 따라서 이런 상황에서는 개인적인 결정권보다는 문제가 법제화될 필요성이 있는 것이다. 그러나 대부분 이러한 노력들은 개인적인 권리를 침해할 우려가 있다는 이유 등으로 지금까지 성공한 예가 드물다.

위에서 지적한 다양한 문제들을 직면한 사람들은 최소한 다음의 세 가지 사항을 고려해야 할 것이다. 첫째로, 최선의 결정을 위해서 가능한 한 보다 완전한 정보를 요구해야 한다. 문제를 예방하는 것이 문제를 해결하고자 하는 것보다 훨씬 낫다는 것을 간과해서는 안된다. 아직 임신하지 않은 아이나 아직 태어나지 않은 태아에 대해서 모든 것을 다 알 수는 없다. 그러나 우리는 생각밖에 많은 것을 알 수 있는 것도 사실이며, 많이 알면 알수록 어떻게 해야 할지를 결정하는 데 도움이 되는 것이 사실이다. 부부 중 다른 사람들보다 위험성이 크다는 것을 알 경우에 보다 많은 정보의 요청은 당연한 것이다. 태아가 질병에 걸렸을지도 모른다고 생각하는 사람은 가능한 한 태아의 상태와 그 징후에 대해서 보다 민감해야 할 것이다.

      둘째로, 우리는 무기력한 사람들을 도와야 할 도덕적 의무를 가져야 한다. 장애아를 가진 부모들은 출생 이전에 그 장애에 대해서 알았든 몰랐든 간에 그들이 아이를 위해서 할 수 있는 최선을 다해야 할 책임이 있다. 이 문제에 대한 기독교적 도덕성의 기본개념은, 모든 인간관계는 책임을 수반한다는 사실에 의해서 강조되고 있다. 이러한 책임의 문제가 낭만적인 것이 되어서는 안된다. 심각한 장애자를 돕는다는 것은 돈과 시간 그리고 힘과 정서적으로도 막중한 대가를 요구한다. 어떤 경우에는 장기간에 해당하는 비용지불이 불가피할 경우도 있다. 정서적으로 지치고 사람들의 삶에 중대한 영향을 끼칠 수도 있다. 우리가 사랑하고 우리에게 전적으로 의존되어 있는 사람들을 돌보는 데 있어서 어떤 기준이 있을 수는 없다. 어떤 하반신 마비 환자인 아이를 가진 어머니가 다음과 같이 말한 적이 있다. "우리는 그 아이를 사랑한다. 우리는 그 아이의 성취에 대해서 자랑스러워 하고 있다. 우리는 그 아이를 이 세상에 있는 어떤 다른 것들을 위해서 포기할 수 없다. 그러나 나는 그 아이와 그 아이의 아버지, 그리고 내가 지금까지 해온 것이 우리가 할 수 있는 것 전부라고 하고 싶지는 않다." 그 어머니와 아버지가 스스로 그러한 삶의 조건을 요구한 것은 아니었지만 그들은 그들의 장애아가 필요로 하는 것들을 충족시켜 주기 위하여 할 수 있는 모든 것들을 다 할 것을 선택하고 있는 것이었다.

셋째로, 우리는 장애아를 출산함으로 고통받고 있는 사람들에 대한 도덕적 의무가 있음을 인식해야 한다. 남편과 아내는 상호간에 책임이 있으나 그들 각자의 관계는 장애아의 출산으로 인해서 영향을 받지 않을 수 없다. 가족 구성원 중 다른 아이들의 삶도 심각한 영향을 받을 것이 뻔하다. 가족 밖에 있는 사람들도 일, 학교, 교회 그리고 일상의 사회적인 삶 속에서 함께 연루되어 책임을 나누어야 할 것이라고 본다. 이를 위해서 돈, 시간, 에너지, 정서 등 광범위한 연구조사가 필요하다. 비록 장애자인이라 할지라도 인간관계 면에서 요구되는 조건들이 무시되어서는 안될 것이다.

장기이식

1954년에 처음으로 산 사람의 신장이식수술이 성공함으로써 의료역사는 새로운 장을 맞게 된다. 그 이후 수술기술은 획기적으로 발달하여 거부반응을 극복할 수 있는 갖가지 새로운 약물들이 생산되고 수술하는 것이 훨씬 용이하게 되었다. 오늘날에는 매년 대략 오천 건 이상의 신장이식수술이 이루어지고 있으며 성공률은 거의 90%에 이르고 있다. 수술을 위해서 많은 외과의사가 잘 훈련되어 있으며 많은 병원들이 훌륭한 장비를 갖추고 있는 실정이다.

이러한 신장이식수술의 발전은 조직이식수술에서 비교적 오랜 역사를 지니고 있다. 더 오랜 역사를 지닌 것으로 첫번째 각막이식수술의 성공은 1905년에 있었다. 피부이식 수술이 처음 성공한 것은 1920년대의 일이다. 첫번째 간이식수술은 1963년에 이루어졌으며, 첫번째 췌장이식수술은 1966년에 있었다. 골수, 난소, 고환도 성공적으로 이식수술이 되고 있다. 앞으로의 발전 전망은 무제한적일 것으로 보인다. 아마도 가장 커다란 관심을 불러일으켰던 것은 1967년도에 처음 있었던 심장이식수술이었다고 본다.

기관이식수술 분야에서의 이와 같은 발전이 실패율을 전혀 무시하고 있는 것은 아니다. 거부반응을 다루는데 장족의 발전을 가져온 것은 사실이나 문제가 완전히 해소되고 있는 것은 아니다. 더욱이 수술로 인해서 다른 신체적인 이상이 복합적으로 생겨날 수도 있는 것이 사실이다. 모든 수술은 얼마만큼의 위험성을 다 포함하고 있는 것이다. 그러한 위험을 최소화할 수 있을지는 몰라도 완전히 제거할 수는 없다. 수술이 복잡하면 복잡할수록 보다 실험적일 수밖에 없으며 위험성도 그만큼 더 크다.

의료직업은 심장이식수술과 관련해서 도덕적이고 윤리적인 문제에 더 민감하지 않을 수 없다. 초기 발전단계에 엘킨톤(J. R. Elkinton) 박사와 로빈(Eugene D. Robin) 박사는 아직도 일반적으로 유효한 몇 가지 윤리적인 지침을 제시한 바 있다.

1. 의사는 환자를 전인으로 대하여야 한다.
2. 합리적으로 판단해서 성공률이 높지 않으면 안된다.
3. 치료 자체만이 유일한 목적이어야 한다.
4. 기관 제공자의 건강에 대한 위험이 최소화되어야 한다.

5. 환자와 환자의 가족에게 전적으로 정직해야 한다.
6. 모든 이식수술은 과학적 지식을 증가시키는 가운데 이루어져야 한다.
7. 결과에 대해서는 신중하고 집중적이며 객관적인 평가를 해야 한다.
8. 홍보는 신중하고 정확해야 하며 보수적이어야 한다. (Harmon L. Smith, *Ethics and The New Medicine*, p. 121)

그러나 여기에 수록된 내용 말고도 관심을 두어야 할 다른 도덕적인 문제들이 얼마든지 있다. 사체(死體)로부터 기관을 떼어 내어 사용하는 것은 죽음과도 연관된 질문내용을 포함한다. 아직 죽지 않은 사람으로부터 살아 있는 기관을 떼어 내는 권리에 관한 것도 심각한 문제성을 지닌다. 방금 죽은 사체로부터 떼어 낸 기관이 아니면 이식을 위해서 사용할 수가 없다. 아주 짧은 한순간에 삶과 죽음에 관한 판단이 분명하지 않으면 안되는 것이다. 심장박동이 멎고 숨이 끊어질 때 의사는 환자가 죽었다고 말할 수가 있다. 그러나 호흡과 심장박동은 재작동할 수도 있는 것이며 손상된 기능은 인공적인 수단에 의해서 도움을 받을 수도 있는 것이다. 어떤 한 사람에 의한 뇌사(腦死)판정이 죽음에 대한 판정의 전부가 될 수는 없는데, 이는 아직도 다른 기관이 계속 움직일 수도 있기 때문이다. 현재 미국에서 가장 일반적으로 통용되고 있는 죽음에 대한 판단기준은 1981년에 의료, 생명 및 행동연구를 위한 대통령 자문위원회에 의해 진술된 것으로서 다음과 같이 요약되고 있다. "회복 불가능한 순환기 혹은 호흡기능이 중지된 자, 회복 불가능한 뇌하수체를 포함한 뇌 전체의 기능이 중지되어 있는 자" 등은 죽은 것이라고 한다(*Defining Death*, p. 73).

　두번째 문제는 죽어 가는 사람의 기관을 타인에게 이식하기 위하여 그 사용여부를 결정하고자 할 때 그 결정권을 누가 갖느냐 하는 것이다. 죽기 직전에 자신의 의지로 이를 결정할 수도 있다. 그러나 이러한 자의적 결정이 없을 때에는 적어도 어떤 상황에서 기관을 떼어 내도 무방한 것인가, 기관을 떼어 내는 것을 누가 결정해야 하는가? 이런 문제들은 대개 불의의 사고를 당한 경우에 제기되기 마련이다. 사고를 당한 경우에 대개는 희생자가 건강한 상태였으며, 지니고 있는 기관은 이식에 적합한 상태를 유지하고 있기 마련이다. 현실적으로 가장 가까운 친척이 이식을 허용할 수 있을지도 모른다. 그렇다면 그 몸이 친척에게 속한 것인가? 승인되지 않은 사람의 몸에서 기관을 떼어 낼 권리가 있는 것인가? 한편 다른 사람의 생명을 살릴 수 있는 생생한 기관을 폐기처분할 권리는 과연 있는 것인가? 최소한 이런 문제들에 별다른 하자가 없다면 기관이식에 관한 결정에 관해서는 가까운 친인척에게 그 결정권이 있다고 보는 것이 타당하다고 하겠는데, 이는 친인척이야말로 죽은 사람과 정서적으로 가장 깊이 연루되어 있기 때문이라고 하겠다.

　세번째 문제는 값으로 환산하기 어려운 고귀한 기관을 어떻게 배당할 것이냐 하는 문제이다. 기관이식을 필요로 하는 사람들이 기증된 기관보다 훨씬 많은 것이 현실이다. 수혜 대상자를 어떻게 결정해야 하는가? 여기서는 기증자의 유언이 가장 우선적으로 존중되는 것이 당연할 것 같다. 다음에는 가까운 친인척의 소원이 존중되어

야 할 것으로 보인다. 만약에 이러한 언급이 전혀 없다고 하면 다음
으로는 병원의 선택이 받아들여져야 할 것으로 보인다. 일반적인 절
차로는 예후가 나쁜 사람에게 우선권이 주어져야 할 것 같다. 그 다
음에는 지원목록에 의하여 우선서열 상으로 선택되어야 할 것으로
보인다. 부(富)나 도덕성, 사회적 중요성에 의해서 선택이 좌우되는
일은 단호하게 배제되어야 한다.

    네번째 문제는 환자의 위험수준에 관한 것이다. 의료적 기준
은 의사가 항상 환자의 관심을 우선으로 하고 의료지식이나 기술에
대해서는 이차적으로 여겨 행동할 것을 요구하고 있다. 물론 이는 환
자를 치료하는 데 있어서 성공률이 가장 높은 방법을 의사가 사용해
야 할 것을 의미한다. 그러한 방법들이 실패하고 난 다음에서야 의사
는 예측하기 어려운 방법으로 적당한 모험을 감행할 수 있을 것이다.
그렇게 해서 내리는 결단은 의료적인 것임을 배제할 수는 없으나 분
명한 것은 이를 의사 혼자서 결정하지는 않는다는 것이다. 환자도 결
단의 과정 속에 포함되지 않을 수 없다. 물론 환자의 동의 없이 수술
이 시행될 수 없지만 의사는 설득적이든, 객관적인 태도이든 간에 다
른 대안의 가능성에 대해서도 설명을 해주어야 한다. 환자는 신중하
게 찬반을 고려하고 나서 선택을 하지 않으면 안된다. 환자는 수술을
받게 될 경우와 받지 않게 될 경우에 발생가능한 결과에 대해서 충분
히 알아야 할 권리가 있다. 최종적인 선택은 환자 자신이 내리는 것
이므로 환자는 위험성에 대해서 가능한 범위 내에서 분석할 수 있어
야 한다.

    다섯번째 문제는 말하기가 좀 더 어렵기는 하지만 그럼에도

불구하고 아주 중요한 것으로서, 즉 신체의 기관을 받아들이는 것이 정서적으로 피이식자에게 어떤 영향을 미칠 것인가 하는 것이다. 기관이식에 대해서 적극적인 태도를 가지고 있는 스미스(Harmon Smith)는 "기관이식에 대해서 인격적인 면을 고려할 때 나는 다른 사람의 기관을 과연 내 몸이 나 외의 다른 사람이 될 수 있을 만큼 그렇게 많이(셀 수도 없을 만큼) 받아들일 수 있는 것인가에 대해서 반문하지 않을 수 없다"(*Ethics The New Medicine*, p. 113). 살아있든 죽어있든 기관을 떼어 내거나 받아들이는 것은 관련된 사람들의 자아에 어떤 영향을 미치게 될까? 기관이식이 자아를 바꾸어 놓을 수 있으리라고 기대할 이는 없을 것이다. 하지만 스미스가 지적한 것처럼 만약에 한 인격이 새로운 친구관계를 맺거나 새 책을 읽는 것, 새로운 문화 속에 사는 것에 의해 영향받을 수 있다면, 우리의 인격이 기관이식수술 같은 심각한 사건에 의해서 전혀 영향을 받지 않으리라고 과연 장담할 수 있을까?

플렛처(Joseph Fletcher)는 인간의 가치에 대해서도 동등하게 관심을 가지지만 장기이식의 긍정성에 대해서 만약 그렇게 하지 않는 것은 "인간의 비극적인 낭비"라고 표현할 만큼 문제에 대해서 적극적이다(Donald R. Cutler, editor, *Updating Life and Death*, pp. 1-27). 인간의 가치는 신비로운 것이 아니라 신체와 매우 밀접한 관련을 갖고 있는 것이라고 그는 말한다. 인간의 신체적 가치는 건강과 살아 있는 인간의 복지, 그리고 건강하지 못한 사람을 도울 수 있는 가능성 등을 포함한다고 말한다. "도덕적이 된다는 것은 인간의 요구에 응답하고 구체적이고 특별한 상황 속에서 도움을 요청하는 것에 응답하는 것이다(p. 12). 플렛처에 동의하지 않는 램지(Paul Ramsey)도 이 점에서 만큼은 큰 차이가 없음을 알 수 있다. '죽음의 순간'에 관한 신학적 정의를 내리는 일에 관해서 램지는 그 문제가 의학적인 것이지 신학적인 것이 아니라고 말한 적이 있다. 신학자는 오직 "삶을 존중히 하고, 죽음의 순간을 돌보고 이런 것들과 관여된 복잡한 도덕적 문제를 경고하는 것 등에 관하여 반성적일 뿐"이라고 그는 말한다(p. 52). 기독교적인 전망에서 궁극적인 문제는 단순히 몸을 치료하는 것 뿐만 아니라 인간의 삶의 질을 고려하는 것이다.

살아 있는 기관기증자에 대해서 말할 때는 물론 그가 가지고 있는 두 개의 기관 중에 하나를 기증하는 것을 의미한다. 고환과 각막의 이식이 성공적이기는 하지만 대부분의 기관기증은 신장에 한하여 이루어지고 있다. 두 개의 기관 중에 하나를 기증하는 것이 도덕적으로 허용되느냐 하는 여부는, 그것이 신체를 훼손시키느냐 하는 문제와 관련되어 질문된다. 그러나 그러한 문제는 실제적이기보다는 보다 학문적인 것이며 대부분의 결론은 기관기증이 허용될 뿐만 아니라, 사람들로 하여금 다른 사람을 위해서 그러한 희생을 할 것을 권장하고 있는 형편이다.

그러나 타인에 대한 이러한 희생이 의무적인 것인가를 물을 때는 문제가 훨씬 더 복잡해진다. 다른 사람을 도와야 하는 그리스도인의 일반적인 의무가 이러한 비일상적인 행동에까지 확대되는 것인가? 환자와 관계되어 있다는 사실이, 그래서 성공적인 이식수술의 가능성이 다른 사람보다 높다는 사실이 그러한 희생을 하도록 부담지울 수 있는 것인가? 가족관계에 있으니 기관을 기증해야 한다는 무조건적인 압력이 가능한가? 타인의 요구조건의 긴박성이 우리에게 어떤 의무감을 갖게 하는 것인가? 환자의 요구와 우리에게 의존되어 있는 다른 사람과의 관계의 균형을 어떻게 유지해야 하나? 제삼자를 돕기 위해서 어떤 사람에게 희생을 강요할 수 있는가? 한편, 그러한 압력이 우리 자신들에게 주어진다면 관련된 사람을 위해서 기관을 기증하는 일에 기꺼이 응할 수 있을 것인가? 이러한 질문들은 일반화되어 있는 의무에 관한 용어로 대답되어질 수 없는 것들이다. 결국 기증자로 기대되는 사람들은 각각 독립적이고도 단독적인 결정을 "내가 해야 할 의무가 무엇인가?"라는 질문을 통해서 내려야만 할 것이다.

죽어 가는 사람을 돌봄

"아버지, 사람이 죽는 데 얼마나 오랜 시간이 걸리나요?" 암으로 죽어 가고 있는 친구를 방문하고 돌아오는 아버지에게 한 아이가 물은 물음이었다. 이 문제에 대해서 언급하는 가운데 배리(Vincent Barry)는 "죽음을 경험하는 데 있어서 문제가 되는 것은 고독, 두려움, 고통과 의구심 등이다. 더 이상 쓸모없고 버림받았다는 감정도 마찬가지이다. 자신을 통제하거나 억제할 수 없고 더 이상 참여할 수 없다는 것, 모욕감 등이 문제이다"라고 말한 적이 있다 (*Moral Aspects of Health Care*, p. 281). 죽음과의 직면이 사람들에게 항상 문제가 되어 오기는 했지만, 오늘날 현대 의학기술에 의해서는 더 이상 치료의 가망이 없거나 고통을 덜어주기 위해서 생명을 단축시키거나 가능한 수준에서 생명을 연장시키는 것 등의 문제가 대두되고 있다. 회복이 불가능하다고 여겨지는 혼수상태의 환자에 대해서 우리가 할 수 있는 일은 무엇인가? 치료가 불가능한 가운데 시한부 목숨을 살고 있으면서 점점 더 고통스러워하고 고뇌하는 사람에게 우리는 어떻게 해야 하나? 죽을 것이 분명해진 사람을 우리는 어떻게 돌보아야 하나?

죽음이 발생할 때 결정해야 할 문제에 대해서 우리는 이미 토론한 적이 있었다. 도덕적인 관점에서 보다 중요한 것은 죽음이 무엇이라는 것을 이해하는 것이다. 그러한 이해는 삶이 무엇인가에 관한 이해의 구조 내에서 질문되어져야 한다. 인간의 생명의 생물학적 특성에 대해서 논란을 제기할 사람은 없을 것이다. 그러나 인간의 생명에는 또 다른 면이 있으며, 우리는 그것을 인격적인 것, 즉 자의식, 자기초월, 관계능력 등이라고 부른다. 성서적인 용어로 이는 '생기(生氣)', 즉 하나님의 형상이라고 한다. 그러므로 죽음을 정의함에 있어서 우리는 생물학적인 죽음과 인격의 상실을 구분하지 않으면 안 된다.

전도서의 저자에 의하면 인간의 생명에는 다 기한이 있다고 했으며, 그는 이를 '죽을 때'라고 말하고 있다. 이전에 우리는 그러한 말을 액면 그대로 받아들였다. 그러나 현대의학의 발달 속에서 우리는 이러한 말들에 대해서 의문을 품지 않을 수 없게 되어 있다. 사람들은 할 수만 있다면 죽음을 돌이키기 위하여 자신을 위해서든, 돌보고 있는 사람을 위해서든 모든 가능성을 다 취하고자 한다. 그러한 노력들은 실제로 많은 사람들로 생명을 연장시키거나, 보다 편안하게 하고, 혹은 보다 생산적이게 하고 있는 실정이다. 때때로 그러한 수단이 물론 부적절하게 보일 때도 있다. 때때로 그런 것들은 신체를 살아있게는 하나 '육체와 영혼을 함께' 유지하게 하지는 못한다. 어떤 경우에 그것은 '영혼'(혹은 인격)이 절망적으로 떠나 있는 육체의 상태를 의미할 수도 있다. 역사적으로 의학은 병을 치료하는 것, 생명을 보존하는 것 그리고 고통을 덜어 주는 것 등의 세 가지 목적을 지향해 왔다. 현대의학의 실천은 치료하고 생명을 보존하는 노력에서 놀랄 만한 성공을 거두어 왔다. 고통을 경감시키는 일에서도 마찬가지 결과를 가져왔지만, 한편 그것은 건강하지 못한 생명의 보존에만 우선권을 두었다는 점도 없지 않은 것같이 보인다. 비상수단을 중지할 때에 오는 환자의 죽음을 허용해야 하나? 만약에 그러하다면, 그 때가 언제여야 할 것인지에 대해서는 어떻게 알 수 있는 것인가?

심각한 질병을 앓고 있는 사람들은 자신이 처해 있는 상황에 대해서 무언가를 이해하고 있음이 분명하며, 죽어가고 있는 사람은 죽음의 임박에 대해서 무언가를 감지하고 있기 마련이다. 죽음보다 확실한 것은 없으며, 죽음에 임박해 있는 사람에게 사실을 있는 그대로 정직하게 다루어 주는 것이 최선일 수도 있다. 의사와 간호사의 책무, 그리고 가족과 친구들의 사랑과 돌봄을 우리가 당연한 것이라고 한다면, 환자의 권리에 대해서도 충분한 고려가 있어야 할 것이다. 환자의 권리에는 최소한 다음의 사항들을 포함한다.

    살아 있는 인간존재로서 대우 받을 권리
    치료에 관한 결정에 참여할 권리

돌볼 수 있고 충분히 인지하고 있는 사람에 의해서 보살핌을 받을 권리
느낌과 정서에 대해서 자유롭게 표현할 권리
가능한 한 고통으로부터 해방될 권리
질문에 정직하게 대답할 권리
평안과 존엄성을 가지고 죽을 권리

죽어 가는 사람의 권리에 관한 이와 같은 목록 중에 빠뜨릴 수 없는 한 가지 문제가 있는데 안락사(安樂死)가 바로 그것이다. 죽어 가는 사람은 빨리 그리고 쉽게 죽을 권리가 있는 것인가? 일반적으로 '자비로운 살인'으로 정의되고 있는 안락사는 그 이상의 의미를 지니고 있다고 본다. 문자적으로 그 말은 '선한 죽음'을 뜻하나, 많은 사람들에게 이상적일 수 있는, 즉 죽음에 관한 존엄성은 없고, 단지 고통, 고독 그리고 두려움만이 있는 곳에서 안락사는 특별히 중요한 의미를 지니게 된다고 본다. 그리스도인의 사랑 속에 사람들로 하여금 이상적인 죽음을 결정할 수 있게 하는 가능성도 포함되어 있는 것인가?

현대의학은 이 점에서 진지하게 도덕적인 문제를 제기할 수 있는 두 가지 사실을 결합시키고 있는데, 그것은 혼수상태에 있는 신체를 생물학적으로 거의 무기한 살아있게 하는 능력과 죽음에 직면하고 있는 많은 사람들을 고통에서 해방시켜 줄 수 없는 무능력이 바로 그것이다. 이러한 사실은 다음의 세 가지 문제를 야기시킨다. 첫째는 사람들의 죽는 방식에 관한 문제이다. 삼십 년 전에 겨우 37%

였던 것과는 달리 오늘날 미국 사람들의 80%가 병원에서 죽음을 맞고 있는 실정이다. 많은 사람들이 기계를 몸에 부착한 채 죽음을 맞이하고 있으며, 병실로부터는 친척들도 배제되고, 어떤 정보도 알려지지 않고 무엇이 일어나고 있는지에 대해서 아무하고도 이야기할 수 없는 가운데 사람들은 죽음을 맞고 있는 것이다. 그러한 상황에서 그리스도인의 사랑과 동정은 어떤 일을 하도록 요청받고 있는 것인가? 의사에게 요구되는 바는 무엇이며 가족들에게는 어떤 것이 요구되는가?

두번째 문제는 다가오는 죽음을 오랜 기간 동안 점점 더 심해지는 고통과 더불어 단지 기다려야만 하는 것인지, 아니면 죽음을 재촉할 수 있는 선택이 있는 것인지에 관한 질문이다. 이는 단도직입적으로 말해서 사람에게 자살할 권리가 있는가 하는 문제이다. 치명적인 질병을 가지고 있는 사람이 죽음의 순간을 선택할 권리가 있는 것이며, 그러한 방법이 그런 사람에게 최선일 수 있느냐 하는 문제이다. 그렇지 않으면 그러한 행동은 인간의 생명의 신성불가침을 고려하지 않는 비도덕인 것인가? 그것은 하나님께만 속해 있는 권리를 침해하는 것인가?

세번째 문제는 치명적인 병을 가지고 있는 환자에 대한 연민과는 상관없이 다른 사람이 도덕적으로 환자가 생명을 종식시키는 것에 관여하도록 도울 수도 있는 것인가? 환자의 고통에 대한 대가에 상관없이 비참한 결과에 이르는 죽음을 사랑하기 때문에 달리할 수 있는 것인가? 혹은 사랑은 단지 요청에 의해서 환자로 하여금 고통을 회피하도록 돕는 것을 허락하는 것일까? 많은 그리스도인들은 그들이 사랑하는 사람들의 치명적인 고통을 지켜보면서 하나님께서 죽음을 허락함으로 속히 생명이 종식되기를 기도하곤 한다. 만약에 그 환자가 죽음을 맞도록 도움을 청했다면 그 도움을 거절하는 것이 그렇게 하는 것보다 더 큰 사랑의 행위가 되는 것인가?

선택적인 죽음이 때로는 도덕적으로 유효한 것인지 아니면 언제든지 그른 것인지 하는 것은 난해한 문제가 아닐 수 없다. 선택적인 죽음이란 죽는 시기와 방법을 선택하는 것을 의미한다. 이 문제에는 두 가지 입장이 있다. 하나는 의식할 수 있고 결정을 내릴 수 있는 환자가 단독적이든 다른 사람의 도움을 통해서든 이러한 결정을 내리고 수행하게 할 권리를 가지고 있느냐 하는 것이다. 이는 아마도 회복할 가망성이 없는 몸을 살려 두기 위한 어떤 생명보조수단도 사용하지 않는 것과 호흡과 심장박동이 멎었을 때 몸을 다시 회생시키기 위한 어떤 극단적인 방법도 사용하지 않음을 우선적으로 동의하는 것을 의미할지도 모른다. 이것은 환자가 할 수 있는 경우에는 환자 자신에 의해서든가 아니면 환자가 할 수 없을 경우에 환자를 위해서 누군가 대신 수행함으로써 생명을 종식시킬 수 있는 직접적인 단계를 밟는 것을 의미하는 것일지도 모른다. 다른 입장은 혼수상태의 환자를 돌보는 사람이 환자를 대신해서 그러한 결정을 내리고 이행할 수 있는 권리, 혹은 의무가 있는가 하는 것이다.

약품, 수술 혹은 생명보조수단으로든 죽어 가는 과정을 연장시키는 외에 아무런 약속도 없는 임종 직전의 환자가, 치료를 거부할 도덕적 권리가 있는지의 여부에 대해서 우선 고려해 보도록 하자. 생명연장을 위해서 취할 수 있는 가능한 모든 방법을 다 허락해야 할 의무가 있는 것인가? 일반적으로 미국 법률에서는 치료를 거부할 수 있는 권리가 있다고 인정되고 있다. 그렇게 하는 것이 도덕적으로 타당한 것인가? 만약에 우리가 자유와 책무의 개념을 받아들인다면 대답은 긍정적일 수도 있다. 모든 사람은 죽음의 불가피성을 받아들일 권리가 있다는 것이다.

다음 질문은 회생이 불가능한 환자로부터 어떤 사람이 의술이나 생명보조수단을 제거할 수 있는 결정을 내릴 권리가 있느냐의 여부에 관한 문제이다. 이 문제는 훨씬 더 복잡한 것이다. 누가 그러한 결정을 할 수 있는 것인가? 의료인? 가족? 그러한 단계에 이르렀음을 어떻게 알 수 있을까? 약물치료를 중지하는 것과 제거하기만 하면 곧 죽을 것이 뻔한, 환자의 생명을 단절시키는 보다 적극적인 방법으로써 생명보조수단을 제거하는 것과는 어떤 차이가 있는 것인가? 만약에 환자가 혼수상태에 있고 인격적인 의미에서 이미 죽은 것이 현실이라고 할 때, 만약에 생물학적 의미에서만 살아 있는 것이라고 한다면 생명보조장치를 제거하는 것에 관한 도덕적 문제는 전적으로 배제되지는 않는다고 하더라도 크게 줄어드는 것은 사실이다.

만약에 죽음이 확실한 환자가 극심한 고통 때문이든, 장기간 동안 가족에게 부여된 고통 때문이든, 아니면 다른 요인에서든 죽음을 망설이는 대신 그것을 단축시킬 경우 이것을 자살이라고 할 수 있는가? 만약에 그렇다면 그리고 만약에 환자가 그렇게 하는데 도움이 필요하다면 가족 혹은 친구, 의료진이 그러한 도움을 주는 것이 정당화 될 수 있을 것인가? 한마디로, 죽어 가는 사람은 죽는 시기와 방법을 선택할 도덕적 권리가 있는 것인가? 장기간 고통당하지 않고 죽음을 앞당길 도덕적 선택이 가능한 것인가? 만약에 그렇다면 그러한 도움을 의료진, 가족, 혹은 친지 중에서 줄 수 있는 것인가? 비록 이들 각각의 상황이 나름대로 시사하는 바가 다르다고 하더라도 근본적인 문제는 같은 것이라고 볼 수 있겠다. 이는 단지 인간에게는 불가피한 상황이 이를 때까지는 자신을 위해서든, 타인을 위해서든 모든 가능한 수단을 동원해서 죽음에 대항하여 싸워야 하는 것이 도덕적 의무가 부여되어 있는 것인가 하는 문제이다. 그렇지 않다면 죽음의 시기와 방법에 대해서 무언가를 선택할 수 있는 도덕적 권리가 있는 것인가? 이 문제를 다루는 데는 몇 가지 성서적, 신학적 고려가 있어야 할 것으로 보인다.

인간의 생명을 담보하는 것에 대한 성경말씀에서부터 살펴보아야 할 것이다. 십계명 속에 있는 모든 계명들은 계약공동체와 관련되어 있다. 이 율법은 공동체에 속한 사람들을 다른 사람들의 손에 의한 죽음의 위협으로부터 보호하고 있다. 이는 타인의 고의성에 의한 살인을 금지하고 있으며, 구약성서 안에 있는 다른 율법들은 그러한 금지조항을 강화하고 있다. 구약성서 속에서 '죽이다'에 해당하는 말은 살인과 우발적인 살해 모두를 의미한다. 따라서 계명의 핵심은 사람들이 고의적으로든 사고에 의해서든 침해 되어서는 안되는 살 권리를 가지고 있는 것이다. 다른 말로 하면, 율법은 타인의 태도에 대해서보다는 개인적인 삶의 권리를 다루고 있는 것이다.

죽이는 것을 금지하는 계명(마 5:21-22)에 대한 예수님의 해석은 율법에 대한 그분의 일반적 태도의 문맥 속에서 읽혀져야만 한다.

그분은 어떤 특정법규, 이를테면 어떤 전통적인 랍비적 해석이나 성서 자체 내에서의 어떤 것을 거부하기도 하나 구약성서의 기본적인 도덕적 교훈에 대해서는 지지하셨다. "내가 율법이나 선지자나 폐하러 온 줄로 생각지 말라 폐하러 온 것이 아니요 완전케 하려 함이로라"(마 5: 17) 하고 그분은 말씀하셨다. 그러나 율법에 대한 해석 속에서 그분은 아주 중요하게 다른 점을 강조하기도 하셨다. 그분은 권리보다 책임을 강조하셨으며 행위보다 행위자를 더 강조하셨다. 이렇게 그분은 행위와 행위의 결과보다는 동기와 태도를 문제삼음으로써 도덕성을 내면화시켰다. 이와 같은 원칙의 기초 위에 그분은 살인을 금하는 율법에 대해서 말씀하신 것이다.

> 옛사람에게 말한 바 살인치 말라 누구든지 살인하면 심판을 받게 되리라 하였다는 것을 너희가 들었으나 나는 너희에게 이르노니 형제에게 노하는 자마다 심판을 받게 되고 형제를 대하여 라가라 하는 자는 공회에 잡히게 되고 미련한 놈이라 하는 자는 지옥불에 들어가게 되리라 (마 5:21-22)

생명에 대한 개인의 권리를 보호하는 율법의 유효성을 인정하는 가운데 예수님은 경멸하거나 적대시하는 것도 똑같이 다른 사람의 생명을 해하는 것이라고 말씀하셨다.

여섯번째 계명이 죽이는 것을 금지한 반면 히브리 율법이 죽음에 해당하는 모든 것을 금지한 것은 결코 아니다. 예를 들어 율법은 전쟁중에 사람을 죽이는 것을 고려하고 있지 않는 것 같은데 아마도 이는 계약공동체에 속한 사람들의 권리를 보호하고 있는 것으로 이해되고 있는 것 같다. 사실상, 히브리인들은 종종 구약성서 속에서 하나님의 축복으로 적들에 대한 무자비한 살해까지도 할 수 있었음을 기술하고 있다.

죄를 지은 사람에 대한 사형집행에 대해서도 율법은 승인하고 있다. 십계명도 그 일부가 되고 있는 계약법전은 부모를 때린 자, 사람을 납치한 자, 부모를 저주한 자, 살인자, 사람을 죽인 동물의 사나움을 알고도 그러한 동물을 지니고 있는 자는 사형에 처할 것을 특별법으로 다루고 있다(출 21:12-19). 신명기 법전은 고집이 세고 반항적인 아들을 처형할 것을 규정하고도 있다(신 21:18-21).

어떤 정황 속에서 자살은 나쁜 것으로 고려되지 않았다. 구약성서 속에 자살을 금하는 성문법은 발견되지 않고 있다. 어떤 비난도 없이 사무엘상은 기보아 산의 블레셋에 의해 패배한 뒤에 있었던 사울의 자살에 대해서 기술하고 있다(31:4-6). 아마도 그러한 행동과정은 적에 의해 자신이 포로로 잡히는 것보다는 훨씬 명예로운 것으로 여겨졌을지도 모른다. 가치 있는 일로 인해 죽음을 자처하는 것은 히브리인들에게 어느 시간이나 장소를 막론하고 찬양의 대상이 되어왔다. 히브리인들의 전쟁의 경우에 이는 분명한 사실이었다. 예수님은 "사람이 친구를 위하여 목숨을 버리면 이에서 더 큰 사랑이 없나니"(요 15:13)라고 하신 말씀 속에서 예수님의 입장을 시사하고 있다. 이 같은 사실에 비추어 볼 때 우리는 성경이 어떤 상황에서든지 다른 사람의 생명을 취하는 것이 유효하다든가, 혹은 어떤 경우에든지 살아있게 하는 것이 최고의 도덕적 의무라고 가르치고 있다고 결론을 내릴 수 없다. 따라서 문제는 자신의 생명이든 다른 사람의 생명이든 과연 어떤 상황에서 종식시키는 것이 옳은 것이냐 하는 것이다.

두번째 신학적으로 고려해야 할 사항은 기독교적, 성서적 인간관이다. 이미 이러한 신학적 개념들에 대해서 토의한 적이 있기 때문에(제4장 참고) 여기에서는 그 기본적인 사상에 대해서만 상기시키고자 한다. 그러한 사상들을 요약하면 다음과 같다.

1. 인간은 하나님의 형상으로 지음받은 피조물이다.
2. 인간은 몸과 영혼으로 구성되어 있다.
3. 인간은 자아의식적이다.
4. 인간은 이성적 존재이다.
5. 인간은 도덕적 결단을 내릴 수 있는 존재이다.
6. 인간은 다른 사람과의 관계 속에서 살고 있다.

세번째로 고려할 사항은 죽음의 본질에 대한 기독교적 이해이다. 죽음은 언제나 나쁜 것인가? 대부분의 사람들이 그렇게 생각하는 것으로 보인다. 죽음을 모면하고자 하는 사람들의 바람은 현재의 관계를 상실하는 것을 원치 않는 것과 죽음 저편에 대한 불확실성이 결부되어 있다. 물론 사랑하는 어떤 사람의 죽음에 대해서 사람들이 생각할 때 사별의 고통이 결코 작은 것은 아니다. 그리스도인들도 이러한 관심들을 다른 모든 사람과 공유하고 있는 것이 사실이다. 다른 사람들과 마찬가지로 그리스도인들도 마지막 순간까지 죽음을 모면하고자 노력하고 죽음에 이르는 어떠한 접근도 거부하는 것들을 포함하는 죽음에 대한 거부적인 행동을 외면할 수는 없다. 또한 다른 사람들과 마찬가지로 그리스도인들도 그들이 사랑하는 사람 누군가에게 임박한 죽음의 사실을 위장하고자 하는 의식을 갖지 않을 수 없다.

성경시대의 사람들은 우리들보다도 죽음에 대해 훨씬 덜 불안해 했던 것 같다. 그들은 인간의 연약함을 심사숙고했으며 지속적인 삶을 기도했고 죽음을 슬퍼하기도 했다. 그들도 사람들이 떠나가는 것에 대해 불안해 했고 무덤 너머에 무엇이 있는지에 대해서도 불확실해 했다. 구약성서 속에 기록되어 있는 그들의 역사 속에는 그들이 죽음에 대해서 갖고 있는 다른 한 가지 중요한 요인이 들어 있었다. 모든 죽음에 대한 언급 이면에는 인간이 하나님에 의해서 창조되었고, 하나님의 다스림에 의해서 보존되고 있다는 이해가 있었던 것이다. 그러나 개인적인 실존은 죽음과 더불어 중단되는 것으로 이해했다. 죽은 자는 단지 스올(Sheol)에 있는 것이며, 사람들이 살았든 어떤 삶이든지 그들을 존경하고 있는 생존자의 기억 속에 들어 있었다. 그러나 구약성서의 후기부분에서는 선과 악 사이의 갈등, 죽음 후의 처벌과 보상에 관한 논의가 들어 있기도 하다. 그러한 논의는 중간기까지 계속되고 있었으며, 예수님 당시 바리새인들은 최소한의 입장에서 악한 자의 처벌과 의로운 자에 대한 보상과 더불어 죽은 자의 부활에 대해서 긍정적이었다.

신약성서 기록들은 지속적으로 믿는 자는 살아있든, 혹은 죽음 후에든 사랑하시는 하나님의 다스림 안에 있다는 생각을 반영하고 있다. 구약후기와 중간기의 사상을 반영하고 있는 그리스도인 공동체의 이러한 전제는 부분적으로 예수님의 가르침과 한편으로는 부활의 사실에 그 근거를 두고 있다. 공관복음서 속에서 이러한 것들이 직접적으로 가르쳐지고 있지는 않으나 당연한 사실로서 받아들여지고 있으며 관련된 내용들을 함축하고 있다. 요한복음에서 그러한 내용들이 보다 직접적으로 '영생'의 선물이라고 말해지고 있다. 바울 서신 속에서는 종종 직접적으로 하나님의 현존 안에서의 인격적이고 영적인 존재의 지속성에 대한 기대가 선언되고 있는 것을 볼 수 있다. 그러한 생각에 대한 바울의 광범위한 토론은 특히 고린도전서 15장에서 발견되고 있는데, 거기에서 그는 그리스도의 부활과 신자의 부활에 대해서 동시에 말하고 있다. 바울의 가장 감동적인 확언은 로마서에서 죽음이나 다른 어떤 것도 하나님의 사랑으로부터 분리시킬 수 있는 것이라곤 없다고 하는 주장이었다(롬 8:35-39).

사후의 삶에 관한 성서의 교훈을 연구하고자 기초하는 페이지(Allen Page)의 몇 가지 원칙 가운데 다음과 같은 관련사항이 있음을 볼 수 있다.

1. 생명은 하나님에 의해서 시작하고 하나님에 의해서 끝난다.
2. 신실한 사람들 가운데는 사후에 그들이 하나님과 함께 있을 것이라는 성서적 전통 안에서의 희망이 자라고 있다.
3. 사후의 생명에 대한 긍정적인 희망은 신앙, 즉 개인과 공동체의 신앙 공동체적 경험에 근거하고 있다.
4. 지속적인 인격적 존재의 초점은 때때로 개개인의 강조 속에 표현되기도 하며, 때로는 공동체성으로 표현되기도 한다. (*Life After Death: What the Bible Says*, pp. 84-87)

의학적 사실과 기독교 신학의 관점에서 선택적인 죽음의 도덕성에 관한 질문을 고려함에 있어서 우리는 몇 가지 난해한 질문들을 다루지 않을 수 없었다. 첫째로, 자신을 위해서든 타인을 위해서든 죽음을 선택할 때 우리는 하나님의 권위를 침해하는 것은 아닌가? 하나님은 인간의 삶에 대하여 최종적인 권위를 가지고 계시다. 우리의 생명에 관하여 중요한 결단을 내리고자 할 때에도 생명은 우리의 것일 수 없다. 그렇다면 우리가 그 생명을 끝낼 수 있는 것인가? 하는 질문은 심각한 것이 아닐 수 없다. 인간의 기본적인 죄는 다양한 방법으로 해석되기는 했지만 그 중에 한 가지는 하나님의 자리를 대신하고자 하는 시도라고 말하기도 했다. 아직도 우리는 죽음을 연장시키는 일에 간섭하는 일에 문제가 없다고 말할 수 있을 것이다. 죽음이 단지 잠시 지연되는 것이 분명한데도 몸을 살리기 위해서 우리는 비상수단을 동원하곤 한다. 어떤 사람들은 처형이나 전쟁에 의해서 인간의 생명에 관하여 간섭하는 것을 문제삼기도 한다. 반면에 한 사람이 죽는 문제는 왜 그렇게도 큰 문제가 되는 것인가?

	둘째로, 환자의 복지에 관한 진지한 관심을 가장 잘 표현하는 방법이 무엇일까? 대부분의 환자들에 있어서 치료의 최상의 목표는 회복시키는 것이 분명하다. 만약에 회복이 불가능할 경우에는 고통의 감소가 차선의 목표가 될 것이다. 고통의 감소도 없고 점점 더 나빠지기만 하는 시한부 환자에게 지속적인 치료와 안락사 중 어느 것이 최선의 방책일까? 이러한 상황 속에서 최선의 사랑이란 어떻게 하는 것일까?

	셋째로, 안락사를 선뜻 시행하지 못하게 하는 것이 무엇일까?

무언가 나쁜 것은 하지 않겠다는 배려에서인가? 만약에 그렇게 하는 것이 우리들 자신의 인격적인 순결을 위해서인가? 아니면 치명적인 곤경에 처한 사람의 복지를 위해서인가? 우리의 죄의식이 비용이야 어떻든 간에 살려 두기를 강요하는 것인가? 인격적인 순결에 관한 배려가 부적합한 것이라고 말하려는 의도는 전혀 없다. 하나님만이 옳고 그름의 근거가 된다는 것과 신자의 도덕적 의무감은 하나님께 복종하는 것이 성서의 강력한 전통이라는 점에 대해서 아무런 이유도 없다. 그러나 문제는 인간의 생명에 대한 재가가 우리들로 생명을 보존하는 모든 수단을 강구하기를 요구하는 것인가, 아니면 고통을 덜어 주기 위해서 인간의 생명을 종식시키는 두려움을 떨쳐 버릴 수 없는 단계를 요구하느냐 하는 것이다.

  넷째로, 안락사는 자비로운 행위인가? 우리는 고통당하고 있는 동물의 생명을 종식시키는 것을 자비로운 행위로 간주하고 있다. 그렇다면 인간의 고통을 더는 마지막 최후적인 수단으로서의 자비를 요구할 수는 없는 것인가? 심몬즈(Paul Simmons)는 다음과 같은 질문을 던지고 있다.

> 죽어 가고 있는 사람, 회복의 가능성이 보이지 않는 사람, 덜어 줄 수 없는 고통을 앓고 있는 사람, 그리고 죽음을 위해 도움을 청하는 사람, 혹은 고통 외에는 아무런 다른 희망이 없는, 좌절당한 채로 어떤 노력도, 진지함도, 합리적인 요청도 거듭해서 거부하고 있는 환자를 죽게 하는 것이 정말 해를 끼치는 것인가(*Birth and Death: Bioethical Decision-Making*, p. 14면)?

극심한 고통이 많은 사람들로 온전한 인간존재로서 기능할 수 없게끔 하기도 한다. 혼수 상태에 빠진 사람은 자신을 인간으로 분별하는 기능조차도 상실할 때가 있다. 그러나 어쨌든 인간존재는 하나님의 자녀이며 '하나님의 형상으로' 지음받은 것이 분명하다. 이렇게 명백하게 상호 모순적인 사실에 입각해서 볼 때에 도대체 죽어 가고 있는 사람을 돌본다는 것은 무엇을 의미하는 것인가? 때로 그것은 그 사람의 관심사에 따라서 행동하는 것을 의미한다. 죽음의 과정을 극복하고자 하는 당사자의 과정에 함께하는 것이 돌봄을 의미하기도 한다. 돌본다는 것은 삶과 죽음에 대한 우리의 태도를 공유하는 것을 의미하기도 한다. 그것은 사랑 안에서 진실을 말하는 정직과 꾸밈없는 감정을 의미하기도 한다. 생각하고 느끼는, 관계를 절실히 필요로 하는, 미지의 것을 두려워하고, 그러한 두려움을 회피하고자 하는 사람들을 존중히 여기는 것 역시 돌봄의 의미라고 할 수 있다.

토론을 위한 질문들

1. 만약 당신이 낙태를 찬성하는 법에 서명해야 한다면 어떻게 할 것인가? 이 법을 지지한다면 그 이유는?
2. 낙태를 시행하는 병원 앞에서의 반대시위는 적법한 것인가? 그 이유는?
3. 낙태의 도덕성에 관한 논쟁에 참여하는 것은 적법한 것인가? 그 이유는?
4. 의학적인 임신의 금지에 대한 당신의 견해가 있다면 그것은 무엇인가? 그 대답의 정당성을 논하라.
5. 당신의 장기를 가족 중 한 사람에게 기증해야 할 때 고려해야 할 점은?
6. 당신 가족 중 하나가 생명유지장치를 통해서만 살아야 한다면 어떤 결정을 내리겠는가?
7. 당신 가족 중 한 사람이 치명적인 병을 앓고 있고 당신에게 안락사를 시킬 것을 요청한다면 어떻게 하겠는가?

참고도서 목록

Barnette, Henlee H. *Exploring Medical Ethics*. Macon, GA: Mercer University Press, 1982.

Brody, Baruch A., and Engelhardt, N. Tristram, Jr. *Bioethics*. Englewood Cliffs, NJ: Prentice Hall, 1987.

Lammers, Stephen E., and Verhey, Allen, eds. *On Moral Medicine*. Grand Rapids, MI: Eerdmans, 1987.

Palmer, Larry I. *Law, Medicine, and Social Justice*. Louisville, KY: Westminster/John Knox, 1989.

제 9 장

기독교 윤리와 인종집단

더만(Howard Thurman)은 "인간관계에 있어서 중심문제 가운데 하나는 특별한 범주로 말미암아 좌우되지 않는 방법으로 인격을 존중하는 윤리를 적용하는 것"(*The Luminous Darkness*, p. 1)이라고 말했다. 그러나 특별한 범주는 항상 미국적 의미의 일부가 되어 왔던 것이다. 미국은 한때 '용광로'로 불리운 적이 있기는 하지만 미국 내의 많은 인종 그룹들이 신앙, 실천, 용모, 언어 등에서 구별되는 다른 그룹들로 여전히 남아있기 때문에 '잡동사니 접시'로 불리워지는 것이 실상에 더 가까울 것으로 보여진다. 과거에 어떤 사람들은 주어진 기회에 의해서 매력을 느끼기도 했으며, 어떤 사람들은 자국의 좋지 못한 상황을 피하여서, 그리고 어떤 사람들의 경우 자신들의 의지와는 상관없이 끌려온 사람들도 있지만, 모두는 기존해 있는 사람들 속에 들어와 함께 있게 된 것이다. 어떤 사람들은 완전하게 동화되어져 과거와의 정체감을 상실한 사람이 있는가 하면, 주류 속에 받아들여지기를 바랐으나 실패한 사람들과 숙명적으로 그들 자신의 과거와의 관련성을 유지하거나 재발견 하려는 사람도 있어 왔다.

어떤 사회든 다수그룹은 공통의 전통, 언어, 그리고 가치체계를 공유한다. 그들은 사회의 경제와 정치구조를 좌우한다. 전체사회를 위해 옳고 그름, 적법한 절차, 다양한 사람들에 준해서 일할 수 있는 제한, 그리고 사람들이 참여해 들어갈 수 있는 과정을 결정하기도 한다. 이와는 반대로 소수그룹은 종속적인 단편사회로서 자신들의 지위를 선택하지도 못한 채 특별한 그룹을 의식해야 하며, 자신들의 정체성으로 인해 특정한 신체적, 문화적 특성을 당연한 것으로 받아들여야 한다. 미국에서 아프리카계 미국인, 유대인 아메리카 원주민, 멕시코인, 그리고 그 외의 여러 인종그룹이 바로 이러한 소수인의 지위에 속한다.

인습, 편견 그리고 차별

소수그룹 구성원들의 삶은 대부분 그 그룹 내에서 그 구성원이 형성된다. 사회가 그들을 특정지우는 주요방편은 인습, 편견 그리고 차별이다.

인습이란 특정그룹의 구성원들에게 속한 어떤 특성과 관련된 속성을 말한다. 우리 모두는 스스로 매일 만나는 대부분의 사람들과 더불어서 함께하는 것을 돕는 정신적 이미지를 만들어 내는 경향은 있으나, 개인으로서 우리들의 삶의 체계 속으로 병합해 들어가지는 못한다. 이러한 이미지들에 의해서 우리는 사람들이 우리에게 요구하는 바가 무엇인지, 그리고 그들과 어떤 방식으로 관계를 맺을 것인지를 재빠르게 결정한다. 우리는 특정소수그룹 구성원들의 특성으로 여겨지는 것들을 문화로부터 배운다. 정확함과 부정확함, 관련성과 비관련성, 선과 악, 예의와 무례함 등 이런 특징들은 공통적인 믿음을 반영하고, 사회 내에서의 상호관계에 영향을 끼친다. 인습은 다음과 같은 여러 경우로 부당한 것이다.

1. 인습은 어떤 특성들의 중요성을 지나치게 과장한다.
2. 인습은 어떤 가상된 특징을 만들어 내고 그것들로 핵심적인 진리를 가지고 있는 것처럼 다른 성향들과 연결시켜 합당한 것처럼 보이게 만든다.
3. 인습은 호의적인 인격적 특징을 생략하거나 충분히 강조하지 않는다.
4. 인습은 다른 사람들이 공유하고 있는 동일한 경향성을 보여 주지 못한다.
5. 인습은 소수그룹이 가지고 있는 경향성의 원인에는 아무런 관심도 갖지 않는다.
6. 인습은 변화의 여지가 거의 없다.
7. 그들은 어떤 그룹 내에서의 개인적인 다양성의 여지도 없다.
   (비교 Simpson and Yinger, *Racial and Cultural Minorities*, p. 100)

편견이란 어떤 한 무리에 대한 경직된 감정적 태도이며, 특정 방식으로 반응하는 경향을 말한다. 비록 모든 경우에 분명한 것은 아니지만, 대부분의 경우, 이러한 반응은 부정적인 것이 사실이다. 그것은 우리들로 특정무리의 모든 구성원들이 동일한 방식으로 생각하고, 행동하며, 상황에 따라 동일한 반응을 하며, 같은 성격과 같은 가치, 심지어 선천적인 능력까지 동일하다고 기대하도록 한다. 그러므로 우리들은 한 사람이 어떤 무리에 속하여 있는지를 알게 되면, 그 사람에 대해 중요한 사실을 모두 다 알고 있다고 생각하는 경향이 있다. 우리는 어떤 개인의 차이를 단지 그룹 간의 차이의 다양성 정도로 본다. 그러므로 편견은 우리로 하여금 그룹 구성원 각자를 고유의 특성과 성격을 가진 개인으로 보는 것을 어렵게 만든다.

차별은 편견의 과도한 표현이다. 그것은 이성에 기초하는 것이 아니라 경향에 휩쓸려 결론과 행동을 하게 만든다. 예를 들어, 고용여부에 관한 판단, 혹은 임대나 재산을 사고 파는 일, 입학 허가 결정, 다른 여러 행동에 관한 판단 등이 해당되는 사람들의 자격에 근거하기보다는 그가 어느 그룹에 속한 사람인가에 의하여 이루어지고 있는 실정이다.

인습과 편견, 차별 등과 같은 성향이 광범위하게 퍼져 있고, 또 지속되는 이유는 무엇인가? 일반적으로 네 가지 설명이 주어져 있다(비교 McLemore, *Racial and Ethnic Relations in America*, pp. 105-124). 첫째, 그것들은 문화적으로 전이된다. 사람들은 언어나 관습을 배울 때에 편견도 배우게 된다. 둘째, 어떤 성격의 소유자는 자신들의 문제를 극복해 나아가기 위해 이런 태도를 필요로 한다. 셋째, 다수의 그룹이 자신들의 유익을 위해서 소수그룹을 지배하기 위해 이런 방법을 사용한다. 넷째, 사람들은 자신이 속한 그룹을 통해서 자신의 정체성을 확인하며, 편견은 자신의 그룹을 다른 그룹과 구별하는 한 방법이 된다. 하셀든(Kyle Haselden)은 한 가지 더 중요한 생각을 첨부하고 있다. 1960년대 인종관계에 관한 문제를 논의하면서, 그는 편견은 인간의 죄에 대한 인식이 없이는 이해할 수 없다고 올바르게 주장하였다. 그는 편견의 중심요소는 선천적이고 불가피한 "인간 영혼의 죄스러운 자기 중심성"이라고 말하였다(The Racial Problem in Christian Perspective, p. 76). 그는 자기 중심성을 "죄의 본질과 그 죄의 특별한 표현으로서의 편견"으로 이해하였다(p. 77). 죄가 인간의 영속적인 조건이기 때문에, 인간사회에서 편견이 영원히 사라질 가능성은 거의 없다. 이것은 우리가 편견을 받아들여야 한다는 의미가 아니라, 오히려 정의를 위해서 우리가 편견과 지속적으로 싸워 나가야 한다는 것을 의미한다.

「은혜의 날들」(Days of Grace)이라는 책에서 애쉬(Arthur Ashe)는 "인종의 짐"(The Burden of Race)이라는 제목으로 개인적인 방식을 강도 높게 쓴 적이 있다. 그는 애쉬가 에이즈와 투병한 방법에 대해서 기사를 준비하고 있던 리포터와의 대화를 기술했다. 그 리포터는 "에이즈라는 병은 당신이 이전에 경험했던 어떤 것보다도 훨씬 더 견디기 힘든 것이었다고 생각하는데 어떻습니까?"라고 물었다. 애쉬는 이 질문에 대해, "아니오, 그렇지 않습니다. 믿지 않으실 테지만, 제가 흑인이라고 하는 사실이 훨씬 더 견디기 어려운 것이었습니다"라고 대답하였다. 애쉬는 그 대답을 회고하면서, 다음과 같이 말했다.

나 자신의 삶과 아프리카계 미국인들 대부분에게는 그들이 아메리카에서 역사적으로 경험했던 것으로 인해, 그리고 매일매일 각자가 개인적으로 경험했던 것으로 인해서 슬픔의 장막이 드리워져 있다. 도심 한가운데 황폐화된 "주택공급계획" 지역에 살고 있는 복지수혜자 중 하나이든지, 또는 전에 힘들던 챔피언으로서 누구나 거리에서 그를 쉽게 알아 볼 수 있으며 가장 부유한 거리인 맨하턴에서 화려한 아파트에 살고 있는 사람이든지 그들에게는 슬픔이 여전히 남아 있기 마련이다 (p. 127).

그리고 나서 그는 인종차별의 결과에 대해 알고 있는 바를 다음과 같이 요약하였다.

인종차별은 나 자신의 정체성과 자존감에 경멸의 그림자로 영원히 인식되는 낙인을 남겨 놓았다. 분명히 그 그림자는 나의 명성에 드리워졌고, 내가 알아야 하는 방식이 무엇인지를 알게 하고, 그에 대한 단순한 기억이 나의 가장 밝은 날들을 어둡게 하였다. 이는 최소한의 감성과 지성을 가지고 있는 아프리카계 미국인들 거의 모두에게 똑같은 사실일 것이라고 나는 믿는다. 다시금 나는 사실을 과장하여 말하고자 하지 않겠다. 나 스스로도, 그리고 다른 사람도 나를 매우 높은 자존심을 갖고 있다고 생각한다. 나는 객관적으로 어떤 사람이 운동선수로서 나만큼 성공하고서도 자신감을 잃어버린다는 것이 불가능할 것이라는 점을 알고 있다. 나는 또한 그림자는 여전히 있고, 오직 죽음만이 그 그림자로부터 나와 같은 흑인들을 자유롭게 해줄 것이라는 점을 알고 있다(p. 128).

사회구조 내의 변화

당면하고 있는 소수그룹 관계는 제2차 세계대전 이후 등장한 민권운동과 연관된 변화를 언급하지 않고서는 이해할 수 없을 것이다. 비록 그 운동이 아프리카계 미국인 사회에서 출발되었고 그들의 권리와 관련된 것이긴 하지만, 그 성과는 모든 소수인종들의 지위에까지 영향을 미쳤다.

1954년 5월 17일 미연방대법원에 의해서 내려진 결정은 아프리카계 미국인들의 민권투쟁에 있어서 하나의 전환점이 되었다. 수년 동안, NAACP(the National Association for the Advancement of Colored People)은 인종차별을 허용하는 많은 법률과 관습에 대하여 성공적인 도전을 해왔다. 1950년에 브라운 대 교육위원회(*Brown v. Board of Education*) 간의 재판이 있었는데, 이는 흑인과 백인을 위한 교육시설에서 "분리 그러나 동등"(separate but equal)이라는 남부의 관행에 대한 도전이었다. 1954년 이 사건이 연방대법원에 상고되었을 때, 법정은 원고 승소판결을 내렸다. 비록 현격한 변화가 일어나기까지는 수년의 세월이 흘러야 했고, 변화를 가져오기까지 여러 종류의 커다란 압력들이 있어야 했지만, 그 결정의 중요성을 간과할 수는 없을 것이다. 인종에 근거한 차별에 대한 법적 승인이 철폐된 것이다.

아프리카계 미국인의 지위를 변화시키는 또 다른 중요한 요소는 새로운 저항그룹들의 활동이었다. 각자 자신들의 목적과 방법을 지닌 몇 개의 그룹들이 있는 가운데, 가장 잘 알려져 있고 효과적으로 활동했던 것은 마틴 루터 킹(Martin Luther King, Jr.) 목사가 이끌었던 남부기독교 지도자연맹(the Southern Christian Leadership Conference, SCLC)이었다. 십여 년 동안 SCLC는 사실상 민권운동을 대표했었다. 1963년 4월 16일에 쓰어진 킹 목사의 "버밍햄 시 감옥으로부터의 편지"는 비폭력저항의 철학에 깊게 영향받은 사실을 입증해 주고 있다. 그리스도인들에게 정의로운 법에는 복종하지만 정의롭지 못한 법에는 불복종할 것을 역설하면서 그는 이 두 가지 법을 다음과 같이 구분하였다. "정의로운 법은 도덕법이나 하나님의 법을 따라 인간이 만든 법이다. 정의롭지 못한 법은 도덕법과 일치하지 못하는 법을 의미한다"(p. 7). 이렇게 구분하면서, 그는 그리스도인늘에게 "인종차별이 도덕적으로 옳지 못한 것이기 때문에 분리법령에 거부할 것"을 호소했다. 비폭력 저항운동을 하는 가운데, 킹과 그의 일행들은 대중교통수단, 공공시설, 각종 사업들을 비롯한 전 사회조직 내에 만연된 인종차별에 항거하였다. 때때로 구경꾼들과 경찰들 쪽에서 폭력이 있기도 했지만, 킹 목사와 그의 추종자들은 복수하지 않았다. 많은 사람들에게 비폭력은 하나의 전략에 불과한 것이었지만 킹에게 있어서 그것은 삶의 방법이었다. 운동의 결과 아프리카계 미국인들에 대한 대우에 큰 변화를 가져오고 미국의 양심의 변화에 커다란 영향을 주었다.

정부는 변화에 결정적인 역할을 한다. 1941년 6월, 아프리카계 미국인들 지도자의 압력하에, 루즈벨트(Franklin Roosevelt) 대통령은 방위산업 내에서의 차별을 금지하고 공정고용실행위원회(Fair

Employment Practices Committee)를 만드는 실행령을 발표했다. 1948년 트루먼(Harry Truman) 대통령은 군 내에서의 인종차별을 종식시키는 명령을 내렸다. 제2차 세계대전 후 NAACP는 주립대학과 공립학교 내의 인종차별문제를 법정에 재소했다. 의회는 1957년 민권법안(Civil Right Act)을 통과시켰고, 1960년에는 이 법안을 강화시켰다. 케네디(John F. Kennedy) 대통령은 공민권 법안을 강화시켰고, 존슨(Lyndon Johnson) 대통령의 지지는 1964년 공민권 법안과 1965년 선거법안을 통과시키는 데 중요한 역할을 하였다.

비록 1964년과 1965년의 공민권 법안이 인종차별을 종식시키기는 했지만, 실업과 빈곤, 열악한 보건과 위생시설, 결손가정, 높은 범죄율로 특징지워지는 게토지역 내에서의 삶, 정치적 힘의 부재, 편만한 좌절과 절망과 같은 문제들은 여전히 남아 있었다. 마틴 루터 킹은 더 이상 아프리카계 미국인들의 독보적인 지도자로 인식되지 못했다. 1963년 남부와 북부에 있는 도시에서 폭동이 일어났으며, 이런 폭동들은 1960년대를 걸쳐 여름마다 반복되어 일어났다. 1968년 킹 목사가 암살되었을 때, 인종차별이 없는 미국에 대한 그의 꿈은 그 어느 때다도 더욱 불가능한 것으로 보였다.

1960년대 후반에 이르러서 시민운동은 필연적으로 흑인권력운동(the Black Power Movement)으로 대치되었다. 카미카엘(Stokely Carmichael)에 의해 잘 알려진 "흑인의 힘"(*Black Power*)이라는 용어는 그것이 곧 폭력을 의미했기 때문에 백인계 미국인들의 마음에 두려움을 불러일으켰다. 비록 카미카엘이 그 가능성을 전혀 배제하지는 않았지만, 그는 아프리카계 미국인들이 숫적으로 증가하였고 다른 권력의 형태보다도 실제적이라는 것을 깨달았다. 1966년의 연설에서, 그는 그러한 용어를 사용했고, 흑인들에게 정치적 힘과 경제적인 힘을 얻기 위하여 조직하고 백인들로부터 독립할 것을 촉구했다.

흑인권력운동의 결과 중 하나는 아프리카계 흑인들의 자부심 생성, 아프리카계 미국 문화의 가치에 대한 주장, 아프리카 유산의 재발견을 들 수 있겠다. 비록, 아프리카의 유산의 명백성에 대해서는 논쟁의 여지가 있겠지만 미국 내에 아프리카계 미국문화가 있다는 사실은 분명하다. 결과적으로 흑인연구 프로그램이 많은 대학들에서 개설되었다. 전에 없이 미국역사에 참여해 온 흑인들의 역할이 조명되어졌고, 흑인들과 백인들 모두가 문학과 예술부문에 끼친 흑인들의 괄목할 만한 공로를 인식하는 데 노력이 기울여졌다.

1970년대와 1980년대를 걸쳐서, "긍정적 행동"(affirmative action) 양식은 아프리카계 미국인들과 다른 소수인종들의 권리를 확립하기 위하여 사용되었다. 1964년 민권법안(Civil Rights Act)에서 처음 사용된 이 용어에 의해, 1965년 존슨 대통령이 연방정부와 사업을 하는 모든 계약자들에게 그들의 고용자들을 "인종, 신조, 피부색, 또는 국적으로 인해 차별하지 않는다"는 것을 확실히 하기 위해 "긍정적 행동을 취할 것"을 요구하는 법안을 발표했다. 그 이후로 이 개념은 의회의 법안과 시행령, 그리고 법원의 판결에서도 사용되었다. 긍정적 행동은 소수그룹 내에서의 정보차별화 금지를 포함하여 고용이나 해고시의 차별철폐를 입증할 만한 기록을 유지하고, 차별에 의한 피해자에 대한 보상, 그리고 소수인종을 위한 훈련 프로그램 제공 등을 포함하고 있다.

긍정적인 행동을 반대하는 사람들은 이것을 과거에 차별받던 사람들에게 반대로 특혜를 주는 것이라고 하여 '역 차별'(reverse discrimination)이라고 불렀다. 긍정적인 행동은 자격을 갖추지 못한 사람을 고용하는 것을 말하는 것이 아니다. 그것은 자격을 갖춘 지원자들 가운데서 선택할 때 소수인종그룹에게 우선권을 부여할 것을 요구한 것이다. 이 원칙이 강화되었을 때에, 사용자는 종종 부분적으로 다수인종에 대하여 일정비율의 소수인종을 고용해야만 했다. 이러한 목적은 소수인종을 적정수준까지 끌어올리는 데 있었고, 그 방법은 목표를 달성하는 데 효과적이었다. 그러나 많은 사람들은 이것이 결과적으로 한 그룹에 대한 차별이 다른 그룹에 대한 차별로 대치되었다고 논쟁을 벌였다. 다른 사람들은 부분적으로 인종에 기초한 고용은 예비역 군인, 연공서열, 유니언 숍(union shop, 전 종업원의 고용조건이 사용자와 노동조합 간의 합의에 의해 이루어지는 기업-역자주), 교육기관의 종신 재직권 등과 같은 기준들처럼 최소한의 공정성을 가지고 있다고 주장하였다. 그리고 그들은 열악한 교육, 실업과 가난의 굴레를 벗어날 필요가 있다고 쟁논하였다. 그러나 잘해 봐야 이러한 특혜는 인종 간의 균형을 유지하는 계획이 아니라 존재하고 있는 불균형을 위한 임시적인 방편에 불과한 것이었다.

1980년대 초반에 연방정부는 수년 동안 효력을 발생해 온 많은 공민권 정책을 개정하였다. 사법부, 평등고용기회위원회(the Equal Employment Opportunity Commission, EEOC), 연방계약승인사무소(the Office of Federal Contract Compliance), 그리고 교육부 안에 있는 공민권사무소(the Office for Civil Rights)까지도 시행되어 오던 활동들을 감소하거나 정지시켰다. 1981년 8월에 연방계약승인사무소는 긍정적 행동개념을 심각하게 침해하는 새로운 지침을 만들었다. 1982년 초 노동부의 승인 프로그램이 폐지하고 평등고용기회위원회의 기능을 제한시키는 모든 공민권 강화법안이 사법부의 관할에 놓여졌다. 이러한 경향은 1980년대 내내 지속되었다.

　　제2차 세계대전 이후에 지속되어 온 발전에도 불구하고, 아프리카계 미국인들은 여전히 불이익을 당하고 있다. 대학을 졸업한 흑인 가장의 평균소득은 연봉이 약 4천달러 수준으로서 같은 조건의 백인보다 훨씬 못한 편이다. 8학년을 채 다니지 못한 백인들이 고등학교를 졸업한 흑인들보다 수입이 더 많은 형편이다. 흑인들의 실업률은 백인들보다 약 2배 가량 높다. 백인보다 훨씬 적은 비율의 흑인만이 고등학교를 졸업하고, 그보다 더 적은 비율만이 대학에 가며, 그보다도 더 적은 비율의 흑인이 학위를 받고 있다. 비록 법에 의해 인종차별적인 주택임대는 사라졌지만, 관습상으로는 여전히 임대에서 인종차별을 받고 있으며, 대부분의 도시에서 아프리카계 미국인들은 아직도 표준이하의 주택지역에 집단적으로 거주하고 있다. 보다 높은 임대료를 지불할 수 있는 중산층과 상류층의 아프리카계 미국인들은 지배적이거나 배타적으로 흑인사회 내에 집을 마련하고자 한다. 비록 대부분의 교회가 모든 종족의 사람들에게 열려져 있다고 주장하고 있지만, 실상 대부분의 그리스도인들은 인종적으로 분리된 교회에서 예배를 드리고 있다. 지난 수십 년 동안 일어난 변화는 부분적으로는 아프리카계 미국인들이 지배문화에 동화하려는 욕망에 의해서, 부분적으로는 자신들의 특징적인 문화를 강조하려는 욕망에 의해서 동기부여가 되어 왔다. 이들의 강조점은 인종그룹 간의 관계에 영향을 주고 있으며 앞으로도 이는 지속될 것이다.

기독교적 접근

소수인종의 존재는 미국사회의 주요한 사실이 되고 있다. 역사적으로 어떤 종족은 동화되기도 했지만, 반면에 어떤 종족은 전체 사회구조 내에 항구적이고 특징적인 부분을 고집하고 있다. 이렇게 특징적인 그룹이 있는 한 미국은 다수와 소수와의 관계에 얽힌 문제를 다루어야 할 것이다. 비록 각 인종 속에는 역사적으로, 가치관에서, 그리고 특성상 차이가 있을 테지만, 모든 소수인종들과 직접적으로 관련된 문제를 다루는 기본적인 기독교적 접근방법이 있으리라고 본다.

성서적 개념

6장과 7장에서 우리는 그리스도인들이 다른 사람들과 관계를 맺는 적절한 방법으로서 아가페 사랑에 대해 논의하였다. 이 개념을 염두에 두고, 소수인종에 대한 성경의 가르침에 대해 고려해보고자 한다. 구약성경에 대한 정직한 연구는 우리들로 하여금 그것이 인종중심적이라는 것을 알게 한다. 선택된 백성이라는 개념이 바로 선택된 그룹과 배제된 그룹 간에 구별을 짓고 있는 것이다. 만일 한 그룹이 하나님과 독특한 관계를 맺고 있다면, 그런 관계를 맺고 있지 못한 다른 그룹들과는 차이가 있을 수밖에 없다. 만약 어떤 한 그룹이 하나님으로부터 특별하게 선택받았다면, 다른 그룹은 그렇지 못하게 되는 것이다. 어떤 한 그룹이 그러한 계약관계로 연합되어 있다면, 그 구성원들은 계약에서 배제된 사람들과는 다른 상호적인 의무를 지니게 된다. 이는 하나님께서 계약을 맺고 있는 백성을 그렇지 못한 백성보다 더 사랑하고, 언약의 백성들은 도덕적인 면에서 다른 사람들보다 더 우월하며, 그리고 하나님과 그들의 관계가 그들의 특권적 위치를 유지하기에 필요한 것들을 행하는 것을 정당화시킨다고 쉽게 결론을 내릴 수 있다. 이러한 성향은 적국에게 적용할 수 있을 뿐 아니라, 선택받은 백성들의 영역 안에 살고 있는 소외자들에게도 적용할 수 있다. 분명히 이런 방식의 사고는 문제가 있다.

성경은 원래 인종에 대해 직접적으로는 아무것도 언급하고 있지 않다. 일부 사람들이 인종의 분리와 심지어는 차별을 재가하고 있는 것으로 해석되고 있는 구약성경 구절들(창 4:8-16; 9:25-27)을 자세히 연구해 보면, 이러한 관점을 전혀 지지하지 않음을 알 수 있다. 그 구절들은 오히려 전혀 다른 사상을 교훈하고 있다. 인종에 대한 개념은 현대인들의 마음의 산물이며 육체적 특징으로 유전된 상대적 특성의 공통성에 근거해서 세상 사람들을 차별하고자 하는 노력에 불과하다.

그러나 구약성서는 히브리 백성들의 전 역사를 통해서 그들 가운데 살고 있는 소수그룹이 있었음을 인정하고 있다. 아브라함을 그들의 조상으로 주장할 수 없었던 사람들도 애굽의 종 되었던 땅에서 히브리 백성들과 함께 약속의 땅으로 들어온 것을 알 수 있다(출 12:38). 가나안에 들어온 이후 히브리 백성들은 많은 다른 그룹들과 더불어 땅을 나누었다. 히브리인들이 지배하게 된 후에도 다른 인종의 남은 자들이 그 땅에 있었다. 전쟁의 포로들이 노예가 되었으며, 심지어는 히브리 백성들 중에서도 빚을 청산하지 못함으로 노예된 자들도 있었다. 그러나 구약성서 어느 곳에서도 이러한 소수 인종이 다른 사람의 노예가 되는 지위를 인정하고 있는 것을 볼 수가 없다. 오히려 소수그룹들이 존재하고 있음을 인정하고는 있으나, 성경의 법례들은 이러한 소수의 사람들의 권리를 보호할 것을 기록하고 있는 것이다. 예를 들어 노예문제를 다루고 있는 율법들은 주인의 권력을 엄격히 제한하고 있으며 노예에게 행해야 할 주인의 의무를 강조한다.

이와는 대조적으로 모든 사람을 위한 하나님의 관심의 주제는 구약성서 여러 곳에서 발견되고 있다. 이사야 2:2-4과 미가 4:1-4은 모두 나라들 가운데서 전 우주가 하나님을 예배하므로 평화가 오는 날을 꿈꾸었다. 비록 포로로부터 임박한 구속에 초점이 맞추어져 있기는 하지만, 제2이사야서는 "땅 끝의 모든 백성들아 나를 앙망하라 그리하면 구원을 얻으리라"(사 45:22)는 초청으로 강력하게 표현되고 있는 보편주의적 특징이 스며들어 있음을 볼 수 있다. 사사시대를 배경으로 한 룻의 이야기는 포로기 이후 시대의 유대인들의 편협한 민족주의에 저항하고 있다(룻 4:18-22). 그리고 요나의 예언은 이방인에 대한 하나님의 사랑을 극적으로 확인해 주고 있다.

구약성경에 기초한 일반적 내용들이 우리들 사회가 소수인종에 대하여 고려할 수 있는 몇 가지 지침을 제공하고 있다. 첫째, 구약은 모든 인류는 한 인종이라는 것을 가르치고 있다. 창조기사(창

2:4b-25; 1:1-2:4a)는 한 종에 속한 인류의 창조에 대해서 말하고 있으며, 창세기 전반부의 다른 장(4, 11)들은 하나님의 뜻에 의해서가 아니라 인간들의 죄의 결과로 인종이 나누어지게 된 것에 대해서 말하고 있다. 이러한 내용은 바벨탑의 결과를 돌이키고 하나님께 대한 예배와 하나님 말씀에 대한 복종 속에서의 인류의 연합에 대한 예언자들의 꿈에서도 반영되고 있다(미 4:1-4; 습 3:9). 따라서 하나님의 목적에 부합하여 살기 위해서는 장벽을 유지하기보다는 허물 것을 요청받는다. 둘째, 정의는 그들이 속해 있는 그룹에 관계없이 모든 사람들의 권리를 보호하는데 헌신할 것을 요청한다. 자연적인 출생이나 사회적 지위, 심지어는 고의적인 범죄에 의해서도 개인의 권리는 제한되지 않는다. 생존권, 재산, 존엄성, 경의, 자기 결정권 등은 종족, 성별, 사회계층, 또는 사람을 차별화하는 어떤 방식에 의해서도 영향받지 않는다. 셋째, 하나님의 사랑은 모든 사람들에게로 확대되므로, 누구든지 우리의 관심으로부터 배제시켜서는 안된다. 이것이 바로 예언자들이 특별히 강조하고 있는 것이다(사 11:6-9; 45:22; 미 4:2; 5:2-9; 슥 2:10-11). 만일 하나님의 사랑이 포용적이라면, 우리의 실천 역시 포용적이지 않으면 안된다.

　　　신약은 종족분리에 대한 심판을 훨씬 더 강조한다. 예수님 당시의 유대인들은 사람들의 무리를 유대인과 이방인, 남자와 여자, 거룩한 자와 거룩하지 않은 자로 구분하였다. 우리는 이미 보편적인 특징을 강조하는 기본적인 도덕적 명령으로서 사랑에 대한 예수님의 가르침을 살펴보았다. 이 외에도 상당수의 성경구절들이 소수인종에 대해 관련되어 있음을 알 수 있다. 예를 들어, 예수님께서는 잊혀질 수 없고 또한 매우 도발적인 이야기로 "누가 나의 이웃입니까?" (눅 10:25-37)라는 질문에 대답하셨음을 볼 수 있다. 선한 사마리아인에 대한 이 이야기 속에서, 증오의 대상이던 소수그룹의 한 사람을 영웅적으로 부각시키면서, 예수님은 당시 첨예한 대립상황에 극적으로 직면하였다. 한편, 로마 백부장의 하인을 치료하신 후에, 예수님께서는 그의 믿음에 대해서 이스라엘 중에서도 이만한 믿음을 가진 사람을 발견하지 못했다고 언급하시고는, "동서로부터 많은 사람이 이르러 아브라함과 이삭과 야곱과 함께 천국에 앉으려니와"(마 8:5-13) 하고 덧붙이셨다. 다른 한편, 큰 잔치의 비유에서(눅 14:16-24), 예수님은 초청을 받은 사람들이 이를 거절하므로서 자격을 상실당하고 선택받은 백성들로부터 경멸을 받던 다른 사람들이 하늘의 잔치에 들어가게 될 것이라고 가르치셨다. 성전을 청결케 하실 때 이사야서를 인용하면서, 그분은 하나님의 보편적인 사랑을 재차 강조하셨다. "기록된 바 내 집은 만민의 기도하는 집이라 칭함을 받으리라고 하지 아니하였느냐 너희는 강도의 굴혈을 만들었도다"(막 11:17; 사 56:7). 요한복음의 기자는 예수님께서 하늘에서는 사람들 간의 장벽이 아무런 의미가 없음을 말씀하시면서 제자들과 함께 나눈 친밀한 대화를 기록하고 있다. "또 이 우리에 들지 아니한 다른 양들이 내게 있어 내가 인도하여야 할 터이니 저희도 내 음성을 듣고 한 무리가 되어 한 목자에게 있으리라"(요 10:16).

  말씀과 마찬가지로 그분의 행동에 의해서도, 예수님께서는 인종에 의거한 차별이 그분의 종교에 어울리지 않는다는 것을 보여주셨다. 예수님께서 갈릴리와 유대 사이를 여행하실 때, 그분은 사마

리아 지역을 피해 요단강을 건너가곤 하는 유대의 관습을 무시하면
서 사마리아를 경유하시곤 했다. 그러한 여행중에 한번은 사마리아
여인과 오랜 동안 대화를 나누셨고, 그 결과로 마을 근처에서 이틀
동안 머물기도 하셨다(요 4:1-42). 여러 차례 그분은 갈릴리 지역에 들
어가셔서 사람들을 상대로 사역하셨다(막 5:1-20; 7:24-30; 8:27-33 등).
가버나움에서, 로마의 백부장과 자유로이 대화하시고 그의 하인을
고치셨으며, 그 백부장의 믿음을 칭찬하셨다(마 8:5-13). 예수께서 고
의적으로 자기 백성들 중 일부가 갖고 있었던 인종적 편견을 무시하
셨음을 알지 못한 채 복음서를 바르게 읽었다고 할 수 없을 것이다.

    사도행전은 1세기의 제자들이 예수의 가르침과 모범을 진지
하게 받아들였다는 사실을 분명하게 보여 준다. 인종차별과 직접적
으로 연관된 두 개의 논쟁적인 구절이 있다. 그 첫번째는 베드로가
하나님의 영의 인도하심을 받아 유대인들의 금기사항을 무시하고
가이사랴의 로마 백부장에게 갔던 극적인 경험이다. 나중에 바울이
이방인들과 함께한 사역에 이의가 제기되었던 예루살렘 종교회의에
서 베드로는 자신의 혁신을 맹렬하게, 그리고 성공적으로 방어했는
데 그의 혁신은 바울의 활동 이전에 있었던 것이었다(행 15). 두번째
는 아덴의 아레오바고에서 한 바울의 연설로서(행 17:22-31), 그는 여
기서 "인류의 모든 족속을 한 혈통으로 만드사 온 땅에 거하게 하셨
다"라고 선언한다.

    사도 바울은 복음이 사람들 사이의 모든 장벽들을 허문다는
것과 모든 그리스도인들이 "그리스도 안에서 하나"라는 사실을 주
장했다. 이는 그리스도께 대한 우리의 공동관계라는 사실이 사람들

사이에 있는 실제, 혹은 가상적인 모든 다른 차이들을 무시한다. 그리스도인들의 교제 안에서 성, 언어, 문화, 피부색 등과 같은 차이점들은 중요하지 않게 된다. 바울은 고린도 교인들에게 "몸은 하나인데 많은 지체가 있고 몸의 지체가 많으나 한 몸임과 같이 그리스도도 그러하니라 우리가 유대인이나 헬라인이나 종이나 자유자나 다 한 성령으로 침례를 받아 한 몸이 되었고 또 다 한 성령을 마시게 하셨느니라"(고전 12:12-13)라고 주장하였다. 그는 갈라디아 사람들에게 "너희는 유대인이나 헬라인이나 종이나 자주자나 남자나 여자 없이 다 그리스도 예수 안에서 하나이니라"(갈 3:28)라고 쓰고 있다. 에베소서 2:11-22에서 그는 할례와 무할례라는 용어들이 더 이상 실제로 중요하지 않다는 주제를 매우 상세하게 다루고 있다. 유대인과 이방인은 "중간에 막힌 담을 허시고"(엡 2:14) 그리스도 안에서 하나가 되었다. 예루살렘 종교회의의 결정(행 15)은 바울의 판단과 행동을 인준하였다.

사회변혁을 위한 힘

소수집단들의 시민권을 확보하고자 하는 투쟁은 그 집단들의 구성원들에 의해 이루어졌다. 그들은 자신들이 지배사회에 종속되어졌다고 믿었으며 그들은 그 속박들을 끊으려고 시도했다. 그들이 무동정과 다수의 비협조에 대항하여 투쟁해야 했던 것은 국가에 대한 심판 때문이었다. 다수가 불의에 민감하고 소수의 권리에 관심을 가지며 체제 내의 권력의 남용을 자발적으로 시정하기를 어떤 이는 소원할 수 있었을 것이다. 그러나 사실은 그렇지 않았다. 더 나아가 소수집단의 구성원들은 자신들의 투쟁에 있어 다수집단의 구성원들에 대한 지도적 역할의 부여를 점증적으로 반대해 왔다. 종종 다수집단이 '적'으로 간주되었기 때문에, 그 집단의 구성원이 이의 제기 없이 받아들여지는 것은 거의 불가능했다.

공민권 운동의 저항활동은 필연적으로 집단적 노력들로 이루어졌다. 비록 개인들이 독특한 공헌들을 하기도 하지만, 집단은 개인들이 활동하는 환경을 제공해 준다. 예를 들어, 버스의 뒷자리로 옮겨 앉기를 거절한 파크(Rosa Park)의 저항은 대중 항의로 확대되었으며 남부기독교지도자연합회(SCLC)가 결성되는 계기가 되었다. 북캐롤라이나 농업과 기술대학(North Carolina Agricultural and Technical College)의 몇몇 흑인 학생들이 그린스보로(Greensboro)에 있는 한 가게에서 점심을 먹으려고 시도했던 그들의 결정은 학생비폭력연합위원회(Student Non-Violent Coordinating Committee)를 설립하는 계기가 되었다. 도덕성을 개인적인 문제로 보고 각 개인들의 정의를 위한 투쟁을 그들의 의무로 생각했던 많은 그리스도인들은 조직화된 집단압력을 의심해 왔다. 그러나 사회문제는 개인적 또는 사적인 기초만으로 다루기에는 너무 광범위하고 너무 복잡하다. 사회문제는 사회전체적으로 직면되어져야 하며, 그리스도인들이 보다 더 올바른 사회질서를 추구하고자 하는 집단노력에 참여하는 것은 전적으로 합당한 것이다.

공민권 운동이 비록 종교적 운동은 아니었지만 많은 그리스도인들이 자신들의 종교적 신념 때문에 참여했고, 중요한 지도적 역할을 감당했던 사회운동이었다. 이 운동의 일환으로, 그들은 자신들의 신앙과 경험에 뿌리를 둔 동기를 가지고 있었으며, 지도력에의 공헌과 재정적 지원이 뛰어났던 많은 유대인들과 연합하였다. 또한 종교적 믿음은 가지지 않으나 민주주의의 근본적인 개념들에 동의하는 사람들이 이 운동에 참여하기도 하였다.

공민권 운동에서 가장 극적이고 효과적인 한 가지 수단은 인종차별과 차별대우 정책에 대한 비폭력적 저항이었다. 간디에게 깊은 영향을 받은 침례교 목사인 마틴 루터 킹(Martin Luther King, Jr.) 목사는 이 방법을 변화를 위한 그의 운동의 핵심적 전략으로 삼았다. 그는 예수님의 다음과 같은 말씀, "나는 너희에게 이르노니 악한 자를 대적지 말라 누구든지 네 오른편 뺨을 치거든 왼편도 돌려 대며"(마 5:39)를 문자 그대로 받아들이고자 했다. 킹 목사는 그러한 압력을 받지 않게 되었다면 지배집단 스스로에 의해서는 사회질서에 어떠한 중요한 변화도 일으키지 않을 것이라는 사실을 알았으며, 따라서 행동을 강요할 수 있는 성질의 긴장감을 조성하려고 노력하였다. 이에 그는 인종차별을 허가하는 법에 맞서는 것에서, 저항 행진들에서, 그리고 대중집회에서 그의 추종자들 앞에 섰던 것이다. 종교적인 기반 위에서 그는 폭력에 의존하는 것을 거부하였고 동일한 입장에서 비폭력적 저항이야말로 도덕적으로 옳은 것이라고 확신했다.

한 집단이 자신들의 권리를 안전하게 지키기 위해서 폭력에 의지하는 것이 과연 옳은 것인가? 1960년대의 "길고 더운 여름(long, hot summers)"에 있었던 폭동들은 이러한 질문에 적절한 사례가 된다고 하겠다. 그 폭동들은 물론 처음부터 계획된 행동이 아니었다. 그것은 단지 대도시 빈민가들의 가난한 거주자들의 분노에서 발생한 것이었다. 이로써 얼마간의 사망자들과 많은 수의 부상자들 그리고 수백만 달러 상당의 재산피해를 초래했다. 폭동은 어떤 방식으로든지 흑인들의 상황을 개선하거나 백인들과의 관계를 향상시키지 못했다. 그러나 그들이 이런 결과들 중 어느 하나라도 성취했다고 해서 그들의 행동이 정당화 될 수 있었겠는가? 되돌아 볼 때, 현재 대부분의 백인들은 킹 목사의 비폭력 저항운동을 칭찬하고 폭동의 폭력성을 비난한다. 그러나 그들은 다른 목적들을 가지는 폭력에 대해서도 동일한 평가를 내리고 있는가? 만일 한 나라에서 지배계층에 대항한 소수집단의 투쟁에 있어서 폭력이 옳지 않은 것이라면, 독립하기 위한 한 나라의 투쟁에 있어서도 폭력은 역시 옳지 않은 것이 아닌가? 한 나라가 다른 나라로부터 침공을 받았을 때 이를 저지하기 위해서 사용하는 폭력도 잘못된 것인가? 혹은 폭력이 권리를 위한 투쟁에서 적절한 도구가 될 수 있는가? 만일 그렇다면, 폭력이 사용될 수 있는 적합한 때는 어떻게 알 수 있는가? 범죄와 범죄자를 다루는 데 있어 폭력의 사용은 잘못된 것인가? 달리 표현하자면, 폭력은 항상 잘못된 것인가, 혹은 때로는 좋은 것이기도 하고 때로는 잘못된 것이기도 한 것인가?

물론, 폭력이 소수집단이 사용할 수 있는 권력의 유일한 수단은 아니다. 그들은 교육, 정치, 경제에 있어서 단체행동을 통해 큰 압력을 행사할 수도 있다. 이익집단으로서 그리고 하나의 목적에 이해관계를 가지고 행동하는 작은 집단이 공무원 선거에서 결정적 요인으로서 작용하는 것은 바람직한 것인가? 예를 들어, 아프리카계 미국인들이 후보자 중 아프리카계 미국인들에 대한 태도에 기초하여

시장이나 주지사 - 공무원의 결정이 전체 주민에 대해 영향력을 가지는 자리 - 의 후보자에 대한 그들의 지지를 결정하는 것이 바람직한 것인가? 공평하게 말하자면, 우리의 정치체제 안에서 많은 결정들이 대부분 이러한 방식을 통해 이루어지고 있음을 우리는 인정해야 할 것이다. 다양한 사안들에 대한 그들의 입장을 지지받은 사람들이 공무원으로 선출되기도 한다. 어떤 한 사람이 어떤 후보를 지지하는 이유와 다른 사람이 동일한 후보를 지지하는 이유와는 다를 수도 있다. 많은 집단들이 그들의 목적들을 달성하기 위해 투표의 힘을 이용하고 있다.

다른 형태의 힘에 대해서도 같은 종류의 질문들이 제기될 수 있다. 소수집단들이 제도나 상품들을 보이코트하는 것은 적절한 것인가? 파업시에 공장 시설물들을 감시하는 것은 적절한가? 대중집회를 여는 것은 적절한가? 의도적으로 전통적인 관습이나 행습을 거부하는 것은? 의식적으로 법을 위반하는 것은? 목적달성 여부에 의해 지금까지 사용하지 않았던 방법들을 사용한 것을 정당화 할 수 있는가? 다른 말로 하자면, 하나의 목적이 사회적 관습과 편의보다 더 중요할 수 있는가? 목적이 수단을 정당화하는가?

인종차별을 다루는 데 있어 소수집단 자신들이 아닌 정부에 의해서 사용되어져 온 방법들 가운데 논쟁의 대상이 될 만한 것으로 차별수정계획을 들 수 있겠다. 공정고용기회위원회에 의해서 한동안 시행되었던 이 방법은 1980년대 중반에 와서는 마침내 공격을 받게 되었다. 이 방법이 과연 도덕적으로 올바른 방법이었는가? 객관적인 측면에서 볼 때, 흑인들에 대한 차별이 잘못된 것이라면, 백인들에 대한 차별 역시 잘못된 것이다. 차별받는 백인 희생자가 흑인 희생자들보다 적은 것이 이유가 될 수 있는가? 만일 우리가 상황들을 면밀히 살펴본다면 어떤 경우에도 차별은 옳지 않다는 것이 답이어야 할 것이다. 그러나 만일 전체적인 입장에서 살펴본다면, 답은 달라질 수도 있을 것이다. 차별의 오랜 역사는 불균형을 바로잡기 위한 어떠한 조치가 취해지기 전까지는 소수집단들에 대한 불의가 계속 존속하는 상황을 만들어 왔다. 대다수의 아프리카계 미국인들은 그들의 경제적, 교육적, 그리고 정치적 상황을 총괄적으로 향상시키기 위한 어떤 조치가 있기 전까지 계속 가난하게 살게 될 것이다.

그리스도인의 참여를 위한 전략

도덕성에 관한 문제들은 개인적인 결단과 행동을 요구한다는 점에서 항상 개인적인 문제를 수반한다. 그리스도인들은 어떻게 자신들의 종교적 믿음과 도덕적 통찰력을 사회 안에 존재하는 분열을 위해서 영향을 끼칠 수 있겠는가? 개인적 참여를 위한 몇 가지 제안들을 아래에 제시해 보고자 한다. 첫째, 우리는 한 사람이 속한 집단에 근거하여 그 사람의 선함과 악함을 판단하지 말아야 한다. 진리는 어느 한 쪽으로만 편향되어 있지 않다. 우리는 우리로 하여금 특정한 목적, 수단, 그리고 결과들을 평가할 수 있는 객관성을 유지해야 한다. 더 나아가 우리는 우리와 다른 사람들을 존중하는 법을 배워야만 한다. 만약 그렇게 할 수 없다면, 우리는 분열을 치료하기보다는 분열을 영속화시키고 말 것이다.

두번째, 우리는 역사와 현재상황에 관하여 가능한 전체적으로 알아야 한다. 다수집단에 속한 사람들은 무엇이 사실인지를 알고서 소수집단 사람들이 직면하고 있는 현실을 알고 그들의 정서를 이해할 필요가 있다. 소수집단 사람들 역시 다수집단의 현실과 정서를 알 필요가 있다. 우리 모두는 무슨 일이 발생하고 있으며, 어떤 일이 일어나서는 안되는가를 알아야 한다. 이러한 지식과 통찰력이 없다면 우리는 현실을 그대로 받아들이며 다른 모든 사람들도 현실에 만족하고 있다고 생각하기 쉽다. 그렇게 함으로써 우리는 많은 수의 사람들에게 불의가 행해지고 있는 체제를 영속화시키는데 기여하게 되는 것이다. 이러한 사실을 모른다면, 우리는 옳지 않은 믿음과 이념들, 그리고 불의한 관습들에 동의함으로써 그런 문제들 속에 자신이 연루될 수도 있는 것이다.

셋째, 우리는 우리의 언어에 세심한 주의를 기울여야 한다. 일상적인 대화, 농담, 진부한 개념의 무관심한 반복 그리고 태도들과 예의들은 상투적인 방식들을 영속화시키게 된다. 예를 들어, 어느 한 사람의 이름은 그 사람을 규정하기 마련이다. 이것이 "주 너의 하나님의 이름을 망령되이 일컫지 말라"는 명령의 중요성인 것이다. 하나님은 거룩하시기 때문에 하나님의 이름은 신성하다. 마찬가지로 사람들의 집단들을 가리킬 때 쓰는 말도 역시 중요한 것이다. 우리는 그 집단들이 선호하는 용어를 같이 사용하고 그들이 경멸하는 언어를 쓰지 않도록 해야 할 것이다.

넷째, 우리는 현상유지에 대해서 의문들을 제기해야 한다. 우리 대부분은 위기가 닥칠 때에만 현실을 직시하는 경향이 있다. 표면적으로 문제가 나타나지 않으면 우리는 모든 것이 잘되고 있다고 생각한다. 다수, 또는 소수집단이 이러한 사실을 모르고 지나치면 그 체제는 불공정한 것으로 남아 있기 마련이다. 기본적인 질문은 사람들이 완전하지 못한 권리를 가지고 만족, 혹은 행복해 하고 있는지의 여부가 아니라 정의가 실현되고 있는지의 여부에 있다. 그 질문에 대답하기 위해서는 다른 사람들이 보지 못하고 있는 문제들을 보아야 하고 사람들이 제기되어지는 것을 꺼려하는 의문들을 바르게 제시해야 하는 것이다. 다시 말하면, 다수집단에 속해 있는 그리스도인들은 소수집단의 사람들이 도와 달라고 소리칠 때까지 기다려서는 안 되며, 숨겨진 문제들을 찾아내고 그 문제들을 해결하도록 노력해야 한다.

다섯째, 그리스도인들은 전체적으로 볼 때 사회의 양심으로써 사회에 기여해야 한다. 그들은 가정(假定)들에 도전하고 독설들이 남용되는 것을 비판하고, 사실들을 공론화해야 한다. 그리스도인들은 잘못 받아들여진 개념들을 바로잡고, 사업적 관행 또는 법정에서의 불의에 항거하고, 공공정보 프로그램을 지원하며, 고용에서의 다른 사람들에 대한 착취를 저지해야 한다.

그러나 이러한 개인적이고 개별적인 행동들은 그러한 문제들에 대한 도덕적 책임의 끝이 아니라 시작에 불과하다. 우리가 직면하는 문제들은 단지 개인적 차원의 것일 뿐만 아니라 사회 구조적 차원에서의 문제이기도 하다. 예를 들어, 종종 지적해 온 바대로, 초창기 남부지역에서는 많은 백인과 흑인들 사이에 개인적이고 따뜻한 관계들, 심지어는 진정한 호의가 존재했던 것이 사실일 수도 있다. 그러나 이러한 유명한 관계들은 대등한 사람들 사이의 관계가 아니었다. 비록 그들이 그렇게 하고 싶어도 더 이상 나갈 수 없는 한계가 있다는 사실을 백인과 흑인 모두 알고 있었던 것이다. 그들 두 부류는 모두 우월감 아니면 열등감을 지니고 있다고 생각했었던 것이다. 사회구조는 흑인들을 백인들로부터 고립시키고 열등한 위치에 머무르게 했는데, 흑인 또는 백인 개인들에 의한 어떠한 선의도 그러한 상황을 변화시킬 수는 없었다. 오직 구조의 변화만이 개선을 초래할 수 있었던 것이다.

그러므로 어떤 소수집단의 문제들을 다룰 때에, 그리스도인들은 사회구조도 함께 다루지 않으면 안된다. 개인적인 우정과 개인적인 도덕성이 중요함에도 불구하고 그것들로는 불충분하다. 만일 더 나은 교육이 필요하다면, 교육을 제공하는 기관들의 과정들 - 교육과정, 교재들, 교사들, 학교에서의 사회구조들, 그리고 지역사회와 학교와의 관계들 - 이 바꾸어야만 한다. 만일 어떠한 법률이 한 집단을 불리한 입장에 놓이게 한다면 그런 것들은 오직 정상적인 정치과정을 통해서만 변화될 수 있을 것이다. 만일 공장에서 차별이 행해진다면, 개인적인 저항으로는 변화되지 않을 것이며 더 큰 사회의 압력이 이를 변화시켜야 할 것이다. 그러므로 목격한 불의에 관심을 가지는 그리스도인들은 기존의 사회구조를 변화시키고자 하는 다른 관심 있는 사람들과 함께 협력할 때 비로소 개선을 위한 최선의 노력을 할 수 있게 될 것이다.

근본적으로 이러한 영역에서의 그리스도인의 책임은 가능한 영향력을 최대로 발휘하는 것이다. 반복하자면, 우리는 영향력을 개인적인 것으로, 일대일의 문제로, 비강제적으로 행해질 때 가장 효과적인 것으로 생각하는 데에 익숙해져 있음을 알아야 한다. 이것이 맞는 말이긴 하나 그것은 단지 일부분에 해당할 뿐인 것이다. 우리의 삶에는 친밀하고 개인적인 것이 아닌 사회적인 영역들이 많이 존재하는데 바로 이러한 영역들에서 우리는 소수집단 구성원들을 위한 문제들을 가장 효과적으로 해결할 수 있는 것이다. 우리는 지역사회, 주, 그리고 국가의 시민들이며 그러한 행정기관들을 통해 가장 효과적으로 정의를 위해 일할 수 있다. 교회 자신의 질서를 회복한 후 사회의 양심으로써, 봉사해야 하는 교회의 한 부분으로써, 우리는 그러한 교회에 대한 직접적인 참여의 권리와 그 안에서의 발언권을 가지고 있는 것이다. 우리는 기업, 사업, 정부, 또는 교육에 종사하고 있으며, 바로 그곳에서 우리가 하는 일을 통하여 변화를 위한 효과적인 수단이 될 수가 있는 것이다. 우리는 특정한 관심들을 가진 시민단체나 봉사단체의 회원들로서 이러한 조직들의 정책들을 결정하는 데 도움을 주기도 한다. 우리는 다른 사람들과 비형식적으로 만날 수 있는 이웃에 살고 있으며, 그들의 태도를 형성하는 데 도움을 줄 수도 있다. 간단히 말하면, 우리는 우리가 알고 있는 것보다 훨씬 더 큰 영향력을 가지고 있으며 이에 우리가 생각하는 것보다 훨씬 더 많은 것들을 할 수 있는 것이다. 19세기 시인 쉘리(Shelley)는 "시인은 알려지지 않은 세계의 입법자이다"라고 선언하였다. 오늘날 그리스도인들은 영향을 주는 동시에 입법자(빛과 소금)의 역할을 완수해야만 한다.

토론을 위한 질문들

1. 학교 내 조직에의 소수민족 참여여부에 대해서 토론하시오.
2. 소수민족이 자신들의 정체성을 유지하는 것이 최선인가 또는 다수에 동화되는 것이 최선인가? 그 이유는?
3. 그리스도인들은 미국내 '흑인' 교회와 '백인' 교회의 통합을 추구해야 하는가? 그 이유는?
4. 당신은 다른 소수민족 집단과 개인적으로 어떤 관계를 맺고 있는가? 그 관계가 당신의 나머지 다른 대인관계에 어떤 영향을 미치는가?
5. 교육, 고용, 법정 등에서의 차별이 당신에게 어떠한 영향을 주고 있는가?
6. 당신이 속한 사회에서 소수집단의 구성원들에 대한 차별이 존재한다고 하는 증거가 있다면 무엇인가? 그 상황에서의 당신의 책임은?

참고도서 목록

America's Original Sin. Washington: Sojourners, 1992.

Ashe, Arthur, and Rampersad, Arnold. *Days of Grace.* New York: Knopf, 1993.

Barndt, Joseph. *Dismantling Racism.* Minneapolis: Augsburg Fortress, 1991.

King, Martin Luther, Jr. *Why We Can't Wait*. New York: Harper & Row, 1964.

Kitano, Harry, and Daniels, Roger. *Asian Americans: The Emerging Minority*. Englewood Cliffs, NJ: Prentice Hall, 1988.

Recinos, Harold. J. *Hear The Cry! A Latino Pastor Challenges the Church*. Louisville, KY: Westminster/John Knox, 1989.

Roberts, J. Deotis. *Black Theology in Dialogue*. Philadelphia: Westminster, 1987.

제 10 장

여성의 지위

우리 사회 내에서의 여성의 종속은 오랜 종교적 전통의 무게에 의해서 지지되어 왔다. 아직도 사용되고 있는 고대 기도문 속에서 정통 유대인 남자는 "나를 이방인과 여자, 그리고 무지한 자로 창조하시지 않은 하나님은 찬송을 받으실지어다"라고 말하고 있다. 전통적인 기독교 결혼예식에서 목사는 "누가 이 여자를 이 남자에게 결혼하게 하였느뇨" 하고 물으면 대개는 신부의 아버지가 "나"라고 대답을 한다. 그 대답이 "그녀의 어머니와 나"라고 대답한다 하더라도 결국은 여자가 남자에게 넘겨지는 것을 의미한다. 그리고 결혼식에서 신부는 그녀의 남편에게 '복종'할 것을 요청받는다. 단지 최근에 이르러 결혼 서약문이 수정되어 여자와 남자가 사랑과 위로, 존경, 신뢰에 있어서 같은 약속을 하도록 하고 있다.

그러나 얼마 전까지만 해도 여자는 남자의 소유물로 간주되었고, 아내는 남편에게 복종할 것이 기대되었던 것이 사실이다. 여성의 지위가 이제 과거와 같지는 않으며 미래에는 분명히 지금과는 또 다른 지위에 있을 것이 확실하다.

　　금세기에 여성의 수가 남성의 수보다 조금 많아진 것이 사실이나 여성의 힘에 있어서는 남성의 힘보다 훨씬 적은 것이 사실이다. 우리는 소수그룹을 "사회의 종속적인 일부, 자신들을 선택의 여지가 없는 별개의 그룹의 일부로 의식하는, 그리고 자신들만을 동질화하는 신체적, 문화적 특성을 갖고 있는" 사람들로 정의했다. 그러한 의미에서 여성은 현대사회 속에서 소수그룹으로 불려져도 무방할 것으로 보인다.

전형적인 여성상

　　역할은 사회적 상호행위 속에서 주요한 요인이 된다. 우리는 사람들을 인종, 연령, 성, 결혼상태, 직업 그리고 종교에 관한 용어로 범주화하고 있다. 사람들은 그렇게 범주화함으로 우리는 마치 그들에 대해서 많은 것을 알고 있는 것처럼 생각하곤 한다. 반대로 그러한 범주 내에 있는 사람들로 하여금 주어진 방식대로 행동하기를 기대하고 그렇게 하도록 압력을 가하고 있는 실정이다. 예를 들면, 우리는 어느 지역에 속한 사람들은 다 같은 방식으로 행동하고 반응할 것을 기대하고 있다. 한국사람, 일본사람, 흑인, 유대인, 유럽인, 미국인 등은 나름대로 각기 자기 방식대로의 행위양식이 있다고 예상한다. 같은 맥락에서 우리는 여성에 대해서도 여성에 알맞는 특별한 역할이 있다고 생각한다.

　　주의 깊게 자료들을 연구한 데카(Barbara Sinclair Deckard)는 오늘날 전형적인 여성이란 "논리적이기보다는 감정적이며, 수동적이고 의존적이며, 본질적으로 모성적인 그리고 남성에의 종속적"이라고 말하고 있다(The Women's Movement, pp. 3-5). 이러한 특성은 가정이나 학교 텔레비전 프로그램이나 영화, 어린이나 어른을 위한 문학작품 속에서, 그리고 심지어는 교회 안에서도 언제나 같은 식으로 반복되고 있다. 어린이들에게, 여자 아이들은 인형하고 놀고 남자 아이들은 총을 가지고 놀며, 여자 아이는 울지만 남자 아이는 울지 않으며, 여자 아이는 예뻐야 하고 남자 아이는 강해야 한다고 가르치고 있다. 그런 것들은 경력 면에서도 남자에게와 여자에게 열려 있는 가능성이 각각 다르다고 가르쳐지고 있다. 여자는 원하기만 하면 어린 아이를 돌보는 일로 집 밖에서 일하지 않아도 되나, 남자는 가족들을 돌보기 위해서 일하지 않으면 안된다고 가르친다. 가정생활에 있어서도 일정한 패턴이 있는데, 집안 일을 남자가 도울 수는 있으나 여자의 영역에 속한 것이며, 여자가 잔디밭을 다듬는 것은 그녀의 남편이 그 일을 할 수 없을 경우에만 한한다. 이러한 전형적인 예는 비록 여성에게만 국한되지 않고 남성에게도 똑같이 적용되고 있다고 볼 수 있는데, 데카는 전형적인 남성에 대해서 "공격적이고 감정적으로 무관하며, 자족적, 신체단련적이며, 위험에 직면해서는 용감해야 하고 자연스럽게 지도자적이고 무슨 일에든지 경쟁적인 것이야말로 자연스러운 남성적인 것"이라고 기술하고 있다(p. 53). 성공에 대한 압력을 받고 있는 남성에 대해서, 그녀는 많은 남성들에게 여성은 성의 대상인 반면 남성은 여성에게 흔히 성공의 대상이 되고 있다. 성공적인 경력은 우리 사회 안에서 남성상의 중심으로 간주되고 있기 때문에, 남성은 성공을 추구하느라 다른 가치를 희생당하고 있는 것이라고 말한다(pp. 53-54).

　　10여 년 전에 월레스(Ruth A. Wallace)는 미국사회의 성(gender)에 대한 "기본적인 신념"(underlying beliefs)에 대해서 다음과 같이 생각했었다(*Gender in America*, pp. 43-55). 첫째, 남성은 강하고 결단력이 있고 경쟁적이며 정서적이지 못한 반면, 여성은 작고 부드러우며 예쁘고 정서적이며 사업적인 세계에서의 맹렬한 경쟁력에서는 매우 빈약하다. 둘째, 하나님은 남성에게 명령할 수 있는 권리를 주시고 여성에게는 남성에 의해서 보호받을 권리를 주셨다. 셋째, 남성의 성격은 자신을 공적 영역으로 나아가게 하는 반면, 여성의 성격은 자신으로 하여금 사적 영역에만 집중하게 하고 그녀의 공적 영역은 부수적이고 단기적이며 상대적으로 덜 중요한 것에 제한시킨다. 넷째, 임금을 위한 노동은 우선적으로 남성의 몫이며 부수적인 것만이 여성의 몫이다. 다섯째, 낭만적인 사랑은 남자와 여성을 결합시키는 궁극적인 띠이다. 이와 같은 사랑을 얻기 위해 여성은 신체적으로 매력적이어야 하며, 반면 남성은 강하고 공격적이며 일에 있어서도 성공적이어야 한다. 여섯째, 남성에게 교육은 직접적으로 일과 연관되며 생애에 있어서 중요한 역할을 한다. 그러나 여성에게 있어서는 주된 관심이 결혼과 가정이며, 교육은 "일종의 유익한 것, 부수적 관련성"을 추구한다. 이러한 신념들이 바뀌었다고 생각할 어떤 이유가 있는가?

여성과 고용

전통적인 생각과는 달리 상당한 숫자의 여성들이 가정 밖에서 일해 왔다. 농장에서는 여성들이 남성과 함께 일해 온 것이 사실이다. 공장에서도 많은 여성들이 고용되어 왔다. 여성들은 판매원으로 회계로, 교사 그리고 간호사로도 일해 왔다. 그러나 대부분이 이들 여성들은 남편의 수입을 보충하기 위하여 일하는 정도였다. 경력을 의식하는 사람은 거의 없고 진급의 기회를 갖는 사람도 거의 없었다. 여성들의 일은 그들의 생애에 있어서 보조적인 것에 해당할 뿐이었으며, 자신들 스스로가 아내와 어머니와 우선적으로 동질화하고 노동자라고 인식하지 않았다.

이 모든 것들은 이제 여성들이 급격하게 노동현장에서 증가하면서부터 바뀌어져 가고 있다. 1975년에 미국 내에서 결혼한 여성의 44%가 고용되어 있으며, 1980년에는 고용율이 50%에 육박하고, 1986년에는 55%에 다다르고 있는 실정이다. 오늘날 여성은 국가 총 노동력의 거의 45%를 점유하고 있다. 이러한 증가추세는 전통적으로 여성이 고용되어 온 직업에서가 아니라 지금까지는 거의 그들에게 폐쇄적이었던 분야에서 일어나고 있다. 크라이트스와 헤펄(Crites and Hepperle)은 "보다 큰 비중의 여성들이 역사 속에서 다른 어느 때 보다도 많이 고용되고 있으며, 고용의 평등기회와 적극적인 법안에 의해 보다 다양한 직업에 여성들이 진출하고 있다"고 말하고 있다

(*Women, the Courts, and Equality*, p. 9). 이러한 기회의 확대는 여성의 재정적 지위의 개선을 의미한다. 이제 보다 많은 돈을 벌 수 있다는 사실은 여성들을 독립적이게 하고 가정과 사회에서 이전에 갖지 못했던 권력을 그들에게 부여하고 있다.

그러나 여성의 권력의 획득은 그들이 노동력을 제공한 만큼의 비율로 증가하지는 못했다. 여성들의 평균연봉은 남성들 연봉의 70%에 불과할 뿐인 것이다. 이렇게 차이가 나는 이유 중에 한 가지는 여성들이 여전히 저임금 직업에 집중되어 있기 때문인데 여성들의 과반수가 비서나 판매원, 여급, 가사, 간호사 그리고 공립학교 교사로 일하고 있다. 심지어는 동등한 교육이 동등한 급여를 보장하지 못하고 있는 실정인데 중간 교육수준의 남성과 여성 노동자는 정확히 12.6년의 차이를 두고서 같아진다. 평균적으로 고등학교를 졸업한 여성은 중학교 3년 이하의 수업을 받은 남성의 수준이며, 대학을 졸업한 여성은 고등학교를 졸업한 남성보다 적은 봉급을 받는다. 백인 고등학교 졸업생 가운데 여성은 남성의 56.6%의 임금을 받을 뿐이다. 여성은 남자와 동등하게 진급하지도 못하는 형편이다. 공장과 기업, 정부에서 관리와 감독직은 거의 대부분 백인남자로 충원되고 있다. 학사학위를 가진 여성 관리직과 행정직은 같은 직의 남성 임금의 61%를 받을 뿐이다(Deckard, *The Women's Movement,* Third Edition, pp. 88-91).

고임금과 특권층의 직업여성은 아주 적은 수에 불과하다. 미국내 기술자의 4%만이 여성이며 13%의 법률가, 13%의 의사, 4%의 치과의사 그리고 7%의 건축가가 여성일 뿐이다. 전국적으로 50대 회사 사원의 2%만이 여성이며 법률학교 교수 가운데는 5%가 여성인 것이다. 고등교육 분야에서 형편은 좀 나은 편인데, 그러나 여기에서도 역시 동등하다고 보기는 어렵다. 대학교수의 삼분의 일만이 여성이며 그들 중 아주 소수만이 명문학교에 고용되어 있을 뿐, 대부분은 비교적 낮은 직급의 자리를 점유하고 있는 형편이다(Deckard, p. 117). 모든 직업 속에서 여성은 남성보다 기회가 제한되어 있으며, 적은 봉급을 받고 있고 진급에 있어서도 불리한 대우를 받고 있는 것이다.

어떤 경우 비록 여성이 이전에는 전부 남성이 차지했던 직업에 진출했을 때에도 직업에서 차별을 금하는 연방법안은 1963년에 생겼는데, 그 때에 공정노동기준수정안이 같은 직종에서의 남성과 여성에게 동등한 임금을 지불하도록 했던 것이다. 1964년 시민권리장전법령 7항은 인종, 색깔, 종교, 성, 혹은 국적에 의해서 고용, 진급, 혹은 해고에서 차별을 금하고 있다. 초기에는 인종차별에 집중했던 만큼 성차별에 관한 관심은 평등고용위원회에 압력을 가하기 시작한 단체들이 있은 뒤에 갖게 되었다. 대부분의 경우 법정판결은 반드시 상응하는 것은 아니더라도 점차 여성의 입장을 강화시켜 왔다.

여성과 법률

2세기 동안 미국사회 내에서의 여성의 종속적 지위는 법적으로 명백하게 명시되어 있었다. "결혼관계에 관한 초기 일반 법률이론하에서 남편과 아내는 하나이다. 그리고 실질적으로 그 하나는 곧 남편이었다"고 로데(Deborah Rhode)는 말하고 있다(Crites and Hepperle, p. 13). 19세기 말엽까지도 여성은 어떤 계약을 하거나, 자격을 요하는 직업을 가질 수 없었고, 재산을 소유한다든가 유산을 물려받거나 분배받을 수도, 정치적인 활동에 참여할 수도 없었다. 어떤 여성들의 경우 일정한 제약에 대하여 나름대로의 길을 찾고자 하기도 했지만 대부분은 부여된 상태를 수긍하고 따라 사는 정도였다. 19세기 말과 20세기 초의 법정판결은 조금 달라졌으며 입법에서도 변화를 보이기 시작했다. 그러나 1964년의 시민권리법안은 헌법 5조와 14조에 의해 보장된 여성의 권리를 강화하는 틀을 마련하였다. 바뀌어져야 된다는 압력이 이미 형성되어 있었지만 입법이 그러한 운동을 촉진하게 되었다. 그러나 법률과 시행 면에서 변화가 나라와 전체 사회에 균형을 이루지 못했기 때문에 당시 상황은 정착되지 못하고 매우 가변적이었다.

여성의 법적 지위가 복잡하고 많은 법률들이 여성들을 보호하도록 입안되기는 했지만 전체적으로 여성들은 여전히 법 적용에 있어서 현격하게 불이익을 받고 있다. 가장 심각한 문제가 되는 것 가운데 하나는 강간을 규정하는 법률의 강화였다. 다른 범죄에 비해서 아주 엄격한 입증기준이 강간에 적용되도록 강화되었다. 여성이 육체적으로 저항하는데 실패했을 경우에도 종종 여자가 동의한 것으로 간주되기도 했다. 피해자는 그녀의 성생활에 관해서까지도 심문당하기도 하고 성적인 일에 관여된 여성의 경우 강간피해란 있을 수 없는 것으로 간주되었다. 심지어는 실제로 강간을 고소해 온 여성이 강간을 자극한 것으로 고소당하기까지 했다. 결과적으로 강간에 대한 기록이 거의 없어지기까지 했는데, 이는 여성들이 정의를 추구하는 것이 매우 고통스러웠기 때문이었다. 1980년 이후 몇 개의 주에서 강간죄가 성립될 만한 법률을 보다 현실적으로 수정하게 되었다. 강간에 사형선고가 내려질 경우 유죄판결이 매우 어렵다는 논리 하에 몇 개 주에서는 사형을 언도하기보다는 수감을 판결하고 있다. 게다가 어떤 주에서는 피해자의 이전 성생활을 강간규정과 연결시키는 것이 부적합하다고 간주하게 되었다. 그러나 이러한 변화들이 얼마나 영향을 미치고 있는가 하는 결과를 알기에는 아직 이를지 모르나 최소한 강간은 처벌되어야 마땅하다는 것을 확실히 하는 목적은 달성된 것으로 보인다.

결혼한 여성이 갖는 법적 이점 가운데 한 가지는 재정적 지원을 남편으로부터 확보하고 있다는 것이다. 여자가 가정 밖에서 일하는 여부와 상관없이, 그리고 주부로서 여자의 기능여부와도 상관없이 보조를 받도록 하고 있는 것이다. 그러나 만약에 남편이 그의 아내를 재정적으로 보조하지 못하거나 혹은 매우 부적절한 보조밖에는 할 수 없을 때는, 그의 아내에게 실제적으로 거의 상환청구권이 없다. 12개 주 정도에서 무보조를 근거로 이혼할 수 있도록 했으나 그 외에 남자로 하여금 보조의무를 억지로 담당케 할 수는 없는 형편이다. 사실상, 어떤 근거에 의해서든 이혼의 경우에는 별거수당과 자녀양육권에 대해서 강제조치를 취하기가 어려운 형편이다.

재산권은 주 정부의 법에 따라 결정되고 있다. 대부분의 주에서 각 배우자들은 각각 결혼할 때 가지고 온 것과 결혼기간 동안의 수입을 관리할 수 있게 하고 있다. 그것은 일하지 않는 아내는 돈 지출에 대해서 전적으로 남편의 결정에 의존해야 함을 의미한다. 그러나 어느 주에서는 부부가 함께 버는 돈은 공동재산이라는 법적 동반자 됨을 선언하고 있다. 어떤 주에서는 여전히 결혼한 여자의 계약권과 여성 자신의 사업에의 참여를 제한하고 있고, 5개 주에서는 아내가 독립적인 사업을 운영하기 위해서는 법정의 재가를 받도록 하고 있다. 1974년에 통과된 연방법은 성 혹은 결혼상태에 근거한 어떤 신용거래에 있어서의 차별도 불법으로 간주했다. 법이 통과되기 전에는 대여기관에서 부부가 대여를 받을 수 있는 적격자인가를 결정하는데, 아내의 수입은 고려되지 않았는데 이는 여성의 수입을 불확실한 것으로 간주했기 때문이다.

결혼한 여성의 법적 거주는 그녀 남편의 거주권에 의해 결정되었다. 비록 어떤 이유로 두 사람이 법적으로 분리한 채 거주하고자 할지라도 그렇게 할 수가 없도록 되어 있다. 법적 거주에 관한 한 결국 결혼한 여성은 선택의 자유가 없다. 이것은 여자의 투표권, 사회보장, 대학 등록금, 이혼권, 유언장 검인권 등을 어디에서 행사하느냐 하는 문제를 결정하기 때문에 중요하다.

관례에 의해 여성이 결혼으로 남편의 이름을 가지나 법적으로 반드시 요구되는 것은 아니다. 그러나 대부분의 사법재판권은 투표권 등록, 운전면허 발행 그리고 어떤 특별한 혜택을 받아야 할 때 아내는 남편의 이름을 갖게 한다. 대부분의 주들은 사람들이 갖기를 원하는 이름을 갖도록 허용하고 있으며 그렇게 할 수 있는 공식절차를 마련해 놓고 있다. 그러나 결혼에서 여성은 그러한 절차를 밟으려 하지 않으며 쉽게 '결혼한 이름'을 사용하기 시작한다.

여성에게 가장 큰 문제 중의 하나는 성적 희롱이다. 1970년대 말 법정들은 이 문제를 공개하였다. 1980년 고용평등기회위원회는 성적 희롱을 정의하는 강력한 지침서를 발행한 일이 있다. 그 지침에서 의하면 아래와 같은 때에 "환영하지 않는 성적 접근"과 "구두 혹은 신체적인 성본능적 행위"를 성적 희롱으로 간주하고 있다.

> 1) 개인의 고용기간이나 조건에 관해 명시적이든 암시적이든 거론하면서 그러한 행위를 할 때, 2) 그러한 행위를 받아들이거나 거부하는 것에 의해 고용결정이 개인에게 영향을 미칠 때, 3) 그러한 행동이 개인의 근로이행을 방해하거나 친밀감, 적대감, 혹은 모욕적인 근로환경을 만드는 목적이 되거나 실질적으로 영향을 미칠 때.

비록 이와 같은 지침이 분명한 것같이 보일지라도 그러한 위반사항을 입증하기는 매우 어려운 것이 사실이다. 어떤 것이 '암시적'이라고 할 때 그러한 것을 어떻게 신빙할 수 있는가? 빈정대는 말투에 대해서는 어떻게 다루어야 하는 것인가? 위협적이거나 적대감, 모욕적인 환경을 어떻게 입증할 수 있는가?

1972년 의회는 교육법 4조를 개정했는데 그 내용은, "미국 내에 있는 어떤 사람도 성에 근거해서 교육으로부터 배제될 수 없으며, 어떤 교육 프로그램이나 연방재정의 도움을 받는 이권으로부터도 제외되지 않는다"고 했다. 이는 학교 입학과 입학 후의 학생 대우에 관한 양쪽 모두를 관할하고 있다. 학교는 남녀의 균형을 위해서 배당제도를 사용하지 않을 것이며, 어느 성에도 프로그램을 제한하지 않고, 재정적인 이권을 제한시키지 않으며, 모든 시설은 모든 학생에게 개방되어야 함을 의미한다. 이와 같은 관련 법은 여전히 법정에 의해 결정되며, 미국 내 대부분의 교육제도는 이러한 규정에 의해 이미 깊숙이 영향받고 있다.

페미니즘 운동

수년 동안 미국 여성들의 마음 속에는 문제가 잠잠히 쌓여만 가고 있었다. 20세기 중반 미국에서 여성들이 고통받고 있는 것들은 번잡스러움과 좌절감, 동경 등이었다. 교외에 거주하고 있는 아내들은 혼자서 외로워하지 않을 수 없었다. 아내가 침대를 정리하고, 식품점을 다니고, 쇼파커버를 정리하며 아이들과 땅콩버터샌드위치를 먹을 때, 소년 소녀 스카웃들을 태우고 다니며, 밤에 그녀의 남편 곁에 누울 때 아내는 심지어 그녀 자신에게조차도 소리내지 않는 질문, "이것이 전부인가?" 하고 묻기를 두려워 했다(Friedan, The Faminine Mystique, p. 11).

프리단(Betty Friedan)은 「여성의 신비」(The Feminine Mystique)라는 책을 위의 서문으로 시작하면서 1963년에 여성해방운동으로 알려져 온 주제들을 말한 적이 있다.

이러한 운동은 결코 새로운 것이 아니었다. 지나간 백 년도 훨씬 이전에 모트(Lucretia Mott)와 스탠톤(Elizabeth Cady Stanton)은 여성의 권리를 위해서 캠페인을 벌인 적이 있으며, 1848년에 여성권리총회를 조직하고 "이제 이 나라의 절반에 해당하는 사람들의 공민권

박탈을 보는 입장에서 우리는 미국의 시민인 그들에게 속한 모든 권리와 특권을 즉각 부여할 것을 주장하는 바이다" 하는 결론으로 "소견문"(Declaration of Sentiments)을 발표한 적이 있었다.

여성을 가정 밖으로 이끌어 제조공장에서 일하게 하는 산업화는 여성들에게 그러한 권리와 특권을 부여해 주지 못했다. 단지 그들의 노동현장만을 바꾸었을 뿐이다. 초기 여성교육을 위한 학교와 대학의 발전은 극소수에게만 혜택이 부여되었으며, 그러한 소수에게도 상업이나 전문직종에 참여하는 데는 요원했다. 열렬한 투쟁 끝에 여성들은 1920년 헌법 19조항의 비준으로 공민권을 얻게 되었으나 정치에 관련된 완전하고 동등한 참정권을 가진 투표권은 주어지지 않았다. 미국에서의 여성의 지위의 괄목할 만한 변화는 20세기의 번영기에서야 이루어지게 되었다. 프리단은 이 시기의 여성에 대해서 다음과 같이 말하고 있다.

> 그들은 마시고 흡연하고 머리를 커트하고 20세기의 진정한 성혁명에 참여하였다. 한 예로서 전후 의복의 부족을 이용하여 그들은 무겁고, 틀에 박힌 의상들과 비기능적인 옷들로부터 여성들에게는 투표권보다도 더 좋은 의상의 개혁운동에 진입하게 되었다(Freeman, The Politics of Women's Liberation, pp. 19-20).

1923년 초기 전국여성당은 평등권수정안을 의회에 제출하였다. 1940년부터 시작하여 매 대통령 선거 때마다 관심을 끌지는 못했지만 양당은 수정안을 정당강령의 일부로 포함시켜 왔다. 1961년 케

네디(John F. Kennedy) 대통령은 여성의 지위에 관한 대통령 자문위원을 두기도 했다. 그 위원회의 보고서는 프리단의 「여성의 신비」가 발행되기 바로 직전에 작성되었다. 그 보고서는 충족되기만 한다면 고용과 정치적 과정에서 여성에게 보다 큰 권리를 부여할 수 있는 추천내용들을 포함하고 있었다. 그러나 그것 역시 여성의 권리는 5조와 14조의 수정안에 의해서 적당히 확보될 수 있으며 평등권수정안은 따라서 불필요하다고 진술하고 있다.

인종에 근거한 어떤 고용차별도 근본적으로 금하고 있는 1964년의 시민권 법령은 성차별도 금지되어야 한다는 토론 속에서 수정되었다. 이 법령으로 인해서 경쟁의 장소에서 여성들에게 불이익을 주는 것은 불법이 되게 되었다. 법규정을 강화하기 위하여 만들어진 위원회가 성차별을 다루는 것보다 인종차별을 다루는 것에 더 진지한 반면, 여러 출처로부터의 압력하에 여성에 대하여 해야 할 일도 충족시키기 시작한 것이다.

전국여성조직(NOW)은 프리단을 초대회장으로 1966년에 형성되었다. 그 목적은 "남성과의 진정한 파트너십으로 지녀야 할 특권과 책임을 행사함으로 여성들로 현재 미국사회의 중심부에 완전히 참여할 수 있도록 행동을 취하는 것"이라고 한다. 이 조직은 교육과 공공 프로그램을 소개하고 법정에서의 성차별에 관여하고 데모를 조직하는 등 과제들을 마련하였다. 일하고 있는 어머니들에 대한 특별한 배려, 낙태할 권리, 특별히 평등권법안 등 차별을 반대하는 법안을 통과시키기 위하여 일하기를 시작했다. 조직은 급성장했으며 150개가 넘는 도시에 지회를 설치하고 최고 3만 명이 넘는 회원을 확보하기에 이르렀다. 이 조직은 보수적인 사람들에게 너무 급진적이고 보다 급진적인 사람들에게는 너무 신중하다는 주장 등으로 여러 개로 분열되는 고통을 받기도 했다. 그러나 미국여성들의 대부분은 동의하지 않거나 무관심, 혹은 기회가 없었던 이유로 인해서 어떤 그룹에도 가담하지 않고 있다. 그럼에도 이 단체들은 그들의 주장을 매우 효과적으로 선전했기 때문에 해리스의 여론조사에 의하면 1972년에 미국여성의 절반이 미국사회 내에서의 여성의 지위를 변화시키기 위한 노력에 찬동하고 있다고 했다.

여성해방운동의 영향력은 교회에도 불가피했다. 성경에 반영되어 있는 가부장적 패턴의 영향을 항구적인 것으로 받아들이고 있는 많은 그리스도인들은 남성과 여성은 가족 안에서 각각 다른 역할과 기능을 가지고 있으며 그러한 기능과 역할은 다른 사회적 관계보다도 우선적이라고 주장하였다. 그들은 말하기를 이는 한 그룹이 다른 그룹보다 열등하다는 것을 의미하지 않는다고 한다. 그것은 단지 기능상의 차이가 있을 뿐이라는 것이다. 이러한 개념은 경제와 가족생활에서와 마찬가지로 종교적 구조 내의 관계를 결정지웠다. 그러나 많은 여성들은 이러한 사고방식을 도전하고 전반적인 교회생활에 참여할 것을 추구하고 이는 심지어 목사나 사제 임직에까지 확대되었다. 강력한 압력에도 불구하고 로마 카톨릭 교회의 위계질서는 여성의 임직 가능성을 개방하는 것에 대하여 아무런 동의도 하지 않고 있다. 반면에 어떤 개신교 교회들은 여성에게 임직해 온 지 오래이며 다른 교파 가운데서도 개방되기 시작하고 있는 실정이다. 대부분의 교단에서 여성 임직자는 비록 대부분 보조자의 위치에 일하기는 하지만 그 수가 증가일로에 있다.

　　　여성해방운동이 성장하고 있을 때 대학에서는 여성에 대한 연구 프로그램이 발전하기 시작했다. 상당한 양의 문헌들이 책이나 전문적 관심을 가진 잡지 형태로 간행되어 나왔다. 단순히 투표에 참여하는 것만이 아니라 정당 내에서 일하는 것과 지역구와 전국구에서 공직에 출마자가 되는 정치적 활동에 참여하는 여성이 증가하고 있다. 전반적으로 속도가 느리기는 하지만 여성들은 전체 사회의 공식구조 내에서 그 잠재력이 부상하고 있다.

　　　1972년 상하원 모두 평등권수정안 인준을 주에 일임하는 것을 압도적으로 승인했다. 제안된 수정안의 내용은 "법 앞에 평등권이 성으로 인해서 미국, 혹은 각 주내에서 거부되거나 무시되어서는 안된다"는 것이다. 수정안 지지자와 반대자는 모두 전국적으로 맹렬한 캠페인을 벌였다. 수정안이 통과되기 위해서는 38개 주의 승인을 받아야만 했다. 그러나 1978년 그 결과는 단지 35개 주에서만 승인되는 데 그쳤다. 지지자들은 재가 시한을 1982년 6월 30일까지 연기해 줄 것을 의회에 촉구했다. 그러나 연장기한은 유용하지 못했으며, 결국 수정안은 필요로 하는 4분의 3의 주 승인을 받지 못한 채 사장되고 말았다. 그것이 만약 통과되었다면 남녀를 불평등하게 대하는 모든 연방법과 주법을 비합법적인 것으로 여겼을 것이며 대부분의 기업과 사회제도들이 남녀를 다루는 방법에 중대한 변화를 요청하게 되었을 것이다.

　　　그러나 법적인 시행 없이, 중요한 변화가 사회의 비형식적인 구조 안에서 더 일어나고 있었다. 이중 하나는 인사말과 이름의 사용에 관한 것이다. 남자들에게는 결혼상태 유무를 나타내지 않는 'Mr' 라는 말을 사용함으로 공대를 표시해 왔다. 그러나 미혼여성에게는 'Miss,' 기혼여성에게는 'Mrs'라는 결혼여부를 나타내는 말을 사용해 왔다. 그러나 최근들어 미혼이나 기혼여성 중 많은 여성들이 Ms 라는 말을 사용하고 있다. 더구나 과거에는 미혼여성이 결혼하면 전통적으로 남편의 이름을 따라 "Miss Jane Roe"가 "Mrs. John Doe"가 되었다. 그러나 미혼여성은 종종 "Miss Jane Roe"를 "Mrs. Jane Doe" 또는 "Ms. Jane Doe"로 자신의 이름을 그대로 사용한다. 또 일부 여성들은 "Jane Roe"를 그대로 사용하여 자신의 이름을 바꾸지 않기도 한다. 이러한 호칭이 별로 중요하지 않은 것같이 보일지 모르나 이러한 변화는 여성이 남편에게 자신의 정체성을 의존하지 않고 자신의 권리를 가진 한 인간이라는 인식의 증가를 반영해 주는 예가 되고 있다.

또 다른 예는 특별히 공식적인 담화에서 포괄적인 언어사용을 강조하고 있는 것이다. 전통적인 관례에 따르면, 남성의 이미지로 모든 사람들을 일반화해 왔었다. 즉 "하나님이 자기의 형상대로 인간(man)을 만드셨다", "모든 인간(man)은 평등하게 창조되었다", 또는 "인간(man)은 사회적인 동물이다"라고 표현했다. 물론 이때 'man'이라는 단어는 여성까지도 포함하여 포괄적으로 사용된 것으로 이해되었다. 하지만 이런 식으로 남성(man)을 사용하는 것은 남성과 여성의 지위에 대한 일반적인 태도를 반영해 주는 것이었다. 더구나 많은 사람들이 주장하기를 그 단어가 단지 태도를 반영할 뿐 아니라 그렇게 되도록 만든다고 했다. 이런 이유로, 분명하게 포괄적인 언어사용의 표준을 만들려고 노력했던 것이다. 프렌티스 홀 출판사의 저작 지침서(Prentice Hall Author's Guide)에는 이 관점에 민감하여 작가들에게 다음 내용을 지시하고 있다.

> 남자와 여자는 남성 또는 여성이기보다는 사람으로 묘사하십시오. 어떤 행동에서 남자나 여자를 배제시키는 성적 언어, 또는 특정역할에 있어서 우위에 있거나 지배적인 위치에 있음을 언급할 때 역시 성적 언어를 피해 주시기 바랍니다.

1989년판 신개역성경은 이런 관점을 반영하고 있다. 서문에서 번역자는 다음과 같이 언급하고 있다.

> 새번역성서가 출판된 이후 거의 반세기 동안에, 교회의 많은 사람들이 언어적 성차별주의의 위험을 감지해 왔다. 이는 남성에 대해 전해 내려온 영어의 편향성이 성경원문의 의미를 종종 제한하거나 불분명하게 한 것에 기인한다. 남자와 여자를 언급함에 있어서, 남성중심의 언어로 특징지워진 부류로부터의 지시는 고대 족장문화의 역사적 상황을 반영하는 왜곡된 구절없이 가능한 한 많이 제거되어야만 한다.

만일 이 관심이 진지하게 받아들여진다면, 새로운 언어의 표준에 의해 공중담화를 정화시키는 노력은 아마도 매우 어렵고 오랜 시간이 걸릴 것이다. 그것은 모든 미국생활의 양식에 충격을 던져 줄 것이다. 우리의 교육체계의 산물인 문헌, 사업하는 방식, 통신매체에도 영향을 줄 것이다. 사실, 헌법의 수정조항에 의해 가져온 것보다도 더 많이 여성의 지위를 심각하게 변화시킬 것이 분명하다.

여성과 성서

성서 속에는 여성에 대한 말이 너무 많기 때문에 단순한 논의로 그 모두를 고찰하기에는 불가능할 것 같다. 그러나 일반적으로 강조하고 있는 것, 몇 가지 특별한 예를 고찰함으로써 성서적인 입장을 분명하게 이해할 수 있을 것 같다.

성서 역사 전반을 통해 히브리 가족은 가부장적 형태를 갖고 있으며 여성은 남성에게 종속되어 있었다. 남자는 여자의 가족에게 '신부 구입'에 해당하는 지참금을 지불함으로써 아내를 얻을 수 있었다(창 24; 29:15-30 참고). 결혼에서 여성은 그녀의 아버지의 집을 떠나 그녀의 남편의 집안으로 들어가는 것이었다. 십계명의 해석이 논쟁의 여지가 있는 반면 한 남자의 아내를 "탐내지 말지니라"(출 20:17)는 말씀은 율법에 포함되어 있는 탐욕의 대상인 종이나 동물들 속에 포함되어 있는 것이다. 남자는 그의 가족들이 어디에서 살고 언제 이사하며 그리고 소유물로 무엇을 가져야 할지를 결정하였다. 남자는 그의 아들이나 딸들을 위해서 아내나 남편을 찾아 주는 일까지도 했다. 여자가 영향을 미치기도 하지만 그 권위는 남자에게 있었다.

그 당시에 남자와 여자의 역할은 분명한 구분이 있었다. 그런 것들은 노동의 분담과 때로는 별문제가 없지만 종종 어느 한 쪽의 불이익을 조래하는 역할을 하기도 했다. 여성의 역할은 고대 세계에 매우 중요한 기능이었던 아이를 임신하고 양육하는 것이었다. 사실 이것은 여성의 존재의 주요 이유였다. 여성은 경제적인 노동분권 속에서 음식준비와 가족들의 의복을 준비하는 책임을 맡았다. 종교적인 용어로 어떤 가족적 의식은 여자의 책임이기도 했다. 남자는 음식물과 주거지, 보호, 종교적 지도 그리고 아이들의 교육을 제공하거나 그 역할을 담당했다. 그러한 역할 내에서 개인의 인격들이 남편과 아내의 관계를 확립했고, 그러한 관계를 표현하는데 주요 부분으로 작용했다. 만약에 굳이 '권위'라는 말이 아니고서라도 그러한 관계는 현재보다 훨씬 더 다양했을 것으로 보며, 현재의 어떤 여성들보다 많은 자유와 힘을 행사했을 것으로 볼 수 있겠다.

　　기존의 역할이 비록 분명하더라도 성경에서 표현되고 있는 여성에 대한 태도는 저자에 따라서 다양했다. 전도서의 저자는 "포승 같은 여인"(전 7:26)이라고 말함으로 여성을 좋아하지도 신뢰하지도 않았다. 그는 "일천 남자 중에서 하나를 얻었거니와 일천 여인 중에서는 하나도 얻지 못하였느니라"(전 7:28)고 말함으로 그 끝을 맺고 있다. 한편 솔로몬의 노래에 나오는 시는 놀라울 정도의 감각적인 태도로 여성의 아름다움을 찬미하고 있다. 정경 속에 그 책을 포함시킨 것은 그러한 남녀 관계를 대부분의 사람들이 반대하지 않음을 분명히 지적하는 일종의 우화적 해석에 의해서 가능했다고 본다. 잠언에서 여성은 악에 유혹당한 것으로 보여지고 있지만(7장), 그러나 같은 책에서 지혜는 여성으로 의인화되어 있기도 하다(8, 9장). "가치 있는 여인"에 관한 시(잠 31:10-31)는 전통적인 역할을 이상적으로 말하고는 있지만 그럼에도 불구하고 누구든 훌륭히 계발할 수 있는 고상한 성격에 관한 찬양을 삽입하고 있다.

예수님의 여인에 대한 태도는 그 당시 문화적 배경에 의해서 확립되어 있는 어떤 유형과도 다른 것이었다. 복음서들은 예수님의 여성에 대한 어떤 직접적인 언급에 대해서도 기록하고 있지는 않지만 그분의 태도를 판단할 만한 몇 가지 기본을 제시하고 있다. 그 중에 하나는 당시 많은 랍비들이 여성에 대해서 거칠고 경멸적으로 말했던 것과는 달리, 예수님께서는 그들과 같이 한 기록이 없다고 하는 것이다. 그러한 어투들은 당시에 일반적이었기 때문에 그러한 언질들이 없었다는 것 자체가 그분의 입장에서 보면 결코 일반적이지 않는 일종의 존중하는 태도라고 지적할 수 있겠다. 그분의 여성에 대한 태도가 단순히 그렇게 소극적인 것만은 아니었다. 비록 사도들 가운데 여성이 없지만 그를 좇는 사람들 가운데는 여러 여성들이 있었으며(눅 8:1-3 참조), 그 중에 몇몇은 가까운 친구였음을 알 수 있다(마 27:55-56; 요 11:1-42). 예수님은 여성을 남성과 같은 입장에서 대했던 것으로 보이며, 그들과 대화를 나누기도 하고 가르치기도 하고, 때로는 그들을 위해서 '능력'을 행사하기도 하셨다. 하나님 보시기에 모든 개인들은 무한한 가치를 지니고 있다는 그분의 가르침 속에서, 그는 남자와 여자를 차별하지 않았던 것이다(마 6:25-33; 12:9-14; 눅 15). 따라서 우리는 예수님께서 남자와 여자를 평등하게 여기셨다고 하는 결론을 내릴 수밖에 없다.

히브리 역사 속에는 여성들이 주인공으로 서술되고 있는 곳이 여러 군데 있는데 그들 가운데는 책임과 권위의 위치에 있었던 사람들도 꽤 있었다. 모세의 누이 미리암은 모세의 중요한 조언자로 등장하고 있다. 드보라는 일찍이 그녀의 종족 가운데서 일종의 민법재판관 같은 일을 하면서 군사 지도자가 되었다. 에스더는 위험한 자리에로 나아가 여왕으로서의 그녀의 지위를 이용해 히브리 백성들을 반셈족 음모로부터 구출해 내었다. 묵시문학에 그녀의 이름과 공적이 기록되어 있는 유디트는 그녀의 목적을 달성하기 위하여 의심의 여지가 있는 방법을 사용하여 예루살렘을 침략한 적들을 물리쳤다. 마케비아 두 왕의 미망인이었던 알렉산드라는 9년 동안이나 히브리를 지혜롭게 잘 다스렸다. 이들 여성의 업적들은 여성들이 지도자로 기대되지 않은 사회 속에서 일어난 것들이기 때문에 더욱 괄목할 만한 것들이라고 할 수 있겠다. 이는 히브리 여성들이 전적으로 남성들에게 종속되었던 것으로 생각하게 하지 않는 것들이라고 하겠다.

여성들은 또한 초대교회의 생활에서도 중요한 역할을 했었다. 우리는 이미 여러 명의 여성들이 예수님의 제자였다는 것을 진술한 적이 있다. 우리가 알 수 없는 다른 여성들이 많이 있겠지만 예수님의 제자들 가운데는 마리아, 마르다, 막달라 마리아, 살로메 등이 포함되어 있다. 그러므로 초대교회에서 여성들이 지도자적 위치에서 활동했었다고 하는 것은 놀랄 만한 것이 아니다. 자신의 사업을 운영하고 있었던 루디아는 자신이 살고 있던 도시에서 최초의 그리스도인으로 개종했으며, 그녀의 집은 바울이 빌립보에 머무르고 있는 동안에 활동의 근거지가 되기도 했다(행 16:11-15). 당시에 다른 두 여성, 유오디아와 순두게도 교회의 지도자로 있었음을 알 수 있다(빌 4:2-3). 브리스길라와 그의 남편 아굴라는 초기 선교사였다(행 18:2ff).

뵈뵈는 겐그레아에서 집사였다(롬 16:1). 그녀의 호칭이 오래된 성경 번역에서 '여집사'로 된 것은 흥미있는 일이다. 본래 원어상으로는 단지 남성으로서의 '집사'(diakonon)일 뿐이며, 오래된 다른 번역에서는 이 말이 그냥 '집사'로 번역되고 있다. 신개역표준성서(The New Revised Standard Version)는 교회의 공식적인 인정하에 그녀를 '집사'(남성과 같은)로 바로잡아 놓았다.

이러한 일반적인 강조점 외에 일반적인 여성의 지위와 교회에서의 특별한 여성의 위치에 관한 논의를 포함하고 있는 특정의 성구에 대해서 검토해 보아야 한다. 창세기의 처음 세 장은 종종 여성의 종속성을 뒷받침하기 위하여 인용되어 왔다. 전 창조설에서는(창 2:4b-25) 남자가 먼저 창조되어 에덴동산에로 인도되었다. 그 다음에 하나님께서 만드신 다른 어떤 동물도 남자를 '돕는'데는 부적합한 것이 입증되었다. 하나님은 남자의 갈비뼈로 여자를 만드셨다. 어떤 사람들은 이 구절에서 남자가 먼저 창조되고 여자가 그의 돕는 자로 창조되었다는 이유로 여자의 남자에 대한 종속성을 찾아내기도 한다. 그러나 시간적으로 두번째와 다른 사람을 돕는다는 것도 결코 종속을 의미하는 것은 아니다. 그러한 사실은 때에 따라서 그 반대를 의미할 수도 있는 것들이다. 이야기의 핵심은 남자와 여자의 연합에 관한 결론적인 서술에 있다.

두번째 창조기사에서(창 1:1-2:4a) 남자와 여자의 결합에 관한 개념은 보다 명백해지고 있다. 다른 모든 것들을 창조하신 후에 하나님은 한 창조과정에서 남자와 여자를 동시에 지으셨다(27절). 하나님은 남자와 여자를 분리된 존재로서 지으시지 않으셨다. 즉 하나님은 인간을 하나의 존재로서 창조하셨다. 남자든 여자든 상대방 없이 존재하거나 어느 누구도 상대방으로부터 분리되거나 독립된 단위라는 아무런 단서도 없다. 그들 사이에는 아무런 차별도 없는 것이다. 그들에게 하나님께서는 다른 피조물들을 다스리도록 하셨으나 남자와 여자 상호간을 다스리도록 하시지는 않았던 것이다.

에덴동산 이야기는(창 3) 인간의 죄성을 확인하고 있다. 기사 속에서 여성은 뱀에 의해 금지된 열매를 따 먹도록 유혹을 받았으며, 남자는 여성에 의해서 같은 짓을 하도록 유혹을 받았다. 범죄한 모든 것들, 뱀이나 남자, 여자는 모두 자연과정의 무질서에 의해서 처벌을 받았다. 뱀은 그의 배로 기어다니도록 운명지어졌고, 여자는 아기를 낳을 때 고통당해야 했으며, 남자는 그의 노동으로 인해 무거운 짐을 져야만 하도록 되었다. 어떤 사람들은 여자가 남자보다 먼저 죄를 짓도록 유혹했다는 사실을 가지고 이상한 논리를 펴서 남자의 여자에 대한 지배를 정당하게 해석하기도 한다. 이러한 해석은 여자 위에 내려진 심판의 선고, 즉 "너는 남편을 사모하고 남편은 너를 다스릴 것이니라"(창 3:16)에서 사실인 것같이 보인다. 그러나 이 구절이 여자의 남자에 대한 종속을 하나님께서 재가한 것이라고 확인하기에는 명백하지 않다. 이 구절의 취지는 단지 상황을 묘사하고 있을 뿐이며, 종속을 신적 질서의 일부로서가 아니라 인간의 죄의 결과로 보고 있을 뿐이다.

신약성서 내에서 여성의 지위에 관한 중요한 두 구절을 찾는다면 그것은 바울의 서신 중 고린도전서에서 발견된다. 고린도전서 7장에 나와 있는 그리스도의 임박한 재림에 대한 믿음과 결혼이 그리스도를 섬기는 일을 방해한다는 신념에 기초하여 바울은 사람들에게 결혼하지 말 것을 권하였다. 그러나 많은 그리스도인들이 독신을 선택하지 않을 것을 알았기 때문에, 바울은 자신이 이해하고 있는 범위에서 결혼관계에 관한 논의를 하였다. 이 장에서 말하고 있는 모든 것은 남편과 아내에게 모두 적용되고 있다. 각자는 "혼인할 권리"를 지니며(1-7절), 이미 결혼한 상대자가 믿지 않는 자라고 할지라도 결혼관계는 존속되어야 하며(10-16절), 결혼은 하나님을 섬기는데 혼란을 줄 수 있음을 깨달아야 한다(32-35절). 만약에 완전하게 동등하다는 이와 같은 생각이 우리에게 놀라운 것이라면 가부장제였던 당시 사회에서는 어떠했을 것인가를 짐작할 수 있다.

같은 서신 조금 뒤에서(고전 11-14) 바울은 여자들이 집행한 하나의 공적 예배에 관하여 몇 가지 관심을 나누고 있다(고전 11:2-16). 가부장적인 관점에서 바울은 "남자의 머리는 그리스도요 여자의 머리는 남자요 그리스도의 머리는 하나님이시라"(3절)고 말하고 있다. 그는 계속해서 남자는 그들의 머리를 가리우지 않고 기도하고 예언해야 한다고 논하고 있다.

> 남자는 하나님의 형상과 영광이니 그 머리에 마땅히 쓰지 않거니와 여자는 남자의 영광이니라 남자가 여자에게서 난 것이 아니요 여자가 남자에게서 났으며 또 남자가 여자를 위하여 지음을 받지 아니하고 여자가 남자를 위하여 지음을 받은 것이니 이러므로 여자는 천사들을 인하여 권세 아래 있는 표를 그 머리 위에 둘지니라(고전 11:7-9)

그러나 바울은 그의 논리의 약점, 곧 그가 이전에 다른 곳에서 진술한 내용과 불일치함을 깨닫게 되었으리라고 보는데, 왜냐하면 그는 남자와 여자가 상호 의존적임을 인정하고 "남자도 여자로 말미암아 났으나"(12절)를 덧붙이고 있기 때문이다. 바울은 여자가 긴 머리를 갖고 남자가 짧은 머리를 갖는 것이 당연하다고 긍정하고(14-15절), 자신도 약하다는 사실을 긍정함으로 토론을 강화하고자 했다. 결과적으로 바울은 자신의 권위를 주장함으로 결론을 내리고자 했다(16절).

이 구절을 읽는 가운데 우리는 일반적으로 여자는 예배에서 특별하게 행동해야 된다는 바울의 주장이 너무 확고하기 때문에 결정적인 사실, 즉 여자가 실제로 "기도하고 예언했다"는 사실을 간과하곤 한다(4-5절). 이는 여자들도 남자들이 그러했듯 마찬가지로 지도자의 역할을 했다는 것이다. 바울은 그와 같은 방법으로 여자들이 참여한 것을 견책하지 않았으며 단지 그들이 기도하고 예언할 때 적당한 태도로 해야 할 것이라고만 했다.

에베소서에는 그리스도인 가족 내에서의 이상적인 관계를 기술하고 있는 구절들이 있다(엡 5:21-6:4). 우리는 이 이상에 대해서 이미 살펴본 바 있지만 (본서 제8장에서) 여기에서 다시 한 번 더 요약한다면 그러한 이상적인 관계는 상호존경과 책임 그리고 헌신을 포함하고 있다는 것이다. 여기에서 바울은 (만약에 그가 이 서신을 쓴 것이 확실하다면) 남편을 "아내의 머리"(엡 5:23)라고 부르고 있지만, 그러나 그는 각자가 서로 복종할 것을 요청하는 문맥 속에서 그렇게 하고 있음을 알 수 있다. 더욱이 상호간의 복종이라는 개념에 근거해서 바울은 이상적인 연합을 강조하고 있는 것이다.

여성에 대한 바울의 관점을 우리가 이해하고자 할 때 이러한 성경구절에만 근거하기보다 그가 자주 언급하고 있고, 또 그의 전체 사역에서 뒷받침하고 있는 원칙이 시사하고 있는 바를 고려해야 한다. 바울은 사회질서 속에서 사람들이 그룹 사이에 차별들이 있었음을 인식하고 있었다. 그러나 그는 그리스도인의 교제 속에서 그러한 특징들이 전적으로 부적합한 것이라고 주장하고 있다. "너희는 유대인이나 헬라인이나 종이나 자주자나 남자나 여자 없이 다 그리스도 예수 안에서 하나이니라"(갈 3:28; 참조 롬 10:12; 골 3:11). 그가 비록 이 구절을 유대인과 이방인 문제를 말할 때, 보다 자주 사용하기는 했지만, 이 구절을 남자와 여자에 대해서도 적용하고 있다. 그러나 그가 비록 이 구절을 유대인과 이방인 문제에 대해서 이야기할 때에 빈번하게 사용하기는 했지만 이것을 남자와 여자 관계에도 똑같이 적용하지는 않았다. 우리는 바울을 20세기의 사람으로 만들려고 해서는 안된다. 그는 아마도 우리 자신들의 "여성의 해방"의 문제와는 걸맞지 않을 수도 있을 것이다. 그러나 그는 교회의 예배진행과 지도에 있어서 여성을 제외시키는 것도 찬성하지 않았을 것이다.

목회서신(딤전, 딤후, 딛)을 기록한 연대에 논란의 여지가 있기는 하지만 이 서신들은 바울의 시기 이후를 반영하고 있는 것이 틀림없다. 그 당시에 교회는 여성이 종속적인 지위로 격하되는 보다 엄밀하게 조직화된 구조로 발전했었다. 디모데전서 2:8-15에는 공중예배에서 '남자'가 예배를 주도했던 것이 분명하게 드러나고 있다(8절). 여성은 단정하게 옷을 입도록 했으며(9-10절), "여자는 일절 순종함으로 종용히 배우라"(11절)고 하고 있다. 그러한 지침은 "여자의 가르치는 것과 남자를 주관하는 것을 허락지 아니하노니"(12절)라는 말씀이 뒤에 나오고 있다. 다음 장의 감독과 집사의 자격에 관한 진술은 이 사람들이 남자들임을 시사하고 있다. '여성'에 관한 진술은 아마도 교회의 직분에 관한 것으로 보이며, 그러한 내용들은 아마도 교회 직분자의 아내와 관련된 것 같다.

당면문제에 대한 기독교적 접근

소수그룹과의 관계에 대한 기독교적 접근에 대하여 말하고 있는 많은 내용들이 마찬가지로 여성들에게도 연관되어 있다. 양쪽의 경우 우리가 직면하고 있는 문제는 그들이 인격성보다는 어떤 그룹 내에서의 관련자격 여건에 근거하여 사람들을 다루는 문제들이다. 그러나 여기에서 우리는 현대여성의 지위에 관련되어 있는 몇 가지 기본적인 원칙들을 재진술해야 할 필요가 있다. 첫째, 모든 개인들은 하나님의 입장에서 무한한 가치를 가지고 있기 때문에 우리들 개인적인 행위는 모든 사람들에 대한 존경을 입증하지 않으면 안되며, 율법이나 관습이 어떤 형태의 불의도 재가해서는 안되는 사회적 질서를 만들어 나아가고자 해야 한다. 둘째, 사회적 질서 속에 어떤 규범이 있든지 간에 그리스도인들의 교제 속에는 성에 의한 차별이 있어서는 안된다. 셋째, 모든 사람들은 개인적으로 그들 자신의 잠재력을 발전시키고 자신들의 재능을 가능한 한 완전하게 활용하는데까지 성숙시킬 권리와 책임을 지니고 있다.

이와 같은 원칙들에 근거해서 우리는 몇 가지 당면문제에 대해서 논의할 수 있다. 첫째로, 여성들이 사회구조 속에 완전하고도 동등한 권리로 참여할 수 있는 것을 보장하는 부가적인 법개정을 할 필요가 있느냐 하는 것이다. 여성의 평등권을 지지하고 있는 사람들은 그러한 권리가 이미 헌법에 의해 보장되고 있다는 이유로 평등권 개정을 반대하고 있다. 그들에게 필요한 것은 새로운 어떤 법개정안이 아니라 이미 헌법에 나타나 있는 규정을 강조해야 한다고 생각한다. 무엇을 강조한다는 것 자체가 문제이며, 여성들이 기록되어 있는 법규정대로 완전한 혜택을 누리지 못하고 있는 것도 사실이다. 그러나 법개정을 찬성하는 사람들은 다른 개정안이 여성의 참여를 보장하고 있지 않기 때문에 그러한 개정이 필요하다고 주장한다. 어떻든 간에 비록 법개정이 여러 가지 이유로 실패하더라도 공적 관심을 모으는 캠페인이라든가 여러 가지 영역에서 이 문제에 보다 민감할 필요가 있다.

평등법 개정안이 실제로 필요한 것인가? 당면문제를 해결하는데 부가적인 법제가 필요한가? 법적 지위에 대한 우리의 견해는 다음 두 가지를 분명히 하고 있다. 첫째로, 여성의 법적 지위가 분명하지 않은데 그 이유는 그 법들이 나라마다 주마다 매우 다양하기 때문이다. 성학대, 강간 그리고 재산권 등을 다루는 법에 특별히 문제점들이 있다. 또한 교육, 고용기회, 직업승진, 그리고 재산권에 있어서도 여성들을 보호할 필요가 있다. 그것은 법률이 하나씩 그리고 주마다 제정되는 것일 수도 있다. 그것은 수정된 평등법 개정안이 미래의 어느 날 제시되는 것일 수도 있다. 그러나 법이 아직 여성의 권리를 적절하게 보호하지 못하고 있는 것처럼 법이 정의에 대한 성서적 관심을 충족시키기 위해 우리가 작업해야 하는 하나의 영역인 것은 분명한 것으로 보인다.

앞서 1964년의 시민권리 법령안이 인종뿐만 아니라 성에 기초한 차별을 금지하고 있음을 언급한 바 있다. 또한 1970년대 초에 도입되어 1980년대 중반까지 지켜져 온 확정적 행동정책들이 상당히 많은 저항들에 부딪혔음을 언급했다. 이러한 정책들에 의해 정부와 거래관계를 갖는 고용주들은 그들의 고용정책에 있어 인종, 또는 성에 기초하여 차별화하고 있지 않다는 증거를 보여주어야 했다. 일반적으로 받아들여지는 증거의 형태는 일반적 인구에서의 그들의 수에 비례하는 여성과 소수민족 구성원들의 존재이다. 그 수가 불균형적으로 작은 때에는 고용주들은 이 불균형을 개선하고자 함을 보여 주어야 했다. 한동안 이 과정은 널리 이해되었는데, 이는 고정된 인원의 여성과 소수민족의 구성원들이 고용되어야 함을 의미했다. 1979년 대법원은 이러한 "할당제도"가 위헌이라고 판결했다. 그러나 같은 판결문에서 법원은 확정적 행동에 대한 보다 더 유연적인 정책의 합헌성을 지지했다. 그러한 똑같은 종류의 확정적 판결은 교육제도에서의 그들의 입학정책에 있어서도 요구되었다. 지금까지 보아 온 것처럼 1980년대 중반에 이러한 정책들을 뒤바꾸는 과정이 시작되었다.

확정적 판결이 교육의 기회와 고용에서의 여성에 대한 차별을 다루는 올바른 방법일까? 아니면 단순히 성에 관련없이 가장 적합한 인재를 고용하는 것으로, 가장 능력 있는 일꾼을 승진시키는 것으로, 혹은 가장 적격의 지원자들을 대학과 대학원에 입학시키는 것으로 과거의 불평등이 극복될 수 있는 것인가? 어떻게 한 사람의 성이 고의적으로든, 또는 무의식적으로든 자격요건으로 고려되어지지 않는 것을 확신할 수 있는가? 확정적 판결이 아니라면 어떻게 가장 좋은 교육기회에의 접근을 보장할 수 있는가? 그들이 고용에 있어서 평등하게 고려되고 있는지 어떻게 확신할 수 있는가? 임금상승에 있어서는? 직업승진에 있어서는? 단지 개인으로서 뿐만 아니라 교육계와 사업, 그리고 전문적인 분야에서 여성이 남성과 똑같은 기회를 갖는지 어떻게 확신할 수 있겠는가?

교회에서의 여성의 지도자적 역할은 매우 중요한 쟁점이 된다. 로마 카톨릭 교회에서 여성은 신부를 위한 성직 수임식에 부적격이며, 여성들의 성직 수임식을 선호하는 미국 내에서의 몇몇 강한 의견에도 불구하고 이 상황은 쉽게 변하지 않을 것으로 보인다. 대부분의 프로테스탄트 교회에서는 현재 여성들이 사역자로서 안수 받을 수 있으며, 이러한 여성들의 수는 늘어가고 있다. 그러나 대부분의 여성 사역자들은 목사가 아닌 부목사, 교육 사역자, 음악 사역자, 간사로서 일한다. 교단 내에서의 공식적인 위치에도 불구하고 하부수준에서는 아직도 여성들의 사역에 대해 상당한 저항이 있다. 어떤 반대자들은 성서가 이를 금지하고 있다고 해석한다. 어떤 이들은 솔직하게 삶의 어떤 영역 -정치, 교육, 사업, 종교- 에서도 여성들을 지도자로 받아들이는 것을 마음 내켜 하지 않는다.

성서의 많은 부분이 겉보기에 가부장적인 것으로 관찰된 데에 반해 기독교 신앙의 기본교리들은 사람을 성에 관계없이 단지 한 사람으로서만 받아들일 것을 요구한다. 사회의 가부장제적인 구조에도 불구하고 몇몇 여성들은 실제로 구약시대와 신약시대의 교회 안에서 지도자로서 봉사했었음을 알 수 있다. 그러므로 오늘날 여성들의 지도적 역할을 거부하는 것은 기독교 신앙의 원리보다는 사회적 관습들의 원칙들을 따르고 있음을 보여 주는 것이라 하겠다. 그리고 지금은 여성들이 교회보다도 보수적인 사회질서 내에서 보다 큰 활약을 하고 있는 놀라운 상황을 볼 수가 있는 것이다. 여성이 의회나 정부에서 우리의 대표자가 되는 것, 우리의 대법관이 되는 것, 우리 자녀들이 출석하는 공립학교의 교장이 되는 것, 우리가 거래하는 사업들을 소유하고 운영하는 것, 의사나 변호사가 되는 것 등은 이제 낯선 것이 아니다. 그런데 왜 아직 여성이 목사로 일할 수는 없는 것인가? 교회가 정의를 기본적 논쟁으로 이끌어 가기보다 여성에 대하여 아직도 차별하고 있는 마지막 요새가 될지도 모른다.

토론을 위한 질문들

1. 공적 담론에서 포괄적 언어의 사용이 얼마나 중요한가? 또한 사적 대화에서는 얼마나 중요한가?
2. 우리들의 교회에서의 여성의 지위에 대해 토론하라.
3. 우리들 사회에서의 여성의 지위에 대한 교회의 영향에 대해 어떻게 생각하는가?
4. 주간 시사지의 사건기사들 중 몇 가지 혹은 TV 프로그램 기사 중 몇 가지를 검토하고 여성들에 대한 논의방법을 평가하라.
5. "남성과의 평등을 얻은 여성은 자신의 우월성을 잃어버린다" 라는 속담을 분석하라.

참고도서 목록

Crites, Laura L., and Hepperle, Winifred. *Women, the Courts, and Equality.* Newberry Park, CA: Sage, 1987.

Friedan, Betty. *The Feminine Mystique.* New York: Dell, 1963.

Hewlett, Leslie. *A Lesser Life: The Myth of Women's Liberation in America.* New York: William Morrow, 1986.

Hollis, Harry, ed. *Christian Freedom for Women and Other*

Human Beings. Nashville, TN: Broadman, 1975.

Neil, Anne Thomas, and Neely, Virginia Garrett, eds. *The New Has Come*. Washington, DC: Southern Baptist Alliance, 1989.

Oseik, Carolyn. *Beyond Anger: On Being a Feminist in the Church*. New York: Paulist, 1986.

제 11 장

민주주의와 시민정신

미국 시민권은 타고나는 권리이다. 소수의 귀화한 사람들을 제외한다면 시민권은 혈통과 출생지에 의해 얻어지는 것이다. 그렇게 시민의 지위를 얻는데 우리가 할 수 있는 일은 아무것도 없으며, 이를 소중히 여기든 무시하든 그것을 잃어버릴 위험성은 거의 없다.

다른 어떤 제도보다 국가는 우리의 삶의 제조건을 결정한다. 국가는 우리가 태어나는 곳이며 가족을 제한하고 그 구성원들의 권리와 특권을 기술하고 서로에게 그들을 위한 구성원들의 의무를 제시한다. 국가는 교육을 조정하며, 우리가 일하거나 운영하는 사업의 조건들을 결정한다. 국가는 교통과 통신을 통제하고, 개인의 권리들에 대한 침해행위로부터 개개인을 보호하기도 한다. 시민들을 범죄자들로부터 보호하며 외세로부터 방어하고, 각 개인의 자유를 보장하며 그 제한들을 규정짓기도 한다.

일상생활의 실제적 업무들은 가족과 학교, 직장과 시장, 놀이의 세계에서 행해진다. 우리는 단지 개인들과 관계하는 것이 아니라 제도들과도 관계하며, 이러한 제도들을 통해서 다른 사람들의 삶에 영향을 끼친다. 우리는 국가를 통해서 일할 수 있는 선택권을 임의로 갖지 못한다. 사람들은 신중한 결정에 의한 것이든, 단순한 현상적인 흐름에 의한 것이든 시민으로서 기능할 뿐이다. 그렇다면 기독교 시민으로서의 과제는 어떻게 이러한 기능적 과정 속에서 기독교적 관심을 가장 잘 나타낼 수 있게 하는가 하는 것이다.

미국적 민주주의 정부

국가는 우리에게 부여된 것으로서 우리 모두는 그 안에서 일한다. 국가는 특정한 지리적 영역 안의 사람들의 삶을 통제하고 외부 세력으로부터 그 지역의 완전함을 보호하는 조직이다. 때문에 국가는 그 지역 안의 다른 어떤 제도들보다도 우세한 궁극적인 권력이다. 국가는 그들의 영향이 미치는 경계선을 설정하며 그들의 통제를 강요하기 위하여 다양한 종류의 권력을 행사한다. 정부의 형태가 나라마다 다를지라도 정부는 항상 그 사회를 세우고 유지하는 도구인 것이다. 비록 피지배자의 권리들을 조금 고려하거나 또는 전혀 고려하지 않는 독재국가라 할지라도 이와 같은 맥락에서 독재국가도 보호자로서 그리고 통제자로서 기능하고 있는 것이다.

미국과 같은 형태의 국가는 사회 그 자체가 권력의 최고위치라고 가정한다. 국가는 사회의 도구로서 법을 제정하고 집행하며 각각의 시민들뿐만 아니라 전체로서의 사회의 복리를 위해 필요한 모든 기능들을 제공하는 대리인인 것이다. 그러므로 사회 그 자체는 통치 과정에 수반되는 것이다. 이 관련성은 사회를 위해 일하는 대표자들에의 선거를 통해 얻어진다. 어떤 특정한 사건에 대한 판결에서 만장일치가 불가능하기 때문에 우리는 다수의 판단이 우수하리라는 생각에 동의하는 것이다. 그럼에도 불구하고 우리는 소수의 권리들이 신중하게 보호되어야 한다고 주장한다. 다수의 의견이 계속적으로 우수하다고 하는 것을 확신하기 위해 우리는 대표자들로 하여금 일정한 기간 동안 근무하게 하며, 정부의 권력들을 분리하고(입법부, 집행부, 사법부) 모든 관료들로 하여금 넓고 다양한 감시(감독 관리들, 특별한 의원회들, 소환, 탄핵 그리고 비정부적 '경비' 조직들조차도)하에 종속시킨다.

그러나 사실 다수가 항상 그 과정에 참여하는 것은 아니다. 법적 통제들, 집단의 압력, 무시 또는 관심을 통해 역사적으로 우리 나라에서 많은 집단의 사람들 -여성, 흑인들, 가난한 자들, 교육받지 못한 자들- 의 참여가 제한되어 왔다. 과거 30년 동안 대부분의 법적 제한들이 없어졌으며, 그 결과 여성과 흑인들에게 있어서 보다 더 큰 참여를 가져왔다. 그러나 가난한 자들과 무지한 사람들은 여전히 거의 참여할 수 없는 실정이다.

민주주의 정부의 기본적인 기능은 모든 시민들을 위해서 질서를 유지하고 정의를 수호하는 것이다. 법만으로 사회정의를 정의할 수는 없다 하더라도 법은 국가가 이 목적을 달성하는 기본적인 도구이다. 일반적인 범위를 가지며 적용에 있어 치우치지 않는 법은 사회질서의 틀을 제공하며 사회 전체의 권리를 보호한다. 법의 강요성은 필연적으로 권력의 행사를 수반한다. 그러나 그리스도인들은 국가의 권력은 절대적인 것이 아니며 제한될 수 있는 것이라고 주장한다. 그들은 또한 권력을 집행하는 이들이 이를 유지하고자 하며 권력을 그들 자신의 사적인 이익을 위해 사용될 수 있는 가능성을 인식한다. 이에 대해 그리스도인들은 국가가 아닌 하나님께 가장 충실해야 한다고 주장한다. 그래서 하나님께 복종하는 데 있어서 가끔 국가의 권력에 저항할 수밖에 없다고 말한다. 그러므로 그리스도인들은 국가는 하나님 밑에서 그 권력을 갖는다고 상소한다. 따라서 근본적인 문제는 그리스도인들이 국가의 권력이 정의롭다고 여겨질 때 어떻게 해야 하는가에 있다.

우리들의 민주주의에서 이해되고 있는 바와 같이 정의의 개념은 모든 사람들의 평등을 전제로 한다. 미국을 세운 조상들에 의해 인증된 자명한 진리 중의 하나는 모든 사람들이 "평등하게 태어났다"라고 하는 것이다. 분명히 그들은 지식, 부, 권력에 있어서의 평등을 의미하지 않았다. 그것은 "생명, 자유, 그리고 행복에의 추구"라고 하는 "양도할 수 없는 권리"를 의미한다. 헌법의 초안자들은 우리가 권리장전이라고 부르는 최초 10개조의 수정안에서 이러한 권리들을 꽤 구체적으로 제정하고 있다. 이러한 권리들은 인종, 성, 교육, 사회적 지위, 부 또는 어떤 다른 요인에 의해서도 부인될 수 없다.

정부의 활동들은 모든 수준에서 점점 더 증가해 왔고 복잡해져 왔다. 이제 우리는 정부가 교육, 교통, 우편 업무, 경찰과 소방서, 경제위기로부터의 보호 등을 제공하는 것 그리고 건강, 환경, 자연자원에 대한 문제들을 통제하는 것을 당연하게 받아들인다. 그러나 정부가 시민들의 생활에 영향을 끼치는 여러 다양한 활동들에 정당하게 관여한다고 인정하더라도 우리는 관련된 여러 구체적인 계획들과 결정들에 대해 논쟁한다. 구체적인 사건들을 결정하는데 있어서 우리는 선, 또는 올바른 선택이 무엇인지에 대해 가치판단을 내린다.

성서적 교훈

국가는 그 영토에 대해서 어떤 다른 제도들보다도 궁극적인 권위를 가진다고 위에서 말한 바 있다. 그러나 그리스도인들은 이 주장으로 인해 혼란을 겪는다. 그리스도인들에게 있어 궁극적인 권위는 하나님이며, 국가조차도 하나님의 판단 아래에 있기 때문이다. 거의 모든 미국의 그리스도인들이 국가의 요구와 그들의 하나님에 대한 헌신간의 어떠한 충돌도 인식하지 못하고 있지만, 그들 대부분은 이러한 갈등에 대해 국가보다는 하나님을 따라야 한다고 말한다. 이러한 접근은 견고하게 성서에 바탕을 둔 것이다.

구약성서

정부에 대한 히브리 민족의 구약성서적 관점은 하나님에 의한 통치, 즉 신정(神政)통치인 것이다. 이러한 개념은 미국의 민주주의와 많이 다른 것이다. 민주주의에서 최고권위는 사회인 반면 신정정치에서의 최고권위는 하나님인 것이다. 앞서 국가의 기본적인 기능은 질서를 유지하고 정의를 수호하며 국가로 하여금 법률을 제정하고 집행하도록 기능하는 것이라 기술했다. 이에 반해 신정통치에서는 하나님이 법률을 제정하고 이를 집행한다. 그러므로 히브리 민족의 군주제 시대에는 종교 지도자들이 바로 정치 지도자들이었다. 군주국가가 설립된 후에도 왕은 궁극적인 권위를 가지지 않았다. 왕은 단순히 하나님이 그를 통해 통치하는 수단이었다. 선한 왕과 하찮은 왕, 믿음이 깊은 왕과 사악한 왕이 있었음에도 불구하고, 왕은 하나님의 종이며 하나님께 예속되어 있다고 하는 이론은 지속되었다.

신정통치의 개념에서 볼 때 국가의 기능은 다른 국가들의 기능과 같다. 다른 국가들과 마찬가지로 정부의 기본적인 책임은 정의를 수호하는 것이다. 정의의 주요한 수단은 율법이었는데, 그 율법은 왕에 의해 규정되거나 사람에 의해 제정된 것이 아닌 하나님에 의해 주어진 것으로 생각되어졌음에 유의해야 한다. 사람과 사람들의 재산을 보호했던 그러한 법률들은 인간의 기본적인 평등을 전제했는데, 이는 왕이 그의 가장 천한 백성과 마찬가지로 율법에 종속됨을 의미한다. 지금까지 보아 온 바와 같이 율법이 여성에게 몇 가지 중요한 보호를 제공한 반면, 이는 남성들에 대해 여성들이 평등하고 이방인들이 유대인과 또는 하인들이 그들의 주인들과 똑같은 권리를 가진다고 생각하지는 않았다. 즉 다른 모든 법적 체계들과 마찬가지로 히브리 법률들 또한 어떤 측면에서 결점을 지니고 있는 정의의 개념을 지지했던 것이다.

신약성서

신약성서의 문헌은 초대교회들의 경험에 기초하여 씌여졌으며 이에 초대교회 자신들의 정체성을 확립하기 위한 투쟁을 반영하고 있다. 여기서 중요한 요소는 기독교가 처음 출현했던 유대교 사회의 로마정부에 대한 반응이었다. 비록 로마에 대한 유대인들의 태도가 일치되지 않았다 하더라도 여기에서는 우세하고 대중적인 저항의 움직임이 있었다. 열심당(Zealot)이라 불려졌던 혁명가들은 처음 1세기 동안 자주 일어났던 폭동의 책임자들이며, 이러한 움직임은 주후 66-72년 사이에 있었던 불운한 혁명에서 그 절정을 이루었다. 예수님의 12제자 중의 하나는 열심당원인 시몬으로 증명되었으며(눅 6:15), "천둥의 아들들"이라 불리워졌던 야고보와 요한 또한 열심당이었을 수도 있다. 예수님을 배반한 가룟 유다를 해석하는데 있어 이중 한 입장은 유다가 예수님이 혁명을 일으키지 않았기 때문에 그에게 실망한 열심당원이었을 수도 있다고 설명한다. 비록 예수님이 열심당원이 아니었다고 하더라도 그가 로마법정에서 유죄판결을 받은 죄는 반란죄였다. 위의 설명들에서 우리는 예수님의 초기 추종자들이 명백히 적대적이지는 않더라도 적어도 로마에 대해서 적대적 경향을 띠고 있었음을 추정해 볼 수 있다.

신약성서의 배경에 대한 또 다른 요소는 예수님이 로마관리들에 의해 재판을 받고 사형되었다는 것이다. 예수님은 정치적이기 보다는 종교적 인물이었으며, 교리들에 있어서 정치 지도자들과 갈등을 빚지 않았고, 그의 로마법정에의 출두가 유대교의 종교 지도자들에 의해 이루어졌음에도 불구하고 그가 받은 판결은 국가에 대한 반란죄였다. 사형선고는 로마행정 집행관에 의해 선고되었으며 사형집행은 로마의 법에 따라 이루어졌다. 신약성서의 기록자들은 예수님의 죽음에 있어서 유대교 관계자들의 역할이 결코 작았다고 보지 않는다. 그럼에도 로마인들이 예수를 사형했기에 기록자들은 로마를 비우호적으로 쓰고 있다.

첫 1세기 후반에 로마는 그리스도인들에 대해 점점 더 절대적인 것으로 변했다. 교회의 초창기에는 다소의 그리스도인들에 대한 종교박해와 네로시대의 로마를 파괴한 큰 불에 관련하여 특히 심했던 하나의 사건이 있었다(A.D. 64). 그리스도인들에 대한 박해는 1세기 말 무렵 널리 퍼졌으며, 이는 신약성서의 마지막 편이 쓰여졌던 훨씬 후대에까지 이어졌다. 그러므로 박해라고 하는 사실은 초대 그리스도인들이 기록했던 것들에 반영되어 있다.

혹 관련될 수도 있는, 로마국가에 대한 신약성서 기록자들의 태도에 영향을 준 또 다른 요소는 '시대의 종말'이 임박했다고 하는 믿음이었다. 종말론적 소망은 예수의 가르침에 있어서 큰 부분을 차지했으며, 이는 초대교회의 삶에 있어서 아주 중요한 부분을 담당했다. 이의 일반적인 사회문제와 구체적으로는 국가에 대한 그리스도인들의 사고방식에 있어서의 영향은 매우 컸다고 하겠다. 그들은 세계가 곧 끝나리라고 보았으며, 이에 초기 그리스도인들은 현 질서 안의 제도들을 개혁하는데 큰 가치를 두지 않았다. 국가를 임시적이고 과도기적 구조, 새 시대에 참여하지 않는 것으로 믿었기 때문에 그들은 국가를 당장의 국가로만 받아들이고 이에 바탕하여 행동했다.

예수님과 국가. 복음서들에 의하면 예수께서는 단 한번 국가에 대한 제자들의 책임에 대해 직접적으로 말씀하신 바 있다. 마가복음 12:13-17은 로마에 대한 태도에 있어 근본적으로 차이를 보이는 바리새인들과 헤롯가문의 사람들이 협력해서 예수님에게 두 집단 모두를 만족시키도록 답할 수 없는 물음을 질문하는 장면을 묘사하고 있다. "가이사에게 세를 바치는 것이 가하니이까 불가하니이까?" 가이사 황제의 얼굴을 담고 있는 동전을 보이면서 예수님은 "가이사의 것은 가이사에게 하나님의 것은 하나님께 바치라"고 대답하셨다. 이 대답은 개인에 대한 황제와 하나님의 요구를 둘 다 확실하게 정당화하고 있다. 물론 이 대답이 요구하는 바가 충돌할 때 개인이 어떻게 해야 하는지에 대한 답을 주고 있지는 않지만, 우리는 예수님과 그의 질문자들이 모두 황제에게 우선권을 주지 않았으리라는 것을 확신할 수 있다. 이 대답에서 우리가 명확히 알 수 있는 것은 예수님이 황제의 요구에 대한 합법성을 인정했다고 하는 사실이다. 그분은 궁극적으로는 국가를 인정하지 않았음에도 불구하고 국가를 효과적인 사회제도로 받아들였으며, 국가가 필연적으로 하나님과 적대적이라고 시사하지는 않으셨다.

예수님이 국가를 궁극적 권위로 보지 않았다고 하는 또 다른 증거가 복음서들 안에 있다. 예를 들어, 그가 체포되기 얼마 전 몇몇 우호적인 바리새인들이 그에게 헤롯의 적대성에 대해 경고하면서 예루살렘으로 가려는 계획을 바꿀 것을 권유했었다. 그러나 예수님은 헤롯을 "그 여우"라고 부르면서 그보다 더 높은 이가 그의 계획들을 실행하도록 요구한다고 대답하셨다(눅 13:31-35). 예수님은 체포되기 전날 제자들과의 대화에서 다시 한 번 지배하는 자들의 소위 말하는 '위대함'과 섬기는 자들의 위대함을 대조시키셨다(눅 22:24-27).

예수님이 국가에 대해 그렇게 많이 생각하지 않았다고 하는 것이 보다 정확한 표현일 것이다. 그분은 국가를 특별히 중요하게 생각하기보다는 국가를 살아가고 일하는 환경의 한 부분으로서 받아들였다. 자신의 임무를 완수하셨을 때, 예수님은 셀롯의 방법을 숙고하시고 이를 거부했다(마 4:8-10; 요 18:36 참고). 그분은 그의 임무가 영적인 성격을 가지며 그의 궁극적 충성은 하나님께 있다고 주장하셨다. 국가가 무력적으로 그를 감금했을 때, 그분은 그의 제자들이 저항하는 것을 금했으며 국가가 그에게 내린 선고를 항의없이 받아들이셨다. 우리는 그분이 보여 주신 모범에 의해서 비록 불의한 수행일지라도 그 제도를 파괴해야 할 정당한 이유가 될 수 없다는 결론을 내릴 수 있을 것 같다. 오스카 쿨만(Oscar Cullmann)은 국가에 대한 예수님의 태도를 아래와 같이 요약하고 있다.

> 즉, 예수님은 원칙적으로 국가의 적이 아니었으며, 반대로 국가의 존재에 아무런 위협도 주지 않는 충실한 시민이었다. 그의 임무에 대한 사명과 하나님 나라의 도래에 대한 기대에 기초하여 가정한다면, 그는 국가를 그것의 적절한 한계에 복종한다고 하더라도 최후의 궁극적인 제도로 생각하지는 않았다. 그는 국가에 대하여 비판적인 태도를 고수하고 이를 일시적인 제도로 생각했다. 그는 도를 넘어서는 전체주의 국가에 대해서만 복종하지 않았는데, 국가가 하나님

께 속하는 것을 요구했을 때는 한계선으로 긋고 이 선을 넘어섰을 때만이 국가에 복종하지 않았다(*The State in the New Testament*, p. 54).

바울과 국가. 바울은 로마시민이었으며 이러한 사실은 그에게 큰 도움이 되었다. 그는 이 사실로 인해 예루살렘에서 체포되었을 당시 채찍질을 피할 수 있었으며 수감자들에 대한 일반 대우보다 좀더 나은 대우를 받을 수 있었다(행 22:29). 또한 목숨이 위태로웠을 때 그는 예루살렘 감옥에서 황제에게로 보내졌으며 거기서 정부에 대해 사건을 변론할 수 있었다. 얼마의 시간이 지나고 예루살렘으로 돌아가도 된다고 판명되었을 때, 그는 황제에게 상소할 수 있는 권리를 행사했으며 그리하여 로마로 보내졌다(행 25:6-12). 재판을 기다리는 동안 그의 활동의 자유(행 28)를 얻은 것도 물론 그의 시민권에 의한 것이었다. 그러므로 임박한 재판에 대해 언급하고 있는 옥중서신들에서 그가 제도의 정당성에 대해 아무런 문제를 제기하고 있지 않다는 것은 전혀 이상한 일이 아니다. 그는 그 제도가 정당하게 운영될 것을 당연하게 받아들인 것 같다.

바울은 로마서 13:1-7에서 국가를 집중적으로 논하고 있다. 그러나 이 본문만을 따로 생각해서는 안되며 이를 좀더 넓은 문맥 안에서 생각해야 한다. 전 장에서 우리는 바울이 그의 독자들에게 권하는 행동의 모범에 대한 논의를 시작했다. 기본적 의무로서 사랑을 그 예로 들면서 바울은 사람들, 더 넓은 범위의 사회 사람들과 잘 지내는 방법에 관해 조언하였다. 14-21절에서 그는 모든 사람들과 조화롭게 사는 것에 관해 말하고 있다. 이 시점에서 바울은 국가의 지배 아래 사는 것에 대해 이야기한다. 그는 국가에 대한 논의를 시대의 종말을 예견하는 진술로써 끝맺고 있는데, 이는 현재상황이 일시적인 것임을 암시한다.

이와 같은 맥락에서 바울은 질서유지를 위해서 하나님이 국가를 건립하였으며 그 국가를 사용하심을 확언한다. 법을 지키는 시민은 두려울 것이 없지만 하나님은 법을 통해 악한자들을 벌하신다고 말한다. 국가가 하나님의 도구이기 때문에 국가는 세 가지- 법에의 복종, 세금의 납부, 권력에 대한 존중-사항을 합법적으로 요구한다.

바울에게 있어 '국가'는 로마제국이었다. 물론 그가 로마에 속하지 않은 세계의 지역들이 있는지 알았지만 그들과의 접촉은 없었다. 로마제국이 그가 경험한 세계 전부였다. 그는 로마인들에게 편지할 때 시민권으로부터 오는 최대한의 이익을 누렸다. 비록 그가 선교활동으로 당국과 작은 충돌을 일으켰다 하더라도 제도의 정당성에 대해 문제를 제기할 실제적인 이유는 없었다. 그가 만일 편지를 썼다면 사형선고를 받고 그가 뭐라고 썼을지 궁금하다. 그는 판결의 정당성에 대해 이의를 제기했을 거라고 생각되어진다. 그러나 어쩌면 그는 이 결정을 내릴 수 있는 국가의 권리에 대해서는 이의를 제기하지 않았을 거라고 생각되어진다. 즉 그는 질서의 필요를 알았으며 국가가 이 목적을 충족시키는 하나님의 도구로써 인식했다고 본다.

고린도인들에 대한 첫 편지에서 바울은 예수를 십자가에 못박은 "이 시대의 통치자들"의 이해부족에 대해서 기술했다(고전 2:6-8). 그는 예수의 십자가형이 불법적인 통치자들에 의해 저질러진 것이라기보다는 오히려 합법적인 통치자들의 잘못된 판단이라고 생각하였다. 같은 편지에서 그리스도인들 사이에 발생한 분쟁을 법정에 가져가는 것에 주의를 기울이고 있다(고전 6:1-8). 그는 논쟁을 다루기 위해 국가의 권위에 도전하지 않았다. 그는 그리스도인들이 법의 도움을 받지 않아도 될 당위성에 의해 도전하였다. 쿨만이 말한대로, 바울은 "그리스도인들은 자신들의 존재에 위협을 느끼는 때를 제외하고는 국가를 배제시킬 수 있는 모든 곳에서 그렇게 해야만 한다"고 믿었다(p. 61). 그는 국가가 필요한 제도이긴 하지만 최종적인 권위로 받아들이지는 않았던 것이다.

박해시대의 문헌. 기독교가 적대적인 세계로 전파되어 나아감에 따라 때때로 교회는 핍박을 받게 되었다. 소수의 운동으로서, 기독교는 항상 멸시당했다. 기독교가 성장함에 따라서, 그 지위는 보다 분명해지게 되었다. 그리스도인에 대한 제한적인 박해가 네로시대(54-68)에 행해졌고, 보다 광범위한 박해가 도미티안 통치시기(81-96)에 있었다. 도미티안 이후 200년 동안 강도 있는 박해가 산발적으로 있었다. 이 시기에 쓰여진 많은 문서들은 그리스도인들이 대적들을 다루는 방식을 기술하였고, 어떤 것들은 박해시기에 그리스도인들을 격려하기 위하여 쓰여지기도 했다.

예를 들어, 네로시대에 쓰여진 것으로 보이는 베드로전서는 그리스도인들과 국가와의 관계에 대해서 중요한 점을 지적하고 있다(벧전 2:11-17). 그들은 자신을 세상으로부터의 '이방인과 추방된 자들'로 간주하면서 박해에도 불구하고 '이방인들보다 올바르게' 행동해야 한다고 했다. 그들은 국가 공직자들의 권위를 인정해야 하며 훌륭한 시민으로서 행동하고 그들에게 일어나는 일들을 아무런 불만없이 참아 내야 했다. 그들은 황제까지도 '존경'해야 한다고 했다. 이 문구는 로마서 13장에 표현된 바울의 입장과 매우 유사하다.

박해에 대해 다루는 또 하나의 성구는 요한계시록에서 발견된다. 여기에서 제국은 더 이상 하나님의 대리인이 아니라 사단의 도구로서 나타나고 있다. 도미티안(Domitian, 81-96) 통치 동안 박해가 최고조에 달했을 때 쓰여진 것으로 추정되는 이 책은 제국을 악마의 구체적인 형상 그 자체로 보고 있다. 로마제국은 하나님의 권위에 도전하며(계 13) 하나님의 교회를 파괴하고자 하는 짐승, 예수의 적으로 표현하고 있다. 로마제국은 무수한 믿음의 사람들을 학살해 왔으며 개선의 기미가 전혀 보이지 않았다. 물론 이 고난은 악이 일시적으로 승리하지만 하나님의 최후의 승리가 보증된 선과 악의 싸움의 일부분으로 인식되었다. 핵심주제는 현재의 갈등이 아무리 크다고 하더라도 궁극적인 승리는 하나님의 것이며, 죽음에 이르기까지 믿음을 지킨 자들 또한 그 승리에 동참하리라는 것을 확인하고 있다.

따라서 요한계시록은 로마제국에 대해 다른 신약성서의 문헌들과 근본적으로 다른 관점을 나타내고 있다. 다른 기록자들은 제국을, 질서를 유지케 하는 하나님의 도구-판단에 있어 잘못은 저지르나 그럼에도 불구하고 하나님이 사용하시는-로 보았다. 그러나 요한계시록에서 로마제국은 사단의 도구로 말해지고 있다. 우리는 어떻게 이러한 관점의 차이를 이해할 수 있을까? 쿨만(Cullmann)은 다른 문서들에서는 "국가의 그러한 제도에 대해 단지 논의중"이었지만(p. 71), 요한계시록에서 국가는 하나님께만 속한 권한을 요구함으로써 사단적인 세력이 되고 있음을 말하고 있다(p. 72).

시민으로서의 그리스도인

국가에 대한 성서적 가르침에 기초할 때 과연 그리스도인들은 현대 민주주의적 정치과정에 실질적으로 어떻게 참여해야 하나? 성경을 손에 들고 비그리스도인들의 믿음을 무시하면서, 정부 구조에 우리의 신념을 강요하면서 나아가야 하는 것인가? 혹은 성서적 가르침이 우리의 개인적인 삶에는 적용될 수 있으나 국가에 대해서는 불가능한 것으로 여겨야 하는 것인가? 또는 다원주의적 사회를 위해 종교가 아닌 어떤 다른 공통적 배경을 찾아야 하는가? 아니면 비종교적으로 정의된 국가의 훌륭한 시민이 되는 것으로 하나님께 반응함으로 이 다원주의적 사회 내에서 우리의 믿음으로 살아갈 수 있는 방법을 모색해야 되는 것인가?

이는 결코 추상적인 개념상의 문제가 아니다. 우리 모두가 당면하고 있는 문제들에 관해 현실적인 결정을 내리지 않으면 안되는 이야기이다. 우리의 어린이들과 젊은이들을 교육시키는 것, 법률을 제정하고 시행하는 것, 에이즈를 다루거나 담배를 피우는 것과 간암과의 연관성, 혹은 자연 환경의 산업공해 등에 관해 이야기하는 것을 포함한다. 국가적 방어와 국제관계, 석탄과 석유, 또한 핵원자로, 환자들에 대한 보살핌 그리고 노인들을 위한 재정적 보조 등에 대해서 이야기하고 있는 것이다. 요약하자면 모든 시민들에게 영향을 주는 결정에 어떻게 참여할 것인가를 다루고 있는 것이다.

시민의 의무

민주주의 사회에서 시민으로서의 우리들의 의무는 무엇인가? 모든 시민들은 국가에 대한 세 가지 기본적인 의무를 지닌다. 첫째, 시민들은 법을 존중해야 한다. 이는 법이 모든 사람들에게 평등하게 적용되며, 어느 누구도 법이 요구하는 것에서부터 자신을 제외시킬 권리가 없으며, 또한 위반했을 때 잡히는 것이 두려워 지키는 것이 아니라 법을 존중함으로써 지키는 것을 의미한다. 이것은 바울이 "그러므로 굴복하지 아니할 수 없으니 노를 인하여만 할 것이 아니요 또한 양심을 인하여 할 것이라"(롬 13:5)고 한 구절에서 말하고자 하는 것이다. 즉 베드로가 산헤드린 앞에서 "베드로와 사도들이 대답하여 가로되 사람보다 하나님을 순종하는 것이 마땅하니라"(행 5:29)고 했던 의미보다 높은 법률에의 순종만이 불복종의 타당한 근거가 될 수 있는 것이다.

둘째, 모든 시민은 법률과 정책들을 제정하고 시행하는 데 있어 정보와 지식을 가지고 참여해야 한다. 민주주의적 국가는 자발적 참여에 의해 운영되기 때문에 시민들이 그들의 대표들을 뽑거나 정책을 결정하는 일 그리고 공직에 입후보하는 등 실제적인 도움을 통해 성공적으로 운영될 수 있을 것이다. 개인의 기권이나 어떤 권력집단에 의해서 제도적으로 추방당하든, 시민됨의 권리를 포기하는 것은 과정을 보다 비민주화시키는 것이 된다. 민주주의 국가의 가장 큰 문제점은 어떤 공무원의 잘못된 행위라기보다 다수사람들의 비참여성에 있다.

셋째, 모든 시민들은 사람들과 정책에 대하여 양심적으로 비판하여야 할 의무가 있다. 국가가 명시하고 있는 이상(理想) - 정직과 정의의 개념 - 은 모든 사람들에 대한 영향을 통해서 그 실천 정도를 판단할 수 있는 것이다. 이는 국가의 숨은 의도를 이해하기 위해 모든 계획들을 검토하고 이미 지나간 일들을 끊임없이 재검토하며, 언제든지 승인 또는 거부할 수 있는 준비를 갖추고 있어야 함을 의미하는 것이다.

위에서 말한 세 의무 중 어느 것도 기독교 고유의 특성을 말하고 있지는 않다. 물론 전적으로 기독교 시민들에게만 해당하는 의무를 제시할 수만은 없는 것이다. 기독교 시민이 구별되는 것은 다른 시민들이 하지 않는 독특한 행동을 하기 때문이 아니라 하나님께 대한 근본적인 우리의 복종 때문이다. 그리스도인들에게 있어 시민권의 행사는 하나님과 관계하는 방법 중 하나에 속한다. 바울은 "그리스도 안에서 우리는 살고 움직이며 그 안에서 존재한다"라고 말하고 있다. 이 확언은, 그리스도는 우리의 환경이며 우리가 사는 세계이며 우리의 바탕임을 말해 준다. 그리스도가 우리의 본질을 형성하셨으며 시민권은 이러한 본질의 발현일 뿐이다. 우리는 시민으로서 다른 비그리스도인들과 똑같은 일을 한다. 그러나 우리의 행동은 그리스도와 맺은 관계의 확인인 것이다.

그리스도인들의 공헌

그렇다면 그리스도인들은 정치영역에 있어서 차별성을 전혀 갖지 못하는 것인가? 배타적인 생각이나 태도를 주장하는데 있어 매우 신중해야 하나 그리스도인들이 공헌할 몇 가지 중요한 개념들이 정치영역에도 존재한다. 첫째는 사람들에 대한 관점이다. 우리는 인간의 존엄성에 대한 믿음과 각 사람들에 대한 가치가 인간존재에 대한 기독교적 관점의 기초를 이룬다고 이야기해 왔다. 이는 대다수의 사람들이 열등하다고 생각하는 이들 - 소수집단의 구성원들, 가난한 사람들, 범죄자들, 특정한 병에 걸린 환자들 - 도 마찬가지로 그들을 경멸하는 이들과 똑같은 존엄성과 가치를 가지고 있음을 의미한다. 우리 그리스도인들은 인간에 대한 믿음보다는 하나님께 대한 믿음과, 인간관계에 대한 믿음 안에서 이러한 믿음의 뿌리를 갖는다. 우리는 개인과 개인으로 구성된 집단의 실제적인 행동방식에도 불구하고 이러한 관계를 확신한다. 우리는 사회제도의 복잡함과 순응을 강요하는 집단의 억압에 의한 비인간화의 영향에도 불구하고 이를 확신한다. 우리 그리스도인들은 교회를 비롯한 모든 사회제도들과 사람들 사이에서 일어나는 차별화에도 불구하고 이러한 신념을 지닌다. 우리의 신념과 이를 구체화시키는 우리의 노력은 미국의 민주주의에 있어 하나의 중요한 요소가 된다.

그러나 여기에 또 다른 그리스도인들의 인간관이 있는데 이 또한 민주화에 있어 필수적인 것이라고 본다. 이는 인간본성의 어두운 측면에 대한 자각으로서 종교적 용어로 '죄'라고 하는 것이다. 인간본성의 이러한 측면으로 인해 인간은 악한 짓을 하고 항상 약속을 지키지 않는 것이며 부정과 부패가 항시 존재하며 제도를 악용하여 자신들의 이득을 챙기며, 어떠한 제도이든 불완전하며 집단적 갈등의 가능성이 항상 존재하게 된다. 이러한 이유로 자신들의 대표들의 권력을 제한하고 그런 것들을 설명할 수 있는 방법들을 찾는 것이 필요하다.

둘째, 그리스도인들은 민주주의 과정에서의 공동체에 중점을 둔다. 물론, 공동체 개념은 교회를 이해하는 데 있어 기본적이다. 교회는 믿음의 공동체, 즉 그리스도와의 관계로 맺어진 집단이다. 구성원들은 이 공동체가 그들의 활동과 단일성에 대한 감정에 뿌리를 두거나 이에 의해 유지된다고 생각하지 않는다. 교회는 그 구성원들이 서로에 대한 책임의식을 느끼는 공동체로서 서로를 돌보고 자신들의 경험을 나누는 곳이다. 이러한 공동체의 개념이 국가에 적용될 때 잘 해야, 다른 사람들을 무시하거나 최악의 상황에서 개인과 개인, 집단과 집단 간의 갈등까지 일으키는 극도의 개인주의를 균형 잡을 수 있을 것이다. 국가적 의미의 공동체 개념은 공공복리뿐만 아니라 소수집단의 권리, 무능력자들의 보호, 개인의 존중 등에 대해 관심을 돌리도록 해준다. 이는 국가적 통일체가 교회라고 하는 통일체와 같거나 같아야 함을 이야기하는 것이 아니다. 국가와 교회는 성격과 그 기능에 있어서 다르다. 그러나 한편으로, 국가가 공동체적 성격을 띤다고 하는 사고는 민주주의 정치의 운영에 긍정적인 영향을 끼쳐왔다.

국가적 의미의 공동체는 어떠한 근거를 갖고 있는가? 국가주의와 계몽된 이기주의 둘 다 여기에 공헌한다. 그러나 이들뿐만이 아니다. 우리의 국가적 정신은 우리가 매우 다양하다고 하는 사실로 인해 제한을 받는다. 덧붙여, 국가주의는 민주주의 철학과는 대치되는 정신, 즉 다른 국가에 대한 배타주의를 조장한다. 계몽된 이기주의는 다른 사람들의 권리를 보호할 것을 주장하는데, 그렇게 하는 것이 자신에게 확실히 이득이 될 때에만 주장한다. 찰스 피터슨(Charles Patterson)은 "국가는 대부분의 시민들이 용납할 수 있는 도덕기준에 주된 근거를 둬야 한다"라고 말하며, "기독교적 사랑"이 우리 사회에서 가장 널리 인식된 기준임을 지적한다. 그는 서로에 대한 포괄적인 선의지에 바탕하여 운영하고자 하는 경향이 국가적 의미의 공동체에 있어 기본이라고 믿는다(*Moral Standards*, p. 303).

> 기독교적 사랑은 그 완성도로서 다른 이들을 끌어들이는 강력한 효소와 같다. 기독교적인 사랑의 영향은 이를 의식적으로 실천하는 사람들의 수와 이의 현실적인 결과들로 측정될 수 없는 것이다. 지난 1세기 동안의 자유 민주주의는 과거 기독교가 형성하고 축적해 온 막대한 양의 박애주의적 선의지 없이는 가능하지 않았을 것이다.

셋째, 그리스도인들은 우리 민주주의 사회에 희망이라는 요소를 심었다. 보다 나은 세계에 대한 꿈은 성경에 끊임없이 나타나는 주제이다. 이사야의 말을 읽을 때 우리는 깊은 감명을 받게 된다.

> 그가 열방 사이에 판단하시며 많은 백성을 판결하시리니 무리가 그 칼을 쳐서 보습을 만들고 그 창을 쳐서 낫을 만들 것이며 이 나라와

> 저 나라가 다시는 칼을 들고 서로 치지 아니하며 다시는 전쟁을 연습지 아니하리라 (사 2:4)

그리스도인들은 어떤 의미에서, 자신들이 인종, 국가, 계급, 성을 초월하는 공동체에 속해 있기 때문에 이미 자신들은 위와 같은 상태에서 살고 있다고 생각한다. 비록 공동체가 지금 현재 완전하지 않다는 것을 알고 있다 하더라도 그리스도인들은 완성에 대한 비전을 가지고 생활한다. 비록 그 꿈이 '종말론적 시대'에 가서야 완전히 실현된다고 생각하고 있음에도 불구하고 그들은 그 시대가 이 시대를 깨뜨리고 또한 이를 변화시키는 가운데 살아간다.

이상적 사회질서에 대한 꿈은 전적으로 기독교적이지만은 않다. 문학과 철학은 플라톤(Platon)의 「국가」(Republic)에서 스키너(Skinner)의 Walden Two에 이르기까지 이에 대해 굉장히 많은 양을 다루고 있다. 19세기의 이상적 공동체들에서 20세기의 공산주의에 이르기까지 인간은 꿈을 제도화하기 위해 노력해 왔다. 거의 모든 정치적 인물들은 국가를 더 밝은 미래로 이끌어 갈 것을 약속함으로써 권력을 잡는다. 그러나 그러한 이상적인 시대는 한번도 도래하지 않았다. 과거의 전쟁은 잊혀지지 않는다. 새 환경은 새로운 갈등상황을 일으킨다. 권력을 향한 싸움은 개인과 집단과 국가 간에 계속 이어진다. 자신이 이미 새로운 시대에 사는 것으로 생각하는 교회조차도 갈등으로 분열되었다.

그럼에도 그리스도인들은 이상적 공동체에 몰두하며 이에 이

끝린다. 이상사회가 지상에서 완전히 실현되지 않으리라는 것을 알면서도 그들은 전적으로 다른 세계에서 이를 추구하지 않는다. 이보다 그리스도인들은 이상에 접근할 수 있는 끊임없는 가능성을 이 세상에 제공한다. 어떤 정치적 상황에서도 이들은 일이 보다 잘 풀릴 수 있다는 희망을 버리지 않는다.

참여를 위한 제안

우리 그리스도인들은 어떻게 정치적 분야에 참여할 수 있는가? 처음에 우리는 신중하고 체계적으로 정보를 입수할 필요가 있다. 표면적으로 볼 때 이는 그리 어려운 일이 아닌 듯 싶다. 여러 다양한 정도의 성공을 거두면서 새로운 정보를 정확하게 전달하고자 노력하는 방송, 미디어와 광고들을 쏟아 붓는 열렬한 지지자들 사이에서, 우리는 우리가 사용할 수 있는 것보다 더 많은 양의 정보를 갖고 있는 것처럼 보인다. 그러나 문제는 사실과 허구, 보고와 특별한 간청, 정확성과 왜곡간의 차이를 구별하는 데 있다. 우리의 과제는 우리가 보고 들으며 모든 것들을 구별짓고 평가하는 것, 또한 배운 것을 바탕으로 사람들과 사건들에 대해 결정하는 것이다.

사람이나 어떤 프로그램에 일단 한 번 우리 자신이 관여하게 되면 다른 사람과의 대화를 통해서 그것에 영향을 주게 될 수밖에 없다. 말은 가벼운 것처럼 여겨진다. 그러나 항상 가벼운 것만은 아니다. 일상적인 대화에서나 신중하고 절제된 토론에서나 말은 영향력을 갖는다. 대화는 생각과 감정을 전달하는데 이는 대부분의 결정들을 구성한다. 직장에서, 시장에서, 공원에서, 거리에서, 또는 거실에서 친구들과의 대화를 통해 우리는 분위기를 조성하고 여론을 이끌어 내는 것을 도울 수 있다. 또한 우리는 누구에게 투표할지를 아직 결정하지 못한 이들에게 영향을 줄 수도 있다. 대부분의 선거의 경우 놀랄 정도의 많은 사람들이 마지막 순간까지 결정을 내리지 못하기도 하는데, 종종 이들의 최종적인 투표에 의해서 선거를 결정짓는 결정적 요소가 생겨나기도 한다. 이들은 자신들이 아는 사람과 자신들이 존중히 여기는 사람들의 판단에 의해서 영향을 받기도 한다.

궁극적으로 공공정책에 영향을 끼치는 가장 확실한 방법은 정치조직에의 직접적인 참여이다. 사회적으로 중요한 대부분의 결정들은 개인간의 상호작용이 아닌 집단 간의 상호작용을 통해 이루어진다. 후보들은 정치적 정당의 공천을 받기 위해 겨루며 정당의 기본방침과 강령하에 공직선거에 입후보한다. 정당제도는 행정조직 전반에 걸쳐 운영된다. 지역적이든, 국가적이든 주어진 어떠한 선거에서도 영향력 있는 사람들은 정치 입문자이기보다는 정치제도 안에서 성실하게 일해 온 사람들이다. 사람과 정책에 대한 가장 효율적인 비판은 제도 밖에서가 아니라 그 제도 안에서 나온다.

정치적 현실에 있어서 타협은 항상 존재한다. 비록 타협을 바람직하지 않은 것으로 여긴다 하더라도 사실 이는 집단 간의 협동에 있어서 필수적인 것이다. 어떠한 사람도 모든 결정들을 결정할 지혜와 권력을 함께 가지지는 못한다. 물론 우리가 동의해서는 안될 문제들이 있고, 또한 동의해야 하는 문제들이 있는 것이 사실이다. 그러나 대부분의 정치적 판단들은 이러한 절대적인 것 사이가 아닌 선과 악이 뒤섞여 혼재하는 여러 방안들 사이에서 이루어진다. 다른 활동들과 마찬가지로 정치에서도 우리는 가능한 한 최선의 결과를 위해 정해진 범위 내에서 일해야 한다. 만약 타협할 수 없는 문제에 부딪힌다면 이에 굴복하기보다는 정면돌파하는 것이 좋을 것이다.

정치적 정당과 더불어 특수한 이익집단을 통해서 영향력을 발휘할 수도 있다. 각기 다른 정당의 사람들이 도로공사, 휴양시설, 혹은 교육위원회의 문제들 등의 지역적 문제에 대한 관심을 공유할 수 있다. 그들은 핵에너지의 안전, 환경오염, 에이즈 전염 등의 국가적 문제들에 관해 관심을 공유할 수 있다. 이러한 집단들과 함께 일함으로써 우리는 우리가 바람직하다고 생각하는 목표를 향해 나아가는 것을 도울 수 있다. 그러나 여기서 너무 광범위하게 넓혀가지 않도록 조심해야 하겠다. 이는 우리가 제한된 시간과 에너지 그리고 돈을 가지고 있기 때문이며 이를 제한된 수의 관심사에 집중할 때 일들을 잘 해낼 수 있기 때문이다.

어떤 일들을 우리가 선택할 것인가? 우리 자신의 이상과 동일한 목적을 지닌 단체들을 고르는 데서부터 시작할 필요가 있다. 우선 선택하고 난 다음에야 다른 사항들이 또 중요해지기 마련이다. 이 목적들이 우리의 제한된 시간과 에너지 그리고 돈을 투자할 만큼 중요한 것인가? 한 단체의 목표들을 달성할 수 있는 가능성은 어느 정도인가? 그 단체는 우리의 이상과 일치하는 방법들을 사용하고 있는가? 우리가 지도자들을 신뢰하고 있는가?

사고에 영향을 끼칠 수 있는 모든 가능한 방법들을 가장 효과적으로 사용하는 것이 정치분야에서 효율적으로 일하는 것이다. 예수님은 그의 제자들에게 "보라 내가 너희를 보냄이 양을 이리 가운데 보냄과 같도다 그러므로 너희는 뱀같이 지혜롭고 비둘기같이 순결하라"(마 10:16)고 말씀하신 바 있다. 포장이 상품을 파는 데 있어서 중요한 것과 같이 아이디어를 파는 데 있어서도 포장이 중요하다. 자신의 집단 내의 사람들을 설득하든지, 대중을 설득하려는 자신의 집단을 돕든지, 우리는 우리가 성실하게 믿고 있는 것을 사람들이 듣고자 하는 방법으로 소개할 수 있는 기술들을 배워야 한다. 정직, 충실, 성실은 노력해야 할 기본적인 항목이다. 우리는 여기에서부터 시작해야 하며 우리가 하는 모든 행동들에서 이런 것들이 충분히 드러나야 한다. 그러나 영향력을 갖기 위해서는 효과적이라고 알려진 대화의 기술들을 사용하기도 해야 할 것이다.

이러한 모든 일에는 돈이 필요하다. 우리들 대부분은 자원이 제한되어 있으며 어떠한 종류의 정치적 운동이든지 많은 양을 투자할 수만은 없다. 예수님은 "네 보물 있는 그곳에는 네 마음도 있느니라"(마 6:21)고 말씀하셨다. 이는 종교에서와 마찬가지로 정책에서도 적용된다. 어떤 종류이든지 정치운동을 이끄는 데는 돈이 들기 때문에 투자한 만큼 영향력을 발휘하게 된다.

정치적 운동이 진행되는 기간 동안의 현안문제들에 주의하고 당선된 대표들에게는 자신의 의견을 표현하는 것이 중요하다. 한 사람을 선택할 때에 우리는 특정한 일을 시키고자 하는 생각들을 가지며 이에 그들이 책임을 완수하도록 그들을 자유롭게 해줘야 한다. 그러나 불행하게도 우리는 종종 그들에게 그러한 내용들을 환기시키지 않으면 그들에게서 잊혀지고 마는 것을 경험하게 된다. 더 나아가 구체적인 현안 문제들이 떠오를 때마다 당선된 대표들은 자신의 입지를 결정해야만 한다. 이는 지방 교육위원회에도, 시정부에도 적용되는 것이며 또한 한 국가의 의회와 대통령에게도 적용되는 사실이다. 결정을 내릴 때 공직자들은 투표자들의 생각을 알고 싶어하고 이에 의해 영향을 받아야만 한다.

평범한 개인이 정치분야에서 어느 정도의 영향력을 행사할 수 있는가? 혼자 행동하면 영향력은 결코 커질 수가 없다. 그러나 다른 사람들과 협력하며 집단을 통해서 행동하게 되면 평범한 개인도 각자의 힘을 강화시킬 수 있다. 다양한 사람들과 관계를 맺고 있는 사회, 시민, 정치 조직들과 특수한 이익집단들을 통해 일함으로써, 그리스도인들은 정치분야에서 그리스도에의 복종에 응답할 수 있는 중요한 방법을 찾을 수 있을 것이다.

토론을 위한 질문들

1. 정부의 행동에 항의할 수 있는 합법적인 방법은 무엇일까?
2. 옳다고 믿는 행동들을 정부에게 강요할 수 있는 합법적인 방법은 무엇인가?
3. 도덕적인 현안 - 예를 들어 성적인 행동, 낙태, 포르노 - 에 대하여 법적으로 강요하는 것을 합법적이라 할 수 있는가?
4. "모든 사람은 지배자의 권위에 복종하라"는 바울의 말에 대하여 논하시오.
5. "가이사에게 속한 것은 가이사에게, 하나님께 속한 것은 하나님께 돌리라"고 하신 예수님의 말씀에 대하여 논하시오.

참고도서 목록

Brown, Robert McAfee. *Saying Yes and Saying No*. Philadelphia: Westminster, 1986.

Geyer, Alan. *Christianity and the Super Powers*. Nashville, TN: Abingdon, 1990.

Neuhaus, Richard John, and Cromartie, Michael. *Piety and Politics*. Washington, DC: Ethics and Public Policy Center, 1987.

Wogaman, J. Philip. *Christian Perspectives on Politics*. Philadelphia: Fortress, 1988.

제 12 장

범죄에 대한 처벌

국가의 기본적인 기능 중의 하나는 질서를 유지하는 데 있다고 앞서 말한 바 있다. 이를 위해서 국가는 사회관계들 간의 질서를 세우며 경찰력과 재판제도를 통해 이러한 법을 집행한다. 민주주의 정부형태에 있어서 '공정한'(just)과 '합법적인'(legal)이란 단어는 사실상 같은 의미를 갖는다. 실로 '정의'(justice)라는 말은 '법'(law)을 의미하는 라틴어의 jus에서부터 나온다. 물론 여기에는 나라의 법이 재검토될 만큼 명백한 도덕적 기준들이 존재하며, 이에 때때로 정의라고 하는 명분에 의해 특정한 법과 그 적용이 문제화되기도 한다. 법이 불공평하다면 이를 고치도록 노력해야 하며 법이 부정하게 적용되었다면 정의의 잘못된 실현을 바로잡도록 노력해야 한다.

처벌의 개념

우리 법제도에는 두 가지 기본적인 원리가 있다. 그 첫번째는 평등한 대우이다. 어떠한 사람도 사회에서의 지위 또는 개인적 영향력 혹은 개인의 재산과 같은 요소에 의해 특혜적 대우를 받을 수 없으며, 어떤 사람도 이러한 이점들을 가지고 있지 않다고 가혹하게 대우해서도 안된다. 물론 이 원리는 절대적이지 않으며 목적, 환경, 정신적 능력 등과 같은 개개인들 간의 차이점들에 의해 한 개인의 사례가 결정되는 것이 정당하다고 생각되어지기 때문이다. 한 개인이 실제적으로 법을 어겼는가 하는 문제는 달리 표현하자면, 어떤 외적 요소들은 적합하다고 인정되고 어떤 요소들은 인정되지 않는가의 문제이기도 하다. 적합한 요소들은 참작되어지나 부적합한 요소들은 법적 행위에 영향을 주지 않도록 해야 한다.

두번째 원리는 죄는 그 정도의 비중에 의하여 법적 과정에서 처벌되어야 한다는 것이다. 사람들은 그들의 행동에 상응하는 것을 받아야 하며, 처벌은 너무 가벼워서도 너무 무거워서도 안된다. 이러한 원리는 특정한 범죄는 다른 범죄보다 더 심각하고, 어떤 것은 보다 큰 고통을 가져오며, 또한 더 심각한 손상을 일으킨다는 것을 의미한다. 범죄의 정도가 더 중할수록 그에 대한 형벌도 더 무거워져야 할 것이다.

처벌에 대한 이러한 개념은 법집행 제도의 핵심이 된다. 처벌은 한 개인으로 하여금 자신의 잘못으로 인한 고통, 손해, 재난을 경험하도록 하는 것을 그 특징으로 한다. 처벌은 가해자를 가해하기 이

전보다 더 못한 상태로 만드는 것을 그 목적으로 한다. 때로는 한 사람의 죄와 결백에 대해 잘못된 판단을 내리기도 하지만, 그 사람의 범죄행위가 증명되지 않는 한 우리는 그를 처벌하지 않는다. 설령 어떤 사람에게서 유죄가 성립되지 않는다고 하더라도 누군가의 마음을 상하게 했다면 그것도 하나의 범죄가 되는 것이다. 처벌을 집행하는 일은 국가만이 가지고 있는 기능이다. 누구도 법을 자신의 손에 넣거나 경찰과 법정의 직분을 침해할 권리를 가지지 않는다. 우리 제도는 자경 단체나 "혼자 떠도는 유랑자"(Lone Ranger)를 인정하지 않는다. 정부 권력에 의해 정당하게 임명되고 그 권위에 맞게 기능하는 사람만이 죄나 결백여부를 결정하고 죄를 처벌할 권리를 가진다.

이 두 가지 원리들은 사회가 범법자를 형벌에 처하는 이유에 대해 질문을 제기한다. 형벌의 목적은 무엇인가? 가장 오래되고도 일반적인 답은 복수라는 말로 대변되고 있다. 이 말의 의미는 어떤 사람이 다른 사람에게 잘못을 범했으므로 이에 상응하는 처벌이 그에게 가해져야 한다는 것이다. 이 개념은 범죄가 도덕질서를 거스리는 공격이며, 이는 곧 도덕적 불균형을 낳고 그 불균형은 반드시 교정되어야 한다는 것을 반영한다. 구약은 이런 관점을 "생명은 생명으로, 눈은 눈으로, 이는 이로, 손은 손으로, 발은 발로, 데운 것은 데움으로, 상하게 한 것은 상함으로, 때린 것은 때림으로 갚을지니라"(출 21:23-24)로 요약한다.

그러나 현대 법적 제도는 가해자가 다른 사람에게 한 것을 똑같이 그 사람에게 갚는 것을 정의라고 생각하지 않는다. 예를 들어 가해자가 훔친 것을 단지 돌려 주도록 하는 것은 공평하지 못하다.

피해자가 당한 고통을 가해자가 똑같이 느끼도록 어떤 조치가 취해져야 한다. 따라서 범죄자는 벌금을 물거나 감옥에 보내지거나 다른 벌칙들을 받아야 한다. 가해자는 마땅히 벌을 받아야 한다. 이는 희생자보다는 범죄자에게 초점을 맞춘 접근방식이며, 따라서 피해자가 입은 손해에 대한 보상은 포함되지 않는다. 그러나 이러한 접근방식은 정의에의 제도에 깊이 뿌리박고 있는 것인데, 이는 혹 우리 모두를 특징짓는 복수에의 욕구에 뿌리를 둔 것일 수도 있다.

처벌에 대한 보다 더 최근의 설명은 그 결과에 대해 관심을 갖고 있는 공리주의적 접근방식이다. 이는 "가해자에게 처벌을 가함으로써 우리가 얻을 수 있는 것은 무엇인가?"라고 하는 물음에서 시작한다. 물론 이러한 접근방식은 처벌의 본질을 범죄자에게 고통을 가하는 것으로서 파악한다. 여기서 이들은 가해자나 피해자, 또는 사회 전체에 기대되는 긍정적 영향으로 인해 그러한 고통이 정당화 될 것을 요구한다. 가해자에 대한 처벌은 피해자가 입은 피해를 원상으로 회복시킬 수 있는가? 처벌은 범죄자의 본질을 향상시킬 수 있는가? 범죄자가 미래에 다른 범죄들을 저지르는 것을 방지할 수 있는가? 가해자나 혹은 그로부터 영향받은 이들의 범죄행위로부터 사회를 보호할 수 있는가? 처벌은 단순히 이론적으로 균형이 이루어진다고 해서 정당화되는 것이 아니라 그 상황이 나아짐으로써만이 정당화되어 질 수 있다. 개인 범죄자에게 있어서 이는 그로 하여금 정상적이고 적합한 개인으로서 사회로 돌아갈 수 있는 일종의 개혁을 의미한다. 반면, 사회에 있어서 이것은 미래의 범죄로부터의 보호를 의미한다.

두 가지 개념은 모두 커다란 결점을 가지고 있다. 한편으로 보복이라고 하는 생각은 '도덕적 균형'을 전제로 하는데 우리는 이를 실제로 이해하고 있지 못하다. 범죄에 대하여 보복하기 위해서 얼마만큼의 고통이 가해져야 하는지 알지 못하며, 이에 벌금을 얼마나 물려야 하는지, 또는 얼마나 오래 구속해야 하는지 알지 못한다. 다른 한편으로, 공리주의자들은 우리의 제도가 좋은 결과를 가져 올 것이라고 전제한다. 그럼에도 불구하고 처벌에 대한 위협은 그리 효과적이지 않다. 우리는 붙잡히거나 벌금 물리는 것이 두려워 과속이나 불법주차를 자제할 수는 있다. 그러나 정신병리학과 사회학적 연구들은 처벌에 대한 이러한 위협이 살인, 강간, 마약 중독과 같은 중범죄들을 예방하지 못한다고 말한다. 또한 다른 사람에게 본보기를 보여주기 위해 몇몇 이들에게 고통을 가하는 것이 심각한 도덕적 문제를 일으키기도 한다. 종종 일정기간의 수감 생활이 범죄자를 교화시키지 못하는 경우가 있다. 존 호스퍼스(John Hospers)는 이에 대해서 아래와 같이 말한 적이 있다.

> 우리는 한 사람을 절도죄로 2년, 무장 강도죄로 5년, 살인죄로 2₪년에서 무기징역(또는 전기의자)을 선고하면서, 이러한 처벌들이 죄를 다시 짓도록 하는 그의 성향을 바꿀 거라고 기만적으로 생각한다. 창살 뒤에서 아무 할 일 없이 원한을 쌓거나 미쳐 가는 것이 새롭고 순화된 사람으로서 감옥으로부터 벗어날 수 있는 좀더 나은 사람으로 만들어 줄 거라고 생각한다. 그래서 그가 5년, 또는 2₪년 후 마침내 정신적으로 중년, 그리고 중산계급의 도덕적 이상에 순응할 수 있도록 준비되어 감옥에서 나오면 그를 고용하지 않는 사회에

서 그가 제 역할을 다시 시작할 수 있을 거라고 생각한다 (*Human Conduct*, p. 390).

호스퍼스(Hospers)는 처벌이 두 가지 조건 - 그만한 가치를 가지며 가해자든 사회이든, 또는 두 가지 모두에게든 누군가에게 이익이 되어야 한다는 - 을 갖추어야 한다고 말하므로 실제적으로 보복과 교화라고 하는 두 가지 접근방식을 결합시키고 있는 '타협적인 관점'을 제시하고 있다. 두번째 조건을 만족시키기 위해서는 형벌제도가 처벌이 아닌 치료에 초점을 맞출 것을 제안한다(p. 387). 비록 그가 '그리스도인'이라는 단어를 사용하고 있지는 않으나 그의 주장은 기본적으로 기독교적 개념과 맥락을 같이 하고 있다. 수년 전 에밀 부룬너(Emil Brunner)는 처벌에 관한 이론을 속죄라고 하는 성서적 개념으로서 논한 바 있다(*The Divine Imperative* pp. 474-478). 범죄자를 처벌함으로 도덕적 균형을 얻는다고 하는 생각은 우리의 죄를 속죄한다고 하는 기독교적 개념과 유사하다고 그는 말한다. 신학적 용어로 말하자면 그리스도는 우리의 죄를 '속죄'하셨고 하나님과 우리를 중재하셨다. 이를 범죄에 적용하면(죄와 대비해서), 이 개념은 죄를 만족시키기 위해 무언가를 해야 한다고 제시하는 것이다. 지금까지 보아 온 바와 같이 앞으로 무엇을 행할 것인가가 현재 행하고 있는 것과 같을 필요는 없는데, 이는 우리가 현재 행하고 있는 방식에도 결함이 있기 때문이다. 그러나 인간과 사회에는 정의를 추구하는 본질이 있는 것이다. 분명히 죄책감은 속죄되어져야 한다고 생각한다.

사회가 범죄에 대한 책임을 인식할 때만이 속죄의 개념이 보복심으로부터 수호될 수 있다고 본다. 물론 모든 사람은 자신의 결정에 대해 책임을 진다. 그러나 이 결정은 우리가 살아가며 기능하고 있는 환경으로부터 영향을 받기 마련이다. 어떤 선택권들은 단지 유전, 사회적 환경, 역사에 의해 일부 사람들에게 주어지지 않는다. 어떤 압력들은 외부 관찰자가 그 개인이 어떠한 선택을 할지 예상할 수 있을 만큼 매우 강하다. 그러므로 이러한 의미에서 사회는 그 개인의 범죄에 대한 책임을 공유한다. 이것이 가난하거나 결손가정에서 자라났거나 교육을 잘못 받았거나 욕구가 좌절됐거나 아무 쓸모없는 역할모델을 가졌던 이들의 범죄적 행위에 대해 사회가 무관할 수 있다고 보지는 않는다. 사회는 이러한 조건들이 존재하도록 한 것에 대해 책임 의식을 느껴야 한다. 개인 범죄자가 형벌제도를 통해 죄의 대가를 치르는 것과 똑같이 사회 또한 이러한 위험하고 파괴적인 상황을 고치는 대가를 치러야만 할 것이다.

중요한 저서 가운데 하나인, 「미국의 범죄와 처벌」(*Crime and Justice in America*)에서 헤롤드 드볼프(L. Harold DeWolf)는 현재의 범죄자에 대한 정의제도를 보완하기 위한 일관성 있고 정당한 철학을 기독교적 입장에서 설명하고자 했다. 그는 '범죄자 처벌에 있어서의 윤리적 기준들'을 열거하고 있는데, 그는 현재의 제도가 이에 바탕하여 개선되어야 한다고 생각한다(pp. 154-156).

1. 현실적인 언행일치와 일관성
2. 모든 사람들에 대한 호의적인 선의와 존중

3. 모든 사람들에 있어서의 평등한 권리
4. 무죄에 대한 전제
5. 불공정한 대우로부터의 가난하고, 병들고, 평판 나쁜 사람들에 대한 특별한 보호
6. 혼란한 사회의 복구
7. 사회에 대한 모든 개개인들의 책임감

드볼프(DeWolf)는 범죄자 처벌에 대한 그의 접근을 "사회적 변화와 복구의 철학"이라고 부른다(p. 173). 그는 범죄를 다른 사람들로부터의 소외로 인식하면서 범죄자 처벌에 관한 타당한 철학에 있어서 보복의 의미가 없다고 본다. 그는 사회를 일시적으로 보호하기 위해 일부 가해자들을 감금할 필요성을 인식하며, 또한 처벌이 방해물로서의 가치를 지니고 있음도 안다. 그러나 그는 이러한 방법들이 "이미 좌절하고 박탈당하고 사회의 좋은 기회들에 대한 실제적인 참여로부터 소외를 느끼고 있는 사람들에게 행해진다면, 이러한 방법들은 사회의 범죄문제를 더욱 악화시킬 것이 분명하다"(pp. 168-169)고 말한다. 모든 의미 있는 가족관계로부터 단절된 수감자들은 다른 수감자들과 그들에게 다른 의미 있는 사회관계를 맺게 되는 정도에 이를 뿐이다.

사회는 그 자체를 범죄활동으로부터 보호조치할 방도가 없으며, 투옥 외에 범죄자들을 다룰 수 있는 보다 효과적인 방법도 아직은 없다. 그러나 사회는 역시 범죄자로 하여금 책임적인 시민으로 바꾸어질 수 있도록 하는 어떤 방법을 찾을 필요성도 있다. 이와 같은

객관적인 마음으로 범죄에 관한 정의로운 제도를 운영하기 위해서 우리는 사람들 속에 있는 항존적인 악에 관해서, 그리고 결과적으로 사람들에게 변화를 일으키는 것이 어렵다는 것에 대해서 보다 실재적일 필요가 있다. 또한 우리는 구속과 온전함과 회복, 즉 기독교 복음의 핵심적인 진리의 가능성에 대해서도 진지해질 필요가 있다.

사형제도?

1977년 1월 17일 살인자로 유죄판결을 받은 게리 길모어(Gary Gilmore)가 유타 주의 소방대에 의해 사형집행을 받은 바 있는데, 이는 지난 10년 동안에 미국에서 첫번째로 처형된 사람이 되는 것이다. 이보다 5년 앞서 대법원은 판사나 배심원의 재량에 따라 사형선고를 내리는 것이 헌법상 위배된다고 선언했다. 이러한 결정은 불평등한 사형선고의 가능성을 염두에 두었기 때문이다. 법정은 사형선고 자체가 "잔인하고 비정상적인 처벌"이며, 헌법 8조와 14조를 어기었다는 이유로 판결을 내리지 않았다. 이와 같은 묵인하에 서른 여섯 개의 주들은 특정 범죄자에 대하여 사형을 허용하는 법률을 개정할 것을 요청했다. 1977년과 1990년 사이에 142명의 남자와 1명의 여자가 사형에 처해졌다. 이러한 새로운 법률에 의해 처음 발생한 길모어의 처형사건은 사형제도 문제에 새로운 논쟁의 불을 당기게 된 것이다. 일반적으로 제기되는 질문들은 다음과 같은 것들이다. 어떤 범죄에 사형판결이 내려져야 하는가? 그러한 판결이 정당한 것이라고 어떻게 확신할 수 있는가? 어떤 방법으로 처형되어야 하는가? 처형사실이 공개되어야 하는가? 이러한 중요한 질문 외에 보다 근본적인 질문 가운데 하나는, 그러한 처벌이 정말 부과되어야 하는가? 사형은 근본적으로 부도덕한 것인가?

이들 기본적인 문제를 고려해 보도록 하자. 우리 통계에, 그리고 주마다 사형에 처하는 범죄가 어떻게 차이가 나는가, 또는 법원의 결정에 분명하게 영향을 미치는 요인들(범죄 그 자체 보다는)이 무엇인가에 관심을 갖는 것보다 더 관심을 기울여야 할 것은, 과연 주가 이와 같은 처벌을 주도할 수 있는 것인가 하는 것이다. 우리는 먼저 성경의 가르침을 고려하여야 할 것이다. 구약성서는 변하고 있는 상황과 수천 년도 넘는 시기의 히브리 백성들의 신앙을 반영하고 있기 때문에 우리는 사형제도에 관한 교훈이 전혀 일치하거나 일관되지 않은 것을 거기서 발견한다 해도 그리 놀랄 만한 것은 아니라고 본다. 그러나 성경의 기본적인 교훈은 모든 사람은 하나님의 형상으로 지음받았으며, 우리는 모든 인간의 생명을 존중히 여겨야 한다는 신념을 보이고 있다. 우리는 이미 이와 같은 개념에 대해서 논한 바 있기 때문에(제4장에서), 여기에서는 단지 그 중요성에 대해서만 기술하고자 한다. 인간생명의 존엄성에 대한 신념은 유대교나 기독교 신앙에만 특이한 것은 결코 아니다. 고대세계의 다른 사람들도 인간존재에 대해서 같은 관점을 표현하고 있다. 그러나 성경적인 관점이 구별되는 점은 인간 개개인의 재능이나 노력, 성취, 혹은 공과 때문이 아니라 거룩한 분과의 관계로 인해 초월적 가치를 가지고 있다고 하는 것이다. 그리스도인들에게 이 사실은 다른 사람들을 다룸에 있어서 기본적인 것이 된다.

제6계명, "살인하지 말지니라"(출 20:13)는 말씀은 인간생명을 존중히 여길 것을 확인하고 있다. 이 계명은 당위성의 형태를 띠고 있는데, 이는 범법자들에 대한 특별한 벌칙에 대해서도, 또는 상황에 대해서도 고려하지 않은 채 의무만을 진술하고 있기 때문이다. 이 계명은 살인을 금하고 있으며 다른 형태의 살인, 예를 들면, 사고에 의한 살인, 전쟁에서의 살인, 사형제도 등에 대해서는 적접적인 아무런 언급도 하지 않고 있다. 그러나 인간생명을 존중히 여겨야 할 우리의 책임을 확인함으로써 이 계명은 다른 살인에 관한 논의도 적당히 포함하고 있다고 볼 수 있겠다.

엄격한 복수를 지지하기 위해서 몇 가지 성구들을 인용하기도 한다. 예를 들어, 출애굽기 21:23-24은 "생명은 생명으로, 눈은 눈으로, 이는 이로, 손은 손으로, 발은 발로, 데운 것은 데움으로, 상하게 한 것은 상함으로, 때린 것은 때림으로 갚을지니라"고 말하고 있다. 그러나 이와 같은 구절이 발견되고 있는 보다 큰 문맥은 일반적으로 "판례법"(case law)으로 불리우고 있는 것이다. 이는 손실을 입은 정도나 중재가 가능한 벌칙, 혹은 문제가 발생한 상황 등에 근거하여 차별화한 것이다. 이런 경우 출애굽기 21장에서와 같이 어떤 때는 범죄자의 신체적인 상처의 고통을 위해서 보상의 형태로서(돈이나 재산) 음식물로 대치하기도 했었던 것이다.

인간의 삶에 대한 존중의 원리에도 불구하고, 구약성서는 죽음을 다양한 범죄의 벌칙으로써 기술하고 있다. 계약법전에 의하면 "사람을 쳐죽인 자는 반드시 죽일 것이나" (출 21:12)라고 말하고 있다. 이 규약은 자신의 부모를 때리는 것, 유괴하는 것, 자신의 부모를 저주하는 것에 대하여 같은 처벌을 부여하고 있다(출 21:15-17). 마술, 수간(獸姦), 우상숭배의 죄목도 여기에 덧붙여진다(출 22:18-20). 신명기 법전은 많은 수의 범죄에 대해서 사형을 선고하고 있는데, 우상숭배(신 17:2-5), 항소사건에 대한 제사장들의 심의거부(17:8-13), 계획된 살인(19:11-13), 간통(22:22), 강간(22:25-27), 유괴(24:7) 등의 범죄에 대하여도 사형선고를 언도하고 있다. "완고하고 반항적인"(21:18-21) 이들에 대해서도 사형을 선고하고 있다. 따라서 구약성서에서는 사형 선고가 집행여부에 대해서보다는 어떠한 죄에 사형이 선고되어져야 하는가를 논의하고 있는 것이다.

  구약성서가 놀랄 정도로 많은 종류의 범죄에 대하여 사형선고를 기술하고 있는 반면, 구약성서의 규약들은 실질적으로 모든 사람들이 가지고 있는 복수심을 억제시키고 있음을 알 수 있다. 사형되어져야 할 범죄들을 신중히 기술하고 몇 개의 사건에 있어서 사형선고의 설득력 있는 근거들을 설명함으로써, 법전은 사적 범죄에 대한 복수에 있어 극도의 잔학성을 띠고자 하는 인간 본질로부터 범죄자들을 보호하고자 한다. 사형선고를 최소화하고자 했던 이러한 경향이 유대인들 사이에 적용되었다고 하는 사실은 예수님이 살았던 당시에 대부분의 범죄들이 벌금부과로 처리되었다고 하는 사실로서 뒷받침 된다.

  신약성서 중의 단 한 구절만이 사형선고에 대하여 직접적으로 언급하고 있다. 요한복음 7:53-8:11은 간통 사실이 발견된 여인에 대하여 언급하고 있는데, 이는 위에서 법률이 나열했던 범죄들 중 하나에 속하는 것이다. 이 구절이 원래 요한복음에 속하지 않았던 것이라 하더라도 일반적으로 기독교 공동체에서 독립적으로 지켜 내려 온 믿을 만한 이야기이며, 언젠가 복음서에 기재된 것으로 여겨지고 있다. 간통한 여인에게 어떻게 해야 하는가를 예수님께 물었을 때 그는 사형을 반대하셨다. 그의 답변 - "너희 중에 죄 없는 자가 먼저 돌로 치라" - 과 여인에 대한 그의 말씀 - "나도 너를 정죄하지 아니하노니 가서 다시는 죄를 범치 말라" - 은 그가 가르쳐 온 하나님 앞에서의 모든 개개인의 가치, 용서, 본질과 행동의 개선 가능성 등과 완전하게 조화를 이루고 있다.

현재 미국에서 행해지고 있는 사형선고의 도덕성에 관해 이야기하기 위해서 우선 우리는 근본목적에서부터 출발해야 할 것 같다. 사형집행에서 얻고자 하는 바가 무엇인가? 우리는 이미 정의가 요청하는 균형을 유지시키는데 그 이유가 있다고 말한 바 있다. 이를 고려한다면 타당성 있는 형집행이 될 수 있도록 처벌은 죄에 적합하게 행해져야 한다는 것이다. 확실한 것은, 국가가 극악한 범죄를 제외하고는 사람의 생명을 빼앗을 수 없다고 하는 것이다. 그러므로 오늘날 어느 누구도 불복종, 우상숭배, 수간, 간통 등의 죄로 인해 사형될 수 있다고 생각하지 않는다. 그런데 범죄자를 죽임으로만 정의로워질 수 있는 그토록 흉악한 범죄가 과연 있는 것인가? 사형선고는 단지 계획적 살인, 강압적인 강간, 유괴에 대한 보복에 한해서 가능한 것인가? 범죄자의 죽음이 어떻게 정의의 균형을 유지할 수 있는가?

정의에 대한 고찰을 기술할 수 있는 또 다른 방법은 가해자가 무엇을 받아야 하는가라는 입장에서 생각하는 것이다. 각 사람이 자기에게 상응하는 것을 받아야 한다는 것, 사람은 선과 악행에 비례하여 상을 받거나 벌을 받아야 한다는 생각이다. 따라서 바로 다음과 같은 물음들이 제기된다. 마땅히 죽어야만 하는 사람이 있는 것인가? 사형만이 살인과 강간과 유괴에 의해 가해진 피해를 대등하게 해주는 유일한 처벌인가? 모든 법률에 대항하는 모든 범죄자들에게 그들의 범죄에 상응하는 처벌을 가해야만 하는 것인지 생각해 봐야 한다. 더 나아가 한 사건이 범죄 그 자체에 의해서만 결정되어져야 하는지, 또는 배경, 전과기록, 정신상태, 가해자와 피해자 양쪽에 관련되는 사람들에게 미치는 영향 등의 다른 요소들을 참작해야 하는 것인지에 대해서도 생각해 봐야 한다.

두번째로 자주 언급되는 처벌의 목적은 범죄자로 하여금 다른 범죄들을 저지르지 못하도록 예비하는 데에 있다. 범죄자들이 벌금이나 투옥으로 인해 충분히 고통스러워함으로써 이러한 고통을 다시는 경험하지 않겠다고 결심하게 하는 것이 바람직한 것이다. 그러나 실제적 상황이 그렇지 않음을 재범에 대한 통계치가 보여 주고 있다. 재범자들은 높은 범죄율의 주요한 원인이 되고 있다. 물론 우리는 저질러지지 않은 범죄의 통계를 알 수 없기에 그러한 예방적 방법들이 효력이 있는지에 대해서는 알지 못한다. 그럼에도 불구하고 이러한 논의에 있어서 우리는 범죄를 다루는 보다 더 나은 다른 방도를 갖고 있지 못하다. 살인자들과 강간범들은 분명 악하고 위험한 인물들이며 한 번 살인한 자나 강간한 자들은 다시 이를 저지를 가능성이 큰 것이 사실이다. 그러나 그들이 범죄를 다시 저지를지, 또는 초범보다 재범할 가능성이 높은지에 대해서 정확하게 예측할 수는 없다. 그들이 재범하지 않도록 확실하게 하는 유일한 방법은 그들을 사형시키는 것이라고 한다. 그러나 여기서 우리는 "미래에 행해질 수 있는 범죄를 이유로 그 사람을 사형시키는 것이 정당한 것인가?"라는 물음을 제기해야만 할 것이다.

    범죄자들로 하여금 죄를 다시 범하지 못하도록 한다는 사고방식은 사람들로 첫 범행을 저지르지 못하도록 할 수 있을 거라는 사고와 밀접히 관련된다. 논의되고 있는 바, 만약 범행을 계획하고 있는 사람들이 그에 대한 처벌이 분명하고도 가혹하다고 하는 사실을 안다면 범죄행위를 억제할 수 있다고 하는 것이다. 분명, 모든 사람이 처벌에의 위협에 반응을 보인다고 볼 수는 없다. 어떤 이들에게는 판단하는 것이 정신적으로 불가능하며, 어떤 이들은 자기 파괴적으로 살아가기도 한다. 그러나 대부분의 사람들은 삶에 대해 강한 의욕을 가지며 불필요한 죽음에의 위협을 달가워하지 않는 것이 사실이다. 사형선고가 실제적으로 가능하다고 한다면 잠재적 범죄자들이 사형이 수반되는 범죄를 짓지 않을 수도 있다. 물론 단순히 법률에 사형을 허용하는 것만으로 범죄를 예방할 수 없으며, 실제적인 사형선고 집행만이 이를 예방할 수 있을 것이다. 공개적으로 행해지는 사형집행은 사형선고가 형식적인 것이 아니며 실질적으로 가능성을 가지는 처벌임을 모두에게 경고시켜 줄 것이다.

    이와 같은 맥락의 논의는 범죄율과 사형선고 상호간에 상관관계가 없음을 증명하기 위해 통계수치 등을 정리하는 많은 이들에 의해 도전받고 있다. 사형선고제도가 존재하는 주의 살인사건 발생률이 사형제도가 존재하지 않는 주의 발생률보다 그리 낮지 않는다는 것에 바탕하여 이들은, 사형선고 그 자체가 사형선고가 내려지는 범죄의 발생률에 영향을 주지 않는다고 결론 짓는다. 당장에 우리는 사형선고의 위협이 더 이상 범행을 예방하는 것인지 그 여부를 알 수 없다. 그러나 우리 그리스도인들의 입장에서는 여기에 더 중요하다고 여겨질 수 있는 현안들이 존재한다고 본다. 다른 이들에게 교훈을 주기 위해 한 생명을 사형하는 것이 과연 정당한 것인가? 다른 범죄 가능자들이 이와 같은 모험을 하지 않기를 기대하면서 한 범죄자를 하나의 예로서 내세우는 것이 정의로운 것인가?

'생명권'은 사형선고 논의에 있어서 중요한 쟁점이다. 우리는 한 개인의 가치에 대한 성서적이고 기독교적인 개념 - 모든 인간은 존중되어야 하며 모든 사람의 사적인 권리는 보호되어야 한다는 개념 - 에 대해서 논의한 적이 있다. 생명권은 이러한 권리들의 근본이다. 미국독립선언은 생명권, 자유권, 행복 추구권을 양도할 수 없는 권리로서 선언하고 있다. 만약 어떤 사람이 사형되어야 한다면 다른 조건들이 생명권보다 더 중요하거나 일부 사람들이 그들 자신의 행동에 의해 자신의 생명권을 박탈당하는 것으로 추정해 왔다. 만약 전자를 추정한다면 우리는 그 조건들이 무엇인지를 결정해야 한다. 재산인가? 다른 사람의 생명인가? 사회 전체의 안녕인가? 만약 후자를 추정한다면 우리는 권리가 우리의 행동에 의존하는 것인지를 결정해야 한다. 그릇된 행동, 특히 중요한 본질에 바탕한 그릇된 행동이 이러한 권리들을 무효화시킬 수 있는가? 우리가 어떤 사람이 마땅히 죽어야 한다고 결정한다면 우리는 우리의 권리들이 우리의 본질이 아닌 우리의 행동에서 유래하는 것으로 결론지을 수밖에 없을 것이다.
　예방책과 방지책에 대한 고려는 단순히 범죄자 각 개인, 피해자 각 개인들뿐만 아니라 크게는 사회와도 관련된다. 모든 범죄자들은 어떤 의미로 사회질서에 대한 공격을 감행하는 것이다. 각 개인은 자기방어의 권리를 가지며 공격 당했을 때 자신을 보호하기 위하여 가능한 한 모든 수단을 사용할 권리를 가진다. 과격하게 공격할 권리를 가지고 있지는 않은 반면, 그들은 효과적으로 저항할 수 있는 권리를 갖고 있는 것이다. 똑같은 논리에 의하여 정의와 다른 사람들의 복리를 위한 고려는 필요한 힘의 사용을 정당화시킨다. 이와 똑같은 권리가 국가까지 확장될 수 있는가? 때때로 사형선고는 국가에게 있어서 개인의 자기방어와 같은 것이라고 말한다. 이러한 논리에 근거하여 국가는 자신을 보호하기 위해서 뿐만 아니라, 본래의 기능을 유지하기 위해 필요한 일들을 할 권리를 가진다고 인정된다. 생명과 재산을 보호하는 법률과 같은 특정법률들은 사람들이 함께 살아가고 일하는 데 있어 필수불가결하다. 이러한 법률들을 어기는 것은 사회의 존재자체를 위협하는 것과 같으며, 이에 사회는 자신을 보호하기 위해 요구되는 일들을 할 권리와 책임 모두를 갖는다. 개인에게 있어서와 마찬가지로 사회에 있어서도 과도한 힘의 사용은 금지된다. 따라서 사형선고에 있어서의 문제점은 국가적인 위협에 대해 다뤄야 할 필요가 있는지, 또는 이를 다루는 데 있어 다른 대안들이 존재하는지에 관한 것이 될 것이다.
　여기서 우리가 논의하고 있는 문제는 사형 선고가 "과연 타당한 것인가"라고 하는 것이다. 때때로 이것이 옳은 행동방식이라고 한다면 특정한 다른 중요한 요소들도 결정해야 한다. 어떤 범죄에 있어 사형선고가 타당한 것인가? 범죄의 배경들을 어느 정도 참작할 것인가? 어떤 방법, 즉 가능한 한 인간적인 방법으로 아니면 범죄자가 고통스러워하는 방법으로 사형되어져야 하는가? 중범죄에 대한 판결과정이 인종, 성, 경제력에 관계없이 공정하게 이루어지는지 확인할 수 있는 방법들은 어떠한 것들인가? 만약 사형선고는 절대로 타당하지 않다고 결정한다면, 극악한 범죄들을 다룰 수 있는 적합한 대안들을 모색해야 한다. 정의로운 방법은 과연 무엇인가? 오랜 기간의 수감과 무기징역이 사형선고보다 더 크거나 더 나은 처벌방식이 되지는 않는가? 판결과정의 공정성을 어떻게 확보할 수 있는가?

　　이와 같은 논의에 있어서 우리는 범죄로 인한 피해자에 대해 언급하지 않았는데, 이는 피해자에 대한 효과적인 손해 배상책이 없기 때문이었다. 살인사건의 경우, 어떤 방법으로도 피해자를 다시 살릴 수 없으며, 생존자의 고통을 줄일 수 없는 것이다. 폭행범죄의 경우 어떤 것도 그 결과를 되돌릴 수 없다. 피해자들이 범죄로 인한 결과들 - 범죄자에 대한 어떠한 처벌도 이룰 수 없는 - 에 잘 대처할 수 있도록 도와줄 수 있을 뿐이다. 그러나 이러한 문제들이 범죄자를 다루는 것과 똑같지는 않다.

　　필자는 사형선고가 타당하지 않다고 결론내리고 싶다. 필자의 견해는 법체계의 집행에 있어 공정하고자 하는 우리의 최선의 노력이 실패했으며, 성공할 수 없을 거라는 것이 거의 확실하다는 검증 가능한 사실에 바탕을 두고 있다. 중범죄에 대한 판정의 결과는 여성에 비해 남성이, 백인에 비해 흑인이, 부유한 자에 비해 가난한 자가 사형될 가능성이 높음을 보여 준다. 필자의 견해는 사형선고라는 위협이 중범죄 발생비율과 어떤 관계를 가지며, 따라서 효과적인 예방책이라고 하는 결정적인 근거가 없다고 하는 데에 근거하고 있다. 과거 지향적이기보다는 미래 지향적인, 따라서 정의의 기준에 대해 평가하기보다는 개혁과 부흥에 더 관심을 두고자 하는 성향에 필자는 근거를 두고 있는 것이다. 그러나 무엇보다도 필자의 결론은 모든 인간은 하나님의 눈으로 볼 때 무한한 가치를 지닌다고 하는 기독교 교리에 대한 이해와 그리스도의 제자로서의 책임은 아무리 비천하다고 할지라도 모든 인간을 그 근본에 바탕하여 관계하는 것이라고 하는 이해에 기초한다. 필자는 누구든지 어떠한 범죄를 저질렀든지 간에 어떠한 사람도 하나님의 자녀됨에서 포기될 수 없다는 믿음을 지니고 있다. 사회질서가 유지되기 위해서는 범죄가 처벌되어야 함에도 불구하고, 필자는 사회질서가 반드시 유지되어야 한다고 생각하고 있는 바, 우리는 그 사회를 구성하는 구성원들의 본질인 그 사회질서의 기본적인 요건에 어긋나는 어떠한 방법으로도 범죄를 처벌할 수 없다고 보는 것이다.

토론을 위한 질문들

1. 사회는 범죄자들에 대한 처벌을 통해 무엇을 추구하고자 하는가?
2. 주어진 범죄에 대한 처벌을 결정하는 데 있어 어떠한 요인들이 참작되어져야 하는가?
3. 만약 존재한다면 어떤 범죄에 해당하는 범죄자들이 사형돼야 하는가?
4. 수감자들은 어떠한 권리들을 가지는가?
5. 범죄자들에 대한 처벌이 그 범죄로 인한 피해자들에게 어떠한 도움을 줄 수 있는가?

참고도서 목록

DeWolf, L. Harold. *Crime and Justice in America*. New York: Harper & Row, 1975.

DeWolf, L. Harold. *What Americans Should Do About Crime*. New York: Harper & Row, 1976.

Jackson, Dare. *Dial 911: Peaceful Christians and Urban Violence*. Scottsdale, AZ: Herald, 1981.

Rowland, Stanley J., Jr. *Ethics, Crime, and Redemption*. Philadelphia: Westminster, 1973.

Umbreit, Mark. *Crime and Reconciliation*. Nashville, TN: Abingdon, 1985.

제 13 장

전쟁과 평화의 추구

핵전쟁 도발의 가능성이 인간의 생존을 계속적으로 위협하고 있다. 전세계적으로 사람들은 누군가가 마지막 대학살을 가져올 '단추'를 누를 수 있다는 끊임없는 두려움을 안고 살고 있다. 전세계 사람들은 그들의 지도자가 평화를 위해 협상하며 동시에 전쟁을 준비하는 것을 초조하게 지켜본다. 국제관계는 항상 끊임없이 변화하며 과학적, 기술적 발전은 끊임없이 새로운 압력을 가중시키고 있다. 전세계 사람들이 평화로운 삶을 추구할 수 있는 균형을 찾지 못하고 있는 것처럼 보인다. 사랑에 의해 움직이며 정의를 추구하는 그리스도인들은 늘 전쟁에 직면하고 있는 세상에서 어떻게 살아가야 하는 것인가?

성서와 전쟁

　　핵무기가 출현하기 훨씬 오래 전부터 그리스도인들은 전쟁의 도덕성과 더불어 싸워 왔다. 예상되는 바와 같이 그들은 성서의 가르침에 기대를 걸어왔다. 그러나 구약성서의 역사적 자료들 속에서 전쟁에 관한 도덕성 논의는 거의 찾아 볼 수 없었다. 히브리 민족은 자신들을 하나님의 선택받은 민족, 하나님의 특별한 목적을 지니고 있는 나라로 여겼다. 이러한 목적을 달성한다는 것은 다른 이들에 의해 이미 점유된 땅을 정복하고 거기에 나라를 세우며 하나님에 대한 믿음을 바탕으로 그 나라를 축복하거나 처벌하는 것을 의미했다. 히브리 민족이 하나님에 대한 믿음을 지키면 하나님은 적과의 싸움을 승리로 이끌게 하셨다. 그들이 믿음을 지키지 않으면 적국으로 하여금 그들을 패하게 하셨다. 그들의 전투방법은 다른 민족과 다르지 않았으며 적들에 대해서도 인간적으로 대우하지 않았다. 따라서 시편에서 적들에 대해 분노하는 저주를 많이 찾을 수 있다는 것은 그리 놀라운 일이 아니다.

　　많은 히브리 예언자들은 전쟁을 역사과정 속에 있는 하나님의 도구로 보았다. 한편, 아모스, 이사야, 예레미야 그리고 다른 이들은 외세에 의한 압력을 히브리 민족의 불순종으로 인해 하나님으로부터 내려진 처벌이라고 말했다. 반면 오바댜는 에돔의 멸망을 하나님의 선민과 전쟁을 일으킨 죄에 대하여 하나님께서 복수하신 것이라고 명명하면서 기뻐했다. 같은 맥락에서 나훔은 유다민족을 오랫동안 억압해 왔던 앗수르 제국의 수도, 니느웨가 예언대로 멸망할 것에 대해서 기뻐했다. 그러나 예언서에는 모든 민족에 대한 하나님의 사랑을 선포하며 전세계적 평화를 소망하는 예언들이 들어 있음을 볼 수 있다. 이사야 2:4과 미가 4:3에서는 모든 국가들이 "무리가 그 칼을 쳐서 보습을 만들고 그 창을 쳐서 낫을 만들 것이며 이 나라와 저 나라가 다시는 칼을 들고 서로 치지 아니하며 다시는 전쟁을 연습지 아니하리라"고 하는 날이 있을 것이라고 예언하고 있다. 그리고 바로 이사야는 '평화로운 왕국'에 대해서 서술하고 있다.

> 그때에 이리가 어린 양과 함께 거하며
> 표범이 어린 염소와 함께 누우며
> 송아지와 어린 사자와 살찐 짐승이 함께 있어
> 어린 아이에게 끌리며
> 암소와 곰이 함께 먹으며
> 그것들의 새끼가 함께 엎드리며
> 사자가 소처럼 풀을 먹을 것이며
> 젖 먹는 아이가 독사의 구멍에서 장난하며
> 젖 뗀 어린 아이가 독사의 굴에 손을 넣을 것이라
> 나의 거룩한 산 모든 곳에서 해됨도 없고 상함도 없을 것이니
> 이는 물이 바다를 덮음같이 여호와를 아는 지식이
> 세상에 충만할 것임이니라 (사 11:6-9)

전쟁을 전혀 도덕적으로 문제 삼지 않고 '전쟁에서 막강한' 하나님을 가진 나라조차도 평화에 대한 꿈을 결코 저버리지는 않았다.

신약성서는 전쟁에 대해 거의 언급하고 있지 않으며, 어떤 전쟁에 대한 참여도 반대하는 이들은 예수님의 사랑의 가르침에 견고히 기초하고 있었다. 그들은 특별히 "네 이웃을 네 몸과 같이 사랑하라"(막 12:31)로 요약되는 도덕률과 "원수를 사랑하라"(마 5:43-48)는 그분의 권고를 인용하고 있을 뿐이다. 그들은 팔복 중의 하나인, "화평케 하는 자는 복이 있나니 저희가 하나님의 아들이라 일컬음을 받을 것임이요"(마 5:9)를 예로 들었다. 그들은 복수하지 말 것에 대한 예수님의 가르침에 특별한 관심을 기울였다.

> 또 눈은 눈으로, 이는 이로 갚으라 하였다는 것을 너희가 들었으나 나는 너희에게 이르노니 악한 자를 대적지 말라 누구든지 네 오른편 뺨을 치거든 왼편도 돌려 대며 또 너를 송사하여 속옷을 가지고자 하는 자에게 겉옷까지도 가지게 하며 또 누구든지 너로 억지로 오 리를 가게 하거든 그 사람과 십 리를 동행하고 네게 구하는 자에게 주며 네게 꾸고자 하는 자에게 거절하지 말라(마 5:38-42)

평화론자들은 예수님의 가르침의 핵심을 황금률, 즉 "그러므로 무엇이든지 남에게 대접을 받고자 하는 대로 너희도 남을 대접하라 이것이 율법이요 선지자니라"(마 7:12)에서 찾고 있다. 이런 가르침이 개인적인 관계를 의도한 것임에도 불구하고 이것이 사회관계 안에서도 똑같이 유효하다고 주장한다. 그러나 이들이 단지 구체적인 성구들을 인용하는 것만으로 주장을 내세우는 것은 아니었다. 그보다 그들은 사랑과 십자가의 길에 대한 예수님의 가르침과 그분의 정신 그리고 다른 이들에 대한 그분의 성품에 초점을 맞추고 있다.

이러한 방법으로 그들은 예수님이 무력을 사용하는 어떠한 전쟁에의 참여 가능성도 완강히 반대하셨던 것으로 본다.

반면, 다른 사람들은 성서적인 증거 속에서 예수님이 그렇게 완전히 비폭력적인 사람이 아니라는 사실을 찾아내고 있다. 이들은 성전을 정화하실 때(마 21:12-13; 요 2:13-16)와 "내가 세상에 화평을 주러 온 줄로 생각지 말라 화평이 아니요 검을 주러 왔노라"(마 10:34)고 하신 말씀 그리고 그가 체포되기 전날 밤 제자들에게 하신 말씀, 즉 "이르시되 이제는 전대 있는 자는 가질 것이요 주머니도 그리하고 검 없는 자는 겉옷을 팔아 살지어다"(눅 22:36) 등에서 명백히 힘의 사용에 대해서 언급하고 있다고 기술한다. 평화주의자들에 의해 기술된 문맥에서와 마찬가지로 위에 제시하고 있는 문맥에서도 예수님이 전쟁에 관해서 말씀하고 계시지 않다는 것을 인식해야 할 것이다. 따라서 이들 문맥들을 전쟁에 적용하는 것은 예수님의 분명한 의도를 벗어나 이를 확대시키는 것에 불과한 것이다.

아마도 예수님께서는 전쟁의 사실성을 아무런 비판 없이 수용하셨던 것으로 보인다. 예수님은 그의 직업에 대해 전혀 언급하지 않으시면서 로마 백부장의 믿음을 칭찬하셨다(마 8:5-10). 그는 '전쟁과 전쟁에 대한 소문들'을 단순히 종말의 표시로 생각하지 말 것을 경고하셨는데, 이는 이와 같은 상황들이 그 당시에도 진행되고 있었기 때문이었다(막 13). 그분은 마치 군대가 일상생활의 일부인 것처럼 군대방식의 말을 자주 사용하시기도 하셨다. 이것은 그분이 전쟁을 지지하였다기보다는 불가피한 상황으로 보신 것이 아닌가 생각된다.

우리가 본 바와 같이 사도 바울은 예수님의 제자였으며 그 해석자이기도 했다. 다른 사람들을 대함에 있어서 그의 권고의 말은 예수님의 말씀과 매우 흡사했었다.

> 너희를 핍박하는 자를 축복하라 축복하고 저주하지 말라 즐거워하는 자들로 함께 즐거워하고 우는 자들로 함께 울라 서로 마음을 같이하며 높은 데 마음을 두지 말고 도리어 낮은 데 처하며 스스로 지혜 있는 체 말라 아무에게도 악으로 악을 갚지 말고 모든 사람 앞에서 선한 일을 도모하라 할 수 있거든 너희로서는 모든 사람으로 더불어 평화하라 내 사랑하는 자들아 너희가 친히 원수를 갚지 말고 진노하심에 맡기라 기록되었으되 원수 갚는 것이 내게 있으니 내가 갚으리라고 주께서 말씀하시니라 네 원수가 주리거든 먹이고 목마르거든 마시우라 그리함으로 네가 숯불을 그 머리에 쌓아 놓으리라 악에게 지지 말고 선으로 악을 이기라 (롬 12:14-21)

신약성서에는 전쟁과 관련해서 해석될 수 있는 구절들이 거의 없다. 우리가 본 바와 같이 신약성서 대부분은 그리스도인들이면 무조건 처형되었던 당시에 쓰여졌다. 대부분의 성서들은 대혼란, 또는 국가 간의 마지막 전쟁들과 함께 다가올 시대의 종말을 예언하고 있다. 신약성서는 전쟁이라는 문제를 직접적으로 다루지 않았다. 그러나 전체적인 강조점이 분명히 평화의 이상에 주어져 있음을 알 수 있다.

기독교와 전통적인 전쟁

평화에 대한 성서적인 꿈을 현대 정치관계 속에서도 현실화시킬 수 있을까? 신약성서시대 이래로 기독교 교회는 이 문제로 끊임없이 괴로워 해왔다. 그리스도 이후 300년 동안은 교회에 평화주의가 팽배했었다. 대부분의 초기 그리스도인들은 예수님의 가르침이 전적으로 칼의 사용을 금하며 로마군대에 입대하는 것을 거부하는 것으로 믿었다. 4세기 초 콘스탄틴(Constantine) 황제가 기독교를 국교로 지정한 다음 그리고 북쪽의 야만인들에 의해 침략당해 로마제국의 안정이 흔들린 후, 신학자들은 수세기 동안 그리스도인들이 과연 경우에 따라서는 전쟁에 참여해야 하는 것인지에 관해 논쟁해 왔다. 이 논쟁에서 "정의로운 전쟁론"이 부각되었는데, 이는 어거스틴(Augustine 354-430)에 의해 발전되고 토마스 아퀴나스(Thomas Aquinas 1224-1274)에 의해 다듬어졌다. 이 이론에 따르면 정의로운 전쟁은 다음의 다섯 가지 조건들을 갖추어야만 했다. 첫째, 의도된 목적을 위해서만 군사력을 사용하되 이마저도 분명히 합법적인 권력에 의해서 통제되어야 한다. 둘째, 전쟁은 선을 발전시키거나 악을 제거하는 의도로만 수행되어져야 한다. 셋째, 전쟁은 단지 최후적인 수단으로써 행해져야 한다. 넷째, 전쟁으로 인해 얻어질 수 있는 선이 전쟁을 수행하는 과정에서 행해지는 악보다 커야 한다. 다섯째, 노력에 대하여 설득력 있는 성공이 기대되어져야 한다. 여섯째, 전쟁은 국제적으로 협약된 전쟁규칙에 따라 행해져야 하며, 특정한 도덕적 제한을 절대 넘어서는 안된다. 마지막 조건에 의하여 비군사지역에 대한 공격, 불필요한 파괴, 약탈 그리고 학살 등의 해가 있어서는 안된다.

오늘날 우리는 그리스도인의 전쟁참여에 관하여 세 가지 입장으로 구별하여 말할 수 있겠다. 첫째, 많은 사람들은 전쟁에의 참여를 기독교 시민으로서의 한 가지 의무사항으로 받아들이는 것이다. 이러한 관점은 바울의 권고, 즉 "각 사람은 위에 있는 권세들에게 굴복하라 권세는 하나님께로 나지 않음이 없나니 모든 권세는 다 하나님의 정하신 바라"(롬 13:1)를 바탕으로 한다. 국가가 궁극적인 권력을 주장하고자 하고 하나님의 위치를 차지하고자 할 때만이 국가에 대한 저항이 정당화될 수 있다. 그 외에 우리 그리스도인들의 임무는 국가를 지지해야 하는 것이다. 자신의 국가가 전쟁에 참여하고 있다는 것은 국가가 외세에 대하여 자신들을 방어하고 국가에 소속된 모든 시민들의 복지를 보호하고자 하는 것이다. 물론 모든 시민은 주체적인 정책들, 행동에 대한 양심에 의한 비판권을 가지며 입대를 거부할 수 있는 권리도 갖고 있음을 알고 있어야 한다. 그러나 우리는 세계문제에 있어 곳곳에 억압적이고 포악한 세력들이 작용하고 있기에 마지막 수단으로써 힘을 사용하는 것이 불가피하다는 것도 알고 있다. 만약 우리가 막지 않는다면 이러한 억압적이고 포악한 힘들은 확대되어 결국 남아 있는 세계 전부를 지배하게 될지도 모른다. 힘을 언제 사용해야 하는가는 개인적인 결정사항이 아니며 국가의 지도력에 의해서만 결정되어질 수 있는 것이다.

둘째, 일부 그리스도인들은 그리스도에 대한 믿음에 의해 어떤 종류의 전쟁에도 참가할 수 없음을 믿고 있다. 1930년대에 미국과 유럽의 일부 그리스도인들은 전쟁이 없는 세상을 만들기 위한 수단으로 평화주의(pacifism)를 선택했다. 그러나 대다수 오늘날의 평화론자들은 전쟁참전에의 거부를 하나의 전략으로 보기보다는 하나님의 뜻을 따르고자 하는 사람들의 삶의 방식으로 보고자 한다. 이들은 평화를 추구하기 위해서라기보다는 사랑의 하나님께 대한 감사와 순종으로 평화주의자가 되는 것이다. 그들은 세상에 끊임없이 존재하는 악을 인지하고 이를 극복하고자 노력했다. 그들은 국가가 선하든 악하든 그 목표를 달성하기 위해서는 폭력에 의존할 수밖에 없는 억압적 상황, 침략 그리고 위험 등에 대해서 바르게 인식하고 있었다. 그럼에도 불구하고 그리스도의 제자됨은 그들을 증오하기보다는 사랑할 것을 요구하며, 전쟁은 결코 사랑의 표현방법이 될 수 없음을 확신했다.

셋째, 일부 그리스도인들은 전쟁이 때에 따라서는 보다 작은 악에 속한다고 생각하기도 한다. 전쟁의 참상을 직시하면서 그들은 최악의 상황은 악한 정부에 대한 저항활동의 실패에 의한 결과라고 믿는다. 이러한 관점을 표현하기 위해 일반적으로 사용되고 있는 용어가 '고통스러운 참전'(agonized participation)이라는 것이다. 이 입장을 취하고 있는 사람들은 국가를 무조건적으로 지지하지는 않으며 자신들을 위해 상황을 재검토하고, 필요하다고 여겨지는 전쟁에 대해서만 국가를 지지하는 것이 자신들의 의무라고 생각한다. 물론 이것은 "정의로운 전쟁"론과 유사하다. 미국의 월남전 참전을 놓고 그 도덕성에 관한 논쟁이 양분되었을 당시 리로이 롱(Edward LeRoy Long)은 이 입장을 다음과 같이 요약했다.

1. 이 관점은 전쟁이 결코 정의로운 행동이 될 수 없다고 믿으나 때

때로 도덕적으로 비뚤어진 권력이 정치적으로 지배하는 것을 인정함으로써 초래되는 보다 큰 악의 결과를 방지하기 위해서 전쟁이 필요하다고 생각한다.
2. 고통스러운 참전론은 전쟁에 대해서 뉘우침으로 그리고 적에 대한 보복적인 미움없이 수행되어져야 한다고 주장한다.
3. 군사적 승리가 필요하더라도 그 후 합리적인 정의와 질서를 재확립하기 위해 고안된 정치적, 사회적 프로그램들을 위해 길을 열어주는 소극적인 승리가 되어야 한다.
4. 마지막으로 고통스러운 참전론은 비록 자신들이 그 증거자로 부름받았다고 생각하는 그리스도인들과는 동의하지 않더라도 양심에 의한 전쟁반대의 권리와 특권을 인정한다. (*War and Conscience in America*, pp. 41-47)

기독교와 현대전쟁

핵무기의 발전은 전쟁에 있어서 새로운 요소를 고려하게 했다. 오늘날 우리는 총체적 파괴의 가능성에 대해서 고려하지 않을 수 없게 되었다. 1961년 폴 램지(Paul Ramsey) 책의 서문에서 존 할로웰(John Hallowell)은 "지구상의 모든 문명화된 삶이 멸망할 수 있다는 사실뿐만 아니라, 우리는 이러한 사실이 인간의 결정과 행동에 의해 가능하다고 하는 사실을 알고 있어야 한다"(*War and the Christian Conscience*, p. vii)라고 말하고 있다. 그 후 약 25년이 지난 후 조셉 나이(Joseph Nye)는 1986년 그의 책 머리말에서 다음과 같이 쓰고 있다.

핵전쟁의 전망은 공포스러운 것이다. 그것은 죽음을 직면하게 할 뿐 아니라 우리의 삶을 의미 있게 만드는 문명의 파괴를 가져온다. 심지어 그것은 우리 인간조차 멸종시킬 수 있다. 핵무기가 우리의 신체적, 정신적 삶에 끼치는 해악에 대한 선례는 아직 없는 실정이다 (*Nuclear Ethics*, p. ix).

고든 카우프만(Gordan Kaufman)이 말한 바와 같이, 전통적 기독교의 종말론은 역사의 종말을 우리가 희망적으로 기대할 수 있는 하나님의 최종적인 행위에 의해서 오는 것으로 보고 있다. 그러나 오늘날 우리는 하나님이 아닌 우리 자신의 행동에 의해 역사가 멸망될 수도 있다는 것을 알고 있으며, 따라서 역사의 종말은 세계의 구원이 아닌 지구상에서의 생명의 멸종을 의미하게 될 것이다(*Theology for a Nuclear Age*, pp. 3-4).

비록 여기에서 우리의 관심이 핵무기 발전의 과학적, 기술적 입장에 관한 것이 아니라고 하더라도, 우리는 이 총체적인 멸망의 가능성을 유의하지 않으면 안된다. 1982년에 출판되어 논의 대상이 되어왔던 책, 「지구의 운명」(*The Fate of the Earth*)에서 조나단 쉘(Jonathan Schell)은 오늘날 '중간급'(1 메가톤)이라 불리우는 폭탄 하나가 대기권 안에서 폭파되었을 때의 결과를 명확하게 기술하고 있다. 그는 최초의 방사능이 사방 6마일 이내에 노출된 모든 사람들을 즉시 죽일 것이며, 다음 10초 동안에는 열에 의해서 반경 9.5마일 이내의 노출된 사람들이 2도 화상을 입게 될 것이라고 말한다. 폭발에 의해 형성된 방사능 먼지의 많은 부분이 하루 이내로 지구에 다시 떨어지겠지만, 잔존 방사능 먼지의 대부분은 바람에 날려 사방 천 마일 지역에 치명적인 양으로 떨어질 것이라고 한다.

어떤 국가든 그들 병기고에 있는 핵무기의 존재는 어떤 경우에 사용되어질 수도 있다는 가능성을 추정케 한다. 2차 대전 종전 이후 1991년 소련이 붕괴하기까지 소련과 미국 양국의 핵무기 소유는 세계 정치에 있어 중요한 요인으로 작용했었다. 이에 대해서 필립 워가먼(J. Philip Wogaman)은 다음과 같이 말했었다.

> 그러나 핵시대는 그 출발에서부터 매우 곤란한 딜레마를 안고 있는 것이었다. 핵무기가 갖고 있는 파괴성을 알고 있는 그리스도인들이 이들의 사용을 묵인할 수 있는가? 한편 잠재적인 적들이 핵무기를 가진 상황에서 그리스도인들은 어느 한 쪽의 비핵무장만을 주장할 수 있는 것인가? (Christian Perspectives on Politics, p. 269)

미국 내 그리스도인들은 이와 같은 딜레마에 빠져 고민해 왔다. 1983년 미국 내 로마 카톨릭 주교들은 "평화에 대한 도전: 하나님의 약속과 우리의 응답"(The Challenge of Peace: God's Promise and Our Response)이라는 교서를 발표했는데, 여기에서 이들은 '정의로운 전쟁'이라는 전통의 맥락에서 핵무기 문제를 다루고 있는 것을 볼 수 있다. 1986년 연합감리교회의 주교들 또한 "창조물의 보호"(In Defense of Creation)라는 교서의 발표를 통해 세상을 위한 하나님의 목적에 대한 그리스도인들의 비전과 핵전쟁의 모순을 보여 주었다. 1980년대의 십 년 동안 여러 신학자들과 윤리학자들이 이 문제와 더불어 씨름해 왔다. *Beyond the Nuclear Freeze*(1983)에서 Robert F. Drinan이, *Peace Thinking in a Warring World*(1983)에서 Edward LeRoy Long, Jr.가, *Against the Nations*(1985)에서 Stanley Hauerwas, *Religion and Violence*(1987)에서 Robert McAfee Brown, *War No More*(1989)에서 편집자 James W. Walters 등 그리고 그 외 약 20명 정도가 이에 대해서 말하고 있다.

　　미국의 정치 내부에서는 핵무기 사용에 대해서 두 가지 접근 방법을 두고 논쟁하고 있다. 첫번째는 '상호간의 확실한 파괴'라는 생각으로써 이 입장은 미국과 소련 양쪽 모두 대량 핵공격을 취할 능력을 가졌다고 가정하는 것이다. 만약 어느 한 쪽 국가가 다른 한 쪽을 공격하게 되면, 공격받은 나라는 대량의 보복적인 공격을 가하게 될 것이다. 이와 같은 상호 교전에서는 수천 개의 핵탄두가 사용될 것이며, 결국 양쪽 모두의 손실은 헤아릴 수 없을 만큼 큰 것이 될 것이다. 어느 쪽도 모두 이 같은 전쟁에서 '이길' 수 없는 것이기에 이성적인 지도자, 혹은 그룹들이라면 의도적으로 그런 싸움을 시작하지는 않을 것이라고 주장하는 것이다. 따라서 이러한 이유로 인해 소련과 미국 양쪽 다 핵무기를 사용하지 않기 위해 미국은 핵방어력을 소련과 동일 수준에 이르기 위해서 노력해 왔던 것이다.

　　두번째 개념은 제한적인 핵무기 사용이다. 미국과 서유럽국가들은 독립국가연합(구 소련)이 혹시 서독을 침공하지나 않을까 두려워했었다. 독립국가연합은 서독과의 접경지역에 재빨리 동원할수 있는 거리에 대량의 군사력을 가지고 있으며, 기습공격을 감행할 경우, 서독 동맹국들의 방어체계를 무력화시킬 수 있다. 이에 대항해

항복하지 않기 위해서 서독과 그 동맹국들이 선택할 수 있는 유일한 길은 유럽 전체를 살릴 수 있는 국지적인 핵무기 사용이 불가피하다는 견해가 대두되어 왔던 것이다. 독립국가연합에 의한 보복과 전면적인 핵전쟁을 예견하면서도, 북대서양조약기구(NATO) 소속 회원 국가들은 이 정책을 승인하였던 것이다. 1987년 미국과 소련이 맺은 협정은 이 정책과는 다른 흐름을 보여 주었다. 그리고 1990년 동·서독의 통합으로 말미암아 사실상 국지적인 핵전쟁 개념은 종말을 고하였던 것이다.

1991년 소련의 붕괴로 말미암아, 두 초강대국 사이의 핵전쟁 발발에 대한 두려움은 진정되었고, 두 나라 사이에 핵무기 감축 환경이 조성되었다. 그러나 세계는 아직도 어떤 나라든 - 미국, 핵무기를 소유한 구 소련에 속했던 4개의 공화국, 또는 핵무기를 소유하거나 제조할 수 있는 다른 많은 나라들에 의해서 - 핵무기가 사용될지도 모른다는 두려움에서 완전히 벗어나 있는 것이 아니다.

핵무기 제조는 현대전을 과거의 전쟁과는 질적으로 다르게 만드는 상당한 양의 또 다른 과학기술의 발전을 가져다 주었다. 이런 것들 중에 가장 중요한 발전이 화학전과 생물학전인 것이다. 핵탄두와 마찬가지로, 이런 무기들의 효과는 군사 목표들에만 국한시킬 수가 없을 뿐 아니라, 민간인들에게까지 말할 수 없는 고통을 가하고 생태계 균형에 돌이킬 수 없는 파괴력을 미칠 수 있는 것들이다. 이와같은 무기들의 제조와 사용 가능성은 미국정부 내의 정치적인 의사결정과정을 바꾸어 놓기까지 했다. 즉 전문가들에게 상황에 따라서 필요한 무기의 종류와 양 그리고 시기와 장소에 대한 결정권을 맡긴 것이다. 그 결과 안전의식이 확보되기보다는 공포의식이 더욱더 커지게 되었다.

맥카피 브라운(Robert McAfee Brown)에 의하면, 전통적인 전쟁과 현대전 사이의 차이점은 단순히 보다 더 강력한 파괴무기를 가지고 있다는 것만이 아니라고 한다(*Making Peace in the Global Village*, pp. 48-53). 그것보다 훨씬 더 복잡한 요소들로 다음과 같은 것들을 지적하고 있다.

1. 자동화 무기 사용으로 말미암은 피해지역과 불과 수마일 떨어져 있는 "자동화된 전장"
2. 군사물 목표보다는 인간을 파괴하는 "대인용 무기들의 발달"
3. 폭탄, 고엽제, 제초제, 다양한 가스로 인한 광범위한 황폐화와 궁극적으로 생태계 균형의 파괴를 초래하는 "대규모 파괴"
4. "민간인과 군인들 사이의 명확한 구분 상실"
5. "전쟁에 직접 참여하는 자들뿐만 아니라 정책입안자들의 도덕적 구속력의 점진적인 붕괴"
6. "정치적 문제해결을 위한 군사적 수단" 사용에 대한 매력 증가
7. "정치적, 경제적 의사결정 과정에서 군사력의 영향력 증대
8. "행정부 내의 막대한 권력 집중"
9. "반정부 권리 축소"를 의도하는 정부의 경향성 확대
10. "지구촌이라는 차원보다는 개별 국가의 차원"을 고려하는 경향성 증가
11. "정책입안자들이 의도적으로 대중을 속이려는 경향성 증가"

이와 같은 요인들을 통해서 볼 때, 그리스도인들에게는 어느 때보다도 지금이야말로 단순히 전쟁참여의 여부에 관해서가 아니라 평화구현을 위해서 보다 많은 책임이 요구되고 있다고 본다. 그 책임감이란 바로 세상에 "평화를 구현하기 위한 일"에 세심한 주의가 요구된다고 하는 것이다.

평화추구

국가가 전쟁에 개입되어 있을 때마다, 국민들은 개인적인 결단을 강요당해 왔다. 그리고 기독교적 신념은 각자 다른 방법으로 이 문제에 반응하도록 했다. 대부분의 사람들은 군복무 의무에 '마지못해 참여'했다. 일부는 개인적인 고민 끝에, 국가가 양심에 의한 반대자로 등록을 허용한 절차를 따르기로 했다. 어떤 사람들은, 만일 그들이 이 절차를 따른다면, 평화를 위한 그들의 증언이 받아들여지지 않을 것이라고 믿으면서 등록을 거부하였다. 또 다른 사람들은 군복무제도에 저항하기 위해 직접적이고도 극적인 행동을 택하기도 했다. 각 사람들은 다른 사람들의 결정을 존중하는 동시에, 또한 개인적으로 이 문제와 직면하여 성령께 응답하는 가운데 자신의 입장을 결정해야만 했다.

국가가 전쟁에 개입하지 않고 있을지라도, 우리 모두는 국가의 정책에 관하여 생각해 볼 기회를 가지게 된다. 그리고 궁극적으로 우리 모두는 최소한의 방법으로라도 정책형성에 참여하게 된다. 이는 특히 핵무기 같은 문제와 관련해서 더욱 그러하다. 수년 동안 우리의 생각은 구 소련에 대한 두려움과 우리가 그 나라보다는 더 강한 나라가 되어야 한다는 생각에 사로잡혀 있었다. 구 소련의 목적은 세계정복인 반면 우리의 목적은 세계안전이라고 믿어 왔다. 자신들이야말로 다른 나라들의 내정에 간섭하기를 원치 않고, 절대로 그들에게 먼저 공격적인 행동을 가하지 않게끔 조건지워진 것처럼 생각하고 의심하지 않았다. 지금 구 소련은 더 이상 위협적이지 않으며, 우리에게도 우리 자신들의 이러한 가정들이 얼마나 적합한 것이었나를 보다 주의 깊게 시험해 볼 수 있게 되었다.

출발에서부터, 우리는 인간의 조건에 대해 보다 현실적이지 않으면 안된다. 이는 특별히 우리가 살고 있는 세계 내의 죄의 영속성에 대해서 알고 있어야 할 것을 의미한다. 인간의 본성에 대한 앞서의 논의(제4장)에서, 비록 인간이 하나님의 형상대로 창조되었지만, 인간의 죄의 선택으로 그 형상이 일그러지게 되었고, 그 결과 우리가 항상 저주 아래 놓이게 되었다는 사실을 확인하였다. 그러한 선택이 개인적으로 이루어지지 않고 국가와 같은 단체들에 의해 연합적으로 이루어질 때, 문제는 훨씬 더 복잡한 양상을 띠게 된다. 라멕의 피에 굶주린 노래(창 4:17-24)와 함께 진행되는 문명화로의 거대한 행진에 대해 야훼문서의 기자가 나란히 기록하고 있는 구절은 기술의 발전이 인간의 본성의 변화를 수반하지 않는다는 사실을 보여 주고 있다. 더 강력한 무기들의 발달은 대량살상을 더 효과적이게 할 뿐이다. 가라지에 대한 예수님의 비유는 선과 함께 존재하는 영속적인 악에 대하여 동일한 관점을 보여 주고 있다(마 13:24-30). 이것은 역사가 진행되는 한 전쟁의 위험성이 항상 존재할 수 있음을 의미한다. 우리들은 전쟁의 발발이 불가능한 그런 세계를 만들어 낼 수는 없다. 우리는 분명히 국제관계가 개선되기를 바랄 수 있으며 특별한 문제들이 발생할 때마다 해결되기를 소망할 수 있다. 전쟁이 불가피한 위기에만 있는 것은 물론 아니다. 위기가 있는 곳에서 싸움을 피할 수도 있는 것이다. 그러나 하나의 위기가 해결되었다고 다른 위기가 발생하지 않는 것은 결코 아니다. 하나의 문제가 해결되면 또 다른 문제에 직면하게 될 것이다.

이렇게 우리는 핵무기의 제조가 전쟁을 다른 양상으로 변화시켰다는 사실을 알게 되었다. 과거에는 새로운 무기라는 것이 그저 살상을 더 효과적이게 하는 것이었지만, 그것을 통제할 수 있는 가능성은 여전히 남아 있었다. 심지어 비행기로부터 특정목표에 떨어진 폭탄도 제한된 지역 내에서만 죽이고 파괴시킬 수 있었을 뿐이었다. 폭격이 끝나면 피해도 끝나는 것이었다. 그것은 다른 지역, 다른 목표와는 상관없이 일정한 지역, 일정한 목표만을 파괴시킬 뿐이었다. 그러나 핵무기에 의한 파괴는 일차적인 폭발로 종결되는 것이 아니다. 그 영향력은 바람에 의해 먼 지역까지 퍼져 나갈 것이며, 다음 세대에 이르기까지 유전적인 영향력을 주게 될 것이다.

전쟁과 평화가 엄밀하게 구분되지 않고 있다는 사실이 우리들의 평화추구의 노력을 복잡하게 만들고 있다. 미국이 전세계에 있는 우방국가들 내의 군사기지를 모두 갖게 되면 과연 평화가 이루어질까? 다른 나라들은 자국의 영해라고 주장하지만, 우리가 공해라고 주장하는 지역에 우리 해군함정을 배치했을 때 평화가 찾아오는 걸까? 우리의 공군과 해군이 공해상에서 방어를 목적으로 다른 나라의 배와 비행기를 공격할 때 우리에게 평화가 찾아오는 것인가? 반란이 일어난 나라의 정부군에 인원과 장비를 지원할 때 평화가 이루어지는가? 아니면, 우리의 적대국인 경우에는 반군에게 지원하여야 평화가 오는 것인가? 특정국가를 상대로 경제적인 제재를 가함으로 평화가 이루어지는 것일까? 이와 같은 상황중 어느 것도 우리가 내려야 할 결정에 옳고 그름에 관한 기준을 제시하고 있다고 볼 수는 없다. 단지 이는 전쟁과 평화 사이의 구분이 항상 명료하지 않다는 사실만을 보여 줄 뿐이다.

세계상황은 더 강한 군사력만이 평화의 열쇠라고 하는 우리의 가정을 재평가할 것을 분명히 요청하고 있다. 이와 같은 가정이 어리석다고 하는 것에 대해서 브라운(Brown)은 1981년에 다음과 같이 언급한 적이 있다.

> '현실적'이려고 노력한다는 미명 아래, 우리는 현실을 있는 그대로 취급하고 있지 못하다. 우리는 인류를 12번이나 멸망시킬 수 있는 군사력을 가지고 있다. 우리는 그 능력을 15배나 16배로 향상시키기를 바라고 있다. 우리는 삼만 개의 핵무기를 무기고에 비축하고 있으며, 러시아는 최소한 그 절반에 해당하는 양의 핵무기를 가지고 있다고 본다. 우리는 무기생산과 밀접한 연관성을 가지고 살아가고 있는 군사관계자들이 더 많은 핵무기가 필요하다고 말하면, 군소리하지 않고 동의해 준다. 보다 많은 무기의 생산만이 우리들의 상황을 보다 안전하게 지킬 수 있다고 말하지만, 사실 우리가 만드는 무기는 우리의 상황을 보다 불확실하게 만들 뿐이다. (Making Peace in the Global Village, p. 62)

브라운은 "우리가 무기를 더 많이 생산하면 할수록, 우리는 덜 안전하게 된다. 그러므로 우리는 더 많은 무기를 만들어 낼 것이다"라고 하는 미치광이 논리에 기초하여 행동하고 있다고 결론을 내렸다. 우리는 이런 '재난 방지 처방'에 대해서 긍정하기를 거부함으로 미치광이 논리에 대응하여야 한다. "하나님의 뜻에 대해 우리가 무엇을 알고 있든지 간에, 지금 지상의 자녀들이 지구를 파괴시키고 서로를 살상하기를 재촉하고 있다는 것은 적어도 지구를 창조하신 하나님의 뜻이 아니라고 하는 사실을 신속히 확인할 필요가 있다" (p. 64).

오늘날 전쟁이 일어날 수 있는 가장 커다란 잠재성은 권력을 위해 절망적인 갈등을 계속하고 있는 제3세계 내에 있다. 분명히 중심권력이 이와 같은 위험상황을 장악하고 있지 못한 것으로 보여지고 있다. 최근 몇년간 서방국가들에 의해 착취당해 온 많은 민족들이 독립과 주권을 획득했다. 이런 나라들 중 대부분이 내전으로 인해 분열되어 있으며, 아시아, 아프리카, 라틴 아메리카에 있는 많은 나라들이 혁명의 와중에 있는 형편이다. 이 문제에 관해서 받아들여야 할 몇 가지 신념이 있는데, 그것들은 자유선거 속에서 다수의 국민들이 그들의 의사를 표현할 수 있고, 투표로 선출된 관리들이 유권자들의 최고 이익을 위하여 활동하며, 공권력은 정의의 편에 서야 한다는 것 등이다. 일부지역에서는 인종적 요소가 문제를 복잡하게 만들고 있다. 왜냐하면 소수의 백인들이 대부분의 소유와 권력을 장악하고 흑인들은 가난 가운데 살고 있기 때문이다. 미국의 과거역사와 현재의 상황에 비추어 볼 때, 대부분의 제3세계 사람들이 반사적으로 우리를 친절하고 자선을 베푸는 사람들로 여기지 않는다고 하는 사실은 결코 놀라운 일이 아닙니다.

제3세계 대부분의 나라는 아닐지 몰라도 가난은 현재 많은 나라들을 괴롭히고 있다. 많은 나라의 경우 자원이 거의 없고, 있다고 하더라도 그것을 개발할 기술과 자본이 부족한 상태이다. 결과적으로 세계의 3분의 2에 해당하는 인구는 기본적인 요구를 충족시킬 수 있는 음식을 먹어본 적이 없는 실정이다. 세계인구의 5분의 1에 해당하는 사람들이 세계자원의 5분의 4를 사용하고 있는데, 그들이 바로 백인들인 것이다. 가진 자와 가지지 못한 자들 사이에 이와같이 심각한 불균형이 계속되는 한 폭력도발의 가능성도 계속될 수밖에 없다. 대부분의 권리를 박탈당한 사람들에게 이런 불균형을 시정하기 위하여 폭력에 의지해서는 안된다고 설득하기란 그렇게 쉬운 일이 아니다. 이 경우 이와 같은 문제를 해결하기 위해 돈을 할당하는 것이 무기 제조를 위해서 돈을 쓰는 것보다 훨씬 더 도덕적이고 세계 평화에 더 큰 공헌을 하는 것이 아닐까?

제3세계의 절박한 필요를 채우기 위해서 보다 효과적인 방안들이 모색되지 않는 한 물리적인 폭력이 지속되는 것은 불가피할 것으로 보인다. 이런 방안들 가운데는 어떤 방법으로든지 우리들이 가지고 있는 부(富)를 세계의 나머지 국가들과 함께 나누는 방법을 포함시킬 필요가 있다. 긴급사태 시에 직접적인 구호활동이나 자원개발을 위한 기술적인 도움을 주는 형태를 취할 수도 있을 것이다. 장기적인 면에서는, 우리에게 좀 덜 편한 생활양식을 취할 수도 있을 것이다. 권력의 양도, 우리가 원하는 것이나 우리가 현명하다고 생각하는 것을 사람들이 행하지 않을 수도 있는 그런 모험마저도 포함시킬 필요가 있다. 그것은 우리의 원조를 받는 대가로 다른 나라 사람들에게 자기 의사 결정권을 포기하도록 요구할 수 없다는 것을 의미한다.

한 국가로서 우리가 이런 방향선회가 가능할까? 우리가 위임하고 있는 민주적인 절차는 사람들의 의사표현에 따라서 반응하는 가운데 정책과 절차를 바꿀 수 있는 가능성을 전제한다. 우리가 선출한 관리들은 우리의 신념과 희망에 대해 민감해야 하며, 그들의 공직 활동은 유권자들이 관심을 보이고 노력하는 일들에 의해서 영향을 받아야만 한다. 국가적 역점사업을 우리가 바라는 대로 모두 바꿀 수는 없더라도 얼마만큼은 그렇게 할 수도 있을 것이다.

또 다른 측면에서의 평화추구는 세계 공동체 의식을 양성하는 것이다. 공동체라는 것은 가까이 살아서 서로를 아주 잘 알고 지내는 사람들, 아주 친밀하게 지내서 서로를 돌보는 사람들, 서로 관련을 맺고 살아서 각 사람들이 다른 모든 사람들에게 영향을 끼치는 사람들의 단체를 말한다. 이렇게 설명된 대로 세계가 공동체를 이루고 있지 못하다면 그런 공동체가 속히 이루어지도록 해야 할 것이다. 위협적인 신 무기를 사용하고 있는 나라에서 느끼고 있는 전쟁에 대한 두려움에 의해서든, 제3세계 내에서의 폭력적인 혁명에 의해서 느끼는 두려움에 의해서든 우리들 모두는 이러한 공동체가 될 것을 요청 받고 있는 것이다. 전세계에 걸쳐 일어나고 있는 굶주림, 분노, 공포 그리고 탐욕을 보여 주는 뉴스매체를 통해서 우리는 이러한 사실을 뼈저리게 느끼고 있다. 과학기술 지식의 보급과 발전은 이런 사실을 더 용이하게 접할 수 있게 한다. 이는 사업이나 오락을 위해서 여행하고 타문화를 이해하기 위해서 배우는 사람들의 상호작용을 통해서도 표현되고 있다. 적어도 그리스도인들에게 있어서 더욱 중요한 것은 이와 같은 의미의 세계 공동체가 인류를 향하신 하나님의 목적에 헌신할 때 생기는 결과이기 때문이다.

공동체 의식의 양성은 실천적인, 심지어는 물질적인 관심을 포함한다. 이는 세계사람들로 하여금 그들의 국민적인 목표와 자결권을 성취하고 그들의 가난을 극복할 수 있도록 돕는 집중적인 노력을 요구한다. 이는 나라들 간의 관계를 조성하여 질서 있는 방식으로 차이가 해소되도록 할 것을 요구한다. 더욱이 이는 군비경쟁을 지양하고 전세계적인 인간의 기본권에 동참하는 것을 요구한다. 브라운의 말대로 평화의 구현이란 단지 전쟁에 휘말리지 않게 되는 것만을 의미하지 않는다.

> 평화를 추구한다는 것은 사람들에게 음식이 넉넉하고, 영양이 부족하거나 결핍되지 않고, 누군가가 자신을 납치하여 감옥에 가둘 것에 대한 공포가 없이 잠자리에 들 수 있고, 사회가 잘 조직되어서 어디를 가든지 식량이 충분하고, 국가나 세계의 정치가 안정되어서 모든 사람들의 필요가 충족되는 것을 포함한다(Peace in the Global Village, P. 14).

그리스도인들은 세계 공동체 개념형성을 위한 모델을 교회에서 발견한다. 이상적인 개념으로서 교회는 국가와 인종, 계급을 초월하는 하나의 세계 공동체인 것이다. 제한적이긴 하지만 교회야말로 바로 그런 것이다. 우리는 우주적인 복음을 선포할 뿐만 아니라 어느 곳에서든지 그리스도인들과의 연합의식을 갖고 있다. 교회에서 인종과 계급 그리고 민족에 의해 교회가 실질적으로 분열되어 있는 것을 보는 것은 유감스러운 일이며, 우리를 분리시키는 교리의 차이를 허용함으로 곤란을 겪고 있기도 하다. 그러나 신앙 안에서 우리는 하나로 묶여 있는 것이다. 세계평화 구현을 위한 출발점은 교회로 하여금 그 이상에 대해 보다 확고하도록 하는 것이다. 이렇게 하는 것은 그저 출발일 뿐 궁극적인 목적은 아니다. 그러한 출발점에서 우리는 세계의 분열에 도전할 수 있고, 구성원 중 어느 누구도 무시당하거나 배제되지 않는 세계 공동체를 위해서 일할 수 있는 것이다.

우리가 살고 있는 세계에 그리스도의 가르침이 유효하다는 것을 보여 주기 원하면서 니버(Reinhold Niebuhr)는 '불가능한 이상의 타당성'(the relevance of an impossible ideal)에 대해서 말했다. 아마도 세계 공동체의 이상은 비현실적일지도 모른다. 그러나 그 이상에 이끌려 움직일 때 우리는 보다 많은 실제적인 일을 할 수 있는 단계에 도달할 수 있을 것이다. 예를 들면 다음과 같은 것들이다.

1. 우리 자신들을 미국인, 백인, 부자, 또는 중산층이 아닌 세계 공동체의 일원으로 생각한다.
2. 국가적 차이를 비군사적인 접근방법으로 해결할 것을 촉구한다.
3. 세계의 재난지역을 위해 구조활동을 편다.
4. 제3세계 경제의 장기적인 발전을 위해 자원과 기술을 보급하는 데 협력한다.

5. 국내정책이 국외정책을 일방적으로 조정하도록 허용하기보다는 우리 정부가 국내외 정책에 기초하여 군사적 접근여부를 결정하게 한다.
6. 개인적인 차원뿐만 아니라 사회구조의 일부로 죄의 실체를 다룬다.
7. 인간의 문제를 항구적이게 하는 사회구조의 변화를 위하여 일한다.

이런 제안들이 곧 세계 속에 항구적인 평화를 구현하는 전략이라고 보지는 않는다. 그보다 이런 것들은 보다 나은 미래를 만들기를 소원하면서 그리스도인들이 현재의 문제를 다룰 수 있는 한 방법일 수 있다고 보는 것이다. 이 제안들은 탐욕, 불의, 불평등, 공포에 의해 찢겨지고 권력의 탐욕에 의해 조종되어 온 세계 안에서 그리스도의 제자로의 부르심에 대하여 우리가 응답할 수 있는 하나의 방법에 해당된다. 그리고 이 제안들은 하나님께서 우리들을 홀로 버려 두시기보다는 우리를 통해서 이 세계 안에 정의와 평화를 완성시키기 위해 일하신다고 하는 믿음에 기초하고 있는 것이다.

토론을 위한 질문들

1. 어떤 경우가 국가를 위하여 전쟁에 참여하는 것이 도덕적으로 옳다고 할 수 있는 것인가?
2. 1991년 쿠웨이트를 침략한 이라크 군을 몰아내기 위해서 미국의 주도하에 다국적군이 쿠웨이트에 입성하였다. 이러한 조치는 도덕적으로 정당화 될 수 있는가? 그 이유는?
3. 재래식 전쟁과는 판이한 핵전쟁의 도덕적 문제점은 무엇인가?
4. 1980년 9월, 전쟁준비를 막기 위하여, 다니엘(Daniel)과 베리간(Philip Berrigan) 그리고 여섯 명의 다른 사람들이 펜실베이니아에 있는 한 비밀 핵무기 공장에 침입하였다. 그리고 두 개의 비무장 탄두를 파괴하고 자신들의 피를 무기 위에 뿌렸다. 그들의 행동에 대해서 평가해 보라.
5. 과연 현실적으로 전쟁을 예방할 수 있을 것이라고 기대하는가? 이유는? 기대할 수 없다면, 그 이유는 무엇인가?

참고도서 목록

Brown, Robert McAfee. *Religion and Violence*, 2. Philadelphia: Westminster, 1987.

Council of Bishops of The United Methodist Church. *In Defense of Creation*. Nashville: Graded Press, 1986.

Hauerwas, Stanley. *Against the Nations*. New York: Harper & Row, 1985.

Hollenbach, David. *Justice, Peace, and Human Rights*. New York: Crossroad, 1988.

Long, Edward LeRoy, Jr. *Peace Thinking in a Warring World*. Philadelphia: Westminster, 1983.

National Conference of Catholic Bishops. *The Challenge of Peace. God's Promise and our Response*. Washington, D.C.: U.S. Catholic Conference, 1983.

Walters, James W. *War No More?* Minneapolis: Fortress, 1989.

제 14 장

노동, 소유 그리고 공동체

고용주들은 직원들을 뽑는 면접에서 다음과 같은 질문들을 하곤 한다. "무슨 자격증을 가지고 있습니까? 경력은요? 이전의 직장은 왜 그만두셨나요? 신원증명서는 있습니까?" 이에 대해서 지원자들은 "제가 할 일은 무엇인가요? 급료는 얼마나 되나요? 그밖의 유익한 점은 어떤 것이 있나요? 근로여건은 어떻습니까? 어떤 보장을 받게 됩니까? 진급의 기회는 어떻습니까?"라는 질문들을 할 수 있다. 이 모든 질문들은 서로 매우 중요한 것들이다. 그러나 어느 누구에 의해서도 도덕성에 관련된 질문에 대해서는 하지 않고 있음을 알 수 있다.

우리의 통제를 완전히 넘어서 있는 경제적인 힘이 우리 모두에게 심각한 영향력을 행사하고 있다. 주택의 저당권에 관련된 이자

비율이 사람들이 잘 이해하지 못한다는 이유로 수시로 변동하고 있다. 불과 20마일 떨어진 다른 마을보다 우리 마을의 가솔린 가격은 갈론당 5센트가 비싸다. 한 도시의 공장이 문을 닫게 되어 어쩔 수 없이 직장을 잃게 되는 때에도, 혹은 다른 도시에 새로운 공장이 생겨 새로운 고용이 창출되는 때에도 어떤 통제도 불가능하다. 증권시장이 곤두박질치면 단 하나의 주식을 가지고 있지 않은 사람들에게도 어떻든 간에 그 영향이 미치기 마련이다. 이와 같은 문제들은 매우 큰 관심거리가 아닐 수 없다. 그러나 이런 것들도 도덕적 문제가 되는가?

손님이 사려고 하는 물건 값을 결정하는 것은 무엇인가? 기업이나 산업은 소유주나 투자자들에게 이익을 남겨 주는 것 이외에 또 다른 관심을 가지고 있는 것인가? 무엇을 근거로 하여 하나의 기업이 쓰레기 처리문제를 결정하게 되는가? 오염물질을 공기, 토양, 물로 방출하는 것에 대한 기업의 결정근거는 무엇인가? 인간의 긴강에 해롭다고 알려진 생산품을 생산하고 배포한 기업의 도덕적 책임은 무엇인가? 이런 기업에 근무하는 사람의 책임은 무엇인가? 자신들의 고용인을 위하여 안전하고 건강한 작업환경을 제공해야 하는 기업들의 의무는 무엇인가? 위험에 처한 노동자들이 취할 수 있는 수단으로는 어떤 것이 있는가?

상대적으로 단순했던 초기 미국경제에서의 도덕적 요소들 역시 매우 단순한 것이었다. 대부분의 사람들은 자급농과 장인들이었고, 이들의 도덕적 책임은 근면한 노동과 어려울 때 서로를 도와 주는 것이 고작이었다. 1776년에는 어느 누구도 아담 스미스(Adam

Smith)의 "보이지 않는 손"(invisible hand)이론을 예상하지 못했었다. 그 이론은 모든 노동자들이 자신의 생산물을 위해 열심히 일을 한다면, 그 결과는 마치 보이지 않는 손이 전체 사회의 생산물을 위해 일하는 것과 같은 것이라고 설명한다.(*An Inquiry Into the Nature and Causes of the Wealth of Nations*, Book V, Chap. II). 그러나 오늘날 우리 고용인들은 주식시장, 근동에서의 전쟁, 남아프리카 정부, 미국에 대한 일본의 투자에 의해 심각한 영향을 받고 있는 실정이다. 우리의 안전은 실업률, 노동자와 경영자 사이의 문제들, 산업발전, 국제정치와 같은 것들과 밀접히 연관되어 있다. 이런 환경 속에서 어떻게 도덕적 책임을 논할 수 있을 것인가? 근본적으로 비인간적인 체제 내에서 책임적인 그리스도인들은 어떤 역할을 해야 하는가?

그럼에도 불구하고 그리스도인들은 경제질서 안에 있는 도덕적 책임에 대해 논의하지 않을 수 없다. 심지어 경제(economy)라는 단어의 기원도 이런 필요에 대해서 말해 주고 있다. 경제는 헬라어로 '가족'이라는 뜻을 가진 '오이코스'(oikos)와 '법', '규칙', 또는 '경영'이라는 의미의 '노모스'(nomos)에서 나온 말이다. 따라서 경제라는 말은 문자적으로 '가족경영의 질서'를 의미한다. 가족은 그 안에서 사람이 기본적인 필요를 충족시키기 위해 활동하는 범위이다. 이제 가족이란 단지 어떤 한 사람의 직계가족들만이 아니라 그 사람이 관련된 보다 더 광범한 공동체를 의미하고 있다. 이 대가족 체계에 대한 관리는 인간가족이 곧 하나님의 가족인 만큼 근본적으로 종교적인 여건이 된다. 하나님의 '노모스'(nomos)는 음식, 옷, 거주를 위한 인간의 필요와 함께하는 활동을 지향한다.

정확히 말해, 기독교적이라고 부를 수 있는 경제원리란 없다. 성경이 비록 경제문제에 커다란 관심을 보이고 있긴 하지만 어떤 면에서도 이론을 다루고 있지는 않은 것이다. 기독교는 자본주의나 사회주의, 또는 어떤 다른 경제체제와도 동일시 될 수 없다. 성경의 원리는 보편적으로 적용가능한 것이다. 그러나 그리스도인들은 그들의 신앙에 기초하여, 경제체제를 평가하고 그것들의 시행을 적절하게 비평하기도 한다. 더군다나 그리스도인들이 자신들이 살고 있는 체제에 대해 다음과 같은 질문을 하는 것은 오히려 당연한 일일지도 모른다. 이 구조 안에서 우리는 어떻게 도덕적으로 행동할 수 있을까? 우리의 행동방식을 바꾸기 원할 때 어떻게 해야 하나? 창조질서를 위하여 현 체제를 더 정의롭고, 더 봉사적이고, 더 정중하게 만드는 방법은 무엇인가? 모든 하나님의 가족 구성원들에게 우리의 관심의 범위가 미치도록 할려면 어떻게 해야 하나?

콘텍스트: 자본주의

미국 안에서 지배적인 경제체제는 세계의 많은 다른 나라들에서와 마찬가지로 자본주의, 혹은 자유기업 체제이다. 이것은 고전적인 의미에서의 자유주의를 뜻하는 것이 아니다. 왜냐하면 산업혁명 이후, 급격한 변화를 거쳐 민주 자본주의, 복지 자본주의, 인민 자본주의, 통제 자본주의, 독재 자본주의 등의 수식어가 붙여진 자본주의가 등장해 왔기 때문이다. 아마 보다 더 정확한 용어는 혼합경제 (*mixed economy*)라고 하는 말이 맞을 것이다. 그러나 경제체제가 변화하였거나 변화하고 있는 동안에도 기본이념에는 커다란 변화가 없었다.

고전적 의미에서, 자본주의는 생산수단, 분배수단, 교환수단의 사적 소유 그리고 최소한의 정부 규제와 개인 주도적인 계획하에 이런 수단들의 사용과, 사적 이윤추구를 위한 공개 경쟁 등으로 정의된다. 자본주의 체제는 네 개의 중요개념에 기초한다. 첫째는 사적 재산의 소유권리이다. 재산이란 땅, 기계, 집과 같은 것뿐 아니라 생산과 분배도구를 포함하는 개념이다. 소유권은 단지 다른 사람들의 권리를 침해하지 말아야 한다는 엄격한 조건하에, 재화를 만들기 위해 어떤 도구를 사용할 것인지를 결정할 권리를 포함한다. 소유권과 관련된 몇 가지 도덕적인 문제들은 재화의 사용과 획득에 있어서 법적인 것 외에 다른 제한들이 있는지의 여부에 초점이 맞추어져 있다. 흔한 경우, 막대한 자본과 권력이 소수의 사람들의 손에 집중되어 있을 때 이 문제는 더욱 복잡하게 된다. 더구나 소유권이 개인이 아니라 단체에게 집중되어 있을 때 문제는 더 복잡한 양상을 띠게 된다. 그러나 이렇게 복잡한 양상은 개인들의 재화 소유권리를 이상과는 달리 매우 제한시키게 된다. 이런 것들은 오히려 문제의 근원적인 해답을 찾는 것을 더 어렵게 만들 뿐이다.

자본주의의 두번째 기초개념은 자유기업, 즉 정부에 의해서 간섭받지 않고 자신의 관심분야에서 이윤을 추구할 수 있는 자유에 있다. 정부의 개입은 다른 사람들의 권리를 보호할 필요가 있을 때에 시작된다. 이 개념은 모든 사람들이 본래부터 자신의 이익을 추구할 권리가 있으며, 이 권리는 전적으로 합법적이라는 전제에 근거한다.

한 사람이 가능한 많은 돈을 버는 것과 그의 선택에 따라 돈을 쓰는 것은 자유라고 한다. 가장 극단적인 경우, 이 관점은 정부의 제한이 최소화되어야 한다고 주장한다. 오늘날에 와서는 극소수의 사람들만이 "최소한의 정부가 최고의 정부"라는 격언에 동의하고 있을 뿐이다. 왜냐하면 우리가 범죄, 외적의 침입에 대한 방어, 의무교육, 생산품의 최소한의 질 등에 대한 보증을 위해서 정부의 규제를 절실히 필요로 하고 있기 때문이다.

세번째 개념은 생산, 생산품의 분배, 서비스에 대한 경쟁이다. 자본주의는 긴 안목으로 볼 때, 모든 사람들을 위한 최상의 결과는 자유경쟁에 의존하고 있다고 가정한다. 구매자들과 판매자들 사이의 경쟁은 결국 상품의 질, 가격안정, 임금결정 그리고 생산품의 종류를 통제하게 될 것이라고 본다. 이런 관계 속에서, 오늘날 경쟁의 가장 큰 위협적 요소는 정부가 아니라, 작은 기업을 합병하거나 그런 기업들이 사업을 하지 못하도록 막아 사실상 독점하고 있는 거대기업들에게서 발견된다.

네번째 자본주의 원리는 경제체계 안에서 이윤추구의 동기가 가장 효과적인 자극제가 된다는 것이다. 각자를 열심히 일하게 만드는 개인소득에 대한 공통된 소망은 양질의 상품과 서비스를 생산하도록 커다란 협동체를 만들게 한다고 본다. 즉 사람들은 자신들의 유익을 위해서 열심히 일하게 된다는 것이다. 여기서 한 개인의 성공이나 기업의 성공은 소득이라는 용어로 가늠되어진다. 일반적으로 사용하는 용어인 '하한선'(the bottom line)이라는 말은 다른 요소들도 중요하지만, 모든 경제활동에서 결정적인 요인은 이윤의 크기라는 것을 시사한다.

　　자본주의 철학은 인간이 각자의 이익을 추구하기 위하여 자동조절 체계의 틀 안에서 자신들의 경제활동을 기본적으로 통제할 수 있고, 통제하는 이성적인 피조물이라고 가정한다. 이 체제는 모든 사람들의 필요에 부합하여 자원을 가장 적절하게 분배하게 된다고 본다. 소비자의 욕구가 생산품의 종류와 가격을 결정하게 된다. 노동자의 임금도 마찬가지로 결정된다. 생산품의 질적 향상과 생산성 효율도 마찬가지로 자극받게 된다. 자본주의 체제 스스로가 모든 기본적인 필요를 충족시키는 자극과, 효율성의 증대, 무능력자의 소외, 그리고 능력자의 보증을 제공하기 때문에 외부의 중재는 필요 없다는 것이다.

　　미국에서 지배적으로 변형된 자본주의는 정부의 막대한 제한과 규제를 수반하고 있다. 우리의 안녕에 필수적인 것이라면 정부가 필요한 조치를 취하는 것이 요구된다. 즉 정부는 국가방위, 법 집행, 모든 사람들에 대한 의무교육 등의 책임을 지닌다. 또한 사기업이 할 수 있는 어떤 기능들도 국가가 책임을 질 때에 더 유익하다고 믿고 있다. 예를 들면 도로의 건설과 유지, 우편배달, 자신들의 필요를 충당할 수 없는 사람들에 대한 재정적 지원 등이 그러하다. 우리는 원래부터 독점기업들에 대한 정부의 규제, 사업과 직업에 대한 최소한의 기준에 대한 정부의 통제 그리고 위기와 재난 시에 개인과 사업에 대한 정부의 지원이 있어야 된다고 본다. 다른 말로 하면, 우리는 경제기능을 전적으로 개인의 손에 맡기는 것이 어리석은 일이라는 것을 알게 된다. 반대로 정부의 손에 너무 거대한 힘이 집중되는 일에 대해서도 신중해야 한다. 그러므로 우리는, 한편으로는 사기업의 원리를 고수하면서, 다른 한편으로는 전적으로 공공부문에 관한 공적인 조절기능의 원리를 지지하는 혼합된 체계를 지지하고 있는 것이다. 이렇게 두 가지로 구별되는 영역 사이에서, 공과 사의 분담기능, 즉 어느 정도는 정부가 행해야 되는 기능이 있고, 일부는 사기업이 수행해야 할 기능, 그리고 자원그룹의 활동에 의해서 담당할 영역이 있다고 보는 것이다.

소유에 대한 기독교적 견해

재산의 소유는 사회에 의해 정의된 하나의 권리이다. 사회질서가 역사를 통해서 상당히 달라져 왔기 때문에, 소유권의 의미와 한 개인이 사유재산이라고 주장할 수 있는 물건의 종류에도 매우 다양한 변화를 겪어 왔다. 고전적인 자본주의에서는 한 사람이 법적 권리를 얻을 수 있는 모든 재산에 대한 권리와 자기가 원하는 무슨 방법으로든지 그 재산을 사용하거나 폐기할 수 있는 권리를 당연한 것으로 여겼었다. 우리 경제체제 안에서는 사회의 보다 큰 유익을 위해 일정한 재산의 소유권과 사용에 대해서 일부 제한을 하고 있다. 바로 이런 제한 내에서, 우리들의 경제체제가 사유재산에 대한 개념을 설정하고 있는 것이다.

비록 성경이 어떤 경제이론을 가르치고 있지는 않지만, 우리들의 경제적 책임을 평가하는 데 적용할 수 있는 재산에 대한 관점은 나타나고 있다. 재산에 대한 성경적 개념의 핵심에는 궁극적으로 모든 것이 하나님께 속한 것이라고 말하고 있다. 시편기자는 소유권에 대한 모든 진술을 강조하는 확신 있는 목소리로 "땅과 거기 충만한 것과 세계와 그 중에 거하는 자가 다 여호와의 것이로다"(시 24:1)라고 말했다. 그러므로 적절한 결론은 인간이 재산을 절대적으로 소유한 것이 아니라 단지 신뢰 가운데 맡겨진 것이라고 하는 것이다. 사람들은 단순히 재산의 임시관리를 넘어서 그들이 만든 재산의 사용에 관해 하나님께 책임을 가져야 한다.

그런 관점에서 구약은 재산의 사적 소유권에 대한 개념을 지지하고 있다. "도적질하지 말라"(출 20:15)는 계명은 이 권리에 대한 기본적인 보호이다. 심지어 사고에 의한 피해일지라도 다른 사람들의 재산에 가한 피해를 보상하도록 하는 율법의 많은 부분들이 소유권을 지지하고 있다. 그리고 상속법은 사적 소유권을 당연한 것으로 간주하고 있다. 예언자들이 부자, 심지어 귀족들까지도 비난하고 있는 것은 사적 소유권 때문이 아니라, 그들이 다른 사람들의 소유권을 침해했기 때문이며, 다른 사람들의 필요를 무시했기 때문이다.

예수님은 도둑질과 사기를 금하셨다. 그분은 직무상의 부당한 이득을 취하는 사람들을 비난하셨다. 그는 부당한 방법으로 축적한 부를 저주하셨고, 회개의 증거로 부정하게 얻은 재물을 돌려주는 것에 대하여는 칭찬을 하셨다. 그러나 소유권에 대한 강조보다는 재물의 사용에 관한 책임에 관하여 훨씬 더 많은 이야기를 하셨다. 그분은 사람들의 재물의 사용방법에 대해 하나님께 책임 있는 사람들, 즉 재산을 맡은 '청지기'라고 불렀다(마 25:14-30; 눅 19:11-27). 사람들이 재산을 자신들의 필요를 충족시키는 데 사용하는 것이 적절한 것임을 암시하고 계시지만, 재물을 가난한 자들과 의지할 데 없는 사람들과 함께 나누어야 할 것에 대해서는 보다 직접적으로 가르치셨다 (마 6:3; 25:31-46; 눅 18:22). 비록 이사야에서 인용된 말씀이 직접적으로 재물에 대해 언급하고 있는 것은 아니지만, 그 말씀은 그분의 사역이 다른 사람들의 필요에 초점이 있음을 보여 주고 있다.

> 주의 성령이 내게 임하셨으니 이는 가난한 자에게 복음을 전하게 하시려고 내게 기름을 부으시고 나를 보내사 포로 된 자에게 자유를, 눈먼 자에게 다시 보게 함을 전파하며 눌린 자를 자유케 하고(눅 4:18)

더구나, 예수님은 정부(마 22:21; 막 12:17; 눅 20:25)와 종교제도(마 17:24-27; 막 12:41-44; 눅 21:1-4)의 보조책임과 호의를 표시하기 위해서 돈을 쓰는 것의 적법성을 인정하셨다(막 14:3-9; 요 12:2-8). 다른 말로 하면, 재산은 사람들이 하나님의 자녀로서 이 세상에 살며, 사역하는데 필요한 하나의 도구라는 사실을 그분은 인정하셨던 것이다.

동시에, 예수님은 재물의 위험성에 대해 경고하셨다. 그는 재산이 안전을 보장해 준다고 하는 거짓 가르침(눅 12:19-21), 재물을 포함하여 다른 사람들의 필요에 대한 무감각(눅 16:19-31), 그리고 복음서가 금지하고 있는 "재리의 유혹과 기타 욕심"(막 4:19)에 대해 경고하셨다. 재물에 대한 열망은 모든 다른 생각들을 몰아내기 때문에, 예수님은 그분의 제자들에게 '땅'보다는 '하늘에 보물'을 쌓아 두라고 강조하셨다(마 6:19-21).

　그분의 가장 극단적인 언급은 다음과 같은 경고이다. "약대가 바늘귀로 들어가는 것이 부자가 하나님의 나라에 들어가는 것보다 쉬우니라"(마 19:24).

　초대교회는 다양한 방식으로 표현되었던 공동체, 서로에게 속함, 서로에 대한 책임감에 대한 의미를 알고 있었다. 가장 두드러진 사건은 예루살렘에서 교회의 회원들이 재산을 공유한 것이었다(행 2:44-45; 4:32). 비록 이런 삶의 양식이 뚜렷하게 오랜 동안 지속되거나 다른 지역에 있는 교회들까지도 확대되지는 않았지만, 전체 신앙 공동체의 책임감에 대해서 심도있게 표현하고 있다. 공동체에 대하여 동일한 의미를 보여 주고 있는 다른 부분, 이를테면 청지기 직분, 가난한 사람들을 돌보는 방향, 그 목적을 위해서 헌금을 모으는 것 등이 에베소서 등에서 빈번하게 언급되고 있다.

　재물에 대한 성경의 가르침을 네 개의 개념으로 요약할 수 있겠다. 첫째, 사람들은 개인재산을 소유할 권리가 있다. 이 권리는 매우 중요하다. 왜냐하면 재산관리는 인간이 자신의 본성을 표현하고 하나님과의 관계를 표현하는 가장 중요한 방법이며, 한 사람의 재산은 자기 자신의 한 연장 부분이라고 할 수 있다. 둘째로 사람들은 재산을 획득하는 방법과 그것을 사용하는 방법에 관해서 하나님과 사람들에 대하여 책임감을 지닌다. 즉, 창조세계 전체 배경 속에서, 하나님의 목적에 가장 부합하는 방법으로 재산을 관리해야 하는 의무가 있다. 셋째, 한 사람이 실제로 필요한 것 이상의 재산을 획득하고 간직하는 것은 커다란 영적 위험을 수반한다. 넷째, 재산을 얻기 위해 활동하는 사람은 그렇게 할 수 없는 사람들을 도울 책임이 있다.

노동에 대한 기독교적 견해

비록 자연이 기본적인 물질을 공급하고는 있지만, 사람들은 그것들을 모으고 살아가는 데 필요한 것들과 삶을 윤택하게 하기 위하여 변형시키지 않으면 안된다. 성경은 이와 같은 현실을 창조질서와 그 안에 있는 인간의 위치를 위한 하나님의 계획이라는 용어로 해석하고 있다. 전(older) 창조 이야기는 "여호와 하나님이 그 사람을 이끌어 에덴동산에 두사 그것을 다스리며 지키게 하시고"(창 2:15)라고 말한다. 종종 인간의 죄 때문에(창 3) 노동이 고된 것이긴 하지만, 선택적인 것은 결코 아니다. 더욱이 노동과 그 보상 사이에는 분명한 연관성이 있다. "일꾼이 그 삯을 얻는 것이 마땅하니라"(눅 10:7)고 예수께서 제자들에게 말씀하실 때, 그분은 하나의 대중적인 속담을 인용하신 것이다. 제자들의 책임을 강조하시면서, "거두는 자가 이미 삯도 받고"(요 4:36)라고 그분은 말씀하셨다. 데살로니가 교회에서 발생했던 문제를 다루면서, 바울은 "누구든지 일하기 싫어하거든 먹지도 말게 하라"(살후 3:10)고 제안하였다. 심지어 임박한 종말에 대한 믿음도 노동의 중지를 정당화하지 못한다.

우리들은 자신들이 하는 일의 종류에 의해서 자신들을 규정하는 경향이 있다. 직업이 무엇이냐 하는 질문에, 우리는 보통 "나는… 이다"라고 대답한다. 성경의 인물에 대해서도 그런 방식으로 알고 있다. 우리는 예수님은 목수로, 베드로는 어부, 마태는 세리, 바울은 천막 제조업자, 루디아는 상인으로 알고 있다. 우리는 심지어 어떤 사람들의 성격을 목자, 백부장, 제사장, 간수와 같이 단지 그들의 직업을 통해서 알고 있다. 성경은 직업이 아닌 다른 것들에 대해서도 관심을 갖고 있긴 하지만, 동시에 어떤 사람이 누구인가는 그의 직업이 말해 준다는 점을 반영하고 있기도 하다. 베이커, 스미스, 조이너, 파머 등 우리가 가지고 있는 많은 성은 우리 조상들의 직업에서 기원한 것이다. 직업과 실존 사이의 이와 같은 밀접한 관련성은 노동이 단지 한 사람의 생계수단만이 아니라는 인식을 포함하고 있다. 즉 노동은 한 사람이 완전한 인간으로 발전하게 되는 수단이기도 한 것이다.

직업이라는 단어는 종종 생계를 유지하기 위한 일생 동안의 일로 일컬어지곤 한다. 이 단어는 직접적으로는 '길 또는 경주코스'라는 의미를 지닌 불어로부터 왔으며, 간접적으로는 '마차'라고 하는 라틴어에서 유래했다. 그것은 직업이 우리가 일생 동안에 가야 하는 길, 또는 일생 동안 우리 자신이 타고 가야 할 수단이라는 뜻이기도 하다. 일반적으로는 거의 사용하지 않지만 현재 기독교적 관점에서 보다 적절하게 사용하고 있는 용어로서 '사명' 또는 '소명'이 있다. 이 용어는 현재 우리의 직업은 하나님의 부르심에 대한 응답이라는 의미를 가지고 있다. 성경에서는 보통 이 용어가 신앙생활로 이끄시는 하나님의 부르심을 의미하곤 한다. 예를 들면, 어떤 잘못으로 인해 고린도 교인들을 책망하는 가운데, 바울은 고린도 교인들에게 그들의 부르심을 상기시키고 있다(고전 1:26). 우리 삶 속에서의 일상적인 일의 중요성 때문에, 기독교 전통에서는 우리가 생계를 위해 하는 일이 하나님께 대한 우리의 응답의 일부분이라고 주장하여 왔다. 어떤 그리스도인들에게 이는 하나님께서 그들로 하여금 해야 할 일로 인도하셨다는 믿음에 기초하여 그들의 직업을 선택했음을 의미하기도 한다. 이는 또한 다른 사람들에게 그들의 직업이 하나님을 섬기는 한 방법이라는 의미를 주기도 한다. 조지 토마스(George Thomas)는 "소명에 대한 개신교 교리에 따르면, 어떤 직업에 대한 한 그리스도인의 지배적인 동기는 사랑 가운데 이웃을 섬김으로써 하나님을 섬기는 것이다"라고 말하였다(*Christian Ethics and Moral Philosophy*, p. 319).

비인격적 경제질서 내에서의 개인문제

우리들의 경제체제 내에서 한 그리스도인으로 살기를 원하는 사람은 매우 다양한 문제에 직면하게 된다. 첫번째로 직면하게 되는 것은 자본주의의 핵심이 되는 개념이다. 우리는 자본주의야말로 이윤추구의 동기를 경제활동을 자극하는 데 가장 효과적인 것으로 가정한다고 말했었다. 이것은 우리들 각자가 우리의 필요를 채우며, 가장 유익할 것이라고 생각하는 일을 하고, 궁극적으로는 우리 자신들에게 전적으로 책임이 있다는 것을 의미한다. 돈을 벌기 위해서 사업을 하지 다른 사람들의 필요를 채우기 위해서 하지는 않는다. 비록 이윤추구의 동기가 억제되지 않은 경쟁을 의미하지도 않지만, 우리의 필요와 욕구를 벗어난 것에 대해서는 책임이 없다는 것을 의미하지도 않으며, 그것은 단지 우리들의 소유본능에 대한 기본적인 호소를 의미할 뿐이다. 그리스도인들은 이런 호소와 이웃을 내몸과 같이 사랑하라는 그리스도의 명령 사이에서 긴장을 느낀다. 우리의 신앙은 자기 중심성이 죄의 본질이라고 가르침을 받고는 있지만, 동시에 우리는 이웃의 선이 아니라 우리 자신들의 선을 먼저 구하라고 요구하는 사회 내에서 살고 있는 것이다.

두번째 문제는 사명의 의미를 주장하는 것이다. 어떤 직업들, 예를 들면, 의료부문, 교육과 사회복지부문 등의 직업들은 직접적으로 그리고 즉시로 다른 사람들에게 유익을 가져다 주기 때문에, 하나님을 섬기는 방법으로 쉽게 간주될 수가 있다. 배관, 도로건설, 이론 연구, 통계분석과 같은 직업은 간접적이기는 하지만 궁극적으로 동일한 의미로 해석될 수 있다. 타이핑이나 서류정리, 고고학 연구 등과 같은 많은 일들은 사명과는 거리가 있어 보일 수도 있다. 따라서 어떤 사람들은 직업을 통하여 하나님께 응답하고 있다는 사명감에 대한 의식이 있을 수 있으나 아마도 대부분의 사람들은 그들의 신앙과 직업 사이에 어떤 실제적인 연관성도 발견하지 못하고 있을지도 모른다.

세번째는 다수의 노동력이 산업현장에서의 비인격적인 일의 특성을 들 수 있겠다. 기계적인 일, 단순한 기술 그리고 단순한 생각을 요구하는 대량생산 기술은 노동자가 전인격체로 활동하는 것을 허락하지 않는다. 전형적인 표현을 빌리자면, 사람들은 그저 단순히 일하는 '손'(hands)으로 간주될 뿐인 것이다. 최상의 노동조건과 최고의 임금을 지불하는 가장 호의적인 공장주도 그런 기계적인 일의 비인격성에 대해서는 아무런 대책도 없는 실정이다. 기독교 신앙의 중심개념은 개인의 가치이다. 그것은 각 사람을 도구나 대상이 아니라 전 인격체로서 취급할 것을 요구하는 개념이다.

네번째 문제는 직업의 선택에 관한 것이다. 이 개념은 자유의지와 선택능력에 대한 기독교의 이해와 맥을 같이한다. 이것은 또한 사람들이 자기가 되고 싶고 또 하고 싶은 일을 선택할 수 있는 자유민주주의의 관념과도 일치하는 것이다. 그러나 문제는 우리에게 주어진 기회가 제한된다는 사실이다. 제한된 교육기회를 가진 젊은이들은 광범위한 선택의 기회를 갖지 못한다. 또한 일거리가 거의 없을 때, 가족부양의 책임으로 하는 수 없이 사람들이 한꺼번에 일자리를 찾으려 할 때에 특정지역에 사는 사람들도 혹은 제한을 받을 수밖에 없다. 그들은 가족이나 친구들의 기대에 의해, 그리고 대중들이 이름있거나 매력적이라고 판단하는 직업에 의해 제약을 받기도 한다. 평범한 생각과 역할기대에 의해서, 개인의 안전추구, 성공에 대한 사회적 압력에 의해서도 직업선택에 제약을 받는다. 사람들은 추상적으로 직업을 선택하는 것이 아니라 선택의 폭이 매우 좁은 환경 가운데 직업을 선택하고 있는 것이다.

다섯번째 문제는 많은 사람들이 인격적으로 무감각한 일의 노예가 된 자신들을 발견한다는 것이다. 이것은 무분별한 결정, 힘든 일에 대한 준비 부족과 전혀 흥미를 느끼지 못하는 직업선택의 결과이다. 이는 일이나 사람에게서 성취가능하다고 판단한 것으로부터의 실패로 인한 좌절을 경험하거나, 또는 진보나 성취라는 측면에서 막다른 골목에 도달했다고 느낀 결과일 수도 있다. 또한 서로 잘 맞지 않는 사람과 일을 하거나 화나게 하는 일, 또는 생각이나 가치가 충돌할 때에도 일의 노예가 된 자신을 발견하게 된다. 이유야 어떻든 간에 많은 사람들은 자신들의 일에서 만족을 느끼지 못하고 있는 형편이다. 그들은 만족할 만한 일을 찾지 못하고 있는 것이다. 만일 그들이 직업을 바꾼다면, 다시 처음부터 시작해야 할 것이다. 사람들은 개인적인, 혹은 가족에 대한 책임 때문에 현재의 직업이 보장해 주는 재정적인 안정에 굴복하지 않을 수 없는 것이다. 이런 상황 가운데서는, 자유선택의 장점을 올바르게 인식하기가 어렵다.

여섯번째 문제는 미심쩍은 행동을 요구하는 직업과 관련된 것이다. 상업에 종사하는 많은 사람들은 그들이 취급하는 상품의 질이 낮다고 하는 것과 광고의 내용이 과장되다고 하는 사실을 알고 있다. 일부 세일즈맨들은 소비자들이 필요하거나 살 만한 여유가 없는 물건을 팔려고 설득한다. 경영자의 위치에 있는 사람들은 비정상적으로 운영하고 있는 회사의 노동정책을 발견할 수도 있다. 교사는 학생들이나 공동체 전체의 최상의 이익에 반한다고 생각되는 학교 정책을 지지해야만 할 때도 있다. 변호사, 의사, 기술자, 사회복지사 등 모든 종류의 직업에 종사하는 사람들이 자신들을 위해 준비해 왔고, 그들의 성공이 관련된 바로 그 체제의 기본적인 결함을 알게 되기도 한다. 그들이 직업을 바꾸어야만 한다고 주장하는 것은 너무 단순한 답이다. 그들은 직업을 위해 시간과 돈을 준비해 왔고 이미 지금까지 그들이 매력을 느끼는 직업에 종사해 왔던 것이다. 그럼에도 불구하고 그들도 한 부분이 된 체제의 요구 때문에 고통받고 있는 것이다.

비인격적 경제질서 내에서의 사회문제

　　가장 자본주의화된 나라인 미국의 국민들은 세계에서 가장 풍요로운 삶을 즐기고 있다. 주택, 음식, 옷뿐만 아니라 삶의 질을 높여 주는 '특별한 것'들에 있어서, 미국인들은 자본주의가 아닌 다른 나라들과 비교하여 풍요를 즐기고 있는 것이다. 그러나 이러한 성공으로 말미암아 우리 사회 안에 있는 도덕적 문제들을 진지하게 다루지 않아서는 안된다.

　　첫번째 가장 분명한 문제는 부의 불공평한 분배이다. 물론 '불공평'이라는 말은 단순히 부가 균등하지 않게 분배된다는 것을 의미하지는 않는다. 게으른 노동자보다는 근면한 노동자에게 더 많은 임금을 주는 것을 불공평하다고 하지는 않는다. 준비성, 근면성, 효율성, 성실성에 대해 상응하는 보답은 적절한 것이라고 본다. 그리고 전체 사회의 안녕에 중대한 공헌을 한 일을 높이 평가하는 것도 합당한 일이라고 본다. 사람들의 능력은 다 같지 않고, 그에 대한 준비도 다르다. 그들은 똑같이 노력하지도 않고, 동일한 사물을 똑같이 평가하지도 않는다. 부의 공평한 분배는 이런 여러 가지 요소들을 고려한 가운데 설명되어야만 한다. 그러나 불행하게도, 우리의 경제체제 안에서, 사람들은 그들에게 합당한 대가를 거의 받지 못하는 수가 발생하고 있는 것이다. 많은 사람들이 변경 불가능한 계약서에 따라서 급료를 받고 있기도 하다. 임금은 종종 고용 가능한 노동자의 수나 지원자의 수, 또는 관습에 따라 결정되기도 한다. 어떤 사람들의 임금은 그들이 남자인지 여자인지에 따라, 흑인인가 백인인가에 따라, 혹은 나이에 따라서도 영향을 받는다. 다른 말로 하면, 일의 수행 능력보다는 다른 많은 요소들이 임금결정에 관련되어 있다는 것이다.

그러나, 불공평한 분배의 문제는 임금문제보다 훨씬 더 복잡하다. 우리의 자본주의 경제체제는 상대적으로 소수의 개인과 기업들의 막대한 부의 축적을 허용하고 있다. 자본주의 체제 안에서 부는 곧 힘을 뜻하기 때문에, 부유한 사람들은 종종 다른 사람들의 삶을 지배한다. 예를 들면, 상대적으로 소수인 사람들이 에너지 자원과 통신매체를 조정할 수 있다. 공공 수송기관, 자동차의 생산, 식량의 매매, 무기제조도 마찬가지이다. 회사의 이익을 증대시키는 것이 직무인 간부들은 수천 명의 사람들에게 일자리를 제공하는 생산설비의 폐쇄를 결정하고, 다른 지역사회로 이전을 결정하며, 다른 기술을 필요로 하는 새로운 제조공법의 도입을 결정하기도 한다. 그들이 사람들에 대해 매우 호의적이든지 아니면 무감각하든지 간에, 자본주의는 기업의 간부들에게 노동자들의 삶에 어떤 영향을 주는가를 문제삼지 않고 기업의 이익을 추구하는 측면에서 행동하도록 요구한다.

불공평한 분배에 대한 또 다른 관점은 우리 인구 중 많은 부분에 해당하는 가난한 사람과 관련된 것이다. 물론 가난은 상대적인 용어이며 정의하기도 어려운 용어이다. 그러나 미국의 공식통계에 따르면, 우리는 터무니없는 문제로 놀라지 않을 수 없다. 미국 상무성의 조사에 따르면, 1990년 현재, 미국 전체 인구의 약 13.5%에 해당하는 3360만 명의 사람들이 극빈자 생활을 하고 있다. 1991년 현재,

노동인구의 6.7%에 해당하는 8백만 이상의 사람들이 실업상태이다. 이것은 상당히 많은 사람들이 열악한 식사, 주거환경 그리고 피복상태에 놓여 있다는 뜻이다. 또 다른 상당수의 사람들은 가난한 수준이거나, 아니면 겨우 그것을 벗어난 수준의 생활을 하고 있다. 미국이 지니고 있는 거대한 부에도 불구하고, 이 문제를 적절하게 다루는 방법을 발견하지 못하고 있는 것이다.

첫번째 문제와도 깊이 연관되어 있는 두번째 도덕적인 문제는, 막대한 경비지출을 요구하는 공공기관이나 사회보장 서비스와 제도의 이용이 매우 제한되어 있다는 사실이다. 노동자는 임금을 받아야 하고, 편의시설들이 세워지고 유지되어야 하며, 공급물량은 소비되어야 한다. 여기에 소요되는 비용은 보통 수익자 부담원칙으로 충당된다. 문제는 바로 여기에 있다. 우리는 모든 사람들이 이런 서비스를 받을 권리가 있다고 가정한다. 그리고 모든 사람들이 이를 누리도록 노력한다. 그러나 이런 서비스에 대한 비용을 지불하기 어려운 사람들에게까지 혜택을 줄 수 있는 공정한 방법을 발견하지 못하고 있는 것이다. 이것은 단지 가난한 사람들의 문제일 뿐만 아니라 위기를 극복할 능력 없이 하루 소득으로 근근히 살아가는 사람들의 문제이기도 하다. 문제는 서비스를 받는 것과 이를 위해서는 오히려 많은 돈을 지불해야 되는 관계인 것이다.

이러한 문제들 중 하나는 건강관리 서비스의 분배에 관한 것이다. 일차적으로, 매우 고가의 의료 서비스가 문제이다. 의료보험에 가입한 사람들은 일반적으로 큰 어려움 없이 필요한 조치를 취할 수 있다. 그러나 많은 수의 사람들은 어떤 형태의 의료보험에도 가입하지 못하고 있는 것이다. 따라서 많은 사람들은 그들에게 필요한 조치를 필요한 때에 받지 못하고 있는 것이다. 그런 상황에서 치료를 받았을 경우, 그들은 갚을 수조차 없는 엄청난 치료비를 빚지게 된다. 이 불공평을 해결하려는 정부의 노력은 아직도 성공하지 못하고 있다.

다른 차원에서, 이 문제는 훨씬 더 심각한 면이 있다. 많은 사람들이 예방의학의 혜택을 보고 있지만, 소득이 낮은 사람들은 단지 응급환자일 경우만 치료를 받게 된다. 즉 만일 그들이 좀더 세심한 돌봄을 미리 받았다면 건강이 훨씬 좋아질 수 있었을 것임에도 불구하고, 그들은 꼭 '필요'한 경우에만 의사의 치료를 받을 수 있는 것이다. 물론, 이것은 '선택적인' 건강관리문제 -생존에는 필요 없지만 더 편안한 삶을 살게 해주는 치료- 와 관련이 있긴 하다.

그 문제의 또 다른 면은 의사와 시설들의 소재에 대한 것이다. 건전한 경제적, 그리고 전문가적 견해에 의하면, 의료기관과 의료요원들은 인구밀집지역에 위치하는 것이 보통이다. 결론적으로 말하면, 돈이 문제가 아니라 의료 서비스의 결핍이 문제가 되는 많은 곳에 종합병원, 개인병원, 의사, 간호사들이 현저하게 부족한 실정이라는 것이다.

불공평한 접근이 존재하고 있는 또 다른 곳은 공공 교육부문이다. 공공 교육기관의 질이 어느 정도 불균등한 것은 불가피한 일이다. 아직도 개인 사이의 일반적인 차이에 의해서, 또는 교육기관의 선택에 의해서 기인된 것이 아닌 불균등한 경우가 존재하고 있다. 어떤 지역의 공립학교 체제는 다른 지역에 비해 열등하며 소수인종의 아이들은 일반적으로 더 좋은 학교에 진학하는 것이 제한되어 있는 실정이다.

또한 고등교육에 있어서도 기회의 불균등이 존재한다. 종합대학, 단과대학 그리고 기술학교의 수업료는 어떤 사람들에게 넘을 수 없는 장벽이 되고 있다. 수업료, 책과 준비물, 생활비 등 어떤 사람들에게 감당할 수 있는 비용들이 다른 많은 사람들에게는 능력 밖의 것이 되고 있다. 더구나 직급과 급료가 다르기 때문에, 단과대학이나 종합대학 졸업자들의 수익도 불균등한 실정이다.

우리 사회는 법적인 서비스조차도 지불능력과 관련되어 있다. 유죄이든 무죄이든 간에, 범죄와 관련되어 법적 서비스를 필요로 하는 사람, 소송에 관련된 사람들이 업무계약서에 속박되어 있거나 내부사정에 매여 있기도 하다. 더욱 심각한 문제는 변호사를 고용하는 시간이 많으면 많을수록 더 많은 비용이 든다는 것이다. 이에 대한 비용을 지불할 수 없는 사람들을 위한 규정이 있지만 그 범위는 매우 제한적이다.

도덕적인 문제와 관련된 세번째 문제는 한 나라의 풍부함과 그밖의 다른 나라들의 가난함 사이와의 현저한 차이에 관한 것이다. 가장 믿음직한 통계에 의하면 약 4억의 인구가 일상적인 생활을 위해 필요한 하루 섭취량의 음식을 먹지 못하고 있다고 한다. 결과적으로, 그들은 계속해서 굶주리고 있을 뿐 아니라 만일 그들이 더 나은 음식을 제공받는다면 이겨낼 수 있는 질병과 전염병에 시달리고 있는 것이다. 그 중에서도 아이들이 가장 심각하게 타격을 받고 있는데, 매년 1500만의 아이들이 5살 이전에 영양실조로 죽어 가고 있는 실정이다. 그럼에도 이 문제는 전세계적으로 식량이 충분히 생산되지 못하기 때문에 발생하는 것이 아니라는 점이다. 비록 셀 수 없이 많은 인구증가가 그런 상황까지 도달하게 할 수도 있으나, 아직 그런 상황은 아니다. 이는 분배에 관한 문제인 것이다. 일부 국가의 소비성향은 믿을 수 없을 만큼 낭비가 심하다. 사료로 가축에게 곡물을 먹여 고기, 우유, 달걀 등을 생산할 때, 우리는 무려 95%에 해당하는 곡물의 가치를 허비하게 된다. 피터 싱거(Peter Singer)는 " 만일 우리가 가축에게 곡물, 콩, 어분을 먹이는 것을 중단한다면 그리고 그것을 필요한 사람들에게 나누어 준다면, 전세계적으로 굶주림을 종식시킬 만큼의 식량을 절약하게 될 것이다"라고 말한 바 있다.(Arthur, ed., *Morality and Moral Controversies*, p. 272)

    이 문제에 대해 우리가 전적으로 무관심해 왔다고 보지는 않는다. 이와 같은 비상사태를 해결하기 위하여 몇몇 그룹들이 해온 노력은 상당한 성공을 거두기도 했다. 비록 이런 노력들 중 많은 부분이 이데올로기 투쟁과 관련된 것이었고, 그리하여 제국주의적 형태로 나타나기도 했지만, 몇몇 강대국들은 개발도상국들이 도우려고 시도해 온 것이 사실이다. 그러나 이 문제를 해결하기 위해 집중적으로 노력하거나 문제를 해결한 나라는 아직도 없다.

    여기서, 풍부함이나 낭비 그 자체가 비도덕적인가의 여부를 묻는 것이 논점은 아니다. 그보다는 세계의 한 부분에서 절실하게 필요로 하는 것을 한 쪽에서는 낭비하고 있는 것이 사실이라는 것이다.

그리스도인들은 일반적으로 필요를 느끼는 사람들을 도울 그들의 책임을 분명히 인식하고 있다. 그들은 마지막 심판에 대한 비유에서 예수께서 하신 "너희가 여기 내 형제 중에 지극히 작은 자 하나에게 한 것이 곧 내게 한 것이니라"(마 25:40)는 말씀을 알고 있다. 그리스도인들이 일반적으로 인식하지 못하고 있는 것은 인간관계의 범주를 넘어서서 이 사역의 연장이 필요하다는 사실이다. 그러나 가난한 사람들을, 특별히 먼 지역의 수많은 굶주린 사람들을 먹이는 가장 효과적인 방법은 우리의 소비형태를 바꾸는 것이며, 그 나라들이 자국민의 기본적인 필요를 채우기 위해 필요한 기술들을 발전시켜야 한다는 결론을 회피할 수 없을 것 같다.

우리에게 다른 사람들의 필요를 채울 책임이 있음을 깨달았다면, 우리의 임무는 이를 위한 가장 효율적인 방법을 강구하는 것이어야 한다. 가난한 나라들의 삶의 수준을 높이기 위해서는 토지의 재분배, 기술제휴, 교육증진 등 그리고 여성들로 순수 육아활동에서 벗어나도록 돕는 것이 필요하다고 본다. 이런 노력들은 사람들로 하여금 그들의 문제를 스스로 해결할 수 있게 하면서도 외국문화를 부담스러워하지 않게 하는 것이 될 것이다.

네번째 도덕적인 문제는 노동조건을 형성함에 있어서의 자본과 노동 사이의 관계이다. 이 문제는 초창기 미국에서 큰 문제가 되지 않았었다. 왜냐하면 우리의 생산과 분배방법은 기본적으로 개인적인 것이었기 때문이다. 그러나 현대기술과 방법은 생산과 분배에 집중되었다. 결과적으로 경제는 극도록 비인격화되는 경향을 띤 대

노동, 소유 그리고 공동체 503

기업, 거대노동, 대규모 농업 그리고 거대한 전문조직에 의해 지배되고 있다.

대기업의 출현은 새로운 문제들과 더불어 새로운 상황을 만들어 냈다. 개인이든지 조합이든지간에, 고용인은 가격, 이익 그리고 근로조건의 결정권에서 배제되어 있지 않는가? 사용자는 기업경영에 있어서 완전히 자유로운가? 또는 종업원은 사용자와 계약할 권리가 있는가? 있다면 개인적으로 해야 하나, 집단적으로 해야 하나? 개인적으로 이루어진다면 사용자가 상당히 유리함을 얻게 될 것이다. 왜냐하면 한 사람이 없다고 해서 회사운영이 무력하게 되지는 않기 때문이다. 그러나 이 경우 직업이 없는 사람은 다른 일자리를 찾기가 어렵게 될 것이다. 만일 회사와의 계약이 조합과 같은 단체를 통해 이루어진다면, 노동자들이 실제로 기업을 무력하게 할 수 있기 때문에 이점을 가지게 된다.

비록 미국의 첫번째 노동조합이 독립전쟁 당시에 출현했지만, 연방노동조합의 주요한 발전은 남북전쟁 이후의 공업화와 함께 이루어졌다. 노동운동은 항상 쟁점이 되어 왔다. 의회가 노동자의 날을 법정 공휴일로 정하던 1984년, 클리브랜드(Cleveland) 대통령은 풀만 파업(Pullman strike)이 진행되는 동안에 시카고의 질서를 유지하도록 연방군에게 명령했었다. 오늘날 노동조합은 특정산업이 발달된 어떤 곳에서는 강력하지만 그런 산업이 취약하거나 사실상 없는 다른 곳에서는 미약한 편이다. 현재, 전체 노동자의 16% 정도가 노동조합에 가입해 있는데, 이는 1954년 25%에서 훨씬 줄어든 수치이다. 그 중 운송노동자와 공공기관 종사자들의 노동조합이 가장 잘 조직되어 있어서 전체 노동조합원의 35% 이상을 차지하고 있다.

모든 사람들에게 사랑과 관심이라는 일반적인 욕구를 뛰어넘어서, 자본과 노동 사이의 관계 유지를 위해서 종교가 할 일이 있는가? 타인의 권리를 존중하는 이상은 합당한 것이다. 우리는 개인들이 사유재산을 소유할 권리가 있다고 주장해 왔다. 그리고 그 개념을 확장시키는 데 문제가 없었던 것으로 보였다. 그러므로 단체에 의해서 형성된 재산도 개인이 형성한 재산과 마찬가지로 가치가 있다고 보여진다. 같은 이유로, 노동자의 노동은 가치 있는 자산이다. 경영자와 노동자 사이의 협상은 이러한 상호간의 권리들을 보호하는 방법으로 이루어져야 할 것이다.

정의, 또는 공정성의 문제도 관련된다고 본다. 협상이 개인적인 차원에서 이루어질 때, 경영자의 손에 힘이 집중된다는 사실을 보아 왔다. 그러나 경영자가 수많은 종업원들의 대표들과 협상을 할 때는, 양쪽 모두가 상당한 힘을 가지게 된다. 물론 두 집단 모두 그러한 힘을 남용할 수도 있다. 그러나 한 쪽이 다른 쪽보다 강하거나 약한 것보다는 둘 다 강한 상태에서 협상이 진행되는 것이 더 공정하다고 여겨진다.

이런 생각은, 모든 사람들이 자유롭게 중요한 선택을 할 수 있어야 한다는 신념과 관련되어 있다. 아무도 당연히 다른 사람의 동정의 대상이 되어야 한다거나 희생자가 되어서는 안된다. 이는 모든 사람 각자가 자신의 미래를 결정하는데 자신의 목소리를 낼 수 있어야 함을 의미한다. 어떤 사람이 직업을 선택하거나 유지하는 데 아무런 강요도 있을 수 없다고 하는 말은 결코 합당한 것이 아니다. 실제로 특정직업을 선택하거나 그렇지 않으면 전혀 직업을 구할 수 없는 경우에는 선택의 여지가 없을 수도 있다. 만일 받아들일 수 없는 조건으로서만 가능한 직업이라면 실제도 선택의 여지가 없는 것이다. 진정한 자유는 무슨 일을, 어떻게 하느냐에 영향을 주는 결정을 할 수 있는 능력을 의미한다.

공정성과 관련된 개념은 정직함이다. 그리스도인들은 오랫동안 "성실한 일에 대해 정당한 대가를 지불하라"고 배워 왔다. 역으로 "성실한 일에 대해 정당한 대가를 받아야 한다"는 것도 사실이다. 무엇이 '성실한 일'이고, '정당한 대가'인지를 규명하는 것은 어려운 일이다. 예를 들면, 작업대나 사무실에서 열심히 일하게 하는 방법은 있는가? 휴식, 차를 마실 수 있는 시간, 점심시간은 얼마나 필요한가? 개인이 한 일의 가치를 무엇으로 평가하는가? 일의 강도는? 요구되는 기술은? 노동자의 수는? 최종 생산품의 시장가격은? 이런 문제들이 어려운 만큼, 종합적으로 대처하는 것이 바람직하다. 노동자와 사용자는 상호간에 책임이 있다. 만일 둘 사이에 불일치가 있다면, 상호존중과 배려에 기초하여 문제를 풀어 나가야 한다.

> 노동관계에 관한 기본적인 질문은 다음과 같다. 위에서 아래에 이르기까지 산업조직 안에 있는 사람들 모두가 인격적인 존엄성과 모든 인간존재의 영원한 가치를 존중하는 것에 의해 그들의 경제적 동기가 지향되어 있는가? 경제적 제도에 관여하고 있는 사람들은 연민의 정신으로 다른 사람의 필요를 충족시켜 주고 있는가(Cecil, The Third Way, p. 73)?

우리는 사람들이 자신들이 하는 일에 의해 정체성을 갖는다는 경향성에 대해서 언급한 적이 있다. 또한 그리스도인들은 자신들의 삶이 신앙의 한 표현이라고 하는 믿음과 자신들의 직업을 연관시키고 있다는 사실도 언급했다. 그러나 오늘날 대기업의 고용인들, 특히 기계적인 일로 만족하고 있는 사람들은 그들의 일을 위와 같은 방식으로 이해하는데 어느 정도 어려움을 겪고 있다. 그 차이는 일의 성격에 있다기보다는 오히려 소유개념의 결핍에 있다. 초창기에 나무를 가지고 의자를 만드는 사람은 자신의 기술과 장인정신에 대한 자부심이 있었다. 누가 그것을 사든지 기술자는 "그것은 내가 만든 의자 중 하나입니다"라고 말할 수 있었다. 현대의 분업화된 생산라인의 한 부분에서 일하는 사람도 과연 이런 식으로 말할 수 있을까? 만일 그들이 의사결정 과정에 어떤 방식으로든지 참여할 수 있다면, 자신들의 동료와 함께 고용안전을 느낀다면, 그리고 그들의 솜씨가 인정받을 수 있는 길이 있다면 그렇게 할 수 있을지도 모른다. 이러한 접근방법이 사업에는 좋을 수도 있겠지만 그 이상의 문제가 있기도 하다. 즉 고용자들도 그들의 일 속에서 자신을 표현하고 있음을 인식하는 것이다. "노동과 경영의 책임 가운데 하나는 개개의 노동자에 부여된 개성의 독특성을 보호해 주는 것이다"라고 앤드류 세실(Andrew Cecil)은 말했다(p. 84).

다섯번째 문제는 사업과 소비자 사이의 문제이다. 이윤추구의 동기는 자본주의 체제의 기본개념이다. 그러나 이것이 바로 사업과 산업으로 하여금 공공연하게 불공정하거나 부당한 이익을 취하게 만든다. 종종 어떤 개인이나 그룹이 이런 관행에 대해 책임이 있는지를 확인하는 것은 어려운 일이다. 왜냐하면 이런 행동은 많은 단계와 많은 사람들을 거쳐 일어남으로 책임의 소재가 분명하지 않기 때문이다. 때때로 부당한 이익을 취하는 행동들은 개인의 고의적인 의사결정 없이 점차적으로 발전되기도 한다. 간단하게 말하면 다음과 같은 것들을 비윤리적인 것이라고 말하기는 쉬울 것이다.

1. 상품에 대한 그릇된 가격표시와 잘못된 제품설명
2. 저질상품을 섞어 놓는 것
3. 거짓광고나 현혹하는 광고
4. 정찰가격의 변조
5. 사업과 관련된 법제정에 영향을 끼치는 일
6. 의도적인 저질화

정부의 규제는 대중들을 보호하기 위하여 제정되지만, 그러나 대중의 이익과 사업가들의 요구 사이에는 항상 긴장이 있기 마련이다. 비록 사업과 산업에 대한 전문화된 조직이 공정의 표준화를 정할지라도, 그것은 자신들의 이익을 위한 것이지, 일반인들을 위한 것은 아니다. 소비자 보호단체들은 일반인들을 교육시키려고 노력한다. 그러나 이런 일들이 모든 생산품을 다룰 수도 없고 대다수의 대중들을 도울 수도 없다. 비록 우리 체제 내에서 이런 일들이 확산된다고 할지라도, 우리는 문제를 다루는 보다 효과적인 다른 방안들이 모색되어야 할 것 같다.

이상과 경제학

예수께서 "네 이웃을 네 몸과 같이 사랑하라"고 말씀하실 때, 그분은 우리 자신들을 사랑하라고 명령하신 것이 아니다. 오히려 그분은 우리들의 자애심(self-love)에 대해서 알고 계셨으며, 이웃을 향한 우리의 사랑을 측정하는 표준으로서 자애심을 제시하신 것이다. 예수님은 우리들이 자연스럽게 자신들의 선을 추구할 것을 아셨으나 그렇게 하지 말아야 한다고 말씀하시지는 않으셨다. 그는 우리가 이웃의 선을 추구해야 한다고 말씀하셨고, 우리가 가진 소유를 통하여 어떻게 그런 행동을 할 수 있는지에 관하여 극적(劇的)으로 그 예를 보여 주셨다. 그는 권력과 소유에 대한 경쟁이 있는 세상에서 그렇게 행동하셨던 것이다. 세상에는 가진 자와 못 가진 자 사이에 광범위한 차이가 존재한다. 세상에는 과부와 고아들, 그리고 부랑자들이 있다. 기업과 정부는 부패되어 있다. 현명한 투자도 있지만 어리석은 투자도 있다. 그리고 세상에는 잘못 인식된 가치들이 많이 있다. 다른 나라를 향해 전쟁을 벌이고, 강대국이 약소국을 착취하며, 자연재해가 죽음과 파괴를 가져오는 세상에서 예수님은 이웃을 사랑하라고 말씀하신 것이다. 그러므로 그분의 가르침은 완전한 사회에서 사는 사람들을 겨냥해 하신 말씀이 아니었다. 인간의 연약함과 죄성에 의해 둘러싸인 세상에 사는 사람들을 향해 하신 말씀인 것이다. 이 말씀들은 자기중심, 무관심, 적개심, 질투, 두려움과 유물론에 사로잡힌 본성을 가진 사람들을 향한 것이다. 자신의 선을 추구하는 방법이 다른 사람들의 선을 추구하는 방법의 표준이 되게 하여야 할 것이다.
　　우리가 활동하는 경제영역에서 두 가지 사실이 매개변수 역할을 한다. 첫째, 우리는 기독교 신앙과 조화를 이루는 관점들과 그렇지 않은 관점들이 공존하는 자본주의 사회에서 살고 있다. 그러나 이 사회는 응집력 있는 체계이고 우리는 이 모든 영역 내에서 살 수밖에 없다. 둘째로, 우리는 대격변이 일고 있는 세계 속에 살고 있다. 자본주의와 경쟁하던 공산주의 체제가 붕괴하여 그 체제하에 있던 가난한 사람들이 생존을 위해 필요한 물건을 위하여 투쟁하고 있다. 만일 우리가 그 세계의 필요에 대해 응답하도록 강한 충동을 느낀다고 하더라도, 우리는 우리가 할 수 있는 최선의 방법이 무엇인지를 모르고 있으며 그 일을 위해 우리가 어느 정도까지 기꺼이 희생할 수 있는지조차도 확실치 못하다.
　　우리가 물질세계에 대하여 기독교적으로 이해할 수 있는 기본적인 관계의 요소는 청지기 정신이라고 말했었다. 만일 우리가, 하나님은 모든 것의 주인으로서 우리 자신에게 일정한 재물을 관리하도록 맡기셨다고 믿음으로 인정한다면, 몇 가지 지침에 대해서 생각해 볼 수 있겠다. 첫째, 인간의 현존에 있어서 경제적인 요소는 기본적이라는 점이다. 공산주의의 창시자들은 경제적인 힘이 우리의 모든 태도를 결정하고 모든 사회제도를 만든다고 하는 그들의 주장을 과대평가 한 것이 아닌가 한다. 비록 이 세상에서 경제적인 요소가 결정적이지는 않지만, 적어도 상당한 영향력을 가지고 있는 것은 분명하다. 다른 한편으로, 돈이 없이는 활동하기가 불가능하다는 사실도 발견한다. 일하지 않으면 돈을 벌 수 없다는 사실도 안다. 우리가 소비하는 것을 통해 우리가 무엇을 중요시하는가를 보여 주게 된다. 다른 한편으로, 우리가 조정할 수 있는 범위 밖에 있는 힘이 우리가 얻을 수 있는 것과 그것을 얻을 수 있는 방법에 대하여 보다 자세하게 제한을 설정해 두고 있다는 것이다.

둘째로, 우리는 제도가 아니라 사람들에게 관심을 가지고 있다. 안식일에 대해 예수께서 하신 말씀은 모든 경제체제에도 적용할 수 있다고 본다. "제도는 사람들을 위해 만들어졌고, 사람이 제도를 위해 만들어지지 않았다." 그러므로 우리는 무엇보다 먼저 자본주의를 보호하는 데 관심을 갖지 않는다. 우리는 그 체제로 하여금 사람들의 필요를 효과적으로 채우도록 운용하는 데 관심 있을 뿐이다. 우리는 어떤 다른 체제를 공격하는데 관심이 있지 않다. 우리는 그 체제가 그 안에 살고 있는 사람들을 얼마나 잘 섬기고 있는지를 시험하기 위하여 그 체제를 판단하는 데 관심이 있을 뿐이다.

셋째로, 경제활동은 그리스도의 사랑을 시행할 수 있는 주요 영역이라고 하는 것이다. 물론 이 주장은 매우 일반적인 것에만 해당될 뿐이다. 이것은 우리에게 돈을 버는 방법이나 쓰는 방법, 우리나라나 다른 나라에 있는 가난한 자들을 돌보는 방법, 환경오염이나 산업폐기물의 위협을 다루는 방법에 대해서는 말하고 있지 않다. 또한 사람들의 필요를 채우려는 우리의 노력에 대한 성공도 보장해 주지 않는다. 단지 그리스도의 제자로서 우리를 둘러싸고 있는 세계의 고통에 대해 능동적인 관심을 가져야만 한다는 사실을 말하고 있는 것이다.

마지막으로 우리는 특별한 논점들을 다루어야만 한다. 물론

이 주장은 세번째 주장의 연장선상에 있다. 우리들 중 많은 사람들은 면밀한 계획 없이도 무작정 열심을 내는 것을 좋아한다. 고통을 일으키는 모든 문제들을 우리 모두가 다 효과적으로 다룰 수는 없다. 특정한 문제를 선택하고 그것을 해결하기 위해 최선을 다하므로서 그리스도의 사랑을 실행할 수 있을 뿐이다. 그런 선택은 먼 거리에 있는 지역에서 발생한 자연재해나 우리 도시에서 발생한 산업분쟁과 같은 위기에 의해서도 결정된다. 제3세계의 필요를 점차적으로 깨닫고, 우리 사회 내의 힘없고 가난한 사람들의 필요를 깨닫게 되면서 우리가 다루어야 할 문제가 무엇인지를 선택할 수도 있다. 환경오염과 직업병과 같은 현재의 문제를 연구한 뒤에 문제를 선택할 수도 있다. 어떤 경우이든지 우리가 다룰 수 있는 문제를 잘 선택하여 우리의 노력을 분산시키지 말고 집중시켜야만 하겠다.

  우리들 중 어느 한 사람이 모든 것을 다 할 수는 없지만 그러나 우리들 모두라면 뭔가 해낼 수 있을 것이다. 제도 자체가 일을 하는 것은 아니며 그 어떤 최선의 것도 자기중심적이고, 불성실하고, 무책임한 사람에 의해서라면 파멸될 수밖에 없을 것이다. "네 이웃을 네 몸과 같이 사랑하라"는 계명을 중시하는 한도 내에서 우리들의 제도도 보다 일을 잘 할 수 있을 것이다.

토론을 위한 질문들

1. 당신이 사는 지역의 경제가 당신 생각에 해롭다고 여겨지는 생산물에 의존하고 있을 때, 또는 생산물이 생성되는 과정이 해로운 것이라고 판단될 때, 당신은 무슨 행동을 하겠는가?
2. 당신의 직업이 당신의 판단에 부도덕한 일을 해야 하는 것이라면 어떻게 행동하겠는가? 예를 들어,
   a. 낙태가 잘못된 것이라는 사실을 아는 여성 생태학자일 경우
   b. 의뢰인이 심각한 범죄를 저질렀다는 사실을 아는 변호사일 경우
   c. 저질상품의 판매촉진을 요구받고 있는 광고업에 종시하는 사람일 경우
   d. 사회에서 일반적으로 받아들여지는 가치나 표준에 동의하지 않는 교사일 경우
3. 당신이 개인적으로 관계하고 있지 않는, 당신이 거주하는 지역 내의 사업, 산업 그리고 전문직업의 정책에 대해 어떤 책임이 있는가?

참고도서 목록

Behrman, Jack N. *Essays on Ethics in Business and the Professions.* Englewood Cliffs, NJ: Prentice Hall, 1988.

Donaldson, Thomas, and Werhane, Patricia H. *Ethical Issues in Business*, 3rd ed. Englewood Cliffs, NJ: Prentice

Hall, 1988.

Lebacqz, Karen. *Professional Ethics*. Nashville, TN: Abingdon, 1985.

Mount, Eric, Jr. *Professional Ethics in Context*. Louisville, KY: Westminster/John Knox, 1990.

Velasquez, Manuel G. *Business Ethics*, 2nd ed. Englewood Cliffs, NJ: Prentice Hall, 1988.

제 15 장

생태계와 도덕적 책임

멸종위기에 있다고 공식적으로 등록된, 유일하게 생존해 있는 반점 올빼미는 캘리포니아 북부, 오리건 주, 워싱턴의 국유림에 살고 있다. 그들이 지속적으로 살아 남기 위해서는 적어도 수령이 200년 이상이 되는 '오래된 숲'이 필요하다. 1991년 법원은 이 종을 보호하기 위하여 해당지역들의 수백만 에이커의 국유림에 대한 벌목을 금지시켰다. 이 금지령은 벌목회사의 수입을 수백만 달러 격감시켰고 그 결과 수천 명이 실직당했다. 간단하게 표현하면 이는 한 종류의 올빼미 대(對) 직업의 문제로 보인다. 그러나 보다 더 복잡하게 표현하면, 이것은 단기적인 목표 대 장기적인 목표, 자연질서에 대한 인간의 조작 그리고 생태계 안에서의 올빼미와 인간의 입장에 관한 문제이다.

이러한 복잡한 문제들에 대한 관심은 상대적으로 새로운 것이다. 우리는 오랫동안 자연을 우리의 목적에 적합하도록 조정하는 데 익숙해져 왔다. 우리는 과학적 발견과 기술의 응용을 유익한 것으로 생각해 왔으며 생활을 더 편리하고, 더 편안하고, 더 만족스러운 것으로 만들기 위해 그것들에 의존해 왔다. 우리는 새로운 사회문제들이 생산과 분배의 새로운 방법들에서 기인함을 오래 전부터 깨달아 왔으며, 다양한 정도의 성과를 거두면서 이 문제들을 극복해 보고자 노력해 왔다. 그러나 자연질서의 어떤 파괴에 대해서도 다룰 준비가 되어 있지 않았다. 사실, 1970년에 와서야 미국은 환경보호국(Environmental Protection Agency)을 설립했다.

생태학적 문제들의 제기는 공중보건의 문제, 점증하는 공중의 불편, 예기치 않았던 생필품의 부족 등 예상하지 못했던 문제들과 사회, 심리과학자들의 잠재적 재난에 대한 자각의 증대에 의해 촉구되어졌다. 결과적으로, 환경운동은 앞으로 다가올 더 큰 문제들에 의한 위협-깨끗한 물, 공기, 식량의 부족, 산림벌목으로 인한 자연재해, 지구 온난화, 산성비, 위험한 폐기물-에 의해 주도되어 왔다. 많은 사람들은 문제가 매우 심각해서 철저한 조치들이 취해지지 못한다면 지구 위의 생명이 파괴되는 결과를 초래할 수도 있을 거라고 믿는다. 실제로 인간의 생존은 위태롭다.

그러나 윤리적 문제는 인간의 생존여부이기보다는 인간의 전체 창조질서와의 올바른 관계에 있다. 우리는 이 질서를 우리의 환경으로 올바르게 간주하고 있는가? 즉 인간이 중심에 있고 그밖의 모든 것들이 우리를 둘러싸고 있는 것인가? 그것은 인간의 목적, 즉 우리의 생존, 안락함, 유용성을 위해 존재하는가? 우리는 오직 인간의 복지를 염두에 두고 그것을 조작하고 있는가? 혹은 이러한 질서가 생태계인가? 생태계는 인간이 그 일부분인 총체적인 체계인가? 생태계에 속한 모든 요소들은 서로 상호작용 하는가? 생태계에 속한 모든 요소들-생물과 무생물, 인간과 비인간, 물질과 에너지-은 존중되어야 하는 가치를 가지고 있는가?

그리스도인들의 논리는 한 단계 더 진전한다. 우리는 이 질서를 궁극적으로 신 중심적인 것으로 본다. 우리들은 서로에 대한 우리의 책임들을 하나님과의 관계의 결과로 생각하는 데에 익숙해져 있다. 우리는 모든 인간의 가치는, 하나님의 모든 사람에 대한 가치로부터 나오는 것으로 알고 있다. 그러므로 우리는 전 자연질서의 가치가 하나님과의 관계 안에서 결정되고 있는지의 여부를 묻는다.

자연질서와 관련된 도덕적 논점들을 다루는 데 있어서 확실하게 하기 위해, 우리는 세 가지 접근방법 모두에 관심을 가질 것이다. 인간의 생존은 마땅히 우리 모두의 관심사이며 인간존재의 질은 자연질서를 사용하는 우리의 방법에 달려 있다. 비록 우리의 접근방법이 종말론적이지는 않겠지만, 그럼에도 불구하고 우리는 인간의 삶에 대한 과학적, 기술적 발전의 실제적 효과에 대해서 논할 것이다. 덧붙여 우리는 인간이 만들지 않은 창조질서의 일부분인 창조물이라는 것을 알고 있기에, 존재하는 모든 것을 중요시 하는데 관심을 가질 것이다. 그러나 궁극적으로, 이 창조질서 안에서 우리는 창조자 하나님의 목적 안에서 활동하고 있음을 깨닫게 될 것이다.

생태학적 문제

생태학적 문제는 유한하고 한정된 자원으로 증가하고 있는 인구를 부양할 수 있는가 하는 문제이다. 이것이 과연 가능할까? 18세기 후반에, 말사스(Thomas Malthus)는 「인구원칙에 관한 에세이」(Essay on the Principle of Population)라는 저서에서 이는 불가능한 것이라고 말했다. 즉 그는 모든 생명체들이 그들을 부양할 수 있는 지구의 능력을 넘어서는 데까지 증가하는 불변의 경향을 가진다고 말한다. 인구가 증가함에 따라 식량의 부족은 불가피하다. 전쟁, 기구, 질병은 불가피한 현실이고, 지나친 인구의 증가를 방지하는 것이 야말로 필수 불가결한 것이다.

20세기 전반부에 미국인들은 대부분 그렇게 비관적이지 않았다. 대부분의 학자들은 성장과 확장의 가능성에는 어떠한 실제적 제약도 없다는 생각에 몰두하고 있었다. 예를 들어, Enough and to Spare의 저자인 마더(Kirtley Mather)는 자연이 매우 풍요롭기 때문에 세계는 인구과잉을 두려워하지 않아도 된다고 말했다. 서방세계는 급속하게 두려움 없이 절대로 만족해 할 것 같지 않은 욕구를 가진 증가하는 인구를 위해 더욱더 많은 상품들을 생산해 냈다.

그러나 20세기 후반기에, 생태학적 문제들은 대중의 주목을 받기 시작했다. 1948년 펜실베이니아의 도노라(Donora)에서 5일 동안 계속된 스모그 현상으로 20명이 죽고, 14,000명 이상이 타격을 받았다. 1952년 런던에서 스모그는 4,000명 이상의 사망자를 발생시켰다. 체르노빌 사고가 있기 29년 전인 1957년, 구 소련의 우랄산맥에서 있었던 핵폐기물의 폭발은 수천 평방 마일에 걸쳐 방사능 오염을 퍼뜨렸다. 산업공장과 자동차에서 나온 매연이 공기 중으로 올라가 생긴 산성비는 동물과 식물의 생명에 피해를 입히기 시작했다. 1962년 출판된 카슨(Rachel Carson)의 「침묵의 봄」(Silent Spring)은 베스트셀러가 되었고 생태학적 운동이 규합하는 시점이 되었다. 때때로 의회는 특정한 환경피해들을 다루기 위한 법률을 제정했으나, 1970년에 환경보호국이 창립되고 나서야 자연에 관한 중요한 문제들이 인식되었다.

그러나 비록 문제에 대한 경종을 가지고는 있으나, 그 해결방안에 대한 올바른 접근방법에 대해서는 일치한 적이 없었다. 어떤 사람들은 발생하고 있는 생태계의 파괴에도 불구하고 국가뿐 아니라 세계의 안녕을 위해서는 경제발전이 필수 불가결하다고 주장한다. 경제발전 없이는 자국과 그밖의 나라들의 빈민들의 상황들을 향상시킬 수 없으며, 증가하는 인구에 대해서도 적절히 대처할 수 없다고 그들은 말한다.

다른 사람들은 우리가 너무 많이 생산하고 있는 것이 아니라 잘못된 방법으로 생산하고 있다고 주장한다. 그들은 적당한 기술의 적용이 생태계에 피해를 입히지 않고 생산량을 늘릴 수 있다고 믿는다. 50년 전의 마더(Mather)의 말에 입각해서 만약 우리가 세계적인 수준으로 도시화와 산업화를 증가시킨다면, 그들은 지구가 계속 증가하는 인구를 수용할 수 있을 것이라고 주장했다. 문제들을 과학적으로 해결할 수 있다고 보았던 것이다. 여전히 다른 사람들 가운데서는 과학과 기술에 의한 이익들에 앞질러서 '에덴으로'라고 하는 보다 더 단순한 생활양식으로 돌아가게 될 미래에 대한 소망을 추구하고 있다. 그러나 이러한 상이한 접근방법들과는 상관없이 우리는 팰키(Robert Paehlke)가 말한 바와 같이 "우리 사회는 건강보다는 부를 선호하는 경향이 있다"는 사실에 직면하고 있는 것이다 (*Environmentalism and the Future of Progressive Politics*, p. 37).

세 가지 밀접하게 관련된 요인들이 우리의 생태학적 위기에 포함되어 있다. 첫번째는 '세계인구의 급속한 증가'이다. 1990년에 전체 인구는 53억이었는데, 이는 1900년 인구의 4배, 1980년 이래 약 10억이 증가한 것이었다. 증가율은 표면상으로 정점에 다다랐으며 꽤 급속히 둔화될 것으로 예상된다. 그러나 감소하는 비율 가운데서도 계속되는 인구증가는 약 2075년까지 계속될 전망이다. 소위 '선진국'이라고 불리우는 유럽, 북아메리카, 구 소련에서는, 수년 동안 증가율이 감소해 왔으며 현재는 꽤 느린 편이다. 그러나 1950년대에 아프리카, 근동, 라틴 아메리카와 카리브 연안국 그리고 대부분의 아시아 지역의 '개발도상국'에서 인구증가율은 폭발적으로 늘어났다. 이들 지역에서의 증가율 역시 현재에 이르러서는 감소하고 있으며 다음 세기말까지 급속하게 줄어들 것으로 예상된다. 만약 이렇게 예상되는 감소현상이 일어나지 않는다면 그 결과로 자연의 균형이 급속도로 깨어지고, 지구상의 생명을 유지하는 질서에는 돌이킬 수 없는 손상을 주게 될 것이다.

세계인구의 증가율은 출생률, 영아사망률, 사망률, 식량공급 그리고 공중보건에 관계된 모든 요소들의 향상, 의료체계의 직접적

향상, 질병정복의 결과인 수명연장과 같은 몇 개의 사실들과 직접적으로 연관된다.

세계인구의 분포도 이 문제의 중요한 단면이다. 가장 인구밀도가 높은 지역은 개발도상국가인데, 적어도 현재까지 그 나라들은 생명을 유지하는 데 필요한 물품들의 생산능력이 가장 낮다. 가장 큰 생산능력을 지니고 있는 선진국들의 인구밀도는 이들 나라들보다 더 희박하다. 결과적으로, 선진국들은 부유하고 개발도상국들의 국민들은 가난에 시달리고 있다. 선진국들에서 생산된 잉여생산물을 세계의 나머지 나라들에게 분배하는 것은 단순히 기술만의 문제가 아니라 정치, 경제, 심지어는 종교와도 연관되어 있다. 따라서 이 문제에는 분명하고 명확한 해결책이 없을 것 같다.

두번째 요소는 '특정 천연자원들의 고갈'이다. 미국의 경우, 재생 불가능한 자원의 개발이 오랜 동안 지속되어 왔다. 수십 년 동안 우리의 삼림은 회복에 관한 무관심과 홍수와 토양침식에 대한 부주의 속에서 지면으로부터 벗겨져 나갔다. 농지는 미래의 생산성을 파괴하는 방식으로 경작되었다. 우리는 오늘날 특정종류의 식물과 동물이 서식하고 있으며, 바다의 건강과 직접적으로 연관되어 있는 습지를 마구 개발하고 있다. 광물은 채굴방법이 주변지역에 어떠한 영향을 미치는지에 대한 고려 없이 채굴되고 있다. 마치 고갈되지 않을 것처럼 석유와 석탄은 채취되고 공정(工程)되고 사용되어 왔다. 그러나 사실 이러한 자원들은 유한하고 한정돼 있기 때문에, 만약 우리가 현재와 같은 추세로 계속 사용한다면 가까운 장래에 이 자원들은 남아 있지 않을 것이다. 그리고 우리는 다른 자원들을 개발하는 동안에 우리가 고갈시킬 수도, 오염되지도 않는 태양 에너지와 풍력 에너지를 개발하기보다는 그것 자체로 엄청난 위험을 지니고 있는 핵 에너지의 발전에 더 많은 주의를 기울이고 있다.

세번째 요소는 오늘날 가장 많이 논의되고 있는 것으로 자연환경의 오염이다. 가장 두드러진 것은 우리가 숨쉬는 공기 속에서 일어나고 있다. 2차대전이 끝난 직후 많은 주요 도시들-뉴욕, 로스앤젤레스, 시카고, 워싱턴 그리고 다른 도시들-에 영향을 줬던 스모그 현상을 인식하기 시작했다. 이제는 미국 모든 지역이 이 문제로 어려움을 겪고 있는 실정이다. 공장들, 발전소, 자동차, 건설현장 그리고 심지어는 자연침식에 의해서 가스, 먼지, 매연, 연기, 작은 물방울들이 대기 중으로 직접 내뿜어지고 있다. 많은 사람들이 오염에 의한 다양한 호흡기 질환들로 인해 직접적으로 고통받고 있으며, 다른 사람들은 그들의 만성적인 문제가 복합적인 것임을 발견하게 되었다.

토양은 두 가지 다른 방법에 의해 오염되어 가고 있다. 하나는 특정 화학비료, 살균제, 살충제의 사용이다. 이러한 화학약품들은 우리들의 음식으로 흡수될 뿐만 아니라 시냇물과 호수, 궁극적으로는 바다로 씻겨 들어가 물에서 사는 모든 생물에 영향을 끼친다. 토양오염의 또 다른 유형은 쓰레기로 인한 것이다. 우리는 과거 어느 때보다 많은 쓰레기를 배출하고 있는데, 이는 사람이 더 많아졌을 뿐 아니라 각 개인들이 과거보다 더 많은 양의 쓰레기를 배출하고 있기 때문이다. 우리는 도시의 쓰레기와 산업 폐기물, 고체와 액체 폐기물,

자연적인 것과 인공적인 쓰레기들을 처리하지 않으면 안된다. 우리는 위험한 폐기물들을 가지고 있는데 이것은 특히 난처한 문제들을 야기시킨다. 이 모든 쓰레기들을 처리하기 위해 우리는 매립식 처리방법을 사용하고 있는데, 쓰레기를 시냇물, 호수, 바다에 내버리거나 소각하기도 하며, 또한 쓰레기를 직접 대기중으로 방출하기도 한다. 그리고 일부 위험한 폐기물들을 종종 새기 쉬운 용기에 넣어 보관하는데, 이는 아직 그것들을 안전하게 처리하는 방법을 모르기 때문이다.

지구에서 자원들을 채굴하는 방법들의 복합, 생산방법에서 사용된 화학약품들의 유실 그리고 쓰레기 처리를 위해서 사용된 땅, 물, 공기가 식량공급에 심각한 손상을 초래하고 있다. 이런 것들은 차례로, 즉각적으로는 전체 인구의 건강을 위협하고 장기적으로는 자연의 균형을 위협한다.

> 주로 자동차에서 기인하는 스모그에 의한 공기의 오염, 처리되지 않은 오수와 산업 폐기물에 의한 강의 오염, 인공적으로 파괴된 균형으로 인한 산소와 물고기 떼를 잃은 에리(Erie) 호와 같은 호수들의 죽음, 과다한 비료 사용으로 말미암은 땅의 중독과 그 후 자연주기의 일부를 형성하는 대신 시냇물로 씻겨 들어가는 땅, 없어지지 않는 잔류물을 남기는 DDT 및 다른 구충제와 제초제의 과다한 사용, 심지어는 그의 자정능력이 한계점까지 혹사되고 있음을 지금까지도 알려 주고 있는 자연의 마지막 저장소인 바다의 오염 등 이러한 모든 사실들은 인간이 사실상 환경을 오염시키고 있다는 사실, 기술의 발전이 더욱 더 오염을 가중시키게 하고 있다는 사실, 현재의 수준을 유지하는 것으로는 충분하지 않으며 우리의 행동양식을

바꾸고 파괴되어진 것들을 가능한 최대한도로 회복시켜야 된다는 것을 증명하고 있다(Gonsalues, *Fagothey's Right and Reason*, p. 489.).

성서적 개념

성경에 등장하는 사람들은 우리보다 훨씬 더 자연과 친밀하게 살았다. 그들은 산과 바다, 꽃들과 새들, 동물들과 이들을 돌보는 이들의 아름다움을 보았다. 그들은 계절의 변화와 행성들의 움직임을 보았다. 그들은 폭풍의 장엄함과 기근의 비참함을 알았다. 그들은 자신들을 둘러싸고 있는 세계와 그것들을 다스리시는 하나님께 그들이 얼마나 의존적인가를 알면서 살고 죽었다.

인간과 자연질서와의 관계에 대한 생각은 구약의 저자들에게 있어 흔히 발견되는 것이었다. 어떤 이는 이런 논의를 신약에서 발견할 수 없다고 할지도 모른다. 예수님과 그의 초기 제자들은 기본적인 히브리 관점의 타당성에 대하여 아무런 의심 없이 이를 받아들였다. 그들은 인간과 다른 창조물과의 관계보다는 인간 상호간의 관계에 훨씬 더 많은 관심을 기울였다. 예수님은 분명히 자연과 밀접하게 지내셨고 그 안에서 즐기셨으며, 그분은 그의 가르침 속에서 자연으로부터의 사례들을 많이 사용하셨다. 그분은 명백히 당대의 사람들이 모두 알고서 인정하고 있는 것들에 대해서 반복할 필요성을 느끼지 않으셨을 것이다.

그러한 기본적인 히브리 관점은 자기 보존능력과 통제원리에 의해 작동하는 체계로서의 현대인들의 자연법 개념과는 상당한 차이가 있는 것이었다. 히브리인들은 자연법을 믿지 않았으며, 만물을 직접적이고 즉각적으로 다스리시고, 보통 때에는 분명히 질서 있고 예측가능하게 운행하시지만, 또한 언제든지 이 규칙을 능히 변화시키실 수 있는 하나님을 믿었다. 그러므로 히브리적 사고에서는 평범한 것과 특별한 것, '자연적'인 것과 '기적적'인 것 모두가 하나님의 행하심으로 보고 있는 것이다.

창세기 1-11장에서 말하고 있는 고대 이야기들은 바로 이런 관점에서부터 나온 것이다. 창조에 대한 두 개의 설명(창 1:1-2:4a; 2:4b-2:25)은 지구의 본질과 창조질서 안에서의 인간의 위치에 대한 몇 개의 믿음들을 확인하고 있다. 정확히 이해하자면, 이러한 설명들은 과학적 사고에도 불구하고 정확하다고 믿어져야 하는 하나의 과정에 대한 서술이 아니다. 그것은 또한 현대의 생각하는 사람들이 거부해야 하는 어린애 같은 이야기도 아니다. 진지하게 받아들인다면, 오히려 그것은 생태학적 위기에서 세계를 위해 중요한 지침과 소망을 제시해 주는 신앙진술이다.

첫째, 하나님은 창조주이시다. 히브리 사상에서 하나님은 자연과 동일시 되어서는 안된다는 것을 기억하는 것이 중요하다. 존재하는 모든 것은 하나님의 신성한 활동에 의해 창조되었으나 창조물은 창조주와 동일시 되지 않는다. 그들은 창조주의 작품이다. 이는 하나님이 존재하는 모든 것들 위에 주권자이심을 의미하는 것이다. 하나님은 바람이나 비, 계절의 순환, 땅이나 동물, 또는 사람들의 번

식력, 행성들의 움직임 속에 존재하는 것이 아니다. 하나님은 이러한 것들의 배후에 계시면서 이들을 존재하게 하신다. 그런 것들은 결코 신성한 것이 아니며 단지 신의 작품에 불과한 것이다. 이리하여 구약 사상에서는 기근이나 홍수, 지진같이 인간에게 악으로 보이는 것들조차도 궁극적으로는 하나님의 역사 속에 포함된다.

둘째, 인간은 창조질서의 일부이다. 인간은 다른 모든 만물이 창조되었던 것과 똑같은 과정을 통해 창조되었다(창 1:1-1:31). 실제로, 첫번째 설명에 의하면, 하나님은 '땅의 먼지'로부터 인간을 창조하셨다(창 2:7). 다른 모든 만물이 창조물이듯 우리 또한 창조물이다. 따라서, 우리는 나머지 존재들 - 다른 모든 생물인 동물과 식물, 다른 모든 물체인 생물과 무생물, 땅과 물과 공기 - 과 동일한 것이다.

셋째, 인류는 하나님의 창조물 중 뛰어난 존재이다. 한편, 첫번째 설명(창 2:4b-2:25)은 하나님이 창조과정의 처음에 인간을 창조하셨으며, 이 특별한 창조물은 하나님이 '생기'를 불어 넣으신 다음에야 '살아 있는 생명'이 되었다고 선언한다. 첫번째 설명에 의하면 그 후 하나님은 모든 창조물들이 살 수 있고 인간이 지배하도록 한 동산을 창조하셨다. 다른 한편, 창조에 관한 두번째 설명(창 1:1-2:4a)은 인간의 창조가 마치 하나님의 궁극적인 목적이었던 것과 같이, 인간의 창조를 모든 창조과정의 절정, 즉 창조의 마지막 단계로 묘사하고 있다. 실제로 이 구절은 하나님이 '자신의 형상대로' 인간을 만드셨다고 하는 놀라운 주장을 한다.

넷째, 인간은 하나님에 대해 나머지 창조물들을 보호할 책임을 가진다. 첫번째 설명은 "여호와 하나님이 그 남자를 이끌어 에덴동산에 두사 그것을 다스리며 지키게 하시고"(창 2:15)라고 기록하고 있다(여기서 '남자'라고 하는 용어를 사용한 것은 여자가 아직 창조되지 않았기 때문이다). 그의 책임의 중요한 요소 중 하나는 동물들의 이름을 짓는 것이었다. 두번째 설명에서 인간은 하나님이 인간에게 하신 명령하신 바 곧, "생육하고 번성하여 땅에 충만하라, 땅을 정복하라, 바다의 고기와 공중의 새와 땅에 움직이는 모든 생물을 다스리라"(창 1:28)는 책임을 지닌다.

다섯째, 하나님이 만드신 모든 것은 선하다. 두번째 설명에서 저자는 창조과정에서 각 단계에 대한 기술을 "하나님께서 보시기에 좋았더라" 하는 말로 마쳤다. 창조과정의 맨 마지막 단계에 이르러서는 "하나님이 그 지으신 모든 것을 보시니 보시기에 심히 좋았더라"(창 1:31)고 말했다. 첫번째 설명이나 두번째 설명 모두 다 영혼과 물질의 이분법에 대한 어떠한 암시도 제시하고 있지 않다. 어느 하나가 다른 하나에 적대적이라는 암시도, 어느 하나는 악마의 힘이고 다른 하나는 천사의 힘이라는 이원론도 존재하지 않는다. 창조는 하나님의 작품으로서 선한 것이다.

에덴동산의 이야기(창 3)는 인간의 본성의 어두운 면과 하나님의 선한 창조물에 대한 이들의 영향력에 대해서 말하고 있다. 이러한 설명은 인간 죄의 보편성을 확인한다. 모든 인간은 분명하게 지시된 하나님의 명령을 무시하기로 선택한 에덴의 남자와 여자와 같다. 심지어 그들의 선택과 행동에 대한 책임을 부정하기 위해 노력하면서까지 모든 인간은 이기심에 기초하여 행동하고 있다.

우리들의 목적을 위해서 특별히 중요한 것은 남자와 여자의 죄로 말미암은 결과이다. 그들의 '형벌'은 자연질서의 파괴이기도 했다. 이상적으로 하나님이 만든 창조물들은 서로 조화롭게 살아가야 하는 것인데 반하여, 사실상 오늘날 그들 속에는 증오가 존재하고 있는 것이다. 다른 창조물과 마찬가지로, 인간은 '생육하고 번성'하도록 계획되었음에도 출산의 자연적 경험은 고통으로 파괴되었다. 더욱 심각한 것은 하나님의 형상대로 만들어진 남자와 여자 사이에 다툼이 있으며 한 쪽이 다른 한 쪽을 지배하고 있는 것이다. 그리고 마지막으로, 하나님께서 인간으로 하여금 살면서 경작하게 하신 즐거운 동산은 고통, 즉 인간이 죽을 때까지 커다란 두려움에 맞서 일하지 않으면 안되는 과업이 되어 버렸다. 인간의 죄가 하나님의 선한 창조의 조화를 파괴시킨 것이다.

홍수 이야기(창 6-9)는 타락한 사회에서 행하시는 하나님의 구원사역을 확증한다. 비록 이야기에서 징벌의 느낌이 지배적이긴 하지만, 그것은 심판의 의미에서의 징벌이 아니며 구원과 회복의 의미를 가지는 징벌을 의미한다. 노아와 그의 자손들을 통해서 하나님은 세상에 대하여 재창조적인 조치를 의도하신 것이다. 홍수가 끝났을 때 하나님이 노아에게 하신 명령은 에덴동산의 남자와 여자에게 하신 명령과 매우 비슷하다(창 8:17-19; 9:1-3). 무지개가 상징인 새로운 언약은 "하나님과 땅의 무릇 혈기 있는 모든 생물 사이에 된 영원한 언약"(창 9:16)이었다.

창세기 1-11장에서 나오는 이러한 주제들은 지속적으로 성경의 나머지 부분에서 반복되고 있다. 구약의 역사가들, 예언자들, 시인들은 각자의 강조점과 그들 고유의 생각을 가지고 있었다. 물론 그들은 히브리 민족의 역사 속에서 나타나는 하나님의 자기 계시에 초점을 맞췄다. 그리고 그들의 저작 속에서 하나님과 인간과 세상에 대한 이러한 확신들이 반복적으로 나타났다. 신약성서의 저자들은 예수님의 인격과 사역에 초점을 맞췄다. 그들은 교회의 기원과 확장을 그때의 존재와 일의 연장으로서 다뤘다. 그러나 거의 대부분이 유대적인 출생과 그 배경을 가졌던 그들 또한 하나님과 그들이 살았던 세계와의 관계에 대한 이 고전적 이해를 타당한 것으로 받아들였다.

신학적 반성

서구사회를 특징짓는 자연질서를 다룸에 있어서, 그 모든 유익한 결과들과 모든 부수적 문제를 포함해서, 어느 정도까지가 히브리-기독교 전통으로부터 기인하는가? 몇몇 저자들은 소위 일컬어지는 '인간 우위성에 대한 신화'가 인간이 '지구를 정복'하고 이를 '지배'하도록 지시되었다고 하는 성경적 사고임을 규명했다. 자연질서에 대해 더 잘 알게 해줬던 과학적 방법들과 그것을 개발해 왔던 기술들이 '기독교 왕국'으로 알려진 서구지역에서 발전되어 온 것은 분명한 사실이다. 그러나, 종교적 가르침과 전통에 의해 발전되어 왔던 이러한 방법의 범주는 논쟁거리가 되었다. 어쨌든, 우리 자신들의 신앙적 관점에서 현재상황에 직면하게 됨을 이해하는 동시에 종교적으로 함축하고 있는 내용들을 고려하면서 유용한 방침들을 모색해 보도록 하자.

이 논의는, 하나님은 자연과 동일시 되어서는 안되며 오히려 자연 속에서, 그리고 자연을 통해서 일하신다고 하는 기본적인 성경적 주장에서 시작하고자 한다. 아마도 우리는 자연을 경외하거나 심지어 숭상하는 것에 대해 이야기할지도 모르나 우리는 자연을 신성화하지는 않는다. 자연질서는 절대적인 것이 아니다. 그것은 파생적인 것이고, 조건적인 것이며, 하나님께 속한 것이다. 전통적인 용어로, 이는 하나님이 초월적 존재이심을 의미하는 것이다. 하나님은 세계존재들의 배후에 계시는 분이며 세계를 지속적으로 유지하시는 분이다. 가치의 근원이시며 세상으로 그 가능성들을 실현해 가도록 하는 방향으로 이끄시는 분이다.

그러나 자연질서를 초월하여 계시는 하나님은 그 안에서 일하시기도 하신다. 전통적인 신학적 용어로, 이것은 자연 속에 하나님이 편재하심을 의미한다. 하나님은 구속과 회복, 완전케 하시는 활동을 통해서 인간을 포함한 자연의 모든 것들과 상호 역사하신다. 하나님은 창조물 전체를 돌보시고 사랑하시며, 창조물들과 함께 고통당하시고 투쟁하시기도 하신다. 하나님의 창조와 구속사역은 아직도 지속되고 있다.

자연질서란 모든 창조물들이 평화와 조화 속에서 함께 살며 아무런 방해도 받지 않는 유토피아의 세계는 아니다. 실제로 사자와 양이 함께 눕지 않으며 결코 누워 본 적도 없다. 하나는 다른 하나의 희생에 의해 생존하고 있는 것이다. 역사를 통하여 수많은 종류의 식물과 동물들이 자연질서 속에서의 변화들에 의해 태어나고 잠시 동안 살다가 죽어 가곤 했다. 지구의 표면은 바람과 비의 힘, 화산과 지진, 지구를 구성하는 물질들의 끊임없는 변화에 의해 그 모양이 바뀌어져 왔다. 이러한 많은 변화들 가운데는, 파괴적인 폭력과 재난도 있어 왔다. 홍수, 기근, 폭풍, 강추위와 폭염, 질병, 전염병 등과 같은 것들은 모든 시대와 모든 나라의 사람들로 하여금 자연이 항상 호의적인 것만이 아니라는 사실을 깨닫게 했다.

그러나 자연의 요소들-지구, 물, 공기, 다양한 종류의 생물들-은 하나님께는 중요한 것들이며 그러기에 인간들은 그것들을 존중해야만 한다. 성서시대에서 이러한 관점은 어쩌면 쉬운 것이었을 것이다. 그래서 사람들은 자연법에 대한 개념이 없었고, 그보다는 오히려 모든 것이 하나님의 직접적인 행동에 의해 일어나는 것으로 믿었다. 시편 19편은 세계 속에 하나님의 존재를 반영하는 것으로 여겨지는 자연에 대한 경이로움을 훌륭하게 표현하고 있다. 그러한 관점에서, 성서의 기자들은 자연재해조차도 어떤 경우들에서는 하나님의 자녀들을 보호하시기 위해, 다른 경우에는 그들을 훈련시키기 위해, 그럼에도 불구하고 항상 하나님의 다스림하에 두시는 하나님의 역사로 생각할 수 있었다.

자연적인 것보다는 인공적인 것을, 인간의 작품을 훨씬 더 많이 보는 우리 세대에서 자연에 대한 경외심을 유지하기가 점점 더 어렵다. 우리 대부분은 우리가 자연을 훼손하는 방법, 자연을 사용하는 방법, 그리고 자연으로부터 우리 자신을 보호하는 방법으로 인해 자연의 영향력이 우리와 관계가 먼 것처럼 여기고 있다. 우리는 태양과 달과 별들, 산 그리고 강과 바다를 볼 기회가 거의 없다. 우리는 빌딩들, 자동차들, 시장에 있는 음식들, 놀이공원 그리고 텔레비전을 본다. 우리는 하나님의 일들을 인간의 작업에 의해 변경된 채로서만 보고 있는 것이다. 그러나 인간은 인간의 노동에 의한 작업 이면에 있는 것을 보고서 하나님이 창조한 모든 것들의 본질적 가치를 깨달아야만 한다. 이것은 우리가 과학과 기술을 거부해야 함을 의미하지 않는다. 이것은 과학적인 방법과 기술적 설비들을 전체 창조질서를 존중하고 보존하는 방법으로 사용하는 법을 배울 필요가 있다는 것을 의미한다.

그러나 자연질서에 대한 존중이 어느 하나가 다른 종들을 이용하고 잡아 먹고 다른 종들의 희생에 의존한다는 자연세계 안에서의 사실들을 간과할 수 없다. 자연세계에는 좀더 복잡한 생물체들이 보다 덜 복잡한 생명체들을 이용하는 위계체계가 존재한다. 동물 중에 가장 복잡한 동물인 인간은 그들의 생존과 편의를 위해서 그들 자신의 노력으로 창조물 전체를 조정한다. 이러한 사실은 성경에 위배되는 것이 아니다. 성경은 인간이 창조물 중의 극치이며, "하나님보다 약간 낮은 자"라고 말하고 있다. 이러한 사실이 존재하는 모든 것들을 멋대로 파괴하는 것, 또는 우리 주위의 모든 것들에 대해서 무모하게 사용하는 것까지 정당화하는 것은 아니다. 성경의 많은 부분들은 우리의 땅과 그 자원들의 사용을 제한하고 있다. 다시 말하면, 적절한 범위 내에서 인간은 '지구를 정복'할 수 있다고, 즉 다른 형태의 생명체들과 존재들을 이용할 수 있다고 생각하는 것이다.

이런 종류의 논의는 아주 조심스럽게 제시되어야 한다. 사실, 우리는 모든 다른 창조물들과 동등한 창조물로서, 자연의 절대적인 한 부분인 것이 사실이다. 존재하는 다른 모든 것들처럼, 우리는 유한하고 제한적인 존재이다. 우리 안에서와 마찬가지로 다른 모든 생명체들에는 우리가 이해하지 못하고, 우리가 소유하거나 조정할 수 없는 에너지가 작동하고 있는 것이다. 비록 성경이 다른 창조물들에게 있다고 생각하지 않는 인간의 '생명력'에 대해 말하고 있으나, 성경은 또한 인간이 다른 모든 창조물들이 창조되었던 똑같은 물질, '땅의 먼지'로부터 창조되었다고 말하고 있다. 따라서 성경은 인간이 인간의 권리에 관심을 가지는 것과 마찬가지로 다른 동물들과 식물들의 '생존권'에 대해서도 적절한 관심을 가져야 할 것을 암시하고 있다.

만약 만물 가운데서 인간이 차지하고 있는 높은 지위에 초점을 맞춰 본다면, 우리는 이 지위를 소유권이 아닌 하나의 책임으로서 파악해야 한다. 즉, 자연질서를 다루는 데 있어서, 인간은 인간이 절대적 권한을 가지고 어떠한 것을 다루는 것이 아니다. 하나님께 속하고, 하나님이 절대적인 권위를 가지고 계시며, 하나님의 목적과 관심에 일치하는 방법으로 쓰여져야만 하는 것들을 인간이 다루고 있는 것이다. 우리가 하는 일들의 명령은 우리가 아닌 하나님으로부터 와야 한다. 그러한 목적은 우리 자신들의 생존과 안녕을 포함할 수 있으나 그러한 목적에만 제한되지는 않는다.

우리는 창조가 영겁 이전에 일어난 어떠한 것, 혹은 어느 특정 시점에서 완성된 것이라고 말하는 데 익숙해 있다. 그러나 창조를 지속적인 과정으로 이해하는 것이 더 정확하다고 본다. 하나님은 여전히 총괄적으로 세상과 우주에서 창조적으로 일하고 계신다. 과학적 용어로 말하자면, 세상은 아직도 진화하고 있으며, 어떤 생명체들은 사라지는 반면 다른 생명체들이 나타나고, 실로 전 우주가 생명으로 고동치고 있음을 의미하는 것이다. 인간은 세계에서의 자신들의 위치를 이 창조적인 과정에서 하나님과 협동하는 존재로 올바르게 볼 수 있을 것이다. 하나의 중요한 도덕적 함의는 우주에서 창조의 힘과 파괴의 힘 사이에 투쟁이 계속되고 있다는 것이다. 만일 창조적인 과정이 하나님의 사역이라면, 그 사역에 인간이 참여하는 것은 아주 중요한 도덕적 사안이 되는 것이다.

만약 이것이 사실이라면, 우리는 인간의 죄성에 대한 성경적 이해를 진지하게 받아들여야만 한다. 인간이 행해 왔고 행하고 있는 어떤 일들의 일부, 또는 그보다 더 많은 부분들이 하나님의 창조적 목적들과 상치될 수 있다는 것은 전적으로 가능하다. 1972년 캅(John B. Cobb)은 「너무 늦었는가?」(*Is It Too Late?*)라는 제목의 책에서 그 가능성을 제기했다. 그 당시의 많은 저술가들처럼, 그도 생태학을 논의함에 있어 약간 종말론적인 입장을 띠었으며, 전체 과정을 종말로 이끄는 중대한 위험에 우리가 처해 있다고 시사했다. 그러나 일부의 사람들처럼 그의 논조가 그렇게 비관적이지는 않았는데, 이는 그 자신의 질문에 대한 그의 대답이 처음부터 부정적이었기 때문이었다. 그럼에도 불구하고 그의 질문은 여전히 중요한 것으로 남는다. 비록 아직 너무 늦지 않았다고 할지라도, 우리는 여전히 자연질서에 돌이킬 수 없는 피해를 입힐 수가 있는 것이다. 그런 가능성은 우리의 죄악된 본질-모든 창조물을 우리의 소유로 생각하고 이기심에 바탕하여 행동하며, 단기적으로 보고 다른 것들의 권리를 무시하고 하나님의 목적들을 무시하는 인간들의 경향-에 뿌리를 두고 있다.

인간이 자연과 분리되어 존재하지 않으며 자연의 일부로서, 그리고 자연과 연대하여 존재하기에 우리의 죄성은 자연의 모든 것에 영향을 끼치게 된다. 바네트(Henlee Barnette)는 다음과 같이 말한 적이 있다.

> 자연에 대한 성경적, 생물학적 견해는 모두 인간과 그 환경과의 상호 연관성과 상호의존성을 확인해 준다. 인간은 자연과 본래적으로 관련되어 있기에 인간이 하나님께 죄를 질 때 자연은 고통당하고, 인간이 하나님께 순종할 때 자연은 즐거워한다(*The Church and the Ecological Crisis*, p. 37).

다른 문제들에 대한 우리의 접근방식에 있어서, 사랑(*agape*)이 근본적으로 요구된다는 가정을 취해 왔다. 그러한 다른 문제들 속에는 인간들 사이의 관계를 포함하고 있다. 아가페(*agape*)의 개념을 비인간적인 존재와 인간들의 관계로 확장하는 것이 가능한가? 하나님은 모든 존재의 근원이시며 하나님의 본성이 사랑이시기에 아에 대한 대답은 긍정적이라고 본다. "하나님이 보시기에 좋았더라"고 하신 말씀은 인간에게뿐만 아니라 모든 창조물에 대해서도 적용된다. 하나님은 한 마리의 참새가 땅에 떨어지는 것도 아시며, 하나님은 "심지도 않고 거두지도 않고 창고에 모아 들이지도 아니하는" 새들을 먹이신다고 예수님은 말씀하셨다. 예수님은 "길쌈도 수고도 하지 않는 들에 핀 백합화"에 대한 하나님의 돌보심에 관해 말씀하셨다. 물론 예수님은 사람들에게 그들에 대한 하나님의 보호를 재확인시키고 계셨다. 그럼에도 불구하고, 그분은 더 무력한 창조물에 대한 하나님의 돌보심을 인용함으로써 이를 재확인하셨다. 그렇다면 성 프란시스는 새들과 동물들에 대한 헌신에 있어서 실로 너무 극단적으로 단순했는가, 아니면 그는 창조물에 대한 하나님과 같은 사랑을 보여 줬는가? 단순히 우리 자신의 이익뿐만 아니라, 또한 존재하는 모든 것들의 고유한 가치 때문에 창조된 질서가 타당한 관심의 대상이라고 하는 가정을 현대인들, 학자들 그리고 평신도이 모두 지녀할 것으로 보인다.

물론 하나의 선은 다른 하나의 선을 위해 종종 희생되어야 한다. 즉, 사자는 양과 함께 눕기보다는 잡아먹기 때문에 악한 것이 아니다. 결국, 사자는 사자들에게 자연스러운 행동을 하는 것이며, 실제로 이것은 사자들의 생존에 필요한 것이다. 아마도 사자는 그가 해야 하고 하지 말아야 하는 것들 또는 불행하게도 희생되어서 사자가 생존할 수 있게 하는 양의 고유한 유용성에 관해서는 결코 생각하지 않을 것이다. 그러나 인간은 성경의 가르침과 같이, 분명 어떤 다른 창조물들도 가지고 있지 않은 특성인 도덕적 감각을 지니고 있다. 분명히 인간은 옳고 그름에 대한 의문을 제기할 줄 안다. 그러므로 인간은 인간이 사자들을 죽이는 것이 합당한지를 마땅히 물어야 한다. 그리고 만일 그것이 적절하다고 결론을 내렸다면, 인간은 그것을 합당하게끔 하는 배경들을 고려해야 한다. 그들은 사자가 양에 대해 물을 수 없는 방식으로 사자의 가치에 대해 물을 수 있는 것이다. 오직 인간만이 사랑에 기초하여 다른 존재들과 관계할 수 있다. 따라서 인간이 다른 창조물들 - 동물, 식물, 무생물 - 을 이용하는 것은 합당할 수 있으나, 인간이 그들을 남용하거나 함부로 멸종시키는 것은 합당하지 않다. 창조물의 다른 부분들을 이용하는 것은 그들이 반드시 그들 나름대로의 가치를 가지지 않는다고 하는 것이 아니며, 단지 하나의 선이 다른 하나의 선을 위하여 희생되었음을 깨닫는 것이다.

참여를 위한 제안

우리는 생태학적인 것에 대한 인식을 중요한 도덕적 사안으로 보는 데서 출발했다. 우리는 이러한 사고에 익숙하지 않았던 것이 사실이다. 우리는 주어진 자원을 입수할 수 있는 한, 과학적 연구와 기술발전의 가능성에는 어떠한 제한도 없다고 믿는 경향이 있었다. 그리고 우리는 우리가 하는 방법을 알고 있는 것은 무엇이든지 할 수 있는 자유가 있다고 생각해 왔다. 그러나 근본적인 문제는 우리가 무엇을 할 수 있는가에 있는 것이 아니라 무엇을 해야 하는가에 있다. 이러한 질문에 대한 대답은 우주와 그 안에서의 우리의 위치에 관한 우리의 기본적인 믿음에 달렸다.

파라다이스(Scott I. Paradise)는 우리의 생태학적 문제들에 대한 만족스런 해결책이 필요하다고 생각하는 다음과 같은 종교적 신앙의 수정을 제기하였다(Stone, ed., *A New Ethic for a New Earth*, pp. 133-142).

1. "오직 인간과 그가 소중히 여기는 것들만이 가치를 가진다"는 것은 "모든 것은 가치를 가진다"로 대체되어야 한다.

2. "우주는 인간의 배타적이고 무조건적인 이용을 위해 존재한다"는 것은 "인간에게는 지구에 대한 책임이 주어져 있다"로 대체되어야 한다.
3. "생산과 소비에서 인간은 자신의 성취의 중요한 면을 발견한다"는 것은 "생산과 소비의 과정에서 인간은 단지 자신의 인간성의 일부분만을 발견한다"로 대체되어야 한다.
4. "생산과 소비는 끝없이 증대되어야 한다"는 것은 "삶의 질의 향상은 물질적 생산의 양을 늘리는 것보다 우선한다"로 대체되어야 한다.
5. "지구의 자원은 무제한적이다"는 것은 "물질적 자원은 제한적이며, 신중하고 소중하게 사용해야 한다"로 대체되어야 한다.
6. "정부의 주요한 목적은 개인과 집단들이 부와 권력을 축적하기 위해 환경을 개발하기 쉽게 만들어 주는 것이다"는 것은 "정부의 주요한 목적은 재산권의 행사를 규제하고 환경의 질을 손상시키는 것들을 방지할 수 있는 계획과정을 감독하는 것이다"로 대체되어야 한다.

우리가 논의하고 있는 문제들은 본질적으로 사회적인 것이며, 그러하기에 사회 전체에 의해 다루어져야 한다. 자연자원 - 산림, 습지, 광물, 물, 공기 - 의 보존은 공공정책에 의존한다. 해충 조절과 증가된 생산에서의 화학약품의 안전한 사용에 관한 기준들은 공공 차원에서 제정되고 집행되어야 한다. 가정과 사업장 그리고 국가의 공업단지에서 발생되는 쓰레기 처리는 전체 인구의 이익을 염두에 두고 이루어져야 한다. 개인, 그리고 기업들조차도 각자 별도로 노력한다면 이 임무는 성취될 수 없다. 심지어 최선의 의도를 가지고 있더라도, 어떠한 개인이나 기업도 전체 인구와 세계가 의존하고 있는 자원에 영향을 미치는 수많은 사안들을 다룰 수 없다.

만약 그 사안들과 다뤄야 하는 것이 사회 전체라 한다면, 오직 사회 안의 모든 권력구조를 통해서만이 효과적인 행동이 취해질 수 있을 것이다. 그들 자신들의 이익이 특정한 기준들을 유지하기 위해서는 특정기업들과 회사들이 요구된다. 더 나아가 단체의 결정들에 대해 책임을 지고 있는 사람들은 책임감을 갖고 공공의 복지에 대하여 지대한 관심을 가질 수 있을 것이다. 따라서 많은 기업들과 회사들은 공공의 안전을 도모하고 자연자원을 보존하도록 계획된 정책들을 세울 수 있을 뿐만 아니라 또한 실제로 세워 왔다. 그러나 그들의 근본적인 목적은 이익을 남기는 데 있으며, 만약 이익을 남기지 않는다면 그들은 계속적으로 경영할 수 없었을 것이다. 결과적으로, 그들에게는 '하한선'이 정책을 결정한다. 즉 그들이 비록 공공의 보다 광범위한 이익을 염두에 두고 경영하려고 노력할지라도 그것이 그들의 최우선적인 관심사는 아니라는 것이다.

환경문제들을 다루는 데 있어 정부보다 더 중요한 권력구조는 없다. 지방에서부터 중앙에 이르기까지 모든 차원의 행정부에 있어 자연자원의 사용에 대한 법적인 규제가 공공선을 이루기 위해 필요하다. 비록 법률제정과 정책결정이 전적인 해결책이 되지 못한다고 할지라도, 그것들은 해결책을 위한 가장 강력하고 필수적인 요소들이 된다. 정부는 사업이나 기업과는 달리 모든 사람들의 이익에 관심을 가진다. 정부는 사업이나 기업과 달리 모든 사안들에 대해 포괄적인 관점을 가지고 있다. 환경문제들을 다루는 데 있어서, 물론 정부는 개인의 권리를 존중해야 할 뿐 아니라 그것을 보호해야 한다. 그럼에도 불구하고 정부는 전체적으로 집단의 이익을 위해서 행동할 수 있고, 행동해야만 한다. 생태학적 사안들에 관심 있는 개인들은 적당한 정책에 도달할 수 있도록 정부를 통해서 적절하게 일할 수 있을 것이다.

다른 권력구조들 또한 생태학에 관심이 있는 사람들에 의해 효율적으로 이용되어질 수 있다. 교육기관이야말로 어느 사회기관보다도 가장 많은 사람들에게 가장 심오한 영향력을 끼칠 수 있는 사회기관이다. 반드시 지식이 행동으로 유도되는 것은 아니지만, 문제와 이를 고치기 위한 가능한 행동방식에 대한 올바른 이해 없이 지혜로운 행동을 취할 수는 없다. 자녀들과 젊은이들에게 생태학적 문제들을 교육시키기 위한 학교과정들은 대단히 가치 있는 일이 될 수 있다. 그러나 교과과정에 이미 포함된 과정들에 적합한 정보가 포함된다면 더 가치 있을 것이다. 그러한 정보는 분명히 사회적 연구와 과학과 직접적으로 연관되지만 인문과학과 같은 다른 학과들과도 적절하게 통합될 수 있을 것이다.

대중매체의 힘도 논의할 만한 주제가 된다. 많은 사람들은 TV나 라디오, 그리고 신문이 여론을 형성하는 것이 아니라 단지 대중의 기호만을 반영한다고 주장한다. 만일 이것이 사실이라면, 기업과 산업들은 그들의 돈을 광고로 허비하는 것이 된다. 대부분의 사람들은 비록 대중매체가 반드시 여론을 형성하지는 않더라도 여론에 영향을 미치고 있다는 사실을 알고 있다. 이러한 효과들은 재난지역이나 개인적인 위기에 처해 있는 사람들을 돕도록 하는 성공적인 호소에서 볼 수 있다. 장기계획에 대한 지원을 확보하기가 훨씬 더 어렵기는 하지만 그것은 가능하기도 하고, 필요한 것이기도 하다.

종교기관들은 또 다른 확고하고 영향력 있는 구조이다. 종교기관의 자원적인 성격 때문에 그것은 정부나 학교기관과 같이 그렇게 많은 사람들에게 영향력을 끼칠 수는 없을 것이다. 그러나 또한 그러한 자원적인 성격으로 인해 오히려 거기에 속한 사람들에 대한 영향력은 보다 더 클 수도 있는 것이다. 종교적인 사람들에게 존중과 청지기 정신 그리고 의무에 대한 개념은 중요한 것이다. 만약 이러한 이념들과 생태학적 사안들과의 관계를 그들이 알게 된다면, 그들은 해결을 위하여 함께 행동하기 시작할 것이다. 이것은 당파적 관심들을 위해 교회를 이용하는 것 같은 그런 문제가 아니고, 중요한 도덕적 사안에 대하여 합의된 행동을 통해서 교인들이 자신들의 신앙을 표현하는 그러한 문제인 것이다.

관심을 가지고 있는 사람들이 일할 수 있고, 또 일하고 있는 다른 자원단체들 - 야생생물, 청정 에너지, 질병조절과 구제 그리고 그외에도 다 언급할 수 없는 많은 다른 목적들에 관심을 가지는 조직들 - 도 있다. 이러한 단체들은 효과적으로 특별한 사안에 대해 공중에게 경고하고 의미 있는 해결방안들을 찾는 데 도움을 주는 뛰어난 경력을 갖고 있기도 하다. 지지를 부탁하는 모든 단체들에 대하여 효율적으로 모두 다 가입할 수는 없지만 사람들은 자신에게 맞는 특정 기관들을 선택해서 일할 수가 있을 것이다.

이러한 특정관심을 가진 집단들을 통해 일할 때에 사람들은 폭넓은 관점을 유지해야 할 필요가 있다. 궁극적으로 우리가 관심을 가지고 있는 것은 점박이 올빼미, 북미산 메추라기, 해우(海牛), 캘리포니아 콘돌, 대머리 독수리, 검푸른 나비가 아니다. 문제가 되는 것은 이 모든 종(種)들이 한 부분을 이루고 있는 전체 복합체인 것이다. "땅에 있는 모든 것이 다 하나님의 것이다"라고 주장할 때에, 우리는 모든 종(種)들이 하나님께 속한다고 하기보다는 오히려 전 세상이 총체적으로 하나님의 것이라고 단언하는 것이다. 실링(Schilling)은 이러한 이해가 아래와 같은 인식들을 포함한다고 말하고 있다.

1. 전 세계는 하나의 통합된 생태계로 이루어져 있다.
2. 세계 안에 존재하는 각 존재들은 모든 다른 존재들과의 상호관계 안에서 존재하며, 상호관계에 의해 정의되어진다.
3. 세계 안에 있는 모든 존재들 안에는 통합을 또한 지향하는 동인(動因)이 있다. 그러한 동인(動因) 없이는 "친자관계, 형제애, 우정, 시민정신, 또한 언어와 문학, 과학과 철학, 법률학과 경제학 그리고 지식, 지혜, 충성, 사랑과 같은 것들은 존재하지 않을 것이다. 이러한 모든 것들은 엄밀히 사회적인 것들이며, 이것들은 '공동체 안에' 있지 않은 고립된 개인에게는 유효하거나 가능하지 않은 것들이다."
4. 정신과 영혼은 인간에게만 해당되는 것이 아니라 전체 생태계의 특징이다. (Ian Barbour, *Earth Might Be Fair*, pp. 104-106)

그러기에 자연에 대한 우리들의 접근방식은 총체적이어야 한다. 이는 중요한 것이 단순한 체계의 부분들일 뿐만 아니라, 또한 전체, 즉 상호관계체계 그 자체라고 하는 것을 우리가 깨달아야 한다는 것이다. 총체성을 극대화하는 것은 무엇이든지 도덕적으로 책임감 있고 정당한 것이며, 이 총체성을 깨거나 파괴하는 것은 무엇이든지 잘못된 것이다. 물론 개인에게 최선인 것과 공동의 선에 기여하는 것 사이에는 불가피하게 다소간의 갈등이 있다. 다른 말로 하자면, 개인의 즉각적인 필요와 자연보존을 위한 전체의 필요 사이에는 항상 긴장감이 있다는 것이다. 그러므로 우리의 노력들은 공동체 속의 개인을 지향하는 방향으로 이루어져야 한다.

권력기관 안에서 다른 사람들과 함께 협력해서 일해야 하는 것은 도덕적 책임의식에 있어서 필수 불가결한 표현이다. 그러나 생태학적 사안에는 또 다른 측면도 있다. 개인적 결정과 행동은 개인적인 성실성에서 극히 중요한 것이다. 동시에, 그것들은 크게는 공동체에 대하여 영향력을 끼칠 수 있어야 할 것이다. 비록 개인적 결정과 행동이 즉각적인 사회변화를 일으키거나 환경에 있어 어느 특정한 요소의 운명을 결정하는 데 효과적이지는 못하더라도, 그것들은 신앙과 관심의 중요한 표현들이지 않을 수 없다. 개인적 행동 속에는 다음과 같은 것들을 포함할 수 있다.

1. 지역적이며 국가적인 두 범위 모두의 문제들과 정책들에 대해서 가능한 많이 배운다.
2. 각자의 생활양식을 검토하고 다음의 사항에 근거하여 행동을 바로잡는다.
   a. 비오염 물품의 구입과 사용
   b. 재활용
   c. 대중교통 이용, 차 함께 타기, 자전거 이용 또는 걷기

　　　　d. 가정에서의 에너지와 물의 절약
　　　　e. 재활 가능한 물품의 소비와 일회용품 사용 기피
　　3. 투표와 당선자와 임명된 공무원들에 대한 영향을 통해 통치과
　　　정에의 참여
　　4. 자발적인 환경단체 활동에 동참

　　그리스도인들에게 있어 궁극적인 도덕적 사안은 점박이 올빼미의 생존여부가 아니다. 인간의 생존 가능성의 여부도 또한 아니다. 지구의 생존 가능성 여부조차도 아니다. 궁극적인 질문은 인간과 하나님과의 관계에 대한 관심이다. 예수님께서 "이 모든 것들 중에 어느 것이 가장 큰 계명이냐?"라는 질문을 받으셨을 때, 그분은 '하나님에 대한 사랑'을 강조하셨다. 이러한 근본적인 관계로부터 하나님께 대한 모든 책임감이 생긴다. 하나님께 대한 우리의 도덕적 의무는 하나님의 피조물들을 돌보는 책임에 있다.

　　실천적인 용어로 이것은 자연에 대한 관심을 지지하기 위해서 우리가 하나님을 이용하는 것을 의미하지 않는다. 오히려 이것은 하나님에 대한 우리의 사랑 그 자체가 창조질서의 생명력과 총체성에 대한 관심 속에서 표현됨을 의미하는 것이다. 이것은 하나님의 사랑의 행동 안에서 우리가 창조주이시며 구속자이신 하나님과 협력한다는 것을 뜻한다. 자연세계 안에서 하나님의 현존을 보았고 하나님의 구속사역을 경험했기에, "땅과 거기에 속한 모든 것이 주의 것"이라고 하는 것을 보여 주기 위하여 우리 자신들의 노력을 통해서 응답하는 것이다.

생태계와 도덕적 책임 545

토론을 위한 질문들

1. 당신이 거하는 지역의 실업률이 전체 국가 실업률의 4배이다. 한 회사가 많은 사람을 고용하되 지역의 공기와 하천을 오염시키는 제조공장을 세우겠다고 제안한다. 당신은 이 기업이 당신의 지역에 설립되는 것을 찬성하겠는가 반대하겠는가? 그 이유는?
2. 인간의 살 권리는 다른 인간 이외의 존재의 살 권리에 우선하는가? 찬성하거나 반대하는 이유는?
3. 자연질서를 다루는 방법을 결정하는 데 있어서 궁극적인 목적은 인간의 생존이어야 하는가? 찬성하거나 반대하는 이유는?
4. 사람들이 집단으로 일하는 장소는 금연구역이어야 하는가? 대중교통에서는? 공공장소에서는? 당신의 논리를 설명해 보시오.
5. 정부는 대중교통의 사용을 단계적으로 유도해야 하는가? 정부는 자가용의 기름사용을 단계적으로 제한해야 하는가? 찬성 또는 반대하는 이유는?

참고도서 목록

Barbour, Ian G. *Earth Might Be Fair*. Englewood Cliffs, NJ: Prentice Hall, 1972.

Barnette, Henlee. *The Church and the Ecological Crisis*. Grand Rapids, MI: Eerdmans, 1972.

Cesaretti, C. A., and Commins, Stephen. *Let the Earth Bless the Lord*. New York: Seabury Press, 1981.

Linzey, Andrew. *Christianity and the Rights of Animals*. New York: Crossroad, 1987.

McDaniel, Jay B. *Of God and Pelicans*. Louisville, KY: Westminster/John Knox, 1989.

Nash, Roderick Frazier. *The Rights of Nature*. Madison: University of Wisconsin, 1989.

참고문헌

ABELSON, RAZIEL, and FRIQUEGNON, MARIE-LOUISE. *Ethics for Modern Life*. New York: St. Martin's Press, 1982.

ARTHUR, JOHN, ed. *Morality and Moral Controversies*, 2nd ed. New York: Prentice Hall, 1986.

ASHE, ARTHUR, and RAMPERSAD, ARNOLD. *Days of Grace: A Memoir*. New York: Knopf, 1993.

ASHLEY, PAUL P. *Oh Promise Me but Put It In Writing*. New York: McGraw-Hill, 1978.

ATKINSON, DAVID. *Homosexuals in the Christian Fellowship*. Grand Rapids, MI: Eerdmans, 1979.

BACH, JULIE S., ed. *Biomedical Ethics*. St. Louis, MO: Greenhaven, 1987.

BAHR, HOWARD M., CHADWICK, BRUCE A., and STAUSS, JOSEPH S. *American Ethnicity*. Lexington, MA: D. C. Heath, 1979.

BARBOUR, IAN G. *Earth Might Be Fair*. Englewood Cliffs, NJ: Prentice Hall, 1972.

BARNETTE, HENLEE H. *An Introduction to Communism*. Grand Rapids, MI: Baker, 1964.

BARNETTE, HENLEE H. *The Church and the Ecological Crisis*. Grand Rapids, MI: Eerdmans, 1972.

BARRY, VINCENT. *Moral Aspects of Health Care*. Belmont, CA: Wadsworth, 1982.

BATCHELOR, EDWARD, JR., ed. *Abortion: The Moral Issues*. New York: Pilgrim Press, 1982.

BATCHELOR, EDWARD, JR. *Homosexuality and Ethics*. New York: Pilgrim Press, 1980.

BAYLES, MICHAEL D., ed. *Reproductive Ethics*. Englewood Cliffs, NJ: Prentice Hall, 1984.

BEACH, WALDO. *Christian Ethics in the Protestant Tradition*. Atlanta: John Knox, 1988.

BEAUCHAMP, TOM L., and CHILDRESS, JAMES F. *Principles of Biomedical Ethics*. New York: Oxford University Press, 1979.

BENNE, ROBERT. *The Ethic of Democratic Capitalism*. Philadelphia: Fortress, 1981.
BENNETT, JOHN C. *Christians and the State*. New York: Scribner, 1958.
BONEPARTH, ELLEN, ed. *Women, Power and Policy*. New York: Pergamon Press, 1982.
BORNKAMM, GUNTHER. *Jesus of Nazareth*. New York: Harper & Row, 1960.
BROWN, ROBERT MCAFEE. *Making Peace in the Global Village*. Philadelphia: Westminster, 1981.
BROWN, ROBERT MCAFEE. *Religion and Violence*, 2nd ed. Philadelphia: Westminster, 1987.
BRUNNER, EMIL. *The Divine Imperative*. Philadelphia: Westminster, 1947.
CARY, EVE, and PERATIS, KATHLEEN WILLERT. *Woman and the Law*. Skokie, Il: National Textbook Company, 1977.
CECIL, ANDREW R. *The Third Way*. Dallas: University of Texas, 1980.
COBB, JOHN B., JR. *Is It Too Late?* Beverly Hills, CA: Bruce, 1972.
COUNCIL OF BISHOPS OF THE UNITED METHODIST CHURCH. *In Defense of Creation*. Nashville: Graded Press, 1986.
CRITES, LAURA L., and HEPPERLE, WINIFRED L. *Women, the Courts, and Equality*. Newbury Park, CA: Sage, 1987.
CULLMANN, OSCAR. *The State in the New Testament*. New York: Scribner, 1956.
CUTLER, DONALD R., ed. *Updating Life and Death*. Boston: Beacon Press, 1969.
DAILEY, ROBERT H. *Introduction to Moral Theology*. New York: Bruce, 1971.
DECKARD, BARBARA SINCLAIR. *The Women's Movement*, 3rd ed. New York: 1975.
DEWOLFE, L. HAROLD. *Crime and Justice in America*. New York: Harper & Row, 1971.
DRINAN, ROBERT F. *Beyond the Nuclear Freeze*. New York: Seabury Press, 1983.
ENGELHARDT, H. TRISTAM. *Bioethics and Secular Humanism*. London: SCM, 1991.
ERICKSON, BRAD, ed. *Call to Action*. San Francisco: Sierra Club Books, 1990.
FLETCHER, JOSEPH. *Morals and Medicine*. Boston: Beacon Press, 1960.
FLETCHER, JOSEPH. *Situation Ethics*. Philadelphia: Westminster, 1966.
FREEMAN, JO. *The Politics of Women's Liberation*. New York: McKay, 1975.
FRIEDAN, BETTY. *The Feminine Mystique*. New York: Dell, 1963.
FROMER, MARGOT JOAN. *Ethical Issues in Sexuality and Reproduction*. St. Louis, MO: C. V. Mosby, 1983.
GARDNER, E. CLINTON. *Biblical Faith and Social Ethics*. New York: Harper & Row, 1960.
GONSALVES, MILTON A. *Fagothey's Right and Reason*, 8th ed. St. Louis, MO: Times Mirror/Mosby, 1985.
GUSTAFSON, JAMES M. *Ethics from a Theocentric Perspective. Volume I: Theology and Ethics*. Chicago: University of Chicago Press, 1981.
GUSTAFSON, JAMES M. *Ethics from a Theocentric Perspective. Volume II: Ethics and Theology*. Chicago: University of Chicago Press, 1984.
HARING, BERNARD. *Toward a Christian Moral Theology*. Notre Dame, IN: University of Notre Dame Press, 1966.

HARRON, FRANK M., ed. *Biomedical-Ethical Issues*. Binghamton, NY: Vaill-Ballou Press, 1983.

HASELDEN, KYLE. *The Racial Problem in Christian Perspective*. New York: Harper, 1959.

HAUERWAS, STANLEY. *Against the Nations*. Cambridge, MA: Harper & Row, 1985.

HEALEY, EDWIN F. *Moral Guidance*. Chicago: Loyola, 1943.

HETTLINGER, RICHARD F. *Living with Sex*. New York: Seabury Press, 1966.

HEWLETT, SYLVIA ANN. *A Lesser Life*. New York: Morrow, 1986.

HIDALGO, HILDA, PETERSON, TRAVIS, and WOODMAN, NATALIE JANE, eds. *Lesbian and Gay Issues*. Silver Spring, MD: National Association of Social Workers, 1985.

HOLLENBACH, DAVID. *Justice, Peace, and Human Rights*. New York: Crossroad, 1988.

HOSPERS, JOHN. *Human Conduct*. New York: Harcourt Brace Jovanavich, 1972.

Humanist Manifestos I and II. Buffalo, NY: Prometheus Books, 1973.

HUNT, MORTON. *Gay*. New York: Pocket Books, 1977.

JONES, H. KIMBALL. *Toward a Christian Understanding of the Homosexual*. New York: Association Press, 1966.

KAUFMAN, GORDON D. *Theology for a Nuclear Age*. Philadelphia: Westminster, 1985.

KING, MARTIN LUTHER, JR. "Letter from Birmingham Jail." Philadelphia: American Friends Service Committee, n.d.

KURTZ, PAUL. *In Defense of Secular Humanism*. Buffalo, NY: Prometheus Books, 1983.

LEHMANN, PAUL. *Ethics in a Christian Context*. New York: Harper & Row, 1963.

LEONE, BRUNO, and ONEILL, M. TERESA, eds. *Male/Female Roles*. St. Paul, MN: Greenhaven, 1983.

LESTER, ANDREW D. *Sex Is More Than a Word*. Nashville, TN: Broadman, 1973.

LEVINE, MARTIN P., ed. *Gay Men*. New York: Harper & Row, 1979.

LICATA, SALVATORE, and PETERSEN, ROBERT P. *Historical Perspectives on Homosexuality*. New York: Hayworth, 1981.

LOESCH, JUDI. "Unmarried Couples Shouldn't live Together." *U.S. Catholic*, July 1985, pp. 16–17.

LONG, EDWARD LEROY, JR. *Peace Thinking in a Warring World*. Philadelphia: Westminster, 1983.

LONG, EDWARD LEROY, JR. *War and Conscience in America*. Philadelphia: Westminster, 1968.

MCCORMICK, RICHARD A. "Abortion." *America*, June 19, 1965, p. 898.

MCDANIEL, JAY B. *Of God and Pelicans*. Louisville, KY: Westminster, 1989.

MCLEMORE, S. DALE. *Racial and Ethnic Relations in America*. Boston: Allyn & Bacon, 1980.

MALLOY, EDWARD A. *Homosexuality and the Christian Way of Life*. Washington, DC: University Press of America, 1981.

MARDEN, CHARLES F., and MEYER, GLADYS. *Minorities in American Society, 5th ed*. New York: D. Van Nostrand, 1978.

MARMOR, JUDD. *Homosexual Behavior*. New York: Basic Books, 1980.

Marx, Karl. *Capital*. New York: Modern Library, 1936.

Meeks, M. Douglas. *God the Economist*. Minneapolis: Fortress, 1989.

Mitchelson, Marvin. *Living Together*. New York: Simon & Schuster, 1980.

Nash, Roderick Frazier. *The Rights of Nature*. Madison: University of Wisconsin Press, 1989.

National Conference of Catholic Bishops. *Economic Justice for All*. Washington, DC: National Conference of Catholic Bishops, 1986.

Nelson, James B. *Human Medicine*. Minneapolis: Augsburg, 1973.

Nye, Joseph S., Jr. *Nuclear Ethics*. New York: Free Press, 1986.

O'Connell, Timothy E. *Principles for a Catholic Morality*. New York: Seabury Press, 1978.

Odum, Eugene P. *Ecology and our Endangered Life-Support Systems*. Sunderland, MA: Sinauer, 1989.

O'Neill, Nena, and O'Neill, George. *Open Marriage*. New York: Avon Books, 1972.

Paehlke, Robert C. *Environmentalism and the Future of Progressive Politics*. New Haven, CT: Yale University Press, 1989.

Page, Allen F. *Life After Death: What the Bible Says*. Nashville, TN: Abingdon, 1987.

Patterson, Charles M. *Moral Standards*. New York: Ronald Press, 1949.

Peterson, Geoffrey. *Conscience and Caring*. Philadelphia: Fortress, 1982.

Pierce, Ruth A. *Single and Pregnant*. Boston: Beacon Press, 1970.

President's Commission for the Study of Ethical Problems in Medicine and Biomedical and Behavioral Research. *Defining Death: A Report on the Medical, Legal, and Ethical Issues in Determination of Death*. Washington, DC: U.S. Government Printing Office, 1981.

Ramsey, Paul. *Basic Christian Ethics*. New York: Scribner, 1950.

Ramsey, Paul. *Fabricated Man*. New Haven, CT: Yale University Press, 1970.

Ramsey, Paul. *War and the Christian Conscience*. Durham, NC: Duke University Press, 1961.

Rand, Ayn. *Capitalism: The Unknown Ideal*. New York: Penguin Books, 1967.

Rand, Ayn. *For the New Intellectual*. New York: Random House, 1961.

Rand, Ayn. *The Virtue of Selfishness*. New York: American Library, 1964.

Regan, Tom, ed. *Matters of Life and Death*. Philadelphia: Temple University Press, 1980.

Rowe, Dorothy. *Living with the Bomb*. London: Routledge & Kegan Paul, 1985.

Scanzoni, Letha, and Mollenkott, Virginia Ramey. *Is the Homosexual My Neighbor?* New York: Harper, 1978.

Schell, Jonathan. *The Fate of the Earth*. New York: Knopf, 1982.

Seifert, Harvey. *Ethical Resources for Political and Economic Decision*. Philadelphia: Westminster, 1972.

Shannon, Thomas A., ed. *Bioethics*, rev. ed. Ramsey, NJ: Paulist, 1981.

Simmons, Paul D. *Birth and Death: Bioethical Decision-Making*. Philadelphia: Westminster, 1983.

SIMPSON, GEORGE E., and YINGER, J. MILTON. *Racial and Cultural Minorities*, 5th ed. New York: Plenum, 1985.

SKINNER, B. F. *About Behaviorism*. New York: Knopf, 1974.

SKINNER, B. F. *Beyond Freedom and Dignity*. New York: Knopf, 1971.

SMEDES, LEWIS B. *Mere Morality*. Grand Rapids, MI: Eerdmans, 1983.

SMITH, ADAM. *An Inquiry into the Nature and Causes of the Wealth of Nations*. Chicago: University of Chicago Press, 1976.

SMITH, HARMON L. *Ethics and the New Medicine*. Nashville, TN: Abingdon, 1971.

SMITH, RACHEL R. "Abortion, Right and Wrong." *Newsweek*, March 15, 1985.

STONE, GLENN C., ed. *A New Ethic for a New Earth*. New York: Friendship, 1971.

STORER, MORRIS B., ed. *Humanistic Ethics*. New York: Prometheus Books, 1980.

SUZUMSKI, BONNIE, ed. *Abortion*. St. Paul, MN: Greenhaven, 1986.

SWITZER, DAVID K. and SWITZER, SHIRLEY. *The Parents of the Homosexual*. Philadelphia: Westminster, 1980.

TAYLOR, PAUL W. *Respect for Nature*. Princeton, NJ: Princeton University Press, 1986.

THIELICKE, HELMUT. *The Ethics of Sex*. New York: Harper & Row, 1964.

THOMAS, GEORGE F. *Christian Ethics and Moral Philosophy*. New York: Scribner, 1955.

THURMAN, HOWARD. *The Luminous Darkness*. New York: Harper & Row, 1965.

TITUS, HAROLD H., and KEETON, MORRIS. *Ethics for Today*, 5th ed. New York: D. Van Nostrand, 1973.

TRUEBLOOD, D. ELTON. *Foundations for Reconstruction*. New York: Harper, 1946.

TWISS, HAROLD L., ed. *Homosexuality and the Christian Faith*. Valley Forge, PA: Judson, 1978.

VAN DEN HAAG, ERNEST. "In Defense of Capital Punishment," in Raziel Abelson and Marie-Louise Friquegnon, *Ethics for Modern Life*. New York: St. Martin's Press, 1982.

VANDER ZANDEN, JAMES W. *American Minority Relations*, 4th ed. New York: Knopf, 1983.

VARGA, ANDREW C. *The Main Issues in Bioethics*. New York: Paulist, 1984.

WALLACE, JIM, ed. *Peace Makers*. New York: Harper & Row, 1983.

WALLACE, RUTH A. *Gender in America*. Englewood Cliffs, NJ: Prentice Hall, 1985.

WALTERS, JAMES W., ed. *War No More?* Minneapolis: Fortress, 1989.

WELLMAN, CARL. *Morals and Ethics*, 2nd ed. Englewood Cliffs, NJ: Prentice Hall, 1988.

WHITE, JAMES E. *Contemporary Moral Problems*. St. Paul, MN: West, 1985.

WHITE, R.E.O. *Biblical Ethics*. Atlanta: John Knox, 1979.

WILL, JAMES E. *A Christology of Peace*. Louisville, KY: Westminster, 1989.

WOGAMAN, J. PHILIP. *Christian Perspectives on Politics*. Philadelphia: Fortress, 1988.

WOGAMAN, J. PHILIP. *The Great Economic Debate*. Philadelphia: Westminster, 1977.

우리는 구원 받는 자들에게나 망하는 자들에게나 하나님 앞에서
그리스도의 향기니

고후 2:15

요단 사역정신

"그러므로 너희는 가서 모든 민족을 제자로 삼아 아버지와 아들과 성령의 이름으로
침(세)례를 베풀고 내가 너희에게 분부한 모든 것을 가르쳐 지키게 하라
볼지어다 내가 세상 끝날까지 너희와 항상 함께 있으리라 하시니라"

1. **For God and Church**
   하나님의 영광과 그의 몸 된 교회의 영적 성장과 성숙을 위한 도서를 엄선하여 출판한다.
2. **Prayer-focused Ministry**
   기획·편집·제작·보급의 전 과정을 기도 가운데 진행한다.
3. **Path to Church Growth**
   건강한 교회를 세우는 축복의 통로로 섬긴다.
4. **Good Stewardship and Professionalism**
   선한 청지기와 프로정신으로 문서 사역에 임한다.
5. **Creating a Culture of Christianity by Developing Contents**
   각종 문화 컨텐츠를 개발함으로 기독교 문화 창달에 기여한다.